왕정의 조건

담론으로 읽는 조선시대사

왕정의 조건
담론으로 읽는 조선시대사

지은이 / 김백철
펴낸이 / 강동권
펴낸곳 / (주)이학사

1판 1쇄 발행 / 2021년 3월 25일
2판 1쇄 발행 / 2022년 11월 25일

등록 / 1996년 2월 2일 (신고번호 제1996-000015호)
주소 / 서울시 종로구 율곡로13가길 19-5(연건동 304) 우 03081
전화 / 02-720-4572 · 팩스 / 02-720-4573
홈페이지 / ehaksa.kr
이메일 / ehaksa1996@gmail.com
페이스북 / facebook.com/ehaksa · 트위터 / twitter.com/ehaksa

© 김백철, 2021, 2022, Printed in Seoul, Korea.

ISBN 978-89-6147-422-1 03910

왕정의 조건

담론으로 읽는 조선시대사

김백철 지음

이학사

차례

머리말

　역사를 바라보는 관점은 현재 우리가 발 딛고 있는 현실과 분리되기 어렵다. 우리가 민주 공화정에 살고 있는 한 왕정王政을 제대로 이해하기는 좀처럼 쉽지 않다. 최근 20년간 교육과정 개편으로 일반 대중의 조선시대 인식은 점차 개선되고 있다. 그럼에도 불구하고 학계의 연구 성과는 현행 교육과정과 격차가 매우 크며, 대중의 인식은 여전히 일제강점기 사고방식에서 벗어나지 못하고 있다. 특히 역사를 생각하는 학문으로 교육받지 못한 대부분의 세대는 편향된 애국심을 강조하는 데 이용당하거나 기계론적 합리성의 강박관념 속에 오히려 침략주의를 정당화하는 데 활용되고 있다. 양자는 '화려한 고대사(유사역사학)'와 '조선 망국론(식민지 근대화론/조선 봉건사회론)'으로 나타나곤 하는데 사실 모두 제국주의시대의 쌍생아이다.

　전자는 망국의 현실이 부끄러워 고대사로 눈을 돌린 결과이다. 일본 제국에 대항하기 위한 논리를 제국주의 개념을 모방하여 대제국론으로 만들어냈다. 하지만 만주 일대의 무장 독립운동 거점이 사라지자 오히려 친일파들이 유사한 논리 구조를 일본 제국의 대동아공영권大東亞共榮圈에 기생하는 데 사용했다.

후자는 현실을 직시한다는 명목하에 시종일관 '비판을 위한 비판'을 가하는 시각이다. 객관성이라는 말로 포장된 각종 논리를 앞세웠으나 실제로는 제국을 대변하는 가장 주관적인 시각이었다. 국망에 대한 우리 지식인의 자성의 목소리는 식민지 교육에 악용되었다. 일본 제국주의는 침략에 대한 원인을 철저히 내부 갈등으로 돌리고 약탈한 부는 숨기면서 '조선의 근대화'를 위해서라고 포장하였다.

이러한 왜곡된 시각을 광복 이후에도 사용하고 있는 것은 대단히 부끄러운 일이다. 이제 제국주의시대의 잔영을 털어내고 상식적인 수준에서 우리나라의 역사에 접근할 수 있는 시각을 기를 필요가 있다. 따라서 이 책에서는 간략한 형태로나마 조선시대 역사상을 설명하는 틀을 모색해보고자 한다. 그 전에 몇 가지 참고 사항을 부기한다.

처음 책을 기획할 때에는 '왕정의 조건'을 구체적으로 살펴보는 형태로 목차를 구성하였다. 그러나 이렇게 되면 독자가 스스로 생각해볼 여지를 지나치게 훼손시키는 것이 아닐까 염려되었다. 이에 논쟁거리를 살펴보는 형태로 장절을 재구성함으로써 독자 개개인이 사색할 수 있는 여백을 남겨두었다. 모두가 동일한 결론에 이를 필요는 없다. 단지 스스로 역사를 생각해보는 과정을 통해서 자신만의 답을 찾아보는 여정만으로도 충분히 의미 있는 시간이 될 것을 믿어 의심치 않는다.

이 책은 다음 몇 가지 원칙하에 작성되었다. 첫째, 연구 성과와 학계의 시각을 담론 위주로 살펴보았다. 주제 중 절반은 기존에 연구된 역사적 사실을 소재별로 검토하였고, 절반은 최근 논쟁이 되고 있는 역사적 관점에 대한 문제점을 새롭게 다루어보았다.

둘째, 학계 통설이나 연구 성과는 참고 문헌으로 대신하였고, 새롭게 서술하여 논증이 필요한 부분은 전거를 부기하였다. 주석은 가급적 원서나 논문보다는 번역서나 단행본 위주로 정리하였다. 부득이한 경우 원자료를 제시하였다. 온라인 자료의 경우 흔히 사용되는 일반적인 데이터베이스는 사이트명만 간략히 부기했으며, 생소하거나 특수한 자료는 상세 주소까지 기입하였다.

셋째, 장절별로 새롭게 배경을 설명하다 보니 다소 중복되는 경우도 적지 않은 듯하다. 최대한 편집의 묘를 발휘했으나 부득이한 곳은 남겨두었다.

넷째, 시간과 공간을 많이 넘나들며 서술하였으므로 혹여 전문 영역을 벗어난 주제에 대한 설명에서 통설과 다른 점이 발견될 수도 있다. 미진한 부분은 강호江湖 제현諸賢의 질정質正을 기다린다.

2021년 1월 영암관에서
김백철

서론

1. 역사의 관점

역사는 대중에게 가장 사랑받는 학문 분야에 해당한다. 누구나 역사를 언급하기를 좋아한다. 심지어 정치인들은 '역사의 평가'를 들먹이기 일쑤지만 실제로는 자신의 정치 명분을 합리화하기 위해 아전인수我田引水 격으로 역사를 인용하는 경우가 즐비하다. 대중적으로는 '이야기로서 역사'가 사랑받고 있지만 '학문으로서 역사'는 좀처럼 제대로 교육되지 못하고 있다. 이를테면 헤로도토스Herodotos(기원전 484?-기원전 430)-투기디데스Thucydides(기원전 465?-기원전 400?), 사마천司馬遷(기원전 145-기원전 85)-반고班固(32?-92), 일연一然(1026-1289)-김부식金富軾(1075-1051) 등의 차이에 대한 제대로 된 비교가 필요하다.

역설적이게도 '역사'라는 단어를 가장 입 밖에 내지 않는 직업군은 역사학자이다. 왜냐하면 그들은 역사라는 어휘의 무게감에 짓눌려서 과연 자신이 제대로 발언하고 있는가를 끊임없이 고민하기 때문이다. 그래서 '역사'라는 단어를 함부로 언급하는 데 상당히 주의를 기울이며 심지어 주저하는 경향마저 강하다. 지나친 엄숙주의가 좋은 것은 아니나 남용되는 것보다는 나을지도 모른다. 이는 역사학이 끊임없이 고민해야 하는 학문이기 때문이다. 그래서 역사를 제대로 배우는 일은 매우 어렵다. 일반 시민에게 역사는 대개 흥미로운 이야기인 경우가 많고, 과거 주입식 교육을 받은 세대에게는 지루한 암기 과목에 지나지 않는다. 이는 역사가 흥밋거리인 야사野史로만 소비되거나 사건이 나열된 연표로만 이해되었기 때문이다.

그러나 역사학은 무엇보다도 생각하는 학문이다. 역사 전공을 염두에 두고 상담을 청해오는 경우 거의 대부분의 사람에게 추천을 망설이는 이유가 바로 여기에 있다. 역사학은 이미 잘 가공된 흥미로운 내용을 향유하는 소비자의 위치를 벗어나 그것의 기초가 되는 사료를 분석하고 토대를 구축하는 작업이다. 이는 마치 기초과학과 응용과학의 차이쯤에 비견될 듯하다. 따라서 본래 재미있을 리가 없고, 연도나 사건 따위를 암기만 해서 해결할 수 있는 것도 거의 없다. 그래서 역사학에서 가장 먼저 배우는 과정이 사관史觀이다. 사실fact과 진실truth에 대한 구분을 거치고 맥락context에 대한 많은 훈련을 거쳐 당시 상황을 복원하는 데 온 힘을 기울인다.[1]

대중 강연에 가면 청자聽者들이 '오늘의 교훈'이 무엇인지를 묻는 경우가 허다하다. 하지만 지극히 대중 친화적인 역사학자가 아니라면 자신의 강연이 이러한 결말에 이르는 것을 극도로 꺼려한다. 왜냐하면 이를 목적론적 역사학(교훈사관)으로 간주하기 때문이다. 역사학도는 전통적인 역사서가 특정한 정치세력의 의도하에 쓰였다고 보고 그것을 낱낱이 분석하려는 경향이 강하다. 엄중한 사료 검토가 가능하다면 의미 부여 역시 개인의 몫으로 돌리고자 한다. 그래서 현대 역사학자들은 천편일률千篇—律적으로 어떠한 교훈이 있다고 가르치는 역사 권력에 대해서는 대체로 동의하지 못한다.

독일 제3제국 시기 나치의 '올바른' 역사관이 바로 이러한 사례였고,[2] 일본 제국의 '황국사관皇國史觀'이 그러한 오용의 극단이었다.[3] 지난 정부에서 일어난 '국정교과서 사건' 역시 그러하였다.[4] 뉴라이트New Right 진영은 일본의 수정주의 역사관을 모방하여 1차로 기존 공교육의 역사 인식을 공격하면서[5] 제도권 밖에서 대안 교과서를 만들었다(2008).[6] 여론전이 불거졌고 이름에 '뉴라이트'가 들어간 각종 단체가 우후죽순처럼 만들어지면서 뉴라이트는 보수 진영의 정치 신인 등용문처럼 인식되었다.[7] 세몰이에 성공한 이들은 2차로 제도권 내 진입을 목표로 검정 교과서까지 편찬했다(2013).[8] 여기에 공개된 집필진의 경력을 감안하면 교과서에 들어가기 어려운 특수한 해석이 대거 도입되었다. 곧 조선시대를 정체된 사회로 묘사하기 위한 수단으로 수량경제사가 적극적으로 활용되었다. 조선 초기부터 고립된 농업 사회로 묘사하기 위해 20세기 낙후된 조선의 사진 자료를 전면에 배치하거나 정조 연간을 '구체제舊體制Ancien Regime'로 보는 시각을 각인시키기 위해 다양한 읽기 자료를 종합적으로 동원했다. 이 같은 묘사는 역사학계의 신왕조 전제田制 개혁이나 정조대 문물제도 정비와 매우 동떨어진 평가이다. 그들은 '식민지 근대화론'을 펼치기 위한 전제前提로서 조선을 반드시 정체된 사회로 묘사할 필요가 있었다. 독재 정권을 미화하기 위한 정치적 목적에 매몰되어 친일적인 식민사관 따위는 고려하지도 않았다. 더욱이 역사학계에서 구체적으로 문제점을 지적하자[9] 오히려 지적된 문구까지 여과 없이 인용하여 교과서 검정 통과에 활용하였다. 졸지에 역사학계는 개정판 첨삭 지도자 내지 공동 저자가 되어버렸다. 검정 통과를 위한 세부 수정이 있었지만 역사 인식에는 변동이 없었다. 이에 당시 역사학자·역사 교사·시민들이 나서서 맹렬히 반발했다.

그러자 뉴라이트 진영은 3차로 국정교과서 체제로의 복귀를 추진하였다(2015). 국정교과서 부활은 단순히 교육과정 개편에 그치지 않았다. 놀랍게도 직전의 다소 보수적 입장의 검정 교과서(2013년 검정)조차 일방적으로 '좌파 교과서'로 매도되었다. 예컨대 교과서에 북한 체제 비판을 위한 사진 자료가 등장하면 '종북' 교과서라는 기사가 실렸으며 보수를 자처하는 정치인들은 내용도 확인하지 않은 채 앵무새처럼 이를 따라 말했다. 당시 보수 언론 매체들은 최소한의 사실 보도조차 하지 않았다. 이에 원로 학자들을 포함한[10] 전 역사학계가 국정교과서에 격렬히 반대하였다.[11]

오직 국정교과서 찬성만이 '올바른' 정치 이념이라는 판단 기준이 생겼을 뿐 아니라 심지어 이는 일반 시민을 대상으로 하는 취업 전선에서도 정치색을 감별하는 잣대로 무차별적으로 악용되었다.[12] 실제로 보도되지 않은 사건들까지 고려하면 정치적 자유와 직업 선택의 자유를 심각하게 훼손하는 불행한 일이 훨씬 더 광범위하게 벌어졌을 것이다. 일반 대중은 '좌파 교과서' 주장에 대한 논거를 살펴볼 필요가 없었다. 최고위층이 판단한 대로 따르기만 하면 됐다. 역사는 '생각하는 학문'이 아니라 정해진 판단을 수동적으로 '암기하는 것'으로 강요당했다. 곧 '전체주의全體主義totalitarianism'가 어떻게 나타나는지 현실에서 직접 살펴볼 수 있는 드문 기회가 도래했다.

역사와 정치가 무관할 수 있을지는 확신할 수 없으나, 특정한 역사 해석을 일방적인 정치색으로 간주하는 것은 상당히 문제가 있다. 현대 역사학의 미덕은 개인이 스스로 판단할 수 있는 사고력을 길러주는 것이지 유일한 해석을 제시하는 것이 아니다. 단 자유로운 역사 인식이란 미명하에 제국주의 미화(식민지 근대화론)나 인권 유린(위안부 강제 동원·남경 대학살 등의 부정) 등 역사 수정주의까지 허용되는 것은 아니다.

2. 역사 전쟁은 존재하는가?

동북아시아 한·중·일 3국의 역사 분쟁이 터질 때마다 일반 시민들은 역사학자들 사이에 치열한 공방이 있을 것으로 예상하지만, 사실 전공자 사이에서는 대립이 거의 일어나지 않는다. 역사학도라면 사료를 해석하고 평가하는 기본적인 훈련을 전 세계 어느 나라에서나 충실하게 수행하고 있다. 그래서 학설에 대한 소소한 이견은 존재하지만 국가 간 영토 분쟁이 일어날 정도의 견해차는 발생하지 않는다.

불행히도 이른바 '역사 전쟁'에서 한국 역사학자가 상대해야 하는 타국의 대상은 상식적인 교육을 받은 각국의 역사학자가 아니라 대체로 비전공 어용학자들이나 극우 인사들이다. 한국 역사학자들은 이들이 개입한 헤게모니hegemony 다툼에 강제로 참전해야 한다. 오히려 주변 각국의 역사학자들은 한국 역사학자들을 만나면 위로의 말을 건네는 일이 다반사이다. 따라서 적어도 지식인 계층(혹은 시민사회)의 공감대는 이미 일정 부분 형성되어 있는 상황이다.

오히려 '화려한 고대사'를 제창하는 재야사학이 문제이다. 위치 비정 논쟁 시 '전가傳家의 보도寶刀'처럼 사용하는 '식민사학植民史學'이라는 비판의 대상은 사실 한·중·일 학자의 공통된 의견이고, 좀 더 거슬러 올라가면 조선 후기 실학자의 역사·지리 고증과 가장 가깝다. 조선 후기·한국·일본·중국의 학자가 비슷한 의견을 내는 이유는 공유하는 사료가 동일하고 역사 논증의 방법이 크게 다르지 않기 때문이다. 역사학도로 훈련을 받으면 사료를 통해 말해야 하고 그 실체에 접근하기 위해 노력해야 한다. 이러한 교육을 받은 각국의 학자가 비슷한 결론에 이른 것은 결코 놀라운 일이 아니다.

그러나 재야에서는 '자유로운 영혼'을 갖고 학문적 성찰이나 엄격한 사료 비판 없이 자신들이 하고 싶은 주장만을 마음대로 일삼고 있다. 가장 우려되는 경우가 뜨거운 열정이나 애국심만 갖고 있으면서 기초 훈련조차 받지 못한 이들에게서 나타나고 있다. 제대로 판단할 수 없는 상황에서 극단적 이념에 과몰입하면 자신이 믿는 선한 의도와 달리 자신의 실천적 행동은 사회에 해악을 끼치고 만다. 심지어 진보와 보수를 막론하고 우리나라의 언론 매체는 만주(동북 지대/동북 3성)나 일본열도에 대한 그들의 '화려한 고대사' 설정을 마치 민족의 자긍심 내지 애국심 고취 수단처럼 활용하고 있다. 제5공화국에서 대중의 정치의식을 흐리게 하는 수단으로 만개했던 '국뽕(국가 히로뽕)'의 향수는 쉽게 사라지지 않고 있다.

이 같은 상황을 타개하기 위해서 역사학의 초입에 들어선 사람들은 최소한의 기초적인 개념 훈련을 거쳐야만 한다. 전국 대학의 역사 전공 학과에서는 이미 공통의 훈련이 이루어지고 있다. 1990년대 후반에서 2000년대 초반까지 국내 인터넷 매체에서 범람하던 재야사학이 자취를 감춘 것은 민주화 이후 대학 자율화와 더불어 전국의 대학 숫자에 비례해서 전문적 역사교육을 받은 졸업생이 폭발적으로 증가하였으며, 이들이 사회에 진출함에 따라 감히 1980-1990년대와 같은 엉터리 주장을 최소한 국내 온라인 사이트에서는 행하기 어려워졌기 때문이다. 한편으로는 대학 진학률이

지나치게 높다는 비판이 없지 않으나 높은 교육열은 민주 시민 육성에 적지 않게 기여하고 있다. 2020년 코로나19에 대한 한국 방역의 성공 요인 중 시민 정신이 중요하게 평가받고 있는데, 이는 교육열로 인해 과학적 근거와 전문가를 신뢰하는 사회적 분위기가 형성되었기 때문이다.

그럼에도 불구하고 '유사역사학pseudohistory(사이비역사학)'[13]은 유튜브YouTube와 같은 해외 기업의 한국어 지원과 케이블TV·팟캐스트 등을 통해 새로운 미디어 환경을 만들어내고 있으며, 심지어 사이버 대학·특수 대학원·연구소 등을 설립해나가고 있다. 이는 20세기까지 개인의 취미 정도였던 '재야사학'이 21세기에 접어들어 거대한 사업으로 변모하여 일종의 이념이나 종교처럼 '유사역사학'으로 전환되고 있음을 의미한다. 너무도 많은 사이비 단체가 일제강점기 숭고한 무장 독립 투쟁(신채호 및 대종교 등)을 자신들의 사업에 악용하고 있다.[14] 오늘날 두각을 나타내는 대부분의 사업가는 친일 관료 출신인 '단군교檀君教'의 후예거나 광복 이후『환단고기桓檀古記』를 내세워 일본 극우와 제휴했던 계열이다.[15]

조선시대 전공자로서 재야의 고대사를 강도 높게 비판하는 이유는 '화려한 고대사' 인식과 '조선 망국론'은 뿌리가 같은 '제국주의 시대 쌍생아'이기 때문이다. 고대사를 미화하는 만큼 조선은 정체된 사회로 비정된다. 그러나 오늘날 한국사 체계는 조선왕조의 개창으로 형성된 것이고(『동국통감東國通鑑』), 역사·지리 고증의 상당수는 조선 후기 실학자들의 성과이다. 그렇다면 현대 한국 역사학의 골격이 갖추어진 시대를 정체되고 미개한 사회로 그리는 것이 과연 합리적 서술인지 의문이 든다. 이는 일본 제국주의가 만들어놓은 '조선 망국론'이라는 전제를 그대로 두고서 '화려한 고대사'로 반박하려고 했기 때문에 벌어진 현상이다. 우리가 의제(테제these)

를 설정하지 못하고 반론(안티테제antithese)을 펴기에 급급했기 때문에 생긴 오류이다. 식민사학 극복을 위해서는 일본 제국주의가 설정한 전제 자체의 모순부터 검토를 시작해야 한다.

한사군漢四郡을 한반도에 설정하면 식민사학이 되는 것은 아니다. 같은 논리라면 정약용丁若鏞(1762-1836) 역시 한반도에 한사군을 비정하였으므로[16] 식민사학자가 되어야 한다. 낙랑군樂浪郡이 한반도에 있으면 부끄럽고 만주에 있으면 자랑스러운 것이 아니다. 이 같은 생각이 들도록 하야시 다이스케林泰輔(1854-1922)가 틀을 짜서 식민통치를 합리화하기 위한 선전 선동을 벌인 것[17] 자체에 문제를 제기해야 하는데, 한반도에 낙랑이 있으면 식민지로 역사가 시작된다는 일본 제국주의 전제를 그대로 받아들인 채 이를 논파하기 위해 만주 일대에 한사군을 설정하여 대응했던 방식에[18] 문제가 있다. 현재 고대사학계에서는 고조선古朝鮮의 강역 축소와 함께 수도의 이동 가능성은 인정하고 있다. 그러나 마지막 수도의 위치는 낙랑의 유물이 대거 발굴되는 평양으로 보고 있다. 오히려 삼국이 영역을 확장하여 한사군을 축출해내자 잔여 세력이 대륙으로 옮겨 가서 잠시나마 명맥을 유지했다. 곧 평양의 이동(서 → 동)과 낙랑의 축출(동 → 서)은 전혀 다른 개념이다. 대체로 양자를 혼용해서 요하 유역 한사군설을 주장하는 것이다.

더욱이 낙랑군을 요하 유역에 옮겨놓는다고 해서 문제가 해결되지도 않는다. 같은 시기에 있었던 요서군이나 요동군 역시 위치를 비정해야 하는데 모두 위치가 중첩된다. 역설적으로 그렇게 지우고 싶어 하는 낙랑이 한반도에 있어야 고조선의 수도가 한반도에 존재하게 되고, 고구려의 평양·고려의 서경이 모두 북방사와 짝하여 한반도의 역사로 연결되며, 이를 통해 만주-한반도의 역사 공동체가 복원될 수 있다. 고조선의 주요 도시에 설치한 한사군이 한반도에 없다면 도대체 고조선은 우리 역사와 어떻게 연결될 수 있겠는가? 더욱이 낙랑군의 고고학적 유물이 북한에 버젓이 남아 있는데도 그것을 모두 일본 제국의 조작물로만 주장한다. 그렇다면 어째서 그토록 고조선-고구려 계승성을 강조하고 주체사상을 강조하는 북한 정권까지 식민지 잔재인 낙랑을 그대로 용인하겠는가? 외세의 침탈을 부정하기보다 그들을 물리친 역사를 훨씬 더 자랑스럽게 여겨야 하지 않을까?

이러한 주장은 '영토 순혈주의'나 '광대한 영토'라는 환상에 집착하여 생긴, 외세는 한반도 내에는 존재해서는 안 되며 밖으로 나가야 한다는 강박관념에서 나온 소산에 불과하다. '반도사관'은 누가 만든 것인가? 이 역시 모두 일제강점기 이나바 이와키치稻葉岩吉 (1876-1940)를 필두로 한 '만선사滿鮮史' 체계화 과정의 소산이다.[19] 곧 식민지 조선인들으로 하여금 대륙과 반도로 이원화시켜 자국 역사를 부끄러워하고 자괴감이 들도록 만든 사고방식이다. '화려한 고대사'의 시각대로라면 대한민국은 역사상 가장 축소된 사회에서 살고 있어 비참해야 한다. 하지만 현재 대한민국의 경제력·군사력은 우리 역사상 최대치에 와 있다. 오히려 우리보다 국토가 더 넓고 자원이 더 풍부한데도 형편이 좋지 못한 국가가 훨씬 더 많은 것이 사실이다. 이는 영토주의에 대한 집착이 무용함을 단적으로 보여준다.

그 실상은 한 번도 동북아시아 국제 관계에 정상적인 일원으로 참여해보지 못했던 일본인의 콤플렉스를 조선인에게 전이시킨 것에 지나지 않는다. 우리는 제국주의에 반감을 가지면서도 은연중에 세뇌되었던 전제들을 직시해야 한다.

우리나라 대학의 역사학 전공 학생이라면 모두 최소한 1학기 이상 '사학 개론' 혹은 '역사학 입문' 등의 수업을 수강하면서 한없는 고민의 시간을 갖는다. 이러한 과정을 통해서 역사를 생각하는 학문으로 다시 살펴보는 기회를 갖고 있다. 따라서 역사학을 제대로 이해하기 위해서는 최소한 몇 가지 기초 개념에 대한 이해가 필요하다.

3. 개념어의 정립

언어는 그 사회의 사고방식을 담는 거울이다. 모든 개념어는 당시의 일정한 의도나 배경 속에서 생성된다. 따라서 단어를 선택할 때부터 어떤 개념을 내포하고 있는지 검토하는 것은 중요하다. 여러분은 다음 용어의 차이를 설명할 수 있겠는가?

부족국가인가? 소국인가? 도시국가인가? 성읍 국가인가?

양쯔강인가? 장강인가?

만력萬曆의 역役인가? 분로쿠文祿의 역인가? 임진왜란인가?

7년 전쟁인가? 조일 전쟁인가? 동북아시아 국제 전쟁인가?

중세인가? 근세인가? 조선시대인가?

인민인가? 민중인가? 국민인가? 백성인가?

왕국인가? 국가인가?

제국인가? 대국인가?

전제군주인가? 국왕인가?

근세인가? 르네상스Renaissance인가?

봉건사회인가? 전근대인가? 전통 사회인가?

당파인가? 붕당인가?

당쟁인가? 붕당정치인가?

이조인가? 조선인가?

만주인가? 동북 3성인가?

일왕인가? 천황인가?

한국전쟁인가? 6.25전쟁인가?

위의 용어들을 명쾌하게 구분할 수 있다면 역사학을 이해하기 위한 최소한의 기초 개념은 갖고 있는 셈이다. 개념어 선택에 정답이 있는 것은 아니다. 분명한 이유를 설명할 수 있다면 사용해도 문제가 되지 않는다. 그러나 적어도 학계 내에서 특정 용어가 변화했다면 이유가 있으므로 충분한 검토는 필요하다.[20]

그러면 용어 구분에 대해서 보다 기초적인 예시를 들어볼까 한다. 예컨대 흔히 사용하는 '국학(국사)'이나 '한국학(한국사)'은 전혀 다른 전통 속에서 배태된 용어이다. 전자는 일국사—國史의 전통 위에 있으며, 시대를 통틀어 국가 체제가 고도로 발달하여 정점에 달할 때 국수國粹(전통)를 선양하기 위해 나타나는 보편적인 현상이다. 대체로 인문학적 성격이 강하며 자국의 입장에서 체계화한 학문이다. 우리나라 역사에서는 늦어도 4-6세기 삼국에서 각기 국가 체제가 정비되고 교육기관 설립과 역사서 편찬이 동시에 이루어지던 시기에 발현되었다. 물론 이전 시기에도 고대국가가 존재하므로 중국처럼 그 시기가 더 앞섰을 개연성이 있으나 증명할 사료가 남아 있지 않다.

후자는 19세기 제국주의시대 산물로서 열강이 타 지역의 식민통치를 위해 필요한 정보를 종합한 학문이다. 사회과학적 성격이 강하며 '타자의 차가운 시선'에서 바라본 관점이다. 이른바 지역학(국제 지역학)으로 불리는 학문이다. 서구에서는 중국학, 일본학, 한국학 등이 여기에 해당하는데, 연구자 수의 부족으로 분과 학문별 학과를 둘 수 없어서 지역학으로 묶는 경향이 있다. 이 외에도 최근에는 지역학의 외연이 확장되어 서울학, 부산학, 수원학 등과 같이 지방을 다루는 국내 지역학이 등장해 지역학에 국제와 국내의 접두어가 새롭게 붙기도 했다. 한편 동북아시아에는 세부 연구자가 많으므로 서구처럼 국제 지역학으로 묶기보다는 문·사·철 분야별로 각 대학에 학과가 설립되어 있는 경우가 대부분이다.

그러나 최근에는 서구의 유행을 좇아 국제 지역학을 개설하는 경우가 많고, 대학 내 학과 통폐합으로 재조정되기도 한다. 더욱이 21세기에 접어들어 일본과 한국에서 '일본사', '한국사'로 고등학교 교과목명을 변경했는데, 이는 국수주의 성향의 탈피를 목적으로 한 경우이다. 여전히 각 대학의 학과나 연구소 명칭에는 한국학·한국사학과 국학·국사학 등이 병존하고 있는 실정이다. 2000년대 서울대 등을 필두로 상당수 연구 기관이 종래의 지역학에서는 '식민통치를 위한 타자의 차가운 시선'을 '전통문화를 발전시키기 위한 우리의 따뜻한 시선'으로 극복하고자 하였고, 국학에서는 국수주의를 경계하여 객관성을 확립하고자 하였다. 아울러 학문 분야도 인문학 및 사회과학뿐 아니라 관련 학문 전체를 포함하는 종합학문체계로 재편하고자 하였다. 이러한 노력을 통해서 '한국학'의 재정립을 제안하였다.[21]

다음 사례로 '중국'·'중화', '동양'·'지나', '동아시아'·'동북아시아'·'극동' 등의 용어가 있다. 먼저 '중국'이나 '중화'는 중국 문명을 존중하는 형태의 표현이다. 반면에 '지나支那'는 진秦china에서 유래했지만 일본 제국주의시대 중국을 상대화하기 위한 비칭卑稱이며, 일본 학자가 연구하는 새로운 중국학을 '동양학東洋學'으로 재설정하면서 등장하였다.[22]

'극동'은 유럽을 기준으로 가장 먼 동쪽을 가리키는 서양 중심의 사고방식이다. 20세기 말부터 영미권에서 스스로 유럽 중심주의를 비판하기 시작하면서 우리 교육과정에서도 퇴출된 용어이다. 그 대안으로 '동아시아'나 '동북아시아'가 쓰이고 있다. '동아시아' 는 국가를 초월한 지역 단위 연구 개념으로 도입된 것이지만 실제 로는 전후戰後 일본에서 자국 중심으로 동양학 주도권을 재설정하 기 위해 제안한 용어였다.[23] 마치 '동양'처럼 그 색깔이 옅어지면서 고등학교 선택과목명으로도 쓰일 정도로 혼용되고 있다. 이에 국 내 역사·지리 교육과정에서 서양 중심의 '극동'이나 '중동'을 '동북 아시아'나 '서남아시아'로, 일본 중심의 '동아시아'를 '동북아시아' 등으로 대체했다. 최근에는 '동북아역사재단'이라는 명칭도 등장하 였다.

4. 주관성과 객관성

역사학은 사료 분석과 그에 대한 평가로 구성된다. 사료 자체의 형성 과정을 살펴보고, 편집의 주관성까지 고려하여 문자 그대로 의 사실을 넘어서 맥락을 찾도록 노력해야 한다. 대개 재야에서는 모든 문헌을 단장취의斷章取義해서 전후 문맥과 다르게 인용하거나 시기를 무시하고 마구잡이로 끌어 쓰는 경향이 강하며 아예 위서僞 書를 근거로 제시하는 경우도 적지 않다.[24] 당대當代 쓰인 1차 사료 와 수백 년 뒤에 만들어진 2-3차 사료는 그 가치가 전혀 다르다. 또 편집 자체가 하나의 시각을 전제로 한다. 따라서 사료 자체에 대한 비판적 분석이 선행되어야 한다. 뉴라이트 경제사학자들처럼 조선 총독부가 식민통치를 선전하기 위해 만든 '시정기념始政記念' 자료 만 정리하면 일본인의 의도대로 '식민지 근대화론'으로 빠지기 십 상이다.

그들은 거의 초보 수준의 사료 분석을 하면서 마치 최고의 전문가인 양 출판과 언론 매체를 활용하여 대중을 선동하거나 오도하고 있어 매우 우려스럽다. 이것을 다른 시각이나 자유로운 학문 영역으로 치부하기에는 심각한 문제가 있다. 독일이나 프랑스에서 이 같은 제국주의 미화 발언을 하면 사실상 실형에 처해지지만, 불행히도 역사 청산이 제대로 이루어지지 않은 대부분의 피식민지 경험 국가에서는 이 같은 발언이 허용되고 있다. 왜냐하면 과거 제국주의 국가는 식민지에서 약탈한 재화로 부강해졌을 뿐 아니라 심지어 여전히 피식민지 국가에서 사업을 벌이는 큰손들이기 때문이다. 유감스럽게도 이는 현재까지 아프리카·동남아시아·아메리카 일대에서 일어나고 있는 현실이며, 불과 수십 년 전까지 한국도 같은 상황이었다. 세계 도처에서 현재의 예속된 경제구조를 과거에 투사해서 미화하는 방식이 식민지 근대화론의 근거로서 활용되고 있다. 최근 독일·프랑스의 미흡한 역사 청산에 대한 연구가 나오고 있으나,[25] 다른 지역에서는 그 정도 수준의 청산조차도 제대로 이루어진 적이 없었다.

유감스럽게도 사회과학의 인접 분야에서는 드물지 않게 개별 시대상을 다룰 때 이러한 사관의 문제나 사료 검토 과정을 대체로 생략하는 듯하다. 흥미로운 문장이 있으면 일부분만 잘라서 인용하고 그러한 발언이 나온 시대적 맥락은 전혀 검토하지 않는다. 더욱이 사료 전후에 언급된 내용조차 고려하지 않는다. 예를 들면『논어論語』에 수록되어 있으면 공자孔子의 발언이 아닌데도 자로子路·자공子貢·유약有若·증삼曾參의 대화조차 모두 '회통會通'정신을 빙자하여 공자의 말씀으로 둔갑하는 경우와 동일하다.

최근 뉴라이트에서『세종실록』의 조정회의 내용을 모두 세종의 발언으로 소개하고 그들만의 독법으로 이해한 이분법적 도식론까지 적용하고 있으나,[26] 역사적 맥락에 대한 몰이해라는 비판을 받고 있다.[27] 뉴라이트가 조선시대에서 가장 평이 좋은 세종대나 정조대를 공격 목표로 삼는 것은 조선을 정체된 사회로 설정하는 데 두 임금이 가장 큰 방해물이기 때문이다. 이 같은 인식은 극우 사이트에서 '헬조선hell朝鮮'이라는 신조어로 재등장하고 있다. 이는 일본에서 혐한嫌韓 표현으로도 사용하고 있다.

더 충격적인 것은 이른바 '진보 매체'에서조차 일본 제국주의 잔재라고는 전혀 인식하지 못한 채 현재 대한민국 사회를 비판하는 강력한 수단으로서 이 용어를 무차별적으로 가져다 쓰고 있다는 점이다. 극우와 진보 모두가 제국주의시대 잔재에 대해서 아무런 비판 의식이 없다. 이는 사실 국망國亡 직후 우리 지식인 사이에서 왕정에 대한 비판 의식이 '구체제론' 혹은 '봉건 체제론'으로 귀결되었고, 일본 제국주의 역시 이러한 곱지 않은 시선을 악용하여 '조선 망국론'을 조장하였기 때문이다. 진보가 전자를, 친일 성향의 극우가 후자를 각기 계승한 것이다. 결국 양자가 모두 일본 제국의 조선 왕정 부정이라는 대전제를 용인한 셈이다.

이와 유사한 사례로 우리 고유의 특성으로 '한恨'의 정서를 논하는 경우가 있다. 한국에 대한 '지적 허영'을 자랑하고 싶어 하는 북미에서는 한국 문화를 설명하는 기제로 이 개념을 심심치 않게 사용하고 있으며,[28] 예전에 교육을 받은 일반 대중 역시 마찬가지이다. 그러나 이는 어디까지나 야나기 무네요시柳宗悅가 식민지 조선인의 가엾은 현실을 동정해서 만들어낸 개념이다. 그가 악의를 가진 것은 아니라고 해도 철저히 점령국의 입장에서 바라본 피통치국의 문화 비평이었다.[29] 야나기의 조선 미술사 관점은 예술 전반과 민족성 설명에 영향을 미쳤다. 그래서 전통음악을 마치 '한'의 정서인 양 둔갑시키기도 하였다.

예컨대 영화 〈서편제〉(임권택 감독, 1993)는 예술적으로 상당히 우수한 작품으로 식민지를 겪고서 아직 가난하던 1960년대 한국 사회의 모습을 잘 그려냈다고 볼 수 있으나, 작품 속에서 판소리의 본질을 '한'이라고 설정한 것이 조선의 실제 정서였다고 보기는 어렵다. 오히려 영화가 제작된 1990년대 초 민주화 직후 식민통치와 군사독재로부터 억눌려왔던 것들이 투영된 가장 현대적인 작품이라고 볼 수 있다.

더욱이 이 같은 피동적 역사 인식은 광복 이후에도 한반도 역사를 최소 백여 차례에서 최대 천여 차례까지 침략만 당한 역사로 설정하는 데 영향을 미쳤다.[30] 이는 일본 제국주의가 '북부 한사군-남부 임나일본부'로 한국사의 시초를 설명한 틀에서 연원을 찾을 수 있으며, 광복 이후 수동적인 식민지 세뇌 교육의 여파로 변형되어 나타난 듯하다.[31] 심지어 미국 학계조차 이러한 일본의 한국사 서술 구조를 그대로 받아들였다.[32]

흔히 서구에서는 국민국가가 형성되는 시기의 '근대성'을 실제 역사상보다 훨씬 발전된 그 무엇으로 이해하지만, 우리나라에서는 조선시대에 엄연히 능동적으로 존재했던 '국가'나 '국민'의 개념을 망각해버리고 대체로 피동적 통치 대상인 '식민지인'을 형상화하는 형태로 근대 역사상을 바꿔버리는 경향이 있다. 그래서 전통시대 역사조차 모두 '근대성' 논쟁의 틀 속에서 부정될 뿐 아니라 식민지 근대화론에 열광하는 사람들이 출현하는 것이다.

하지만 이분법적 도식은 언제나 그렇듯이 잘 들어맞지 않는다. 그것은 근대주의를 표방한 학자들의 수식 놀음에 불과하다. 일반인들이 자신이 알고 있는 단편적 지식으로 전全 시대를 마구잡이로 재단하는 경우가 적지 않은데, 이러한 행태는 심히 우려된다. 마치 경성제국대학 교수 다카하시 도루高橋亨(1878-1967)가 개발한 '주리론-주기론'의 이분법적 틀로 조선 사상을 모두 설명하려는 시도만큼이나[33] 성립되기 어려운 망상이다.[34] 이것은 명백히 사료 전체를 검토하지 않은 데에서 온 결과이다. 주지하다시피 그는 조선인 혐오 발언으로 유명한 인물이다. 특히 의병들이 체포되었을 때『퇴계집退溪集』등이 압수물에 등장하자 강제병합 이후에도 강자에게 굴복하지 않고 무장 독립운동을 벌이는 조선인들의 사상을 설명해보겠다고 조선 유학사를 일본식 근대주의로 정리한 결과물을 내놓았다. 이 같은 근대식 학문을 장지연張志淵(1864-1921) 등 우리 지식인들은 비판적으로 수용하고자 했으나 그러한 명분하에 '주리론-주기론'의 틀은 조선인들에게 오랫동안 재교육되었다.[35] 마치 하야시의『조선근세사朝鮮近世史』가 최소한의 대한제국 시각(임진왜란壬辰倭亂 패전 → 승전 등)으로 가필된 채로 현채玄采(1856-1925)의『중등교과 동국사략東國史略』[36]으로 번안되어 검정 교과서로 쓰인 것과 비슷한 맥락이다.[37] 물론 일본인 학자와 한국인 학자의 목적은 전혀 달랐으나 교육 수단이 공유되면서 예기치 않은 결과를 만들어냈다.

또 다른 철학사의 사례를 살펴보면 우리는『순자荀子』를 읽지 않은 상태에서는 순자의 '성악설性惡說'이 사람을 악하게 본다고만 이해하는 우愚를 범하기 십상이다. 그러나『순자』에서는 인간이 선천적으로 타고난 악한 본성에도 불구하고 후천적으로 교육(예禮)을 통해서 얼마나 선해질 수 있는지를 역설하고 있다. 이는 인간에 대한 무한한 신뢰를 전제로 한 개념이다. 따라서 순자의 방점은 후자에 있으나 아무도 원저작을 읽으려 하지 않으므로 근대적 연구를 표방하던 도식론 주창자들의 견해를 마구잡이로 들여와 사전처럼 외우고 있는 형국이다.

주자학 연구 역시 일제강점기 시각을 1990년대까지도 그대로 받아들였다. 이는 전 세계에서 가장 왜곡된 주자학 연구 시각을 지닌 일본의 17세기 학설에서 연원한다. 이것이 오늘날 많은 반反주

자학 담론을 양산했음은 물론이다. 에도시대 고학파古學派는 주자
학의 이해도가 상대적으로 얕아서 성리학 체계만을 주자학으로 오
해하고 자신들의 입장이 정반대라고 여겼다. 그러나 주지하다시피
주자학은 훈고학과 성리학이 집대성된 학문이다.[38] 청의 고증학考
證學, 조선의 실학實學, 일본의 고학古學 등은 기본적으로 유사한 흐
름으로 설명할 수 있다. 그런데 많은 실학 연구자나 재야학자가 근
대성을 찾았다고 주장한 내용의 원사료를 찾아보면 모순적이게도
『주자어류朱子語類』 중 주희의 발언인 경우가 많다. 그렇게 혐오하
던 반反근대성의 종장宗匠이 그들이 주창한 근대성의 근거가 된 셈
이다. 도식론에서 연원한 이러한 엉터리 연구는 맥락을 제대로 찾
아보지도 않은 채 사료의 연원을 검토할 여력이나 능력이 충분하
지 못하던 시절의 과오였다. 역사학에서도 이 같은 오류가 적지 않
았으나 2000년대 이후 거의 사라져가고 있는 추세이다.[39]

그럼에도 아직 해당 연구가 진전되지 못한 사회과학 각 분야나
미국 학계에서는 전통시대 사료에 대한 이해가 부족하여 번역본의
일부 구절을 가져와 상상력을 덧붙여 엉터리 담론을 당당하게 확
산시켜나가고 있다. 독창성이 있는 것도 아니고 사료를 제대로 이
해하지도 못한 상황에서 역사학과 상대적으로 거리가 먼 자기 분
야의 전문성을 근거로 역사를 마음대로 재단하는 경우는 비일비재
하다. 심지어 그것을 '새로운' 학설이라고 주장하기까지 한다. 그
새로운 상상력이 대체로 100여 년 전 일본 학설의 계승이나 다름없
다는 사실은 전혀 알지 못한다. 연구사에 대한 이해가 너무나도 일
천하기만 하다.

한편 현재적 시각에 따라 왜곡된 또 다른 사례로 지역 차별론을
들 수 있다. 호남 차별론(전라도: 고려 왕건의 훈요십조), 서북 차별론
(평안도: 순조대 홍경래의 난), 영남 차별론(경상도: 영조 연간 무신란)

등이 주장된다. 그러나 이러한 주장이 타당한 것인지는 검토가 필요하다. 일반 대중의 상식과 달리 과연 지역 차별론은 실재했던 것인가?

첫째, '훈요십조訓要十條'(942?)를 빙자한 호남 차별론은 현대 한국의 칼럼에서 주로 언급되어온 사안이다.[40] 그래도 여기에 동의하는 학자는 거의 없다.[41] 훈요십조 자체에 대한 타당성 논쟁이 고려시대 연구자들 중에서 오랫동안 이어지고 있다. 그 시점이 왕건 사후인데, 왕건의 최대 지지 세력이 과연 나주를 차별할 수 있었는가 하는 의문 등이 제기된다. 이를 왕건 사후 다른 가문의 경쟁 심리가 반영된 결과나 후백제 견훤의 중심지에 대한 견제 발언으로만 이해하기도 한다. 실제 등용된 인물이나 국난 시 피난지 등을 검토하여 왜곡된 사료로 설명하기도 한다. 더욱이 고려나 조선에서 삼남 지방은 곡창지대로 가장 부유한 지역이었는데 차별 자체가 가능할 수가 없었다. 오히려 현대 군사정부의 선거 전략에서 인구가 더 많은 경상도를 선택한 데에서 지역주의가 고착화되었다고 보는 것이 통설이다.[42] 지금의 가장 주관적인 시각이 역사적 사실에 투영되어 왜곡된 전형적인 사례에 해당한다. 따라서 대중매체에서 지식을 뽐내던 이들의 칼럼은 아전인수我田引水에 지나지 않는다.

둘째, '홍경래洪景來의 난'(1811-1812)을 근거로 평안도인이 차별받았다는 주장도 제기되었다. 주로 19세기를 민중운동사 시각에서 설명하면서 조선왕조를 '구체제'로 보는 관점이 주요하게 작용했다. 그러나 평안도는 중앙에 세금을 내지 않는 특혜를 부여받은 도인데다가 경상도와 더불어 대외무역을 관장하여 가장 부유한 지방이었다. 더욱이 역대 출사자 연구를 보면 다른 도에 비해 관직 진출 비중이 지나치게 높았다.[43] 가장 부유하고 많은 관직 진출자를 배출한 도가 차별받았다고 할 수 있는가? '서북인 차별'은 홍경래 등이 반란을 합리화하기 위한 정치 선전이었을 뿐이다. 해당 근거 사료를 살펴보면 특정 지역 차별이라기보다 현대사회에도 있는 서울 사람들의 지방에 대한 편견 정도에 지나지 않아 보인다. 광복 직후 서북인이 월남하여 정착하는 과정에서 기득권이 없던 소수가 느꼈던 불안한 정서가 조선시대에 과도하게 투영되어 설명된 듯하다.

셋째, 영조 연간 '무신란戊申亂'(1728) 이후 남인의 출사가 막혀서 수백 년 동안 차별받고 있다는 주장이 있다. 그리고 현재는 없어진 '평영남비平嶺南碑'가 영남 평정을 기념한 비라고 주장하고 있다. 이 같은 설명 방식은 경상도 지역에 팽배해 있다. 그러나 영조는 무신란 이후 전국에 연좌제를 금지하고 경상도에는 특별사면을 내려 오히려 우대했다. 더욱이 이 비가 세워진 시기는 남인이 중용되던 정조 연간이며 그 내용 역시 무신란 당시 과로로 순직한 관찰사觀察使에 대한 공로를 치하하는 것이었다. 한문 내용을 읽을 수 있던 시기에는 전혀 문제가 되지 않았으나 광복 이후 판독할 수 있는 사람이 줄어들자 제목만 보고 내용을 오인했기 때문인지 비는 사라지고 말았다. 그 내용은 『조선금석총람(하)』에 실려 있다. 더욱이 그렇게 차별받았다고 주장하는 경상도는 조선시대 역대 과거 급제자 배출 1위를 기록하고 있다.[44]

영남보다 급제자가 높은 지역은 오직 한성뿐이다. 오늘날 '서울 공화국'으로 일컫는 고도의 중앙 집중화는 19세기 세도勢道정치기 이른바 '경화사족京華士族'으로 불린 벌열 가문閥閱家門의 등장으로 비롯된 것이다. 조선시대 가장 부유하고 과거 급제자가 많았던 경상도와 평안도가 지역 차별을 주장하는 것은 상식적으로 이해하기 어렵다. 오히려 강원도나 함경도 등에서는 아예 아무런 구호도 내세우지 못했다.

현재까지 가장 많은 대통령을 배출한 지역이 경상도임은 주지의 사실이다.[45] 우리나라는 수도권에 약 2,600만[46]이 살고 있고, 영남에 약 1,250만[47]이 살고 있다. 실제로 대한민국 인구(5,178만) 중에 약 50%가 수도권에, 약 25%가 영남 지역에 분포되어 있다. 사실상 75%가 수도권-경상도에 집중된 구조이다. 그런데도 지역 차별을 주장하는 것은 이상하지 않은가? 이는 권력을 오랫동안 향유한 곳일수록 오히려 조금만 약화되어도 예민하게 반응하기 때문이다. 영남은 전국에서 압도적으로 1위를 차지하고 있음에도 불구하고 비교 대상은 오직 서울뿐이다. 19세기에 중앙이 비대해져서 지방이 상대적으로 소외된 경향은 지적받아 마땅하다. 그러나 이것이 특정 지역인을 낙인찍어 차별했다는 뜻은 아니다. 양자는 비슷해 보이지만 전혀 다른 개념이다. 엄밀히 말해서 경상도가 지역 차별을 받은 적은 없다. 단지 서울을 꿈꾸기 때문에 부족함을 느끼는 것이다.

이러한 상황은 모두 비슷해 보이는 사료를 가지고 어떻게 해석하느냐에 따라서 그 모습이 얼마나 왜곡될 수 있는지를 보여준다. 따라서 에드워드 핼릿 카Edward Hallett Carr(1892-1982)가 지적한 사료의 진실성 문제가 왜 중요한지 절감하게 된다. '진실truth'과 '사실fact'의 차이에 대해서 심각하게 고민해보아야 한다.[48] 19세기 말 처음 일본을 방문한 서양인들은 비문명화, 미개함, 비위생성 등을 소재로 그림과 글을 썼다. 그러나 일본 제국주의는 자신들의 이미지를 제고하고, 비문명화 이미지는 고스란히 조선으로 떠넘기고자 노력했다. 사실 사람들이 벌거벗고 다니는 현상은 아프리카나 태평양 제도諸島뿐만 아니라 19세기 후반 일본에서도 남녀를 불문하고 심심치 않게 발견되었다.[49] 반면에 조선에서 그러한 이미지는 극히 제한적이었다.

프랑스나 영국은 자신들의 선진 기술과 대비하여 식민지의 야만성을 만국박람회(세계박람회, EXPO)를 통하여 공개했는데, 일본 제국주의는 우리나라를 그들의 과거 야만 상태와 동일하게 만들려고 노력했다. 실내 사진관에서 작위적으로 가슴을 드러낸 여인의 사진이나 기생의 엽서 등을 제작하여 유럽에 홍보하거나 심지어 살아 있는 조선 선비나 기생을 일본·조선의 각종 박람회에서 전시하였다.[50] 조선을 미개하고 가엾은 나라로 그려내려는 의도였다.[51]

우리가 접하는 무수한 사료는 이러한 편집과 수정이 수없이 이루어져 있다. 여기서 과연 우리는 얼마만큼의 진실을 찾아낼 수 있을 것인가? 역사학도의 사명은 역사적 맥락을 파악하여 진실을 추구하는 것이다. 따라서 종합적 맥락을 살펴야지 개별적 사실만으로 개인의 선입견을 주장해서는 안 된다.

우리는 레오폴트 폰 랑케Leopold von Ranke(1795-1886)와 카를 상반된 인물로 이해하기 십상이다. 물론 전자가 역사의 객관성을, 후자가 주관성을 강조했다는 점에서 외형적으로는 다른 주장을 펼치긴 했다. 그러나 그들은 궁극적으로 역사적 실체를 밝히고자 했으므로 그 의도는 거의 동일하다고 평가해야 마땅하다. 랑케는 종교나 철학에서 역사학을 분리시키고 싶었기에 역사가의 주관적 감정을 최대한 배제해야 과거 시대상의 복원 내지 실체의 접근이 가능해진다고 여겼다. 반면에 한 세대 이후 카는 그 같은 주관성 배제가 아무리 노력해도 일정한 한계에 봉착할 수밖에 없으므로 현실은 인정하되 최대한 역사적 실체에 다가가야 한다고 주장했다. 따라서 카의 주관성 고려가 역사적 실체를 포기한 것은 결코 아니었다. 양자의 시대적 과제가 달랐을 뿐이다. 19세기 랑케는 종교와 철학으로부터 독립된 역사학을 중시했고, 20세기 카는 역사학 자체가 이미 또 다른 시각을 형성하고 있어 사료의 취사선택에서부터 주관성이 개입될 수밖에 없다고 보았다.

그러나 이 같은 개론적 지식이 정확한 설명인지는 다소 의문의 여지가 있다. 랑케 개인과 랑케주의(실증주의)는 상당히 이질적인 듯하다. 마치 '공자-유교'나 '주희-주자학'의 거리감과 비슷하다. 랑케주의는 독일에서 발원하고 미국 역사학의 토대를 쌓는 데 기여했으나 랑케의 저작을 직접 살펴보면 실제보다 우리가 신봉하는 랑케의 객관성에 대한 환상이 너무 짙은 듯하다.[52] 랑케의 실증주의는 사실 헤겔Georg Wilhelm Friedrich Hegel(1770-1831) 등의 사변적 역사 인식에 비해서 객관적일 뿐이다.[53] 랑케라고 해서 자기주장을 펼치지 않은 것은 아니다. 그가 프로이센 국왕 빌헬름 4세Friedrich Wilhelm IV(1795-1861)와 밀접한 관계였던 점을 미루어 보면 그의 저작이 교훈사관(감계사관/거울사관)에서 벗어났다고 보기도 어렵다. 곧 교조적으로 학습되어온 '랑케-랑케주의'의 실제 모습에 간극이 있었다고 하겠다. 향후 역사교육에서는 이러한 모순도 고려할 필요가 있을 것이다.

5. 시간과 공간

우선 역사 속 시간에 대한 고려가 필요하다. 오스발트 슈펭글러 Oswald A. G. Spengler(1880-1936)는 플랫폼 가까이에서 기차를 바라보는 것과 하늘 위 비행기에서 평원을 달리는 기차를 바라보는 것의 차이를 예시로 들면서, 동시대 역사를 인식하는 것과 고대사를 인식하는 것 사이의 간극을 설명하였다.[54] 시간의 차이는 역사를 인식하는 범위를 전혀 다르게 만든다.

또한 마르크 블로크Marc Bloch(1886-1944)는 역사 속 과거와 현재의 상대적 시간을 중요한 개념으로 다루었다.[55] 예컨대 농업 사회에서는 일출을 기준으로 하루가 시작되고 일몰을 기준으로 하루가 마감되는 자연의 섭리에 인간의 생활도 종속된다. 그러나 현대사회는 전동 시계quartz watch의 출현으로 하루가 세밀하게 나뉘고 해와 무관하게 더욱 빠르고 촉박하게 살아가는 생활로 바뀌었다.[56] 따라서 현대인의 시각으로 농경 사회를 이해하는 것은 쉽지 않다.

게다가 카는 역사를 과거와 현재의 대화로 표현했는데,[57] 그는 현재 우리가 발 딛고 있는 사회의식 내지 시대정신에서 자유롭기 어렵기 때문에 역사가의 평가에 따라 역사가 좌우된다고 여겼다. 실례로 우리에게 익숙한 탕평군주蕩平君主 정조는 1980년대까지만 해도 홍국영洪國榮(1748-1781)에게 조정당하는 우둔하고 바보 같은 허수아비 군주 내지 아버지(사도세자)를 잃은 가련한 임금에 지나지 않았다. 그런데 1990년대 이후 일약 대성하여 정조대왕, 개혁군주, 절대계몽군주 등의 칭호가 붙여졌다. 정조의 삶은 한 번뿐이었으나 우리 사회가 급격한 정치 변동을 겪으면서 역사적 평가마저 바뀌어버렸다. 여기에는 민주화가 큰 시대적 배경으로 작용하였다.[58] 동일한 역사상이 '현재적 관점'에 따라 얼마든지 바뀔 수 있음을 보여준다. 이것이 카가 설명한 '과거와 현재의 대화'의 대표적 사례라고 할 수 있다.

다음으로 역사를 제대로 이해하기 위해서는 공간에 대한 검토도 뒷받침되어야 한다. 그동안 동북아시아 역사는 후술하는 시차 발전론時差發展論의 관점에서 이해되어왔다. 여기에는 시간과 공간의 분절적인 개념이 결합되어 있다. 중국이 가장 먼저 발달했고, 한국이 그다음이며, 일본이 가장 느렸다는 것이다.

그러나 중국·한국·일본 등의 발전 시기가 다르다는 이 설정은 동시대 비교사 연구를 어렵게 했다. 10세기를 예로 들면 일본은 '고대', 한국은 '중세', 중국은 '근세'로 각각 구분된다. 만약 어떤 여행자가 일본에서 출발한다면 고대 사회에서 중세 한반도를 경유하여 근세 중국에 도착하는 경과를 거치게 된다. 하지만 선진과 후진을 구분할 수 있다고 하더라도 제국주의시대 '야만-문명'과 같은 개념을 전제로 하는 시대구분이 과연 타당한 것이겠는가? 물론 이 같은 모순에 대해서 일각에서는 시대구분론은 일국사적 관점에 기초하였기 때문이라고 변명해왔다. 그러나 동북아시아 내에서조차 공통의 발전상을 설명할 수 없다면 그것이 이론으로서 가치가 있겠는가?[59] 다행히도 이 같은 무의미한 논쟁은 20세기를 끝으로 막을 내렸다.

21세기에는 동시적 관점, 전全 지구사적 시각의 필요성이 대두했다. 이른바 '동서 교류사'가 부각된 것이다. 이전의 유럽 중심주의적인 사고는 한동안 '지리상의 발견' 이후에 진정한 세계사가 탄생했다고 주장해왔다. 이것은 대체로 제국주의시대 영국이 만들어낸 대서양 연안 국가의 성공담을 중심으로 만들어진 세계사 체계였다. 그러나 서유럽의 빈국들이 지구를 반 바퀴 이상 도는 모험을 감행했던 이유는 그들이 기존의 동서 교류의 이익을 향유하는 세력권에 들지 못했기 때문이다. 일찍이 초원의 길, 비단길(천산산맥 상·하 길), 바닷길 등이 열려서 동서양은 세간의 편견보다 훨씬 이른 시기부터 서로 문화를 공유하였다. 초원의 길은 유목 민족 흉노(훈족)나 돌궐(투르크족)의 이동에 사용되었다. 비단길은 기원전 3세기 서한대西漢代 로마의 보호국인 파르티아까지 연결되었다. 바닷길은 2세기 동한대東漢代 동남아시아-인도차이나반도 교역로가 열려서 「프톨레마이오스 지도」에 반영되었고, 8세기 당대唐代에는 중국과 이슬람이 직접 해로로 연결되었다. 이것이 신라·발해 및 고려시대에 기독교(남북국시대 동방 기독교 및 고려 후기 가톨릭)나 이슬람교가 전래된 계기였다.[60] 역사상 동서 교류망이 가장 번성했던 시기는 8세기 당-이슬람(서남아시아-중국), 14세기 몽골(유럽-중국), 16세기 실버 로드silver road(아메리카-중국), 18세기 세계무역의 복원기 등이다.[61]

그러므로 이 같은 역사적 시간과 공간에 대한 고찰이 선행될 때, 선입견이나 특정한 목적에서 파생되는 왜곡의 길을 차단하여 역사학은 시민이 스스로 '생각하는 학문'으로서 거듭날 수 있을 것이다.

제1부 조선왕조 탄생의 성격

1장 왕조의 이미지

1. 국호: 왜 '조선'인가?

조선의 많은 제도는 이전 왕조인 고려에서 비롯된 경우가 허다하다. 신왕조 개창 세력은 끊임없이 체제 개혁을 부르짖었으며, 고려와 조선의 차별성을 강조했다. 조선시대 연구자들도 상당 부분 이러한 시각을 견지하고 있다. 물론 왕조 개창으로 변화가 없지는 않았으나, 조선이 고려 사회의 기반 없이 완전히 새롭게 창출되지는 않았다.[1] 따라서 고려와 조선을 완전히 단절적으로 이해해서는 곤란하다. 오히려 고려(10-14세기)의 전통 혹은 신라하대(통일신라, 7-9세기)의 전통까지 연속선상에서 검토가 필요한 경우도 있다.

이러한 예는 수많은 분야에서 찾아볼 수 있다. 단지 무엇부터 검토할 것인가가 관건이다. 그중 가장 먼저 살펴보아야 할 것이 바로 국호 문제이다. 일제강점기 이래 조선왕조에 대한 비판적 시선으로 인해 명이 국호를 낙점한 것으로 이해되는 경향이 있다. 일본 극우 역시 이러한 정황을 가지고 한국인의 피동성을 강조하고 있다.

그러나 조선의 국호는 여러 가지 요인이 복합적으로 작용한 결과이다. ① 대내적으로는 고려 중기 삼한유민의식三韓遺民意識의 극복 과정에서 일어난 현상이다. 신라는 한반도 남부의 통일을 정당화하기 위해 삼한일통의식三韓一統意識을 창안해냈다. 그러나 신라나 고려 모두 삼국 중 자신이 으뜸임을 주장할 뿐 서로 융합하는 데는 실패하여 신라 말·고려 중기 두 차례나 후삼국이 출현하였다. 대몽항쟁기 강력한 외세와 대결하는 과정 속에서 삼국을 초월하는 구심점을 찾으려는 노력의 일환으로 최상위 고대국가로서 고조선이 주목받았다. 부여계가 고구려·백제·발해 등에 국한된 데비해 고조선은 부여나 삼한뿐 아니라 신라 육촌(육부)의 연원으로도 설명 가능하므로 모든 고대국가의 기원 같은 성격으로 이해되었다. 이것이 내부적으로 고조선 의식이 발현된 이유이다.

② 고조선의 재인식은 '패러다임 전환'[2]에도 활용되었다. 『삼국유사三國遺事』는 단군을 중국의 시원인 요임금과 동시대로 보고 역사를 비슷하게 설정하였다. 고려 초기부터 서경(평양) 경영을 통한 기자箕子(고조선)·주몽朱蒙(고구려) 계승 의식이 확인되는데 이것을 심화시킨 것이다. 유가의 이상사회로 불리는 주周나라에 도통道統을 전해준 기자를 발굴하여 강조했으며, 이에 따라 14-15세기 신유학자들은 고조선을 주나라에 버금가는 이상사회로 설정했다. 이는 유교적 이상사회가 이미 우리 역사에 실존했다는 주장이며, 그것이 중국과 대등하거나 더 월등했다고 본 것이다. 곧 자주성을 강조하는 형태로 기자를 인식한 것이다.

이는 '기자'에 대한 여타 인식과는 사뭇 다르다. 중국은 후대로 갈수록 기자에 대한 각종 기록을 부풀리면서 우리를 제후국으로 낮추어 인식하는 데 악용하였다. 조선 후기에는 대명의리론對明義理

論과 짝하여 중화의 상징적 인물로 추앙되었다. 반면에 일제강점기에 기자는 중국인 식민 정권으로 폄하되었고, 식민사학 극복 과정에서 남북한의 고대사 전공자들에게 허구의 기록으로 치부되었다. 기자는 두 군주를 섬길 수 없어서 조선으로 갔다는데 책봉을 받았다는 것은 성립되기 어려운 사실이고, 유민이 이주하자마자 임금 노릇을 했다는 것도 상식적으로 납득하기 어렵기 때문이다. 심지어 평양 이외에 중국 내에만 기자묘가 세 곳[3]이나 남아 있다. 다만 고대의 역사적 실체와 고려시대의 역사적 인식은 구분해서 살펴볼 필요가 있다.

③ 이후 우리나라는 대외적으로 이웃한 여러 왕조와 외교문서 상에 고려 전기에는 '삼한三韓'으로 별칭되다가 고려 후기에는 '조선朝鮮'으로 재인식되었다. 외국에서도 이미 '조선'으로 불리고 있었다. 형식상 명에게 천자로서 최종 승인권을 부여했으나, 홍무제洪武帝(주원장朱元璋/명태조明太祖, 1328-1398)가 아무리 무도한 군주였다고 해도 외교 관례상 첫 번째 추천안(1망望)을 고르는 것이 상식이었다. 특히 두 번째 추천안(2망)이 '화령'이었기 때문에 더욱이 선택할 수 없었다. 홍무제는 뜻이 아름다운 '조선'[4]으로 국호를 정한다고 밝혔다. 왜냐하면 화령은 영흥이고 영흥은 곧 쌍성이기 때문이다. 쌍성은 명이 철령위를 설치하고자 한 철령 이북이다. 명은 원의 영토 반환을 끈질기게 요구했는데, 고려-조선은 원간섭기에 '쌍성'이라는 명칭이 만주 일대의 지명[5]을 한반도 내로 왜곡한 것이고, 특히 공험진 이남은 고려 땅이라는 주장을 일관되게 펼쳤다.[6]

명이 서북 경계인 압록강은 인정할 수밖에 없었으나 동북 경계인 쌍성은 달랐다. 동북 경계는 태종대까지도 여전히 외교 분쟁을 일으켰고,[7] 결국 타협책으로 고려의 공험진과 명의 철령위를 모두 인정하는 선에서 절충되었다.[8] 명은 요동에 철령위를 물려서 설치하였고, 조선은 두만강 너머(선춘령先春嶺)로 공험진을 주장했다.[9] 동북 9성은 공민왕대恭愍王代까지 북청-길주로 비정하던 것을 공양왕대 두만강 유역으로, 세종대 두만강 북쪽 선춘령으로 점차 확장한 것이다.[10] 조선은 공험진 이남이 '고려의 고토'라는 명분을 내세웠기에 공험진을 계속 북진시키고 있었고, 명은 황제의 권위를 실추시킬 수 없어서 위치를 물리면서까지 철령위를 유지하였다. 이에 중국 요녕성에 철령시가 남아 있다.

한편 현재 우리나라의 국호로의 전환은 고종 연간에 그 단서가 시작되었다. 조선시대에는 일반적으로 '조선국朝鮮國'으로 표기하였으나[11] 고종대부터 외교문서에 '대조선국大朝鮮國'을 쓰기 시작했다.[12] 이후 갑오개혁기에 잠시 '대조선제국'을 쓰고자 하였으나 실패하였고 마침내 광무개혁기에 이르러 '대한제국大韓帝國'으로 국체를 바꾸었다. 고종대 일련의 흐름은 모두 만국공법萬國公法 체제하에서 주변 열강으로부터 독립국을 유지하려는 의지의 표명이었다. 불행히도 망국을 겪었고 고종마저 붕어崩御하자 3.1운동을 기점으로 공화주의가 대중적 지지를 받으면서 다양한 이름의 임시정부가 줄현하였고 그전부터 신문상에 등장하던 명칭이 호용을 받아서 '대한민국大韓民國'으로 수렴되었으며, 광복 이후에 재검토를 거쳐 현재 국명으로 확정되었다.[13]

반면에 북한은 '조선민주주의인민공화국朝鮮民主主義人民共和國'으로 명칭을 정하였다. 또한 중국 내 간도 일대 동포들은 간도 임시정부(1945)를 수립했으나 중국 정부(중국공산당)의 압력으로 해체되었다. 이후 신중국(중화인민공화국)에서 전공戰功을 인정받아 '연변조선족자치주延邊朝鮮族自治州'(1952-1955)를 승인받았고, '조선족朝鮮族'으로 구분되고 있다.[14] 일본 내 동포들은 패전 후 일괄적으로 '조선적朝鮮籍(재일 교포在日僑胞)'으로 분류되고 있다. 일본 역시 「샌프란시스코 평화조약Treaty of Peace with Japan(대일강화조약)」(1951-1952)에서 한국의 승전국 지위를 반대하는 이유를 재일 교포의 이반離叛으로 들 정도로 차별 정책을 유지하였다.[15] 이상이 아직도 중국·일본에서 '조선전쟁'이나 '조선반도'라는 용어를 쓰는 이유이다. 러시아 내 연해주 일대 동포들은 고려인 자치구 설립 운동을 전개했지만(1922-1927) 러시아 정부의 허가를 얻지 못했고 종국에는 중앙아시아로 강제 이주를 당해 집단 거주가 와해되었으며(17-20만 명, 1937) '고려인高麗人'으로 구분되고 있다. 우리나라의 문화에 대해 한국 국호를 따서 '한류韓流'로 표기하는 것은 비교적 최근 일로서 남북한의 경제적 위상이 역전된 이후의 일이다.

2. 식민지적 사고 '반도사관'

일제강점기 이전까지 우리나라의 역사는 '반도사'로 이해되지 않았다. '반도peninsular'라는 개념 자체가 서구 근대 지리학의 용어였다. 이것은 역설적으로 일본이 동북아시아의 보편적인 국제 관계인 조공朝貢·책봉冊封체제에 오랫동안 편입되지 못했기 때문에 만들어낸 사고방식이었다. 그래서 일본은 중국을 타자화하여 '지나支那'로 폄하하고 조선을 대륙에서 분리시켜 협소한 영토라는 인식을 퍼뜨린 것이다. 식민지 침탈을 겪던 중국과 망국의 현실을 목도한 조선의 사람들은 일본의 '동양관'에 길들여졌다. 한반도 영토(22만 847km^2)는 메이지明治유신 전후[16] 일본(29만 685km^2)[17]과 비교하면 대략 비슷하거나 조금 작은 규모이다. 그런데도 일본은 "크다"고 이미지화되고 비슷한 크기의 조선은 "작다"고 인식된다. 오늘날 한반도의 크기는 영국과 비슷하고, 유럽 대륙에서도 국토 면적이 보통에 해당한다. 하지만 우리는 영국이나 일본은 작다고 하지 않고 한반도만 작다고 본다. 오늘날까지 우리나라를 '강대국'이라고 쓰기를 꺼리며 형용모순인 '강소국'을 쓰고 있다. 이는 영토 크기에 대한 콤플렉스에서 비롯된 것이다.

최근 20년 동안 세계 기구에서 발표한 각종 지표에서 우리나라가 10위 이내에 든 분야는 상당수에 달한다.[18] 한국은 경제협력개발기구Organisation for Economic Cooperation and Development(OECD) 가입국이자 세계 7대 30-50 클럽(1인당 GDP 3만 달러, 인구 5,000만 명 이상)에 속한다. 게다가 세계보건기구World Health Organization(2003)·국제연합United Nations(2006)·세계은행World Bank(2012)·북태평양수산위원회North Pacific Fisheries Commission(2015)·유엔기후변화정부간협의체Intergovernmental Panel on Climate Change(2015)·국제해사기구International Maritime Organization(2016)·국제형사기구International Criminal Police Organization(2018) 등 다양한 국제기구의 수장을 역임해왔다.

그럼에도 우리는 여전히 스스로를 선진국으로 인정하지 못하고 있다.[19] 이것은 사실에 기반한 인식이 아니다. 아직 경제 규모가 우리의 세 배에 달하는 일본과 비교해도 이미 2012년부터 국가 신용등급 평가에서 우위에 서기 시작했고,[20] 2016년에는 1인당 생산성을 추월했으며,[21] 2017년부터 1인당 실질 GDP마저 4만 달러를 넘어 역전하였다.[22] 대만의 혐한嫌韓이 한국과 경제적 격차가 벌어지기 직전에 극심했던 것을 감안하면 최근 일본의 혐한 역시 같은 이치로 급증하는 듯하다.[23]

그럼에도 불구하고 1990년대 섣불리 선진국을 자칭했다가 국제통화기금International Monetary Fund 구제금융을 겪으며 준비되지 못한 세계화에서 붕괴된 경험 때문에 이제는 부강한 나라가 된 현실을 쉽게 받아들이지 못하고 있다. 이는 대한민국이 20세기에 식민지를 경영하지 않고 선진국 대열에 들어간 희귀한 사례이기 때문이다.

그래서 조선시대까지 한 번도 작다고 생각하지 않았던 압록강-두만강에 대한 인식이 변화한 것이다. 신라(대동강)·고려(압록강)·조선(두만강)을 거치며 북진하여 영토를 확장한 역사는 전혀 자각하지 못하고, 오히려 북방 영토를 상실했다고 생각한다. 그리고 10세기 발해 멸망 이후 영토를 상실한 지 천여 년이 지났는데도 모든 책임을 조선왕조에 묻곤 한다. 조선은 고려보다 더 많은 영토를 개척했으나 그러한 사실은 검토 대상이 아니다. 고려의 이상이 아무리 고조선·고구려에 있었다고 하더라도 현실은 신라의 영토에서 출발할 수밖에 없었다. 또한 조선은 고려보다 훨씬 적은 전란을 겪었다. 고려시대 여진·거란·홍건적紅巾賊과의 전쟁은 모두 승리로 이미지화되었다. 조선시대 큰 전쟁 중 패전은 정묘호란丁卯胡亂·병자호란丙子胡亂 단 두 차례에 불과했으나 나머지 승전은 모두 잊히고 조선은 무능한 왕조로 재인식되었다. 같은 기준을 고려에 적용한다면 전기에는 거란·여진, 후기에는 왜구·홍건적의 유린이 적지 않았다. 특히 중기에는 40여 년의 대몽항쟁을 겪었고 원의 간섭하에 약 100여 년을 보냈다.[24] 훨씬 더 가혹한 현실을 확인할 수 있음에도 전란의 시대인 고려는 실제보다 이상적인 나라로 규정되었고, 평화의 시대인 조선은 실제보다 훨씬 더 폄하되어 인식되었다.

모든 왕조는 언젠가 붕괴되고 멸망한다. 그럼에도 식민지를 겪으면서 오직 조선의 붕괴만을 절대악으로 규정하는 경향이 생겼다. 대중들이 그렇게 좋아하는 '제국'이란 호칭은 조선 역사상 가장 약한 시기에 천명되었다. 대한제국이 스스로를 '제국'이라 칭하던 19세기 말 만국공법 체제에서 제국은 독립국을 뜻한다는 것은 주지의 사실이다. 이는 고려 전기에도 유사하다. 황제국 체제는 10-12세기 동북아시아에서 당의 국가 체제를 수용한 결과였다. 황제국 체제를 쓰지 않는 나라가 없는 상황이었고, 이는 당시 독립국이라는 의미에 더 가까웠다. 물론 이웃 나라에는 사대(조공·책봉)를 했다. 고려는 이웃한 송·요·금에 모두 사대하면서 내부적으로는 황제국 체제를 썼다. 조선 역시 제후국을 자임한 듯하지만 은연중에 많은 부분이 황제국 체제에 부합했다. 그것은 당의 제도가 황제국-제후국의 격을 따지는 논의보다 완성도가 높은 세련된 국가 체제로서 수용되었기 때문이다. 물론 그 정도는 전혀 달랐다. 그러나 대외적으로 사대를 하고 내부적으로 황제국 체제를 쓴 것은 고려나 조선이나 별반 다르지 않았다.

'사대주의'라는 비난도 일제강점기에 만들어진 인식이다. 그러나 조선의 사대는 자국 중심이었다. 원을 제외하면 내정까지 간섭한 중국 왕조는 거의 없었다. 그랬기에 동북아시아 각국이 모두 황제국 체제를 일정 부분 사용할 수 있었다. 정작 조선은 명이 요구하는 것은 잘 들어주지 않았다. 조선 전기 제후국 체제 논쟁은 결국 당시 국내 지식인들이 국제 표준global standard으로 생각했던 '중화 보편'의 정의 문제에 지나지 않았다.[25] 조선 후기 명에 대한 과도한 존숭은 망한 나라에 대한 추억이자, 임진왜란에 파병했던 국가에 대한 미화된 기억일 뿐이다. 더욱이 조선은 현존하던 강력한 제국인 청을 조금도 인정하지 않았는데 그보다 수백 년 전에 망한 명을 추억한 것조차 사대주의라고 본다면 문제가 있다. 사대주의는 강한 국가를 섬기는 것이고, 그 개념을 그대로 적용한다면 대상은 청이어야 했다. 그러나 청이 가장 싫어한 명에 대한 추념을 가지고 이념적으로 제국에 저항하던 용감한 제후국을 사대주의라고 평하기는 곤란하다.

더욱이 황제국 체제가 약화된 원인은 일제강점기 교육처럼 조선 왕조의 탄생에서 비롯된 것이 아니다. 원간섭기 몽골 치하에 고려가 유일한 독립국으로 남게 되자 제도가 여러 차례 격하되면서 일어난 현상이다. 결국 원의 체제는 중국에서도 명이 가장 많이 물려받았다. 이른바 원·명·청 체제는 한반도에서 고려 후반-조선 600여 년 동안 제후국 체제가 등장한 요인이었다. 고려 후기부터 일어난 현상임에도 애써 고려 전기의 황제국 체제만을 기억하고 싶어 하며, 원간섭기는 배제하려는 경향이 짙다. 물론 오늘날 고려시대 연구자들은 전혀 그렇지 않다. 그러나 일제강점기에 만들어진 이 같은 고려·조선의 이미지는 은연중에 지속적으로 재교육되고 있다.

게다가 최근에는 화려한 고대사의 여파가 고려시대까지 미치고 있다. 서북 국경선을 고구려시대로 올리고, 동북 국경선은 조선 세종대 최대치로 올리는 식이다. 학설이 다른 주장은 얼마든지 가능하다. 그러나 재야에서는 유사역사학의 틀을 그대로 가져와서, 자신들에게 반대하면 '식민사학자'라고 여론 몰이를 하고 있다. 그러면서 그들의 주장과 다른 모든 국경선의 획정이 일본인 학자들의 생각이라고 하며, 이를 답습하는 연구자들도 식민사학의 후예라고 부른다.

그런데 앞에서도 언급했듯이 학설의 모태는 놀랍게도 조선 후기 실학자들의 역사·지리 고증의 성과이다. 이를 일본인이 수정했다고 해서 식민사학이 되지는 않는다. 역설적으로 그들이 식민사학자라고 몰아세우는 사람들은 그렇게 존중해 마지않는 실학자들이다. 이러한 지적으로 궁지에 몰리자 그들은 실학자 역시 유학의 영향에서 벗어나지 못했기 때문이라고 한다.[26] 인과관계가 전혀 성립되지 않는 변명이다. 유학(유교)을 공부하면 반도사관을 갖게 되는 것일까? 이것은 '빨갱이reds'나 '식민사학' 등의 낙인찍기가 얼마나 우려할 만한 일인지를 보여준다. 독재 정권과 친일파는 민주주의를 제창한 사람들과 근대적인 역사학 건설에 앞장선 사람들을 매도해왔다.[27] 이들의 선동에 넘어간 대중은 스스로 애국심이 많다고 자부하는 상황이다.

일제강점기 일본인을 옹호할 필요는 없으나 비판 대상인 쓰다 소키치津田左右吉(1873-1961)는 일본에서 황국사관에 반대해서 와세다대학에서 해직당하고 저서 네 권이 모두 금서로 지정되었으며 유죄판결까지 받아서 제2차 세계대전이 끝날 때까지 가택 연금을 당한 인물이다.[28] 물론 그는 중국과 조선을 부정적으로 평가하며 우리나라의 역사를 조금도 존중하지 않았다. 그래서 그를 긍정하는 한국 고대사 연구자는 거의 없다.

그러나 그는 『일본서기日本書紀』의 허황된 기사를 비판하는 시각을 모든 지역의 역사에 투사하였다. 그래서 일본 제국 군부로부터 억압받은 인물이다. 우리가 존중할 필요는 없으나 식민사학자로 모는 것은 다시 생각해봐야 한다. 이렇게 된 이유는 동경제국대학 출신의 경성제국대힉 교수 이마니시 류今西龍(1875-1932)가 와세다대학 출신이자 그곳 교수인 쓰다 소키치의 『삼국사기』 비판을 주석에 달면서 즐겨 인용했기 때문이다. 그래서 국내에는 황당하게도 그를 동경제국대학 학파로 정반대로 오인하는 인사들마저 적지 않다. 쓰다가 황국사관에 반대해서 『일본서기』와 『삼국사기』를 비판한 것과 이마니시가 황국사관의 외연을 확장하기 위해서 『삼국사기』를 비판한 것은 그 맥락이 전혀 다르다. '일본 학자=일본 유학생=식민사학자'의 공식은 항시적으로 성립하기 어렵다. 광복 직후 식민사관 극복을 위해 최전선에서 활약한 한 이들(고故 이기백 등)은 일제강점기 유학생들이었다. 이들을 싸잡아서 식민사학자로 모는 것은 명백한 잘못이다. 실학자의 역사·지리 고증도 현재 고대사학계에서 모두 그대로 받아들여지지는 않는다. 일제강점기 일본 학자의 견해 역시 마찬가지이다. 수차례 고증 과정을 거쳐 재해석되고 재평가되면서 끊임없이 비판받아 수정되고 있으며, 다양한 학설이 복수로 인정되고 있다.

그럼에도 해당 시기 전공자가 거의 없는 모임에서 과감한 주장을 행하는 경우가 있다. 예를 들면 압록강(압록수)의 한자 부수의 글자 모양 차이(綠-淥)를 국경선 구분의 주요 근거로 내세운다.[29] 고려 이전에 글자가 얼마나 다르게 쓰였을지 알 수 없으나 조선이나 중국 문헌에서는 발음이 같으면 동일한 지명으로 사용하는 것이 일반적이다. 그렇게 부수를 근거로 구분하는 일은 거의 없다. 설령 이러한 주장이 타당하다고 하더라도 고려 말 공민왕대 압록강 유역 공략전이나 요심(요양·심양) 공략전을 설명하기에는 대단히 부적절하다. 고구려 천리장성을 고려의 경계로 인식하여 요동을 편입시키면 어째서 공민왕은 영토 내 요심 지역을 공략했겠는가? 우왕禑王은 왜 자국 내 요동 정벌을 명했겠는가? 이들의 고려 서북 경계론을 도입하면 공민왕-우왕대에 자국 경내를 원정遠征하는 초유의 희극이 벌어진다.

이러한 논란이 많은 이유는 지명 표기가 후대와 너무 다르기 때문이다. 그러므로 서북 경계 위치 비정 자체를 재검토하는 작업은 얼마든지 열려 있는 사안이다. 그러나 자신들이 설정한 '한사군-요하 유역설'을 바탕으로 고려의 경계를 확장하고, 이러한 설 이외에는 모두 식민사관이라고 주장하면서 학설 경쟁이나 토론 자체를 거부하는 것은 문제이다. 가장 나쁜 것은 양측으로 전선이 갈라져 양자택일을 해야 하는 상황이다. 고대-고려의 위치 비정 자체는 여전히 많은 연구자의 고민거리이다. 그런데 부정확한 고증과 이념 공세가 시작되면서 재검토 논의에서 좀 더 자유로운 시각 자체를 모두 얼어붙게 만들고 있다. 개방적 학문 세계를 이념 공세로 망가 뜨리려고 한다.

이는 고려가 황제국 체제로 인식되는데도 조선보다 더 작은 영토를 가진 것을 받아들이지 못하기 때문에 일어난 일이다. 더욱이 이들은 황제국 체제를 자부심을 불러일으킬 만한 화려한 대제국의 근거로 인식한다. 하지만 고려는 국경선 인근의 부족들(북방 여진족女眞族, 남방 대마도對馬島, 일기도壹岐島 등)을 제외하고는 별다른 제후국(번병藩屛)을 거느리지 못했다. 게다가 이들은 당시 대부분의 국가가 황제국 체제였던 동북아시아 국제 질서(다원적 천하관)는 전혀 검토하려 들지 않는다. 이 시기 황제국이란 엄밀히 말하면 당대唐代 확립된 고도의 국가 운영 틀의 도입을 의미한다. 곧 이는 조선을 과소평가하는 시각이 역으로 고려에 투영되어 과대평가되었기에 벌어진 현상이다.

3. 고려-조선 천년 왕조: 지속인가? 단절인가?

역사가 반드시 진보하는지는 확실하지 않다. 그러나 고려와 조선은 상극의 시대가 아니라 고려의 전통 속에서 조선이 만들어졌다. 심지어 한반도에 국한한다면 신라하대 전통 위에 고려-조선이 서 있으나, 보다 밀접한 제도의 관련성은 고려와 조선 사이에서 나타난다. 고려가 고조선·고구려의 영토를 온전히 수복하지는 못했으나 평양을 얻게 되면서 조선은 적어도 역사 계승 인식은 온전히 물려받을 수 있었다. 이는 발해가 평양 부근을 장악하고 있던 신라하대까지는 감히 상상할 수 없었던 일이다. 더욱이 조선은 두만강 유역까지 개척하고 '발해'를 발굴해내어 영토를 온전히 갖지 못해도 우리 역사 인식 체계에 편입시키는 데 성공하였다. 고려와 조선은 연속된 왕조로서 북방 계승 인식 체계를 마련하고 국가 제도를 만들어나갔다.

그동안 양자를 대립적 기준으로만 설명하는 폐해가 오랫동안 지속되어왔다. 물론 시기별 변화는 늘 일어나며, 왕조의 성격이 변한 점도 사실이다. 그러나 큰 틀에서 본다면 국가 체제는 고려에서 많은 실험을 거쳐서 조선에 적용된 것이 대부분이다. 그런데도 마치 전혀 다른 별천지에서 성립한 왕조처럼 고려와 조선을 대비시키는 것은 상당히 문제가 있다. 고려-조선의 연속성을 다음과 같이 살펴볼 수 있다.

① 고려시대에 유학이 진흥되지 못했다면 조선의 유학이 탄생할 수 없었고, ② 중국 한漢·당唐의 간관諫官(간의대부諫議大夫·문하성 간관 등) 및 대관臺官(어사대부御史大夫·어사대)이 고려에서 이미 양사兩司(중서문하성 낭사·어사대)로 수용되었기에 조선시대에 삼사三司(사헌부·사간원·홍문관)로 확대될 수 있었다.

③ 고려에서 지방 제도 실험을 많이 하였고 외관의 수를 지속적으로 늘려나갔기에 조선에서 최종 완성본을 물려받아 점진적으로 모든 군현에 지방관을 보낼 수 있었다. ④ 고려시대에 문·무산계(관품/품계)를 당시 실정에 맞추어 수용했고, 이를 바탕으로 조선에서 중국과 같은 수준으로 관직·관품을 재확립했다.

⑤ 고려에서 당대 확립된 묘호·능호·시호를 사용하지 않았다면 조선이 황제국 체제를 다시 부활시킬 수 없었다. ⑥ 조선 국왕에게 중국 천자와 같이 '천天'이나 '성聖' 자를 쓰는 것도 고려 왕실의 전통이다. '왕후王后' 역시 고려의 유산이다.

⑦ 의정부 역시 중서문하성中書門下省이 충렬왕대 첨의부를 거쳐

공민왕대 도첨의사사로 변형된 이후의 체제이다. 이른바 신돈辛旽 (편조遍照, ?-1371)이 국왕을 대리하던 섭정 기능이 재상정치로 변화한 것이다. 도평의사사都評議使司 역시 이후 비변사로 재등장한다. ⑧ 고려왕조의 실록實錄 전통은 조선에서 한층 정비되어 계승되었다.

⑨ 더욱이 공민왕 즉위교서即位敎書에 나타난 대부분의 개혁 정책이 조선『경국대전經國大典』체제하에 실현되고 있다는 사실을 통해 신왕조의 청사진을 공민왕대 국왕과 신료들(사대부)이 만들었음을 알 수 있다. 조선의 지배 세력으로 불리던 사대부의 등장 역시 원간섭기 신유학 수용 이후부터이다.

⑩ 당률 역시 고려시대에 수용되어 국내 실정에 맞추어 변용되었고, 이러한 중국법 연구의 전통은 조선시대 아국법을 만들어내는 데 큰 영향을 미쳤다. 조선의 자랑거리인 삼복三覆제도 역시 삼국시대 여수慮囚 전통뿐 아니라 고려시대 당률의 수용을 통해 복합적으로 형성된 것이다. 고려의 다양한 역사적 실험은 조선왕조에 이르러 보편성을 획득하면서 국정에 적극 활용되었다.

4. 공민왕대 유산

특히 공민왕이 즉위교서에서 제시한 개혁 과제는 대체로 14-15세기 개혁 논의로 지속되었다. 가능한 사안부터 시작하여『경국대전』편찬 때까지 약 100년이 넘는 세월 동안 이루어졌다. 여기에는 사대부士大夫의 성장이 크게 작용하였다. 송대 등장한 용어 '사대부'는 원간섭기 이래『고려사』에서 '사부士夫'나 '사대부'라는 명칭으로 나타난다. 이들은 신유학을 익힌 계층으로 이해된다. 그래서 권문세족權門世族 대對 신진사류新進士類 같은 이분법으로는 구분이 되지 않는다.

원간섭기에 등장한 사대부의 특징은 왕정복고를 지지하는 세력이었다는 점이다. 이들은 왕권의 회복, 고려의 정체성 보존이라는 전제하에 원을 세계 체제로 받아들였다. 대몽항쟁기에 몽골을 불구대천不俱戴天의 원수로 인식한 것과는 다르다. 그럼에도 이들은 고려국을 폐하려는 '입성책동立省策動'에는 단호히 반대한 자주적 근왕파였다. 오랫동안 현실 정치의 개혁 이념을 희구하였으나 세력이 미약하여 성사시킬 수 없었을 뿐이다.

공민왕은 즉위 전 이제현李齊賢(1287-1367)으로 대변되는 이들과 제휴하여 미력하나마 국내 지지 기반을 만들어나갔다. 두 차례나 왕위 계승에 실패하다가 노국공주魯國公主(?-1365)와의 혼인이 성사되어 조카(충정왕忠定王)를 폐위하고 즉위하였으나 국내에서는 오히려 개혁을 추진할 수 있는 성년이 된 군주를 간절히 바라고 있었다. 그래서 즉위교서에는 곧바로 각종 개혁 정책이 담겼고, 바로 여기에 사대부의 숙원이 들어갔다.[30] 예컨대 지방세력에 대한 군공軍功 인정, 공정한 재판 실시, 인사권 독립, 사찰 개혁, 승려 세금 부과 등 향후 개혁의 원동력이 된 사안이 모두 명시되었다.[31] 그들은 무신정권기와 원간섭기에 누적된 사회문제의 해결을 갈망하였다. 이같은 개혁의 열망은 신왕조 개창으로 나타났다.[32]

2장 사고의 출발점

1. 내재적 발전론의 과제

조선시대 역사상의 재구축은 국망을 전후하여 시작되었다. 당대사當代史는 현대사에 해당하므로 왕조사의 체계화는 부담이 되었고, 통사류는 고려까지를 제한적으로 다루었다. 그러다가 18세기 말에서 19세기 초까지 다수의 당론서黨論書를 필두로 야사류野史類가 대거 편찬되었고, 19세기 말에는 『당의통략黨議通略』[1]이 만들어져 일종의 대체 역사서처럼 보급되었다. 이들 서적의 특징은 붕당朋黨이 이미 소멸된 시기에 정치세력의 정당성이나 향수를 담은 것이다. 당대 작성된 실록이나 『승정원일기承政院日記』를 일반인이 참고할 수 없는 상황에서 조선의 역사상은 한쪽으로 치우친 당론서나 야사류를 통해 이해되었다.

특히 대한제국기 외세 침탈의 현실 속에서 이러한 역사관은 비판적으로 자국사를 바라보는 계기가 되었다. 1910년 조선광문회朝鮮光文會(대한광문회)는 일본 제국에 맞서서 우리 전통문화를 계승하고자 고서古書를 간행했는데, 이때 보급 도서로 선정한 것이 다름 아닌 『당의통략』이었다. 이는 당시 역사관을 짐작할 수 있는 대목이다. 그러나 일본 제국주의는 우리 지식인의 자성自省의 목소리를 악용하였다. 식민사학자들은 당론서를 여과 없이 활용하여 조선을 부패하고 무능한 사회로 묘사하였으며 '당파성론黨派性論'을 체계화하였다. 당쟁사관黨爭史觀은 이렇게 근대 식민지 교육과 함께 급속히 확산되었다.

한편 1934-1935년에 일어난 조선학운동朝鮮學運動을 통해서 정약용의 『여유당전서與猶堂全書』가 처음으로 활자화되어 간행됨으로써 실학 담론이 본격화되었다. 이 운동은 당시 식민지 치하임에도 불구하고 우리 전통문화와 역사에서 희망의 새싹을 찾아보고자 하는 간절한 기원을 담고 있었다. 국망의 현실 앞에서 대부분의 역사가가 고대사로 눈을 돌릴 때 극소수의 사람들은 그래도 조선시대에서 긍정적 요소를 찾아보고자 노력하였다. 하지만 아직 무능한 조선 조정의 이미지가 희석되지는 못했다. 실학 담론은 조선의 위정자爲政者는 무능했으나 재야在野 지식인들은 그래도 근대사회를 예비하고 있었다는 안타까움을 담고 있다. 이는 망국의 현실을 직접 경험한 사람들에게 어쩌면 당연한 비판 정신이었을지도 모른다.

이러한 인식은 광복 이후에 더욱 확산되었다. 1960-1970년대 동북아시아 각국에는 '자본주의 맹아론'이 강타하였다. 아시아 국가들이 비록 제국주의 열강의 식민지가 되었으나 사회경제적 흐름은 근대를 지향하고 있었음을 밝히고자 한 연구였다. 이러한 연구의 공통점은 중앙정부의 무능을 전제로 그 밖의 요소에서 희망을 찾아보고자 하는 방식이다. 이는 실학의 정치사상적 측면을 사회경제적 영역으로 확장시켜나간 사례이다. 이후 사회구성체론과 민중운동사적 관점이 결합되면서, 프랑스혁명기 '구체제'의 대상으로 지목된 '봉건封建'적 요소를 조선왕조에 무리하게 적용하여 부패상을 극대화하기도 했다. 특히 독재 정권하에서 감히 비판할 수 없었던 군사정부를 조선왕조에 빗대어서 타파해야 할 '구체제'이자 '봉건사회'로 지칭하는 연구가 다량으로 양산되었다. 물론 여기서 '봉건'은 순수한 봉건제도나 중세 사회를 의미하는 게 아니라 극단적인 개혁 대상을 지칭한다.

반면에 새로운 연구 경향도 대두하였다. 1980년대부터 사림정치 연구가 축적되고 붕당정치론이 대두하면서 당파성론에 대한 비판이 시작되었으며, 1990년대에 탕평정치론이 부각되면서 조선 후기 사회에 대한 이해 체계도 일신되었다. 수십 년간 지속된 '조선 후기 사회변동' 논쟁은 우리 학계의 학문 수준을 한 단계 끌어올려, 조선왕조가 임진왜란 이후 약 300년간 망해간 왕조라는 냉소에 찬 선입견을 차츰 떨쳐버리는 데 공헌하였다. 하지만 아직 붕당과 탕평을 조화롭게 이해하기보다는 양자를 대립적으로 바라보는 관점이 완전히 극복되지는 못했다. 일제강점기 당파성론이 부각되었을 때는 영조-정조대 문물제도 정비가 주목을 받은 반면에, 붕당정치론이 제기되었을 때는 탕평을 군부軍府독재체제에 빗대어 전제군주의 전횡으로 몰아붙이기도 했다. 최근 중학교·고등학교 교육과정은 서로 출발점이 달랐던 실학 담론, 자본주의 맹아론, 붕당정치론, 탕평정치론 등이 한데 어우러져 그것들을 조선 후기를 설명하는 기제로 활용하고 있다.

한편 1990년대에서 2000년대로 넘어가면서 아직 상충되는 학설을 재검토할 겨를도 없이, 우리 학계는 식민사학 극복을 위해 구축해왔던 '내재적 발전론'에 대한 심각한 고민에 직면했다. 사회주의경제권의 몰락으로 인해 '사회구성체론'에 대한 회의적인 시각이 대두하고, 서구 제국주의 패권하에서 만들어진 근대 기준에 우리 역사를 일방적으로 적용하려는 관점이 문제점으로 인식되던 시기였다. 1990년대 소련Soviet Union(1922-1991)의 붕괴로 냉전 이데올로기가 해체된 이후 1970년대부터 미국을 중심으로 제창되던 신자유주의Neo-liberalism가 1995년 세계무역기구World Trade Organization(WTO)의 출범으로 급격히 전 세계로 확산되면서 급속한 혼돈에 진입하였고, 학계에서도 포스트모더니즘Post-modernism의 망령을 쓴 기억 담론을 바탕으로 '자유로운 역사 인식'을 제창하는 시기가 도래하였다. 더욱이 과거 이념의 시대에 목적을 위해서라면 실증에 다소 관대했던 학계의 빈틈을 비집고, 경제사학계에서는 통계 지표를 적극 활용하여 '조선 후기 정체된 사회-식민지 근대화'라는 시각을 만들어냈다.[2] 이는 국수주의를 비판하기 위해 출발한 연구였으나, 기존의 실증적 연구와는 상당한 간극을 보였다.[3]

지금까지 우리 학계는 과거 제국주의 열강의 식민통치를 반박하기 위한 연구에 매진했으나, 기실 그 방법은 서구에서 만든 기준에 근거하고 있었다. 이러한 불공정한 잣대를 가지고 식민사학을 극복한다는 것 자체가 어떤 의미에서는 처음부터 불가능한 일이었다. 그런데도 그것을 세계사의 보편주의로 받아들이고 경도된 나머지 그러한 기준으로 한국사의 보편성을 확인하는 데 몰두하였다. 이것이 논란의 불씨가 되었다. 그간의 '내재적 발전론' 비판의 주요 골자는 서구의 이론틀을 명확히 이해하지 못하고 있다거나 서구 사회의 동일 개념과 모델을 한국사에 적용하는 게 부적절하다는 내용이었다. 그러한 상황에서 정체성론에 입각한 식민지 근대화론만이 점점 영역을 확장해나갔다.

이와는 대조적으로 최근 영미 학계는 미국과 유럽이 19세기 초반까지도 여전히 동양의 정치·문화를 미화하거나 동경해 마지않았던 상황을 소개하고 있으며, 제국주의 열강의 아시아 식민지화가 본격화된 19세기 중반 이후에야 비로소 동양에 대한 비하 의식이 만연해졌다고 평가하고 있다.[4] 그리고 20세기 세계 패권 경쟁에서 승리한 제국주의 국가들이 마치 처음부터 승리한 국가였던 양 그들의 관점에서 세계사를 재서술했음이 밝혀지고 있다.[5] 이러한 주장은 18세기 계몽주의시대 유럽, 특히 영국과 미국 그리고 프랑스혁명기 지식인의 근대적 국가 모델이 바로 중국의 유교식 관료제와 일원적 황제의 통치 체제였다는 사실에 근거를 두고 있다.

그런데도 아시아의 피식민지 국가들은 오랫동안 오히려 혁명 부재론에 대한 변명거리를 찾기 위해서 분주하게 움직여왔다. 근대 국가로 나아가기 위한 필수 과정으로 혁명을 상정해놓고 반드시 그것을 거쳤어야 했다는 주장이다. 이는 마치 봉건제를 근대화에 필연적 과정으로 상정하는 논의와 마찬가지이다. 그러나 돌이켜 생각해보건대 미국과 프랑스 두 나라 외에 다른 서구의 근대국가가 모두 그러한 수준의 혁명을 거쳤는가? 사실 프랑스를 제외하면 봉건제의 전형典型이 통용되는 나라가 유럽에서 얼마나 될까? 매번 예외적 경우를 인정하거나 억지로 유사성을 찾기에 분주한 방식이 과연 얼마나 유효한 것일까? 그럼에도 불구하고 이러한 어설픈 일반화에 장시간 학문적 토대를 빼앗겨왔다.

이는 세계대전 이후 제국주의로 경제적 부를 축적한 경험이 있는 열강은 다시 자신들이 주도해 세계 체제를 건설하여 경제 대국으로 성장한 반면에, 오히려 식민지를 경험한 국가들은 사회주의 국가가 되거나 경제 발전에 크게 성공하지 못했던 당대의 불의한 현실에 대한 합리적 설명이 필요했기 때문이다. 그래서 피식민지 국가의 근대 지향성을 열강에 의해 빼앗긴 기회로 설명하는 방식이 동북아시아 3국에서 유행하면서 자본주의 맹아론이 보급되기에 이른다. 아직 상당한 콤플렉스에 시달리는 상황에서는 승자가 만들어놓은 이념과 세계관을 맹목적으로 추종하지 않을 수 없었다. 그러나 다른 지역에 국한된 역사적 경험에서 추출한 귀납적 결론을 우리 역사에 연역적으로 적용한다는 발상 자체가 무리한 시도였다.

또한 한동안 서구의 근대화만을 기준으로 서양의 작은 단서들은 침소봉대針小棒大해온 반면에 타 지역의 더 큰 실존 요소는 애써 외면해온 비합리적 태도를 이제는 배제해야 한다. 이는 현재적 관점에서 이전의 역사상을 부회하여 재해석하는 왜곡된 이해 방식이다. 혹은 서구의 전혀 다른 시간대에서 추출한 역사 이론을 동양 사회에 무차별적으로 적용시키는 방식도 주의를 요한다. 동서양은 단절된 사회가 아니었기에 이러한 비교는 애초에 성공하기 어렵다. 이는 동서양의 교역로에서 배제되었던 서유럽 해양 국가의 사고방식에 지나지 않는다. 자신들의 대양大洋 항해를 기준으로 비로소 세계사의 시대가 열렸다는 황당한 주장은 별다른 검증 없이 오랜 세월 동안 당연시되어왔다. 이러한 논리는 역으로 서유럽 국가들이 그동안 동서 교류의 무대에서 한 번도 주역으로 활동하지 못했음을 반증反證한다. 연구의 시각과 기준은 합리적이어야 하고, 비교의 공간과 시간도 공평해야 한다.

2. '근세' 사회인가?

다른 한편으로 서구 중심 사고뿐 아니라 중국 중심주의도 또 다른 부작용을 낳았다. 우리 학계는 한동안 조선왕조를 '근세近世' 사회로 평가하고자 노력해왔다. 최근에는 '조선시대사'로 부르지만 거의 반세기 이상 시대사 구분 논쟁을 벌이며 '근세'에서 '중세'까지 다양한 용어가 대립해왔다. 그런데 근세의 연원을 살펴보면 더욱 당황스럽다. 이 표현 자체는 본래 근대를 지향하는 표현이기는 커녕 오히려 송대 신유학에서 즐겨 쓰던 용어였다. 이는 아마도 일본의 메이지 연간에 주자학 교육이 강화되면서 지성계에서 보편화된 듯하다. 일본 제국은 이중 잣대를 들이대어 조선에서 유교를 전근대성의 상징으로 내몰아 망국의 원흉으로 여기도록 부추겼지만, 정작 자국에서는 주자성리학과 퇴계학으로 무장하여 천황을 정점으로 하는 국민국가를 만들었다. 그러한 그들에게 성리학자의 표현은 매우 익숙한 용어였다. 본래의 뜻은 그저 '가까운 시대'를 가리킬 뿐이었다.

그런데 나이토 도라지오內藤虎次郎(나이토 고난內藤湖南, 1866-1934)가 『중국근세사』를 서술하면서 전혀 다른 의미가 부여되었다. '근세'는 그가 제창한 '당송 변혁기'를 이르는 역사 용어로 변모하였다. 여기서는 10세기 당唐에서 송宋으로의 교체기를 역사상 대변혁으로 제시하였다.

이러한 주장은 사실 서양의 개념을 매우 염두에 둔 듯한 인상을 지울 수 없다. 바로 유럽이 '중세 사회에서 근대사회로 이행되는 시기'라고 평가하는 지점이다. 더 직접적으로 말하자면 '르네상스기'가 고려될 수 있다. 그런데 서양사에서 르네상스기는 대략 14-16세기를 이른다. 르네상스기 이후 수세기간 점진적 발전 단계를 거쳐서 근대국가가 형성되었으므로 나이토는 르네상스 초기의 변화를 초점에 두고 중국사를 체계화하고자 하였다. 그런데 흥미로운 점은 양자의 시기가 전혀 다르다는 사실이다. 전자(근세)는 10세기에 해당하고 후자(르네상스)는 14-16세기 산물이다. 그러므로 나이토는 중국사를 약 500여 년 이상 앞당겨서 평가하고자 했음을 알 수 있다. 일견 중국의 역사를 서구의 역사 발전 단계에 대응시키고 그 이상의 발전된 사회로 평가하여 동양인의 저력을 보여주고자한 듯하다. 엄밀히 말하면 그는 대만 식민화 계획을 주창한 극우학자였기에 여기에는 중국인이 이루지 못한 학문적 성취를 일본이 '동양학'을 통해서 달성함으로써 서구에 대응하는 이론 체계를 만들어냈다는 전제가 깔려 있다.

다소 난감한 점은 이러한 '근세'의 접근법이 일제강점기 이후 수용되면서 전혀 다른 각도로 우리 학계에서 쓰이고 있다는 사실이다. 근세란 용어는 일반인에게는 단순히 중세와 근대의 중간 지점으로 받아들여지는 경우가 많았지만 실제 학계에서는 조선 사회의 일종의 준근대성을 증명하기 위한 목적으로 고안된 역사 용어였으며, 여기에는 여말선초麗末鮮初를 당송 변혁기에 필적하는 대변혁기로 설정하려는 의도가 상당 부분 반영되었다.

그런데 이러한 입론의 전제로는 전술한 동북아시아 삼국의 시차 발전론이 당연시되었다. 중국이 가장 앞서고, 그다음이 한국이며, 일본의 역사 발전 단계가 가장 늦었다는 설명이다. 이 이론은 동북아시아 삼국의 고대와 중세, 그리고 근대를 모두 다른 시기로 설정하고, 일국사의 관점에서 역사 발전 단계를 설명하려고 한다. 하지만 서로 다른 발전 단계가 동시간대에 이루어지고 있다는 설명 방식에 아무런 모순점을 느끼지 못한다.

이 같은 설명이 유효하다면 동시간대 동북아시아를 여행하는 일본의 고대인古代人은 한국에 오면 중세인中世人이 되기도 하고, 중국으로 가면 근세인近世人이 될 수도 있다. 오늘날에도 선진국과 후진국의 구분은 존재하지만 이는 다소 다른 문제로 보인다. 같은 시간대를 살아가는 사람이 이토록 전혀 다른 역사 발전 단계를 경험할 수 있는 것일까? 좀 더 극단적으로 비교하자면 이 이론이 일제강점기 경제사학자가 주창한 당시 '식민지 조선'이 '일본 고대'에 해당한다는 정체성론의 논법6과 과연 얼마나 차이가 있을까 하는 의문마저 떨쳐버릴 수 없다.

더욱이 당송 변혁기 이론을 여말선초에 적용함으로써 애초의 순수한 의도와 무관하게 영미 학계에서 한국을 중국보다 500여 년 이상 늦춰진 정체된 사회로 이해하게 된 측면이 없지 않다. 당송 변혁기가 동시간대에 우리 역사에서는 10세기 나말여초羅末麗初에 해당하며, 이 시기에 동북아시아 전역에서는 당에서 송으로, 발해에서 요로, 신라에서 고려로 전환되는 막대한 사회변동이 있었음에도 불구하고 같은 시간대의 역사적 사실은 왜 직접적인 비교 대상이 되지 못하고 500여 년이나 떨어진 14세기 말 고려·조선 교체기와 비교되어야만 했을까? 또한 14-15세기 급변기에 세계 제국인 원元의 붕괴로 명과 조선이 각기 향유했던 자국 중심의 문화 운동은 어째서 동시대에 유럽에서 일어나고 있던 르네상스와 비교하면 안 되었을까? 이의 연장선에서 조선의 18세기 문물제도의 재정비를 동시대 계몽주의시대의 흐름과 비교하지 않고, 굳이 '문예부흥文藝復興'으로 상정하여 서구의 14-16세기 르네상스기와 견주는 방식도 과연 그 비교 대상이 적절한 것인지 의문이다. 이러한 모순점은 시금까지 우리가 설계해오고 민들이온 역시관에 대한 궁극적인 질문이다.

14세기 조선왕조의 성립 시점은 서양의 르네상스기에 해당하며, 조선 후기는 서구의 근대국가 체제의 형성기와 맞닿아 있다. 이러한 사실을 자각한다면 세종대의 문화 예술과 과학기술은 별반 놀라운 일이 아니며, 탕평정치기의 국왕 중심 국가 체제 정비와 실질적인 정책으로 드러난 백성관은 서구 사회에서 근대정신이라고 불러온 내용과 상당히 닮아 있음을 알 수 있다. 따라서 세계사의 변화 추이를 따라 전통 사회를 살펴볼 필요가 있다. 아득히 먼 조선왕조가 신기하게도 때때로 근대와 유사한 요소를 지녔다기보다는 조선왕조도 전 지구적 변화의 흐름 속에 있었던 것에 불과하다. 그러므로 동양과 서양으로 나뉜 이분법적 시각에서 벗어나 동시대사同時代史라는 측면에서 접근해보아야 한다. 이제 한국사 연구에서 공시성共時性에 대한 고민이 필요한 시점이다.

3. 조선은 과연 하나의 왕조였을까?

조선시대 정치사 연구는 해를 거듭할수록 정교하고 세밀한 접근이 가능해져 최근에는 다양한 세기별 변화 양상까지 구체적인 추적이 이루어진 상황이다. 연구 초창기 조선시대는 임진왜란을 기점으로 전기와 후기를 구분하는 관점이 수용되었다. 그러나 이처럼 외세의 침략을 기준으로 자국사를 평가하는 방법이 우리 역사의 자체적 발전 양상을 과연 제대로 설명할 수 있을지 의문이 아닐수 없다.

이후 학계에서는 조선 후기 사회변동 논쟁을 거치면서 본격적인 시대사 구분론의 대안 마련이 시도되었다. 장기간 논쟁을 통해서 다양한 연구 성과가 축적되면서 조선시대를 보는 시각도 현저히 변화하였다. 양란兩亂(임진왜란·병자호란) 전후로는 각종 지표에서 오히려 연속성이 확인되는 반면에 15세기에서 16세기로, 그리고 17세기에서 18세기로 넘어가는 시기에 더 많은 변화의 단서가 보여 주목받기 시작했다. 이러한 연구 성과에 힘입어 1990년대 이후 조선시대를 크게 세 시기로 나누어 '조선 초기-중기-후기'로 보는 관점이 대두했다. 이때 가장 중요한 개념은 이전에는 16-17세기를 조선 전기와 후기를 나누는 분수령으로 이해한 반면에 이제 연속된 사회로 이해하는 방식이 등장했다는 점이다. 학계에서는 이른바 '조선 중기 사회론'이 제창되었고,[7] 조선 중기를 중심으로 초기와 후기를 구분하기에 이르렀다. 종래에는 조선시대 정치구조를 일관되게 중앙집권적 양반 관료제 사회로 이해했으나, 시대구분이 새롭게 행해지면서 조선시대 정치구조를 보다 역동적으로 분석할 수 있는 토대가 마련되었다. 조선이 중앙집권적 양반 관료제 사회라는 기존의 관점은 조선 초기에 국한되었으며, 사림의 정계 진출로 관료제 사회에 일종의 '정파 정치'의 성격이 부여되었다고 보았다. 지방의 중소 지주층이 지주제의 발전을 기반으로 중앙의 정계에 진출하면서 사림정치의 시대가 열렸다. 또한 조선 중기 사회가 해체되고 점차 조선 후기 사회로 변화한 이유는 화폐경제의 발달로 기존 정치체제로는 급격한 사회변동을 따라가기 어려웠기 때문이다. 이러한 이해 방식은 정치사의 궤적과 사회경제적 발전 양상을 유기적으로 연관 지어 설명하고자 하는 시대사 구분론에 해당한다. 무엇보다도 이러한 구분은 일제강점기 이후 양란을 기점으로 조선시대를 구분하던 관점을 광복 후 약 반세기간 연구 성과에 힘입어 극복한 결과라는 데 의의가 있다.

　최근에는 더 미시적 관점을 적용하여 1세기를 단위로 변화의 폭을 살피는 방법이 제기되고 있다. 서양사니 중국사의 경우 약 1세기 단위로 왕조의 교체나 시대의 변화가 잦은 반면에 우리 역사는 단일 왕조가 장기간에 걸쳐 존속되어 마치 정체된 사회처럼 인식되는 경향이 있었다. 이에 대해서 다른 나라의 역사와 동일한 잣대를 적용하여 각 시기별 변화상을 세밀하게 검토해보고자 하는 시도가 다수 나타났다. 새롭게 나타난 조선시대사 구분론은 14-15세기 국가 체제 확립기, 16세기 훈구勳舊와 사림士林의 대립기, 17세기 붕당정치기, 18세기 탕평정치기, 19세기 세도정치기 등으로 구분하는 방식이다.[8]

4. 시대사 구분론의 한계

세기별 구분이 반드시 역사적 세부 사실과 일치하는 것은 아니며, 대체적인 시대의 변화상을 조망하는 것에 지나지 않는다는 점을 기억할 필요가 있다. 시대사 구분론은 어디까지나 역사상을 보다 다양하고 체계적으로 이해하기 위한 도구일 뿐이다. 마르크스주의Marxism의 광풍狂風이 불던 시기에 만들어진 도식에 의해서 발전 여부만을 따지는 일은 서구 근대화에 경도된 나머지 역사 연구의 주종主從이 전도된 것에 불과하다.[9]

한두 세기를 거슬러 올라가면 전혀 상반된 자료가 확인된다. 18세기 계몽주의시대 서구 사회는 동양의 유교적 관료 국가 모델을 이상향理想鄕으로 제시하면서 혁명기의 근대국가상을 꿈꾸었다. 이러한 현실에 비추어 보면 서구에서 설정한 근대 담론을 잣대로 동양이 왜 거기에 도달하지 못했는지를 따진다는 전제 자체가 얼마나 허황된 일인지 새삼 되새겨볼 수 있다. 동양과 서양의 본질이 바뀐 적이 없는데도 동양은 서양에서 한때는 동경의 대상이 되기도 하고 한때는 모멸의 상징이 되기도 했다. 이렇듯 실제 사회상의 변화와 역사 해석은 궤를 같이하여 전개되었다. 결국 역사를 바라보는 기준이란 당대와 완전히 동떨어질 수 없다. 지나치게 현재적 관점의 목적론이 강할 때 연구의 결과는 전혀 다른 방향으로 귀결될 수 있다.

하지만 우리 학계는 단순히 역사의 자생적 발전상의 증명에만 연연하지 않고 보다 진전된 연구 성과를 보여주는 데도 성공하였다. 일제강점기에는 연구 자체가 거의 이루어지기 어려웠고 광복 이후에도 상당 기간 동안 일본 제국주의가 선점한 식민사학의 논리를 타파하는 것이 주요 과제였다. 또한 독재 정권하에서는 민주화 운동의 목적론을 강화하는 방안의 하나로서 역사 연구가 이루어지기도 했다. 이러한 방식은 당대에는 행동하는 지식인이자 올바른 역사가의 책무였음에 틀림없으나, 선한 목적의 연구라고 해서 그것이 그 자체로 타당성이나 객관성을 담보하는 것은 아니었다. 양자는 전혀 다른 층위의 문제였다.

국내의 연구 성과의 질적 도약이 비로소 가능해진 시기는 식민사학의 전제에 대한 극복이 어느 정도 이루어지고, 찬란한 민주화의 기틀이 다져지기 시작한 시점이었다. 앞서 말했듯이 식민사학 극복기의 맹점은 우리가 스스로 논점(테제)을 설정할 수 없었고, 일본 제국주의가 만들어놓은 틀을 깨는 데(안티테제) 치중할 수밖에 없었다는 점이다. 또한 민주화 이전에는 독재 정권의 외압을 감히 비판할 수 없는 상황에서 군사정부를 전통시대 왕정에 빗대어 우회적으로 비판하던 연구가 다수 산출되곤 했다. 조선시대를 다루고 있다고 하지만 그 내용이 마치 동시대사contemporary history의 군사정부와 민주화를 요구하는 시민의 항쟁 관계로 보일 정도로 당시 시대상을 여과 없이 전통시대에 투영하고 있었다. 이후 독재와 억압이 사라지자 학계 연구도 사회적 부채 의식에서 자유로워지면서 전통시대에 대하여 보다 객관적으로 조망할 수 있는 기회가 마련되었다. 이제 독립운동이나 민주화 운동의 수단으로서 역사 연구를 해야만 했던 상황에서 벗어나 보다 자유롭고 창조적인 이론 틀을 만들 수 있는 전기가 마련되었다.

그 결과 광복 이후 우리 학계가 자력으로 발전시킨 연구는 독자적 시대사 구분론을 만들어내는 데 이르렀고, 기초가 튼튼한 연구 성과에 힘입어 종래와 같이 조선왕조 500년을 하나의 성격으로 규정짓는 평가는 이제 쉽사리 하지 못하는 형국이 되었다. 아울러 정교한 연구 결과가 산출되면서 보다 균형 잡힌 역사상에 대한 이해가 가능해졌다. 시대별 역동적인 변화상이 제대로 평가받기 시작했을 뿐만 아니라 양자택일의 관점도 상당 부분 개선되었다. 과거에는 어느 하나의 정치 운영론을 지지하면 다른 쪽 논의는 반대하는 것이 당연하다고 받아들여지곤 했다. 그러나 주지하다시피 통시대적으로 보편타당한 정치론은 존재하지 않으며 시대의 변화에 맞게 적응해가며 발전해왔을 뿐이다. 학설은 경쟁을 통해서 발전하지만, 연구의 토대가 확장되면서 보다 거시적인 차원에서 서로 다른 이론을 융합해서 이해할 수 있는 학계 분위기도 조성되었다.

아무리 좋은 정치 이론도 더 이상 사회적 요구를 담아내지 못하면 시대정신으로서 가치를 유지할 수 없다. 사실 16세기 훈척과 사림도 한 세기를 거슬러 올라가면 전혀 다른 입장이었다. 14세기 말 신왕조 개창에 나섰던 급진적인 역성혁명파易姓革命派가 바로 훈구의 선조였다. 당시에는 토지개혁과 대귀족의 제거를 통한 백성의 생활 안정이 시대적 책무였고, 이를 실현하려던 신왕조 개창 세력이 명분을 얻은 것은 당연한 귀결이었다. 하지만 이렇게 급진적이었던 이들조차 기득권 세력으로 변신하는 데 불과 100여 년이 걸리지 않았다.

반면에 역성혁명에 반대한 세력의 후학後學은 사림이 되었다. 보수적 인사가 한 세대가 흐르자 개혁의 상징으로 재등장하기에 이르렀다. 재야에 묻혀 있던 사림은 왕권의 신성함을 전제로 성인군주聖人君主 만들기를 제창하였고, 국왕은 왕권의 위상을 공고히 할 수 있다는 인식 아래에서 그들을 훈척의 견제 수단으로 활용하였다. 사림정치는 처음부터 신권臣權을 제창한 것이 아니라 왕을 보좌하는 역할로서 자신의 위상을 점하였으며, 이들이 주장한 공론정치도 국왕에게는 훈구를 견제하는 유용한 수단이었기 때문에 채택될 수 있었다. 성종대 이래 사림은 정계에 진출하여 군주를 성인

군주로 이끄는 도학道學정치를 제창하면서 훈구 세력을 견제해나 갔다. 네 차례나 '사화士禍'를 겪은 이유도 국왕이 어느 한편의 후원자였다기보다 양자를 정치적 균형을 맞추는 데 활용했기 때문이다. 그래서 1세기 동안 항쟁을 겪은 후에야 비로소 사림이 최종 승리자가 될 수 있었다. '사화'라는 용어도 "사림이 화를 당했다"는 뜻이므로 역사의 승자가 누구인지를 설명해준다.

선조대 이후 도학정치는 새로운 시대의 정치 이론으로 탈바꿈하여 붕당정치론으로 체계화되었다. 17세기 사림이 정국을 장악하자 더 이상 왕권에 기댄 정치 활동을 주장할 필요가 없었다. 이제 붕당의 영수인 산림山林을 내세워 정치 명분인 '세도世道'를 표방하는 붕당정치론이 점차 새롭게 체계화되었다. 이른바 신권 중심의 정치 무대로 인식된 조선의 정치상은 기실 17세기 붕당정치의 이미지가 정형화된 것에 불과했다. 붕당정치론이 정치 전면에 등장하여 장장 약 100여 년간 조선 정치사에서 중요한 역할을 하였으나 숙종대에는 여러 한계점도 드러났다. 붕당의 공존을 명분으로 만들어진 붕당정치론은 붕당 간 극심한 대결 구도로 이어져 더 이상 공존을 용납하지 않았고, 이 때문에 점차 폐단으로만 인식되어갔다. 아울러 왕에게도 신권을 적절히 견제할 필요가 있었고, 신료들도 퇴출될 때마다 피아간彼我間 피해가 상당히 컸으므로 총체적 난국을 돌파하기 위한 새로운 정치 이론에 목말라했다.

이러한 상황을 타개하기 위해서 군주 주도의 정치 입론인 탕평정치가 새롭게 나타났다. 18세기 탕평은 붕당을 중심으로 정국을 운영하는 방식에서 초래된 혼란상에 문제를 제기하고, 다시금 국왕에게 정치 주체로서 적극적인 역할을 부여하고자 하는 흐름이었다. 신료들 역시 붕당정치론이 처음 공존을 전제로 제기되었던 만큼 탕평 정책을 통해서 여러 정치세력의 정국 참여를 보장할 수 있기를 바랐다. 이는 충역 시비忠逆是非로 인해서 각 붕당에서 피화자被禍者가 속출했기 때문이다. 또한 17세기 대규모 전란과 잦은 천변재이天變災異로 인한 사회경제구조의 급격한 변화 속에서 국가적 위기론이 조야朝野를 뒤흔들었기 때문이다. 그러나 붕당정치기에 집권당의 잦은 교체로 장기적이고 통일성 있는 정책 추진은 요원하기만 했다. 논쟁으로만 점철된 다양한 개혁안을 국가적 차원에서 일관성 있고 장기적으로 추진할 원동력이 필요했다. 그래서 이 시기에 제안되었던 이상적 정책을 군주를 통해서 국가사업으로 승화시키고자 했다. 국왕의 정치 주도는 신료들 입장에서도 17세기에 다양하게 거론된 개혁안을 직접적으로 실현하는 데 효과적이었다. 대내외적으로 탕평을 제창한 박세채朴世采(1631-1695)도 실제 「시무만언소時務萬言疏」를 통해 지난 100여 년 동안 미처 이루지 못한 대경장大更張을 이룩해야 한다는 염원을 숙종에게 전하고자 하였다. 이것이 영조-정조대에 적극적으로 채택되어 국가적 사업으로 결실을 맺었다.

하지만 탕평의 전제가 된, 성학聖學으로 무장한 명철明哲한 성인 군주가 더 이상 등장하지 못하고 붕당의 견제 장치마저 사라지자, 소수의 세도 가문이 벌열閥閱을 이루어 탕평정치기에 발달한 왕권을 대신 행사하는 형국이 도래하였다. 17세기 산림은 세도世道를 표방하며 붕당 중심의 정국 운영을 장악했고, 18세기 국왕은 정국 주도권을 되찾아와 세도를 탕평의 명분으로 삼았으며, 19세기 소수의 가문은 왕실의 세도를 위임받아 권력을 대신 행사하였다. 이 과정에서 본래 '세상의 올바른 도리'를 의미했던 정치 명분인 '세도世道'는 유력 가문이 지닌 권력에 지나지 않는 '세도勢道'로 변질되고 말았다.[10]

탕평은 약 1세기 동안 시대적 소임을 다하고 세도정치로 바뀌었다. 이러한 변화는 어떠한 정치 운영론도 절대선으로서 자리매김하기 어렵다는 것을 보여주며 통시대적 고찰이 얼마나 중요한 것인지를 새삼 자각하게 한다. 따라서 각 정치 운영론은 당시 사회상과 비교해야 할 뿐만 아니라 전성기와 쇠퇴기를 모두 고려해서 분석해야 한다. 어느 특정한 시기의 문제점 비판을 근거로 당시 역사상에 접근하면 부적절한 평가로 귀결되기 십상이다.

3장 이념적 지향: 르네상스기 조선왕조

1. 동서의 이상국가 모색

유럽에서는 약 14세기경부터 르네상스 운동이 일어나기 시작했으며, 15-16세기에 전성기를 맞이했다. 이때는 대체로 조선의 건국과 세종-성종 연간 문물제도의 정비가 이루어지던 시기와 일치한다. 유럽에서 고대 그리스·로마 문화가 부활하면서 인간 중심의 새로운 문화가 도래하였듯이 '고조선'의 존재는 고려 후기부터 재인식되고 있었고, 성리학의 도입으로 중국 고대 당우唐虞(요순堯舜)-서주西周의 이미지와 겹쳐지면서 유교적 이상사회를 실현시킬 국가로서 신왕조新王朝가 개창되었다.

조선의 국호는 우리 역사에서 고조선을 부활시켜낸 데에서 출발하였으며, 그 구체적 통치 모델은 유교의 이상사회인 서주에서 찾고자 했다. 이는 역성혁명을 주도한 신진사류의 정치적 이념을 단적으로 드러낸 표현이었다. 당시 혁명을 일으킨 세력은 새로운 국가상으로 유교적 이상사회를 내세웠으나 일방적으로 중국 고대의 이상사회를 꿈꾸지는 않았다. 오히려 그들은 단군과 기자를 토대로 중국의 이상사회인 요순-서주의 이상향이 같은 시대에 고조선에서도 실현되었다는 인식을 전제로 하였다. 고려 말에서 조선 초 지식인은 단군을 요임금과 동시대 인물로 비정하여 우리나라 역사의 출발이 중국과 동일함을 강조하였으며, 은주 교체기殷周交替期 현인 기자가 주무왕周武王에게 요순의 도통을 잇는 홍범洪範을 전수하고 조선으로 이주했으므로 고조선은 서주와 같은 도통을 이어받았을 뿐 아니라 기자의 통치를 직접 받아 문명국으로 발전했다는 논리 구조를 만들어냈다. 이러한 주장은 결국 조선이 중국과 대등하고 독자적 천하관을 지닌 문화국가임을 강조한 논법이었다. 조선왕조 개창은 우리의 역사 전통을 재발굴하였을 뿐만 아니라 신유학에서 표방한 이상사회의 모델을 우리의 시각에서 접목시켜 서주의 이상향을 조선에 재현시켜보고자 했던 변혁 운동이었다.

이러한 흐름은 고대 이상사회를 현재에 재현하는 일종의 르네상스에 해당한다. 같은 시기 서구에서 유럽이 십자군 원정을 통해 이슬람제국과 조우하면서 고대 그리스·로마의 고전을 획득하고 과학기술 등을 전수받아 문예부흥과 과학혁명을 이루었던 상황과 유사하다. 당시 세계는 광대한 이슬람세국(셀주크튀르크·오스만튀르크)과 원제국이 동서 세계를 양분하고 있었으며, 두 거대 제국의 문화는 상호 교류되면서 주변부에 막대한 영향을 미쳤다. 이슬람의 과학기술은 원제국에도 일찍이 전해졌으며 세계 제국의 문화는 명과 조선의 유산이 되었다. 마치 이슬람제국의 유산이 서구의 르네상스를 일깨웠듯이 원제국하에서 결집된 세계적인 학문적 토대가 명과 조선에서 꽃피었다. 명의 『영락대전永樂大典』 및 『사서오경대전四書五經大全』 편찬 사업, 조선의 천문 과학기술, 문물제도 정비 등은 거의 동시대의 소산이었다. 특히 원제국 치하에서 집대성된 음

운학은 명의 『홍무전운洪武全韻』과 조선의 『훈민정음訓民正音』의 토대가 되었다. 또한 아시아 최초의 세계지도로 알려진 「혼일강리역대국도지도混一疆理歷代國都之圖」 역시 원제국의 유럽 확장에 따른 지리 정보 획득으로 만들어진 대표적인 조선의 세계지도이다. 명실공히 동양과 서양은 두 거대 제국의 유산을 밑거름 삼아 동시대에 르네상스를 구현해나가고 있었다. 그래서 마치 유럽이 이념적으로는 고대 그리스·로마의 고전을 부활시키고자 했으나 실제 과학적 유산들은 이단시했던 이슬람의 영향을 받은 것처럼 명과 조선 역시 이념적으로는 자국 중심의 중화中華(문화) 회복을 전제로 내세웠지만 오랑캐로 멸시하던 몽골의 유산에 의지하지 않을 수 없었다. 한족漢族의 경학으로 새롭게 이름 붙이고자 했던 『사서오경대전』 역시 상당 부분 원대 주석학의 업적이었다. 이처럼 현실적 수용과는 달리 이념적으로는 독자성과 자주성을 강조하기 위한 사상적 무장과 재편이 필요했으며, 이에 따라 전통에 대한 재인식과 대대적인 문물제도 정비가 이루어졌다.

그 방식은 몇 차례의 물결로 대별된다. 하나는 강력한 중앙 권력을 지닌 국가 체제를 만들려는 흐름이다. 명의 육부직주六部直奏, 조선의 육조직계六曹直啓, 프랑스의 국가 주권 등은 비슷한 형태로 구현된 모델로 보인다. 다른 하나는 비대해진 중앙 권력에 대한 비판 현상이다. 명의 '사도부흥師道復興'이나 조선의 '사림정치', 영국의 '르네상스 지식인' 등이 대표적인 사례로 생각된다. 향후 두 가지 사상이 점차 파장을 일으키면서 절충된 모습으로 청과 조선의 '성인군주론聖人君主論'이나 유럽의 '계몽절대주의Enlightened Absolutism'로 등장하였다.

동서의 이상국가 모델을 자세히 살펴볼 필요가 있다. 먼저 조선의 경우 14세기 후반 정도전鄭道傳(1342-1398)이 쇠락해가는 고려 사회를 재편할 수 있는 강력한 신왕조의 출현을 갈망하였다. 그는 자신이 편찬한 『조선경국전朝鮮經國典』 및 『경제문감經濟文鑑』에서 서주를 모범으로 한 일원적 국가 통치 구조를 이상으로 삼았다. 그의 사유 체계는 『주례』에서 제시한 국가 모델을 기반으로 하는데, 해당 경서의 취지와 그동안 학계에서 연구해온 재상정치론은 잘 부합하지 않는다. 재상의 역할 강조가 신권 중심이나 왕권에 대한 견제를 의미하는 것은 아니었다. 『주례』나 『조선경국전』 모두 ① 군주의 역할을 먼저 제시하였으나, ② 재상이 제왕의 뜻을 받들어 국무를 총괄하며, ③ 방대한 관료 기구가 실무를 뒷받침하는 형태였다. 따라서 이중 두 번째 요소인 재상만을 강조해 정도전과 태종의 정책상 유사점을 설명하기는 어렵다. 정도전은 1차 왕자의 난(1398)을 일으킨 태종과의 대립으로 정계에서 축출되었으나 그의 국가론은 태종은 물론이거니와 후왕들에게도 영향을 미쳤다. 이는 고려보다 훨씬 중앙집권화된 국가 체제를 혁명 세력이 꿈꾸었기 때문이다.

이와 유사한 형태의 이상국가론은 중국과 서구에서도 나타났다. 15세기 후반 명대明代 구준丘濬(1421-1505)은 『대학연의보大學衍義補』를 편찬함으로써 신유학의 성학론聖學論을 착실히 계승하면서도 국가 제도의 재구축을 상세히 서술하였다. 그는 진덕수眞德秀(1178-1235)의 『대학연의』를 보완한다는 명분으로 『대학연의보』로 명명했으나, 심성 수양론을 중심으로 하는 남송대 진덕수의 사유 체계와는 완전히 다른 경세지학經世之學을 중요한 틀로 제시하였다. 오히려 정도전의 국가 경영론을 확장한 듯했다. 나아가 그는 군주와 신민의 상호 관계에 초점을 두었으며, 사도師道의 주장과 대간臺諫 기능 강화를 통한 신하의 역할론을 적극 펼쳤다. 이는 이미 홍무제 때 중서성中書省이 폐지되어 재상이 소멸된 상황에서 파격적인 주장이었다. 게다가 그는 맹자孟子의 논지를 적극적으로 계승함으로써 군주는 백성을 위해서 존재하며 백성이 있어야 군주의 지위도 가능하다는 발언을 서슴지 않았다.

당시 명은 정통제正統帝(영종英宗)가 약 50만 대군을 이끌고 친정에 나섰으나 몽골의 오이라트Oirāt에게 포로로 잡히는 토목보土木堡의 변變(1449)을 겪고 말았다. 승기를 잡은 오이라트는 막대한 배상을 요구하며 북경을 압박하였으나 명은 약 20만 군을 집결시키고 황제의 이복동생이 경태제景泰帝(대종代宗)로 즉위하여 단호히 대응하였다. 뜻을 이루지 못한 오이라트는 명 조정을 교란시키고자 태상황(영종)을 조건 없이 귀환시켰으며, 이후 탈문奪門의 변變(1457)이 일어나 천순제天順帝(영종)가 복위하였다. 아들인 성화제成化帝(헌종憲宗)는 환관정치(동창·서창)와 토지 겸병(황장皇莊)의 시대를 열었다. 홍치제弘治帝(효종孝宗)가 즉위하자 개혁을 단행하여 황실의 친척과 권문세가權門勢家의 토지 겸병을 금하고 조세 탕감을 실시했으며, 이재민들을 구휼하고 농업 생산을 향상시킴으로써 정국을 비교적 안정시켰다. 사대부(신사紳士/향신鄕紳)의 정치 참여를 확대하여 이른바 '홍치중흥弘治中興'(1487-1505)이 도래했다. 이때 정계에서 보좌했던 대표 인물이 바로 구준이었다. 그의 파격적 국가개혁론은 신사의 적극적인 협력하에 백성의 생활을 안정시키고 실추된 황제의 권위를 재구축하는 데 상당히 매력적인 방법으로 인식되었다. 이러한 분위기는 명 말까지 '사도부흥' 운동으로 지속되었다.

16세기 무렵 유럽에서도 절대왕정Absolute Monarch이 출현하기 시작하여 교회를 중심으로 한 중세 질서를 세속의 국왕권 아래에 재통합하고자 했다. 장 보댕Jean Bodin(1530-1596)은 전통적 기독교 군주관君主觀에 국가 주권의 요소를 가미한 왕권신수설王權神授說divine right of kings을 체계화한 인물로 알려져 있다. 이는 대체로 그가 저술한 책의 축약본(영어 번역본)을 기반으로 하는 설명 틀이다. 하지만 최근 완역본(프랑스어 원본)이 국내에 소개되면서 그가 절대왕정의 지지자로만 비춰졌던 과거의 모습보다는 훨씬 더 복잡한 사유 체계를 지닌 인물이었음이 드러났다.[1]

그는 생전에 많은 프랑스 국왕의 교체를 단시간에 경험하였고 발루아-부르봉왕조Valois-Bourbon dynasty의 교체나 종교개혁의 갈등 및 반란 사건 등을 겪으면서 혼란을 종식시킬 구심점으로서 절대왕정의 모델을 구상한 듯하다. 그래서 플라톤Platon(기원전 428/427-기원전 348/347)이나 아리스토텔레스Aristoteles(기원전 348-기원전 322)가 다양한 정치체제를 비교하면서 민주정의 문제점이나 폭군의 난점을 경계하여 결과적으로 합리적인 군주정을 지지한 것과 유사한 주장을 펼쳤다.[2] 또한 그러면서도 한 걸음 더 나아가 조선의 정도전이나 명의 구준과 같이 체계적인 국가 체제론을 펼쳤다. 이것은 그동안 정도전의 재상론을 군주권 견제로 이해하거나 장 보댕을 절대왕정의 신봉자로만 평가한 것이 얼마나 실상과 다를 수 있는지 보여준다. 오히려 양자 모두 고려와 프랑스의 혼란을 종식시켜줄 수 있는 정교한 중앙집권 국가의 모습을 설계했다고 평하는 것이 훨씬 더 사실에 부합할 것이다. 마키아벨리Niccol Machiavelli(1469-1527) 역시 피렌체의 공화정이 몰락하는 과정을 경험했기 때문에『군주론』에서 훨씬 강도 높은 군주상을 제시했다.

반면에 영국의 토마스 모어Sir Thomas More(1478-1535)는 상상의 섬, '유토피아Utopia'라는 이상적인 공간을 만들어 르네상스인의 이상을 제시하였다. 르네상스인이 부나 권력에 대해 욕심이 없음을 강조하고, 이를 영국의 현실과 대비시켜 전쟁 수행에만 골몰하는 군주와 아첨하는 자문관을 비판하였다. 그의 시대는 영국·프랑스의 백년전쟁(1337-1453)이 종식되어 양국에서 독자적인 국가의 모습이 서서히 형성되던 무렵이었다. 그의 비판 정신은 향후 영국이 대륙 국가와 다른 왕정관王政觀을 만들어가는 데 일조하였는데, 이는 몽골제국의 100여 년간 통치에서 벗어난 조선과 명의 사대부가 지향한 정치와 상당 부분 공통분모를 가지고 있었다.

실제로 조선에서는 이미 확립된 전통적 왕정 체제에 새로운 요소가 나타나기 시작했다. 조광조趙光祖(1482-1519)를 필두로 한 기묘사림己卯士林의 정계 진출로 실천 지향적인 현실 개혁 논리가 '조선 성리학'에 가미되어 중앙 정계는 물론이거니와 향촌 사회로까지 점차 확산되었다. 그러나 사림은 아직 세력이 미약하여 훈구 세력과 일대 격돌을 피할 수 없었다. 사림은 요순정치론堯舜政治論을 주창하여 임금이 성군聖君이 되기를 갈망했으나, 훈구를 견제해야 하는 상황에서 왕권의 신성함을 부정할 수 없었다. 하지만 17세기에 접어들면서 사림은 집권에 성공했고, 붕당정치가 공인公認되어 사림의 정치 이념은 한층 더 공고해져갔다. 군주성학론君主聖學論이 점차 자리를 잡아가면서 조선의 국왕은 더 이상 왕통의 신성함만으로 군주의 권위를 요구할 수 없는 시대에 접어들기 시작했다. '산림'으로 칭해졌던 각 붕당의 영수가 수신修身이 부족한 군주를 성인군주로 이끄는 스승으로서 자신의 위치를 비정하고 사대부의 정치 이념을 국왕에게 요구하는 새로운 정치형태가 출현했다. 붕당정치의 대두는 정치세력 간 견제와 균형을 토대로 왕정을 운영해나가는 정치체제의 일대 변동을 의미했다.

중국에서도 명말청초明末淸初에 대변혁기를 맞이하여 기존의 사도 운동을 한 단계 뛰어넘는 새로운 사상이 태동하였다. 황종희黃宗羲(1610-1695)는 『명이대방록明夷待訪錄』(1662-1663)에서 천하에 큰 해를 입히는 것은 군주뿐이니 없다고 하더라도 사람들은 각기 사리私利를 얻을 수 있다며 군주정의 문제점을 신랄하게 비판하고 파격적 민본 사상에 입각한 국가상을 주창하였다.[3] 황종희는 명의 멸망을 직접 경험했기에 더욱 급진적일 수밖에 없었다.

한편 서구에서는 17세기에 절대왕정이 전성기에 접어들었다. 문화 운동에서 시작된 르네상스는 정치사상과 조우하면서 점차 새로운 변혁의 이념으로 변신하여 인간의 이성을 중심으로 자연 만물을 설명하고자 하는 흐름인 계몽주의로 나타났다. 토마스 홉스Thomas Hobbes(1588-1679)는 『리바이어던Leviathan』 등을 통해 국왕에 대한 가톨릭의 도전을 강력히 비판하고 절대왕정의 정당성을 주장하였다. 동시에 그는 자신을 더 이상 보호해줄 수 없는 군주를 폐위하고 새로운 군주에게 충성을 바칠 수 있는 신민의 권리를 주창하였다.[4] 하지만 그는 교회 권력을 부정했기에 왕권신수설의 지지자인 왕당파에게 끝내 배척을 받았고, 절대왕권을 주장했기에 사회계약론의 시초가 되는 논리를 제시했음에도 불구하고 의회파(수평파)에게도 호감을 얻지 못했다. 그가 이러한 모순적 행보를 보인 이유는 크롬웰Richard Cromwell(1626-1712)의 청교도혁명Puritan Revolution(1640-1660)과 제임스 2세James II(1633-1701)의 왕정복고(1685 1688)라는 양극단의 정치 상황을 연이어 경험했기 때문이다.

여기서 유럽의 왕권신수설이나 사회계약론은 일견 유가의 성학론과 비교해볼 만하다. 성리학자들은 천명天命을 부여받은 제왕帝王이 학문을 닦아 요순의 덕을 갖추면 성인군주가 될 수 있다는 이상적 군주론으로 성학을 체계화했다. 본래 성학은 선천적인 왕실의 혈통에만 기반한 존왕尊王 사상이라기보다는 후천적 노력(수신修身)을 강조한 진일보한 사상이었다. 명대 '사도 운동' 역시 '자득自得'에 기반한 왕학王學이 적지 않은 영향을 미쳤다. 비교 층위는 다소 다르지만 이 같은 상황은 홉스 사상이 절대왕권 개념에서 보댕의

신神을 배제하고 사회계약설을 도입한 것과 비교해볼 만한 진전이다. 그러나 16세기 사림은 정작 이러한 성학론을 온전히 주장하지 못하고 현실 타협적 입장을 견지해야 했다. 아직 사림이 훈구 세력과 대결을 벌이고 있는 상황에서 군주에게 학문에만 집중할 것을 요구할 수 없었다. 오히려 사림은 군주의 지지를 얻기 위해서 왕실의 신성함을 더욱 강조했고, 힘겹게 얻은 국왕의 신뢰를 바탕으로 점진적 변화를 꾀해야 했다. 국왕은 훈구와 사림의 균형이 무너질 때면 어느 쪽이든 버리기를 주저하지 않았다. 홉스의 교회 배척이나 사림의 훈구 비판은 모두 국왕의 절대 권력을 전제로 이루어졌다. 사림의 초기 정치 입론은 현실 권력의 옹호라는 측면에서 절대 왕정의 이론 체계와 부합하는 측면이 많았다.

한편 군주를 교체할 수 있다는 홉스의 주장 역시 전통적 맹자관孟子觀과 황종희가 주장한 방벌放伐 및 역성혁명에 가까운 발상이다. 실제 14세기 말 조선왕조 개창은 신진사류의 혁명운동의 산물이었으며, 이러한 사상으로 무장한 조선 지식인은 역성혁명에 이어서 16세기 초와 17세기 초 두 차례나 반정反正을 일으키고도 그에 정당성을 부여했다. 곧 왕정 체제와 혁명론이 공존하는 이율배반의 사상이 자리매김한 것이다. 조선에서 혁명은 단지 관념이 아니라 실제적 사상으로 받아들여졌다. 16세기 후반부터 17세기 전반 조선에서는 선조대의 평화적 붕당 공인과 인조대의 물리적 군사력이 동원된 반정反正으로 인해 붕당정치가 본궤도에 올랐다. 17세기 중·후반 영국에서도 군사 쿠데타인 청교도혁명, 평화적 권력 이양인 명예혁명Glorious Revolution(1688)으로 왕정 체제하에 새로운 국가관이 태동했고, 마침내 의회파가 권력을 장악하여 의회정치가 전개되기에 이르렀다. 이처럼 동서양의 정치 상황은 여러모로 비교 검토가 필요하다.[5]

2. 고조선의 화려한 부활

탕평정치에서 기자의 '홍범구주洪範九疇'는 가장 주요한 개념이었다. 그런데 기자는 조선왕조와 직접적 연고가 있는 인물이었다. 그가 서주를 피해서 고조선으로 망명했기 때문이다. 이후 기자의 교화가 새로운 문화의 시대를 열었다고 평가해왔다. 이러한 전통시대 의식은 일제강점기에 중국 식민지와 사대주의에 물든 역사처럼 왜곡되었으나 사실 전혀 다른 각도에서 만들어진 역사 인식의 소산이었다.

7세기 무렵 신라는 한반도에서나마 제한적으로 삼국의 통일을 주도할 무렵 삼한일통의식을 주창함으로써 사실과 무관하게 삼국을 마한馬韓, 진한辰韓, 변한弁韓으로 상정하고 본래 하나였으니 신라의 통일은 정당한 재결합이라고 주장하였다. 이것은 당시 통일의식을 고취시키는 한 가지 방편이었다. 삼한일통은 삼국이 800여 년 이상 국가의 존망을 걸고 상쟁相爭해온 상황에서 과거보다 훨씬 진전된 통합 의식의 소산이었다.

하지만 삼한일통에는 여전히 삼국이 별도 존재했다는 의식도 남아 있었다. 삼국이 하나가 되었다고 헤도 통일된 국호는 삼국 중 하나인 신라였으며, 10세기 무렵 고구려를 내세운 고려가 재통일했으나 이때에도 삼국 중 하나인 고려였을 뿐이었다. 이는 사회적 혼란기가 도래할 때마다 후삼국으로 분열되는 상황을 초래했다. 신라 말에도 중앙 조정에 반발하여 각기 후고구려와 후백제가 대두했다. 12세기 고려 중기에도 무신란과 전국적 반란이 일어나자 어김없이 후삼국이 재등장했다. 이는 정신적인 면에서 완전한 국가 통합이 이루어지지 못하고 삼국의 전통을 각기 계승하는 삼한유민 의식이 아직 남아 있었기 때문이다.

이러한 대분열 상황에서 13세기에는 설상가상雪上加霜으로 몽골족의 대규모 침공도 약 30년간 지속되었다. 외세와 항쟁 속에서 새로운 형태의 국가의식과 민족의식이 형성되기 시작했다. 고려의 지식인들은 삼한을 초월할 수 있는 보다 추상적인 형태의 역사를 갈구했으며, 이후 역사서에서 '옛 조선[古朝鮮]'이 새롭게 부각되었다. 이제 후삼국의 후예임을 내세우기보다는 고조선을 명분으로 한 새로운 정치의식이 싹트기 시작했다. 이 시기 역사서에는 단군, 기자, 위만 등 세 개의 고조선이 등장했고, 그중 단군과 기자가 크게 주목받았다. 이미 살펴보았듯이 고려의 지식인들은 단군과 기자를 자유롭고 독자적 천하관을 가진 인물로 받아들였다. 어떤 의미에서는 중국과 고조선의 문화는 대등하다는 의식의 발로였다. 고려 말 신진사류의 논리를 따라가보면 새로운 혁명을 통해 탄생한 국가명이 '조선'으로 귀결된 이유를 알 수 있다.

신왕조에는 새로운 체제가 필요했으며 그 때문에 국호의 변경도 필요했다. 대변혁은 고려 체제하에서는 전면 개혁이 불가능하다는 사실을 방증하였다. 이는 여러 차례 혁명에 동참했던 혁명 세력 내의 분열에서도 확인된다. 처음 정몽주鄭夢周(1337-1392)와 정도전은 서로 형제처럼 지내던 동류였고, 정몽주가 정도전을 적극적으로 발탁하여 출사시켰다. 그러나 쿠데타가 성공하자 균열이 생겼다. 정몽주는 고려의 전통적 귀족이었던 데 반해 정도전은 모계 신분에 하자가 있는 한계인限界人에 해당했다. 이는 이성계李成桂(1335-1408) 역시 마찬가지였다. 그를 기용한 이는 최영崔瑩(1316-1388)이었다. 그러나 최영이 명문 귀족 출신이었던 데 반해, 이성계 집안은 쌍성총관부에서 귀부해온 동북면의 변경인에 지나지 않았다. 위화도회군威化島回軍(1388)을 기점으로 이성계와 최영이 먼저 서로 다른 길을 걸었다. 한계 신분은 혼란기에 실력으로 중앙 정계에 진출했으나 혁명이 성공하고 나라가 안정되자 그 신분과 배경이 반대파에게 견제당하는 명분으로 활용되었다. 공양왕恭讓王은 정몽주를 이용하여 마지막으로 이성계 일파를 제거해보고자 시도했다. 이 사건이 실패함으로써 한계인들은 돌이킬 수 없는 선택을 강요받았다. 이성계가 즉위한 후 개국공신으로 임명한 이들의 숫자와 신왕조 개창에 반대해 처벌한 이들의 숫자를 비교해보면 양자는 거의 동수를 이룬다. 곧 왕조 개창을 앞둔 마지막 순간까지 치열한 긴장관계 속에서 양대 세력이 거의 백중지세伯仲之勢였음을 알 수 있다.

기존에는 정몽주는 고려의 충신으로, 정도전은 역신으로 전제하거나 혹은 온건파와 급진파로 구분해왔다. 이는 정도전 일파를 제거하고 두 차례 왕자의 난을 일으켜 집권한 태종의 역사 평가를 여과 없이 계승했기 때문이다. 그러나 양자 모두 왕을 갈아 치우는 데 동참했다는 사실에는 아무런 차이가 없는데도 온건과 급진을 나눌 수 있을지 의문이다. 차이가 있다면 왕과는 관계없이 고려라는 체제를 바꾸는 문제가 더 민감했을 뿐이다. 특히 이에 반대한 이들은 고려의 일급 귀족이었다. 반대로 새 술을 새 부대에 담자고 주장한 이들은 대개 서얼 출신과 한미한 가문을 배경으로 가진 사람들이었다. 이들이 이성계를 중심으로 결집하여 자신의 출세를 가로막는 '구체제'를 갈아엎자고 나섰던 것이다.

이것이 유사 이래 거의 최초로 조선왕조에서 토지개혁에 성공한 이유이기도 했다. 대토지 소유자였던 권문세족이 제거되고, 산과 골짜기를 경계로 대규모 사원전寺院田을 보유했던 대규모 사찰이 철저히 해체되면서 토지개혁이 비로소 가능해졌다. 신왕조 개창 세력은 구귀족 세력을 몰아내고 중앙의 한계인들과 지방의 중소 지주층들을 포섭하여 새로운 국가를 만들어나갔다. 고려 후기 전민변정도감田民辨整都監이 설치되어 귀족에게 빼앗긴 토지를 되찾아주고 노비가 된 양민을 풀어주고자 하는 정책이 수차례 시도되었으나 거의 성공하지 못했다. 당시 기록에 따르면 십수 명의 대귀족이 토지의 소유권을 중복하여 주장함으로써 농민은 이들에게 지대를 내고 나면 생계가 거의 불가능해져 차라리 권문세족의 노비로 투탁投託하는 길을 선택했다고 한다. 더욱이 농민은 송곳 꽂을 땅조차 없는데 대귀족과 대사찰은 산과 골짜기를 경계로 토지를 소유했다며 부조리한 현실을 고발하였다. 대귀족이 실존하는 한 개혁은 불가능했으며, 이들의 숙청을 통해서만 개혁의 꿈은 이루어질 수 있었다. 신왕조 개창의 명분은 이렇게 축적되어갔다.

또한 당시 여말선초의 위정자는 거대한 중원中原의 제국 원과 명으로부터 과도한 조공 압박에 시달렸다. 그래서 이들은 동방의 천하를 영유한 문명국 고조선을 내세워 신왕조의 독자성을 인정받고 외세의 개입에서 벗어나고자 하는 의지가 강했다. 그것만이 과중한 민생고를 해소하고 혁명의 명분을 인정받을 수 있는 유일한 길이라고 여겼다.

하지만 대명외교는 그리 간단하지 않았다. 이성계가 위화도회군으로 집권하여 명에 대한 사대를 내세웠기에 요동 정벌이 좌절된 듯 보였지만 국가 체제가 안정되자 정도전을 중심으로 북벌이 재추진되었다. 신라, 고려, 조선 등 역대 한반도의 통일 정권 중 조선의 북방 영토가 가장 넓었던 이유도 국초의 기본 정책이 지속적으로 추진되었기 때문이다. 또한 명에 대한 사대가 가장 지극했다고 알려진 세종대에 북방 영토가 최대가 된 역설도 이러한 연유에서이다. 그래서 명에서는 국초부터 표전문表箋文 사건까지 일으켜 정도전의 소환을 시도하기에 이른다. 신왕조가 대명외교에서 사대를 내세웠지만 실제 조선의 행동은 표리부동表裏不同하다는 사실을 명도 일찌감치 인지하고 있었다. 그동안 마치 명에 대한 맹목적 사대주의의 화신처럼 설명되어온 당대 정치인의 모습은 사실 이와 같았다.

이성계는 국호를 바꾸는 일을 추진하여 한편으로는 사회 전반에 새로운 체제를 구축해나갔으며, 다른 한편으로는 중국이 선택할 수밖에 없는 국호를 제시하면서 형식상으로나마 명의 위신을 세워주었다. 그러면서도 명이 영유권을 주장하는 요동에 대한 정벌을 암암리에 추진하고 있었다. 실제로 태조 초반 정도전이 주창한 사병私兵 혁파 정책은 바로 이를 대비하기 위해서였다. 국호 변경과 북벌은 거의 동시에 추진되었다. 이러한 사정을 모를 리 없었던 명으로서는 조선이 늘 못마땅할 수밖에 없었다. 이미 살펴보았듯이 '조선'이라는 국호는 고려 후기에 민족체의 통합이 고양되면서 새롭게 형성된 역사의식의 소산이었다. 이것이 신유학과 결합하여 중국과 대등한 문명권을 지칭하였다. 더욱이 이는 선망의 대상이었던 중국의 고사故事 세계가 우리의 역사와 나란히 존재하며, 고조선을 계승한 현세의 조선왕조에서 이를 언제든지 구현할 수 있고 또 초월조차 가능하다고 자신했음을 의미한다. 아득한 고조선의 영화榮華를 내세운 조선왕조는 이렇게 역사의 무대에 화려하게 등장했다. 이제 자국 전통에 대한 자부심과 유교적 이념을 통한 재해석을 바탕으로 새로운 시대를 열어나가고자 했다.

18세기에는 이러한 '조선'이 이미 300년 이상 존속되었기에 그 자긍심이 극에 달하였다. 향후 정국 운영에서 탕평의 논리를 담고 있는 홍범구주의 계승자인 서주가 모범으로 제시되는 현상은 자연스러운 귀결이었다. 그 전제에는 기자의 도를 나란히 전수받은 고조선에 대한 자긍심이 자리하고 있었다. 다만 전적이 부족하기 때문에 서주를 통해서 이상향을 구현할 뿐이었다. 이는 탕평을 통해 유교적 이상향을 보다 심화시킴으로써 조선에서 현실 정치의 지표로 삼은 사례에 해당한다. 그래서 서주와 조선은 등가적 가치의 산물로 인식되곤 했다.

조선왕조의 개국은 유교를 정치 이념으로 하는 새로운 사회가 열렸다고 평가되어왔다. 새로운 이념에 의한 사회구조의 전환은 여전히 유효한 설명 방식이다. 하지만 새로운 가치를 주장하는 정치세력의 등장이 곧바로 사회 전반의 변화를 가져오지는 않았다. 유교 이념이 사회 전체로 확산될 때까지는 수많은 계기적 요소와 상당한 시간이 필요했다. 따라서 조선 사회의 지향점이 서서히 싹트기 시작해 점차 뚜렷한 상을 그려나가는 과정을 좀 더 미시적으로 검토해볼 필요가 있다.

14세기 후반 고려는 새로운 운명의 기로에 서 있었다. 고려 초기의 규범과 제도인 조종성헌祖宗成憲은 유명무실해졌으며, 무신란武臣亂과 원간섭기를 거치면서 왕실의 권위나 황제국 체제를 지향했던 고려의 정체성도 상당 부분 희석되었다. 무신정권의 종식과 조정의 출륙환도出陸還都에 사실상 원의 영향력이 크게 작용했기에 이제 왕실은 원이라는 변수를 주요하게 고려하지 않을 수 없었다.

고려의 국왕은 원 황실의 부마駙馬이자, 심양왕瀋陽王, 정동행성征東行省의 승상丞相 등의 복합적인 지위를 모두 겸할 때에만 온전한 군주로서 국내 통치가 가능했다. 이는 사실상 군주의 보위도 현존하는 강대한 원제국과 연계 속에서만 지탱되었음을 의미한다. 신료들 역시 크게 다르지 않았다. 고려 조정에 출사한 다수의 신료는 원 조정에서 벼슬을 했거나 유학 혹은 사신 경험 등을 토대로 어떠한 형태로든 원과 밀접한 연관성을 지니고 있었다. 심지어 원과 고려 모두에서 벼슬을 하는 경우도 심심치 않게 확인된다. 특히 원의 과거제하에서 고려 개경의 시험을 중국의 지방 성시省試의 합격으로 인정하여 사실상 하나의 제국 질서 내로 편입하는 양상까지 보인다. 이러한 체제는 일종의 이중 국가 체제를 방불케 했다.

그래서 이 시기 원을 매개로 한 지식인들은 이러한 동북아시아 질서를 부정할 수 없는 세계 체제로서 인정하고 받아들였다. 이는 대몽항쟁기의 저항 의식과는 전혀 다른 분위기로, 세대교체가 이루어졌음을 의미한다. 또한 주자성리학이 역설적이게도 한족 왕조인 남송대南宋代에는 황제를 비판한 이단異端으로 배격되었다가 이민족인 몽골이 세운 원대元代에 와서야 관학으로 공인되었기에 이들의 성리학은 원제국의 지배 체제에 봉사하는 이념으로 변질되었다.

그러나 공민왕대에 들어서면서 원과 직접적인 소통이 많았던 만큼 무너져가는 원에 대한 정보도 시시각각으로 위정자들에게 전해졌다. 이에 기민하게 대응한 국왕이 먼저 원과 일정한 거리 두기를 시도하면서 신료들도 이제는 원을 버려야 할 시기라고 판단하였다. 국왕은 원의 간섭 없이 왕실의 존엄함을 회복하기를 기도하였고, 신료들은 기울어가는 원제국을 대신해서 자신들의 권력을 지탱해줄 새로운 무언가를 열심히 찾고 있었다. 당시의 권문세족은 부원배의 소탕으로 당분간은 국왕의 쪽에 서는 편이 유리하다는 판단을 내렸다. 하지만 권력의 향배에 따라 언제든지 변할 수 있는 상황이었다.

공민왕대 이후 '조종성헌'의 기치하에 고려의 정체성을 회복하기 위한 일련의 사업이 전개되었다. 그러나 왕은 부원배를 소탕하고 권문세족의 일시적인 협력을 이끌어내긴 했으나 자신의 개혁을 뒷받침할 세력을 육성하는 데는 아직 성공하지 못하였다. 이러한 때에 공민왕은 신돈을 시켜 성균관成均館을 복설함으로써 차후 원과 연결 고리를 배제한 고려의 자생적인 지식인 양성에 돌입했다. 하지만 공민왕 당대에는 아직 미약하여 정치세력으로서 큰 힘을 발휘하지 못했다. 다만 이때 씨앗을 뿌려두었기에 향후 점차 세력을 넓혀나갈 수 있었다. 이후 이들은 원제국의 지배 이념으로서 성리학을 탐구하는 것이 아니라 고려의 자주적인 입장에서 학문을 연마하는 신진사류로 새롭게 자리매김하였다. 자연히 이러한 구상은 공민왕이 꿈꾸어왔던 새로운 국가 창출의 연장선상에 있었다.

그러나 공민왕의 훙거로 신진사류만 남겨지자 당대 지식인들은 고려 초기의 강력한 왕권을 바탕으로 한 조종성헌의 회복이라는 기치를 추구하기보다 아예 새로운 유교적 이상사회를 만들고자 했다. 이는 당시 개혁을 추진하려는 국왕과 신진사류의 궁극적인 지향점이 서로 차이가 있었기 때문이다. 양자가 꿈꾸었던 조종성헌의 회복은 사실 그 전범典範을 서로 달리했다. 국왕이 꿈꾼 전범은 고려 초기의 강력한 왕권의 모습이었으며, 신진사류가 바랐던 이상향은 고려 성종대 이후 문벌 귀족 사회로 탈바꿈한 문신 중심의 관료 사회였기 때문이다.

고려 말 신진사류는 신유학의 경서를 자신들만의 독법으로 연마했기에 근본주의적 성향을 여과 없이 드러냈다. 원제국 치하에서 현실 타협적인 관학이었던 성리학은 이제 고려에서는 가장 급진적이고 진보적인 성향의 체제 개혁 논리로 변모하였다. 이들은 원제국 체제에 얽매이지 않으면서 보다 자유로운 상황에서 새로운 이상국가를 갈망할 수 있었다. 경서 속에서만 접해왔던 유교적 이상사회를 현실 사회에 구현해보겠다는 강한 자신감과 희망이 우왕·창왕대昌王代의 정치 개혁으로 이어졌고, 결국 『맹자』에 등장하는 역성혁명을 대담하게 실제 현실에서 일으켜서 왕조 교체까지 이루어냈다. 이제 이들은 고려라는 틀을 버리고 중국 고대 이상사회와 동시대로 설정된 조선을 국호로 내세우면서 새로운 유교적 이상향의 모델을 적극 제시하였다. 앞서 말했듯이 단군을 요임금의 시대로 설정하고 기자를 은주 교체기로 상정하여 중국에서 가장 이상적인 사회로 꼽히는 요임금 시대와 서주 이상사회가 한반도에서는 바로 '조선'이었음을 강조했으며, 이러한 흐름은 고대 이상사회를 현재에 재현하는 일종의 르네상스에 해당한다.

이처럼 고려 말 신진사류는 당대를 난세亂世로 인식하고 치세治世로 전환하기 위해 고전분투苦戰奮鬪하였다. 조선은 이 시기에 정비된 제도를 상당수 물려받았고, 이를 기반으로 새로운 왕조의 틀을 구축할 수 있었다. 고려 우왕·창왕대 급진전되었던 개혁은 국가 체제를 일정하게 갖추는 데 기여하였다. 공양왕대까지 각종 개혁 입법은 점차 누적되어, 신왕조 수립 후 얼마 되지 않아 『경제육전經濟六典』을 반포할 수 있을 만큼 상당한 법제가 갖추어졌다. 더욱이 토지개혁으로 백성의 삶은 안정되었고 혁명의 당위도 보장되었다. 나아가 팔도의 관찰사 제도가 확립되었고 말단 고을까지 모두 중앙에서 수령이 직접 파견되었다. 중앙의 지배력은 점차로 심화되어 국가의 일원적 지배 체제가 고도로 갖추어지기 시작했다. 이는 14세기 후반 신진사류의 정계 진출로 빚어진 대경장의 성과였다.

이러한 상황은 조선이라는 국가 체제와 왕실의 위상에 복합적인 영향을 미쳤다. 곧 황제국 체제인 고려에서 물려받은 신성한 왕실의 유산과 신진사류가 새롭게 주창한 유교적 이상사회의 청사진이 하나의 방향으로 귀결되었다.

3. 신성한 군주상의 계승

공민왕대 성균관의 복설로 새로운 정치세력인 신진사류의 토양이 갖추어지기 시작한 것처럼 신흥무장세력도 이 시기 왜구 토벌 및 홍건적 진압, 원군元軍 격퇴 등에서 혁혁한 공적을 쌓으며 성장하였다. 양대 세력 중에서 구래의 귀족 가문 출신은 고려왕조의 존속을 희구했고, 상대적으로 신분이 미천하거나 한미한 가문의 출신은 기존 체제에서 성장하는 데 한계에 봉착하자 새로운 왕조의 개창에 동조하였다. 이 시기 신흥무장세력의 대표로 동북면 출신의 이성계가 두각을 나타냈으며, 군사력을 바탕으로 신진사류의 개혁을 뒷받침해 국왕으로의 등극을 꾀했다. 또한 왕조의 개창을 전후해서 조선시대 전체를 통틀어 가장 강력한 왕권을 행사했다. 그러므로 개국 초 왕권의 위상에 대한 부분은 도외시할 수 없다.

그동안은 조선시대에 사용된 '성聖' 혹은 '천天'과 같은 국왕이나 왕실에 관계된 표현에 주목하지 않았다. 이것을 단순히 관용적 표현으로 간주했고, 이미 수사修辭로 정착된 용어에 대한 의미를 되새길 필요를 느끼지 못했다. 고려시대에도 군주에게 '성상聖上'이라는 호칭은 일반적이었다. 그런데 '성聖'은 천자天子의 존호이다. 중국의 황제 생일을 '성절聖節' 혹은 '절일節日'이라 칭하고 축하 사절을 '성절사聖節使'로 명명한 것도 이 때문이다. 당대唐代 이래 황제의 생일에 이름을 붙이기 시작해 고려, 송, 요, 금 등은 모두 마치 연호年號처럼 제왕별로 독자적인 절일명節日名을 갖고 있었다. 고려에서는 성종대부터 절일을 지정하였다.[6] 이는 황제국 체제를 지향했던 시기에 가능한 표현이다.

조선왕조가 개창되자 국가의 의례 전반을 규정하는 논의가 분분했다. 더욱이 세종대에는 『고려사』 편찬 과정에서 천자국天子國의 예禮를 참칭僭稱하는 문제가 거론되었다. 『고려사』 '범례'에는 '종宗', '폐하陛下', '태후太后', '태자太子', '절일節日', '제制', '조詔' 등은 참람僭濫한 호칭이지만 당시 표현을 그대로 써서 사실을 보존한다고 했다. 이 조치는 일견 사실 자체는 기록으로 남기되 대명對明 관계를 감안하여 제후국 체제를 지향한 듯 보인다. 이미 몽골의 천하 통일로 오직 원 황제만이 특별한 존칭을 사용할 수 있었다. 원 간섭기에 접어들면 고려의 황제국 용어는 상당히 격하되었다. 충렬왕대부터 다루가치達魯花赤의 강요로 용어가 변경되었다.[7]

강력한 통일 제국이 출현함으로써 다원적인 천하관은 용납될 수 없었다. 원과 명은 마치 하나의 통일 제국의 연속선상에 있는 듯했다. 원이 고려에 제후국 체제를 요구했듯이 명도 마찬가지였다. 원 간섭기 이후 고려가 황제국의 지위를 잃자 절일의 고유 명칭도 사라졌다. 통일 제국인 원이나 명의 황제 생일만 '절일'이나 '성절'로 칭했으며, 중국의 황태후나 황태자에게는 천추절千秋節 등의 별칭을 사용했다. 따라서 호칭이 참람하다는 『고려사』의 인식은 왕조 개창 후 갑자기 등장한 의식이 아니라 원제국 치하 약 1세기 동안 제후국 체제가 익숙해진 상황에서 나온 비판이었다.

그런데 실록을 살펴보면 묘호廟號에서 여전히 황제를 칭하는 '조종祖宗'을 사용했다. 조선은 대명 관계에서 제후국임을 자처하는 상황에서 제후국의 예禮를 사용하는 정도가 고려 전기보다 훨씬 강해졌는데도 불구하고 묘호나 왕실을 지칭하는 존어는 한결같이 전 왕조의 용례를 답습하였다. 특히 '조종' 묘호는 공민왕대 이후에 회복하지 못한 진통이었으니 태종-세종 연간 반대 여론을 뚫고 성사시켜 더욱 주목된다.

따라서 조선의 왕실에는 아직 고려 전기 황제국의 전통과 원간섭기의 제후국 체제가 중층적인 영향을 미치고 있었다. 공민왕대 반원反元 개혁 이후 고려의 조종성헌을 회복하고자 노력하였으나 명이 원을 대체하는 상황에서 고려 전기 수준의 국가 체제로 돌아가는 것은 불가능했다. 조선 초 중층적 전통 계승은 바로 이 같은 배경에서 비롯되었다.

다소 모순된 전통의 계승 속에서 몇 가지 새롭게 주목할 만한 어휘가 확인된다. 조선 전기부터 중국의 황제를 가리킬 때 보편적으로 활용된 '성聖'이나 '천天' 자가 광범위하게 실록을 통해서 산견된다. 우선 '성' 자 계열 조어造語를 분석해보면 외교문서에서 중국 황제에 대한 '성'이나 '천'은 그 전형적 용례가 확인된다.[8] 대부분 명과 외교 관계에서 천자에 대한 격식을 담아 사용하던 표현이다. 이러한 수사들은 조선 후기 청淸 사신을 '노사虜使(오랑캐 사신)'로, 황제를 '노주虜主(오랑캐 군주)'로 비하卑下한 것과는 사뭇 대조적인 표현 양상이다. 그런데 대외적으로 황제의 극존칭에 해당하는 표현을 대내적으로 조선의 왕실에 사용하고 있어 흥미롭다. 처음 명과 외교 관계를 맺은 상황에서 쓰인 용례가 이후 국내에서 조선 왕실을 상징하는 표현으로 곧바로 쓰였다. 또한 '천' 역시 중국 황제나 자연적인 덕목뿐 아니라 조선 임금의 권위를 나타내는 용어로 점차 대체되었다.

조선에서는 '성조聖祖'의 후예라는 인식을 키워나갔다.[9] 신성한 왕실을 상징하는 다양한 표현이 확인된다.[10] 그러면서도 당대인들은 이에 대한 모순을 전혀 느끼지 못한 듯하다. 이는 당대 위정자들이 이미 관행으로 굳어진 표현을 굳이 황제와 제후의 체제로 구분해서 인식하지 못했음을 의미한다.

중국에서는 통치자를 대내적으로는 제후를 거느리는 황제로, 대외적으로는 '하늘의 아들[天子]'로 강조해왔다. '천자天子'호號의 연원을 거슬러 올라가보면 이미 주周가 은殷을 정벌하고 '상제上帝'를 자신들의 부족신 '천天'으로 대체한 이후부터 새로이 천하天下, 천왕天王, 천자天子, 천명天命 등의 용어가 활용되었다. 이후 전국시대戰國時代에 천자만이 쓰던 왕호王號가 문란해지자 용어의 차별화가 시도되었고 진秦의 육국六國 통일 후 황제호皇帝號가 출현하였다. 이후 중국의 통일 제국이 수차례 들어서면서 황제와 천자는 등가等

價의 용어로 정립되었다.

'천天'은 바로 하늘의 권위를 대변하는 것이기 때문에 하늘에 대한 제사권과 함께 천자의 고유한 권위를 반영하였다. 그리고 '성聖'은 국내에서 가장 신성神聖한 존재를 수식하기 때문에 이것은 신성한 군주의 상징인 동시에 천자의 전유물이었다. '천'과 '성'의 두 가지 표현을 천자국 고려는 사용할 수 있으나 제후국을 자처한 조선이 사용한 것은 모순이다. 어떠한 연유에서 고려의 체제가 참람하다고 비판했던 조선에서 이러한 극존칭을 사용할 수 있었을까?

먼저 역사적 전통을 검토해볼 필요가 있다. 우리나라는 이미 독자적인 천하관天下觀을 형성해온 지 오래되었다. 고조선이나 부여, 고구려, 백제 등에서 천손天孫 의식을 강조해왔고, 신라에도 전륜성왕轉輪聖王이나 성골聖骨 등을 통해 신성한 왕실의 이미지를 구축해온 전통이 있었다. 이는 몽골, 흉노, 돌궐 등 북방의 유목 민족이 대개 중원의 화하족華夏族과 대비되는 독자적인 천하관을 통해서 황제에 대응되는 칭호를 갖추고 있었던 사례와도 유사하다.

이러한 계승 인식은 조선 전기 성종 연간에도 확인된다. 성절사聖節使가 북경에서 명의 식자층과 문답을 나눌 때 조선 국왕(성종)을 '성명聖明'이나 '성주聖主'로 치켜세우면서 "우리나라는 옛날의 고구려·신라·백제·동옥저·북옥저·예맥 등지를 모두 하나로 합하여 땅은 수천 리를 보유했고 갑병이 수십만이며, 나라는 부富하고 병정은 강했다"는 것을 근거로 내세웠다.[11] 이는 중원 밖에서 독자적 질서를 유지했던 조선의 유구한 전통에 대한 자긍심의 표현이다. 성종대에 『동국통감』이나 『동국여지승람東國輿地勝覽』을 편찬하여 우리나라의 역사와 지리를 집대성함으로써 자존 의식이 고양된 상황과 무관하지 않다. 이는 고려 말 '고조선'을 재인식하여 유교적 이상사회를 자국사에 설정하는 방식의 연장이었다. 심지어

명의 사신조차 조선의 국왕을 '성군聖君'으로 극존칭하는 사례도 확인된다.[12]

앞서 언급했듯이 황제국 체제를 표방했던 고려왕조에서 '천' 혹은 '성'이란 표현은 보다 친숙했다. 전 왕조의 신성한 권위를 계승하는 방식은 조선 초부터 단행된 이전 왕조의 모든 시조에게 제사를 지내는 의례에서 확인된다. 이러한 흐름은 고려 말 새로운 체제 개혁 논의에서 '선왕성헌先王成憲', '조종성헌', '성조성헌聖祖成憲' 등으로 일컬어진 성헌成憲의 회복이라는 가치와도 맞닿아 있다. 곧 왕실의 권위를 회복하는 문제는 국왕권의 문제로 각인되어 신료들조차 쉽게 범할 수 없는 영역이었다. 따라서 신왕조는 고려의 천자국체제를 일정하게 유지하면서 제후국 예제禮制를 점차 도입해나갔다. 이 때문에 조선 국왕은 고려의 신성한 군주상도 함께 물려받았다.

그러나 이를 단지 고려 말 유습으로만 보기에는 무언가 부족한 점이 없지 않다. 국초에 신성한 왕실의 권위를 나타내던 '성' 자로 표현된 존어는 조선 전기에 점진적으로 증가하였다. 건국 당시에는 신성한 표현은 불과 10여 개 정도였으나 성종대가 되면 대부분의 용례가 갖추어져 약 50여 개로 증가했다. 이러한 표현은 향후 신성한 왕실을 나타내는 대표적인 수사로 정착되었다. 어째서 왕실에 대한 신성한 용어가 지속적으로 늘어난 것일까?

이러한 변화의 기저에는 고려 말 새롭게 인식된 성리학의 관점이 주요하게 작용하였다. 유가에서는 상제上帝(천天)를 본받는 것을 곧 요순의 큰 덕으로 여겼다. 하늘을 본받는다는 것과 성인군주상聖人君主像을 동일시했다. 특히 이러한 인식은 성리학의 보급 단계에서 주요한 논제로 부각되었다. 성학이 꼭 천자만의 전유물이 아니었기 때문에 제후국에서도 성군론聖君論을 통해서 군주가 신성한 이미지를 활용하는 것이 충분히 가능했다. 국초에 조선왕조가 고려로부터 물려받은 신성함은 국왕의 존귀함을 나타내고 왕실의 권위를 세우는 의미가 있었다. 여기에 사림이 중앙 정계에 참여하면서 '왕실의 신성화'는 성인군주론과 함께 가속화되었다.

15세기 중반부터 사림이 정계에 재진출해 성리학의 철저한 이해와 보급을 주도했는데, 당대에 살아 있는 국왕(성종·중종)을 요순이라고 칭했다. 따라서 사림의 진출은 고려에서 유래한 신성한 왕실의 이미지가 새롭게 성리학의 군주성학론을 매개로 한 성인군주상과 하나로 합쳐지는 계기가 되었다. 사림이 정치 참여의 명분으로 내세운 도학정치론은 결국 군주가 요순과 같이 되는 것을 추구했고, 이것은 성학으로 체계화되었다. 성학을 닦는 주체가 된 군주를 칭할 때 '성'자를 활용하는 것은 자연스러운 현상이었다. 정치 명분으로서 성인군주상은 사림에게는 이상적인 국가를 건설하기 위한 새로운 모델이 되었고, 군주에게는 성스러운 권위를 창출해낼 전거가 되었다.

특히 16세기 후반 명종明宗이 후사 없이 훙거하자 뚜렷한 기반 없이 갑자기 즉위한 선조는 사림의 지지를 필요로 했다. 이제 사림이 중앙 정계를 완전히 장악하고 붕당정치가 공인되는 시대가 열렸다. 사림은 정계 진출을 위해 국왕 권위의 신성화를 명분으로 활용했고 국왕 역시 이를 국왕의 위상 강화에 적극적으로 활용하였다. 선조대에는 이것이 정점에 이르렀다. 특히 '성한聖翰'과 같은 표현은 명종-선조대에만 나타날 정도였다. 조선에서 '성'자는 왕가를 상징하는 용어로 일반화되었다. 심지어 숙종대에는 고려는 이단에 미혹되었으나 조선은 성신聖神이 이어받았다고 대비함으로써 성스러운 표현을 성학(성인군주론)과 직접 연결시킬 정도였다.

4. 주나라를 꿈꾼 조선

국왕과 왕실에 대한 표현이 고려왕조의 유산 혹은 고대부터 유래한 동방의 천하관과 신유학의 전통이 결합한 것이었다면, '서주西周의 지향'은 신왕조를 개창한 위정자들이 새롭게 만들어낸 청사진이었다. 고려 말 지식인은 『주례』의 현실적 활용에 많은 관심을 가졌다. 비록 전해지지는 않지만 고려의 방략을 담은 『주관육익周官六翼』이 이미 편찬되었다. 이러한 배경하에 조정은 다음과 같이 주나라를 모방하였다.

첫째, 중앙 관서의 이칭異稱이다. 정도전은 신유학의 주례관周禮觀에 입각해서 『경제문감』과 『조선경국전』을 저술하였고, 태종은 실권을 장악하자 서주의 제도에 입각해 삼공三公과 육경六卿을 중심으로 관제 개혁을 추진하였다. 여기서 삼공은 곧 삼정승三政丞(영의정·좌의정·우의정)을 의미하고, 육경은 육조의 장관이다. 이것은 『주례』의 육관六官과 『서경』「주관周官」의 삼공설三公說을 두루 혼용한 방식이다. 그중 육관은 『주례』에 나오는 명칭으로, 조선시대 육조의 이칭으로 사용되었다. 육조는 각기 천관天官(이조), 지관地官(호조), 춘관春官(예조), 하관夏官(병조), 추관秋官(형조), 동관冬官(공조) 등에 대비되었다. 또 그 장관은 각기 총재冢宰(이조판서), 사도司徒(호조판서), 종백宗伯(예조판서), 사마司馬(병조판서), 사구司寇(형조판서), 사공司空(공조판서) 등으로 불렸다. 그 밖에 경서를 이용한 표현도 상당수 확인된다.

정변政變을 통해 집권한 태종은 국가 운영의 큰 흐름에 대해서는 정도전과 동일한 시각을 지니고 있었다. 그는 성균관에 나가 문묘文廟에 참배하고 유생에게 시험을 치르게 하는 자리에서 친히 책문策問하면서 "삼공이 치도治道를 논하고 육경이 직분職分을 나누는 것은 서주의 관제官制가 남긴 뜻이나, 지금 오히려 조정의 성대한 제도가 되었다"고 자평하였을 정도였다. 그 역시 성균관 출신이었기 때문이다. 따라서 그동안 재상 중심주의에 기반해 건국을 주도했다고 알려진 정도전이나 국왕 중심주의를 내세워 집권했다고 이해되어온 태종 모두 주나라의 제도에 조선이 기반을 두고 있다는 대전제에 대해서는 같은 입장이었다. 양자의 주장은 고려의 국가 체제보다 훨씬 더 중앙집권화된 권력 구조를 설계한 것이었으며, 여기에 재상이 신료들을 주도하고 재상은 군주의 통제를 받는 이른바 "일인지하一人之下 만인지상萬人之上"[13]으로 후대에 알려진 국왕과 재상의 역할 구분이 있었을 뿐이다. 이것을 이분법으로 설명하기는 어렵다.

실제 태종은 의정부를 설치하여 백관을 아우르게 하고, 육조의 직질職秩을 정3품 전서典書에서 정2품 판서로 올린 장본인이다. 따라서 개혁파가 2품의 관찰사에게 각 도를 전담하게 한 조치와 짝하여 신왕조 개창 후 중앙은 삼공 육경의 예에 따라서 의정부와 육조를 갖추고, 2품 판서가 전담하는 구조로 재편되었다. 이는 조선의 건국과 통치 체제의 확립을 이룬 세력이 모두 같은 전제에서 출발하고 있음을 의미한다. 서주 이상향의 구현에 대해시는 미치 시대정신을 나타내는 듯이 모든 세력이 한목소리를 냈고, 단지 그것을 현실에서 구현해내는 세부 방법에서만 차이가 났을 뿐이다.

조선의 서주에 대한 지향은 연구자들에게 일찍이 폭넓게 받아들여졌다. 그래서 '육조'를 '육관'에 바로 대입해서 이해하는 것은 상식이나 다름없었다. 하지만 과연 조선 전 시기에 걸쳐서 두 가지의 범주는 완벽히 일치했을까? 언제부터 이러한 의식구조가 형성되었을까?

조선왕조는 조종성헌을 계술繼述한다는 기본 입장을 견지하고 있었기 때문에 전반적인 왕정의 큰 틀은 연속성을 유지하였다. 그러면서도 시기별로 다양한 변화 양상을 보이고 있어 주목된다. 곧 조선시대 전반을 규정하는 국초의 성격과 추후 변화상 양자를 모두 고려해야만 조선의 시대상을 제대로 파악할 수 있는 것이다. 조선에서 유가의 이상사회를 지칭하는 표현은 그 어느 때보다도 광범위하게 사회 일반에서 통용되었다.

물론 조선시대 전체를 놓고 볼 때 이칭 혹은 별칭 등으로 활용되는 다양한 수사가 처음부터 완벽히 통용되지는 않았다. 시대정신을 담아내던 표현은 장기간에 걸쳐서 새로운 전통으로 탈바꿈하였다. 실록을 검토해보면 육관의 명칭이 곧바로 육조의 이칭으로 통용된 것은 아니었으며, 육관 모두가 동일한 시기에 이칭화한 것도 아니었다. '성'이 사용된 용례는 처음부터 있었으나 조어가 점차 다양해지고 활용 빈도가 늘어나기까지 상당한 세월이 필요했던 것처럼 육관의 별칭 정착에도 많은 시간이 필요했다.

육조의 각 장관을 육관에 비견하는 시기를 찾아보면 총재는 중종대, 사도는 현종대, 종백은 예종대, 사마는 세조대, 사구는 성종대, 사공은 성종대부터 각각 확인된다. 대체로 실록상 가장 빠른 시기는 세조대이며, 이때부터 육관의 명칭을 실제 육조 판서六曹判書에 직접 이입해서 사용하는 용례가 보이기 시작한다. 하지만 그것이 아직 온전히 호환 가능한 이칭으로 굳어졌음을 의미하지는 않는다.

먼저 육관의 으뜸인 천관총재의 경우 국초와 이후 용례 사이에 많은 차이가 있다. 처음에 총재는 『주례』에서 왕을 대신해 국정을 총괄하는 역할이었던 만큼 의정부의 수장인 영의정을 지칭하였다. 때때로 삼정승을 모두 지칭하기도 하였다. 그러다가 이후 『주례』의 '육관'을 조선의 '육조'에 일치시키고자 하는 흐름이 나타나면서 그

대상이 정승뿐 아니라 이조판서와도 혼용되기 시작했다. 동시에 국왕과 의정부의 관계에도 일정한 변화가 감지되었다. 의정부가 국정을 총괄할 때 천관총재는 정승을 지칭하였다. 이후 국왕이 육조직계제를 통해 국정을 직접적으로 장악하자 총재의 위상도 변화하여 의정대신에서 이조판서로 재인식되었다. 의정부의 지위 하락으로 이조판서가 총재 칭호를 얻게 되자 이조는 상대적으로 지위가 상승하였다. 조선 초기 의정부서사제議政府署事制와 육조직계제의 길항은 다양한 이미지가 병존하는 결과를 초래했다. 양자는 혼용되다가 시간이 지나면서 점차 한쪽으로 수렴되었다. 조선 후기 총재는 극소수를 제외하면 대부분 이조판서를 칭했다. 이는 삼공과 육관의 제도가 그 근원을 달리했기 때문이다. 앞서 말했듯이 전자는 『서경』에 뿌리를 두었고 후자는 『주례』에서 기원했는데, 『주례』에서는 천관총재가 국정 운영 전반을 책임지는 직위였기 때문에 삼공과 혼돈될 수밖에 없었다. 이는 두 가지의 서로 다른 전통을 하나의 제도로 채택한 조선의 딜레마였다.

조선 초기에는 지칭 대상에 대한 혼돈이 있었을 뿐만 아니라 육관의 용례도 각각의 인지 정도에 따라 시간차가 나타났다. 세종 연간까지도 '사도'와 '사공'은 모두 조선의 관제가 아니라고 인식되었다. 육관이 서주의 제도를 따른 것이긴 하지만 그 명실이 반드시 조선의 관제와 일치한다고 보지 않았다. 육관은 조선의 관직과 동일한 직명으로 간주되지 않고 그저 비견할 만한 대상으로만 상정되었다. 그러다가 명종-선조 연간에 이르러 육관의 활용은 단순 비교에서 벗어나 보다 명확한 인식으로 바뀌었다. 명종대 사신史臣은 예조판서를 종백의 장관으로 표현했고, 국왕은 친히 전교傳敎에서 형조판서를 사구로 지칭했다. 선조대 사헌부司憲府는 이조판서를 총재로 불렀다. 이후 점차 조선의 '육조'가 『주례』의 '육관'에 비견되는 사례가 늘어났고, 단지 연원을 따지는 정도가 아니라 직접 지칭하는 단계로 발전하였다. 이제 육관은 비견의 대상이기보다는 관직의 별칭 그 자체로 자리매김하였다. 육조 판서는 태종대『주례』에 근거했다는 소박한 인식에서 시작해 명종-선조대가 되자 육관으로 완전히 바꾸어 부르게 되었다.

이것이 의미하는 것은 무엇일까? 국초의 서주 지향은 단순히 이상을 추구하는 정도를 넘어서 점차 이상과 현실을 일치시키는 단계로 진전되었다. 서주의 제도는 처음에는 그저 현실과 동떨어진 면 이상향으로 제기된 비유의 대상에 지나지 않았으나, 일정한 시점을 경계로 조선 관제의 별칭으로 굳어졌다. 사림이 중앙 정계에 다수 진출하면서 인식틀 전반이 변화했기 때문이다. 이러한 현상은 국초의 성왕상聖王像이 점차 심화되면서 선조대에 이르러 최고조에 달한 것과 비슷한 궤적을 그린다. 여기에도 붕당정치의 시작점을 알리는 사림의 본격적인 출사라는 요소가 크게 작용하였다.

둘째, 자연히 외방 장관에 대한 이칭도 변화하였다. 고려시대 지방장관의 직제는 여러 차례 변경되었으나, 대체로 후기에는 '안렴사'로 굳어졌다. 창왕대에는 신진사류가 정권을 장악하면서 개혁입법의 일환으로 안렴사를 품계品階가 낮다 하여 '도관찰출척사都觀察黜陟使(관찰사)'로 고치고, 대간의 서경署經 절차를 통해서 2품 이상 재신宰臣으로 임명했으며 도관찰출척사에게 교서敎書와 부월斧鉞을 주었다. 이는 기존에 6개월 단위로 파견되던 4-6품관 임시직과 달랐다. 조선 초까지 여러 차례 '안렴사'와 '관찰사'의 개정이 반복되었다. 특히 태종 원년(1401)에 '관찰사'를 '안렴사'로 고친 다음날 공公·후侯·백伯의 작호爵號가 참람하게 천자국을 모방하는 것이라 하여 이를 부원대군府院大君·부원군府院君·군군으로 고쳤는데, 이것은 안렴사의 변경도 제후국 인식의 문제와 연동되는 조치였음을 보여준다. 다만 조선 초기 천자국-제후국 논쟁은 사실상 명의 간섭과 무관하게 국내에서 이루어진 '중화 보편' 논쟁이었다.

그럼에도 조선 전기에는 '관찰사'란 직명이 압도적으로 많이 쓰였다. 여기에 '감사監司'라는 이칭이 함께 사용되었다. 정도전이 감사론監司論을 적극적으로 펴면서 건국 초 수령에 대한 감찰권 강화를 주장한 것이 영향을 미쳤다. 감사 혹은 관찰사란 명칭은 조선 말까지 공식적인 이칭으로 함께 사용되었다.

실록을 토대로 용례를 분석해보면 조선 후기에는 이 외에도 몇 개의 별칭이 더 생겨났다. '북백北伯'은 선조대에 처음 보이는 표현이다. 이것은 '관북백關北伯'의 약칭이며, '함경도 관찰사'의 이칭이다. 이후 '함경백咸鏡伯' 등으로도 불렸다. 이 같은 사례는 팔도에 모두 적용되었다. 팔도 관찰사는 관서백關西伯(평안도 관찰사), 관북백(함경도 관찰사), 관동백關東伯(강원도 관찰사), 기백畿伯(경기 관찰사), 해서백海西伯(황해도 관찰사), 호서백湖西伯(충청도 관찰사), 호남백湖南伯(전라도 관찰사), 영남백嶺南伯(경상도 관찰사) 등으로 불렸다. 여기서 한결같이 '백'을 사용하는 것이 눈에 띈다.

조선시대 관찰사는 종2품으로 국왕을 대리하여 도道 내 행정, 사법, 군사 등 3권을 모두 징악했기 때문에 그 권한이 지대하였다. 관찰사의 이칭 중 '방백'은 이미 국초부터 확인된다. 각 지역명에 '백'을 결합한 표현도 '방백'을 줄인 것이다. 제후의 등급을 나타내는 '공公-후侯-백伯-자子-남男'의 '백'과는 좀 다른 개념이다.

방백의 유래는 중국 고대 은殷 말까지 거슬러 올라간다. 『사기史記』「주본기周本紀」에는 "문왕文王이 낙서洛西 땅을 바치니 주紂가 궁시弓矢와 부월을 하사하여 마음대로 정벌할 수 있게 하고 서백西伯으로 삼았다"고 하였다. 여기서 '서백'은 서방 제후국의 우두머리란 뜻이다. 곧 '백伯(패覇)'은 단순히 제후를 의미할 뿐만 아니라 여러 제후를 통솔할 수 있는 천자의 대리자를 상징했다. 이것은 춘추오패春秋五覇의 전거가 된다.

고려 말 신진사류는 지방장관을 개혁할 때 이 고사를 활용하여 창왕으로 하여금 교서와 부월을 하사하도록 했다. 또 조선에서는 당·고려의 '경기京畿'라는 개념을 계승하되 그 위치는 개성 주변에서 한성 근처로 옮겨 와 재설정하였다. 이는 주대周代의 천자가 사는 왕기王畿 개념을 서울 주변에 설정하여, 경기를 중심으로 전국에 방백을 배열하는 구도였다. 이 시기 정치 개혁의 모델이 유가의 전범이었음을 쉽게 짐작할 수 있다. 왕기·경기는 주周·당唐의 중앙을 의미했고, 도道는 당唐의 지방 제도였으므로 법전이나 공문서에는 '경기'로 표현되었다.[14] 본래 '경기+도'는 중앙과 지방의 결합으로 양립 불가능한 개념이나 국초 수도 이전 후 좌도-우도로 잠시 쓰였고,[15] 고종 후반에는 '8도' 개념의 확대로 병행해서 쓰였다.[16]

방백과 관련된 주자朱子의 주석을 검토해보면 방백은 천자의 명을 받들어서 제후를 거느리고 토벌에 나설 수 있는 제후 중 우두머리이다. 곧 천자를 대행하는 역할을 부여받았다. 우리나라에서는 방백이 일찍이 중앙집권화 정책과 더불어 나타났다. 신라에서는 방백이 외관직으로 나타났으며, 고려에서도 성종대 12목牧을 설치할 때 백성을 살피기 위해 방백의 공功에 의지한다고 표현했다. 곧 방백은 천자 혹은 왕을 대신해서 지방을 통치하고 살피며, 관할 지역 내 크고 작은 여러 고을을 거느리는 제후와 같은 위치를 부여받았다.

조선 초기 태조는 대마도對馬島 정벌을 명하는 교서에서 관찰사를 방백으로 바꾸어 표현하였다. 그러나 관서백, 관북백, 관동백, 경기백, 해서백, 호서백, 호남백, 영남백 등이 완전한 이칭으로 정착된 것은 앞서 말했듯이 선조대 이후였다.

한편 관찰사를 지칭하는 표현으로는 '백' 외에도 선조대부터 '번藩'의 용례 역시 찾아볼 수 있다. 이 또한 중심인 천자국의 울타리가 되는 번국藩國, 즉 제후국을 칭하는 용례이다. 하지만 이 칭호 역시 국초부터 사용되지는 않았다. 당초 '동번東藩'은 대명외교 시 동방의 번국, 곧 우리나라가 제후국임을 나타내는 칭호였다. 반면에 명종대에는 대마도를 지칭하였다. 이는 상대적인 개념으로 중국에서는 조선이, 조선에서는 대마도가 각기 번국으로 불렸다. '북번北藩' 역시 중국의 북방 제후를 칭하는 용어였다.

그러다가 '호번湖藩'이라는 표현이 선조대에 이르러 조선의 영역 내를 지칭하기 시작했고, 점차 팔도로 확대되었다. 이제 전국은 관서번關西藩(관백, 관서백, 평안백), 북번北藩(북백, 관북백, 함경백), 동번東藩(동백, 관동백, 강원백), 기번畿藩(기백, 경기백), 해번海藩(해백, 해서백, 황해백), 호서번湖西藩(호번*, 호서백, 충청백), 호남번湖南藩(호번*, 호백, 호남백, 전라백), 영번嶺藩(영백, 영남백, 경상백) 등으로 칭해지기 시작했다(별표(*)는 중복 사례).

그런데 조선 전기에는 관찰사 혹은 감사로 칭하다가 유독 선조대부터 각 지역명에 '백' 혹은 '번'을 덧붙인 것은 어째서일까? 국초부터 '방백'이라는 인식이 존재했음에도 불구하고 상당한 시간이 경과된 이후에야 관념상의 표방에서 벗어나, 실제 직함을 대체하는 이칭으로 이러한 표현을 쓴 것은 무엇 때문일까?

이를 알아보기 위해서는 조선 초기부터 조선 중기 사회로 이행되는 과정의 이해가 필요하다. 앞서 살펴보았듯이 고려 말 개혁의 추진 과정에서는 두 흐름, 즉 고려 전기의 화려한 왕조의 부활을 주창하는 흐름과 새로운 체제로의 지향을 외치며 신왕조의 개창을 주창하는 흐름이 있었는데, 후자가 권력투쟁에서 승리하여 조선을 세웠다. 이들은 결국 14-15세기 조선의 국가 체제 형성에 직접적으로 간여했으며 철저한 현실주의자로서 국가 제도의 정비에 열과 성을 기울였다. 반면에 건국 과정에서 뜻을 달리했던 사림 세력은 중앙정부와 일정한 거리를 두면서 지방에 정착해서 자신들의 경제적 기반을 마련하고 지방자치의 전통을 만들어나가기 시작했다. 이러한 물적 토대는 15-16세기에 사림이 중앙에 진출할 수 있는 원동력이 되었다. 사림은 재야에서 고려왕조에 대한 절의를 바탕으로 명분론을 부양하였다.

신왕조 건국에 동참한 이들이 국가의 제도적 면모를 갖추는 데 역점을 두었다면 사림은 새로운 국가의 이념 체계를 만들기를 갈망하였다. 서로 다른 양자의 세계관은 보다 거시적인 틀 속에서 융합될 필요가 있었다. 수차례 발생한 '사화'는 사림의 중앙 정계 진출 과정에서 나타난 마찰인 동시에 새로운 조선의 운영 틀을 만들어내기 위한 진통이었다. 앞서 보았듯이 사림은 정계 진출 초기에는 왕권의 수호자로서 자신을 위치 짓고 훈구 세력을 견제하는 역할을 수행하였다. 국왕은 사림을 통해 훈신을 적절히 견제하면서 사림의 정치 입론인 도학정치도 필요한 만큼만 이용하였다. 성인군주론(성학)은 사림이 정계 진출을 하는 적절한 명분으로 작용하였고, 국왕의 신성한 권위를 창출하는 데도 도움이 되었다. 16세기 후반 선조대에 이르러 사림이 조야朝野를 장악했으며, 점차 정치체제는 붕당정치 구도로 안착되었다. 1세기 이상 지속된 사림의 꾸준한 중앙 정계 진출 시도로 조선에서 서주 이상사회의 지향은 한층 심화되었다.

따라서 국초의 왕실에 대한 신성한 표현은 점차 신유학의 개념을 빌려서 한층 세련되게 확장되었다. 앞서 말했듯이 중앙의 육조가 『주례』육관에 근거했다는 소박한 인식은 점차 직접적인 이칭으로 굳어졌다. 외방의 관찰사 역시 처음에는 방백에 비견되다가 점차 현실 관직과 동일시되었다. 이는 16세기 말 완전한 사림 정권의 등장으로 인해 사림이 그리는 이상향이 국가관에 그대로 투영되었기 때문이다. 사림은 정치권력에서 소외되어 오랫동안 재야에 머물렀던 만큼 근본주의적 경향이 강했고, 이상사회 건설 의지도 드높았다. 이러한 경향은 17세기 붕당정치기가 도래하면서 더욱 보편화되었다.

셋째, 새로운 국가상이 등장했다. 이제까지 유교적 전통 속에서 왕실, 중앙 및 외방의 관직을 어떠한 체계로 이해해왔는지 검토해 보았다. 그러면 이러한 제반 요소를 묶어주는 국가상은 없었을까? 조선시대에 나라를 표현했던 용어는 다양하다. '국가國家', '군국軍國', '종국宗國', '민국民國' 등이 대표적이며, 왕실과 국가를 가리키는 말로 다소 복합적 의미의 '종묘사직宗廟社稷(종사宗社)', '사직社稷', '조가朝家', '공가公家' 등이 쓰였다.

전통적으로 '국가'는 "가家가 변하여 국國이 되었다(화가위국化家爲國)"고 설명해왔다. 송대에 유행한 설명 방식은 태조 때부터 널리 통용되었다. 이와 짝하여 '국민國民' 역시 국초부터 광범위하게 사용되었고, '아국민생我國民生'으로 부연되기도 했다.

'군국'은 조선 초기에는 주로 군무軍務와 관계되는 국가의 중대사를 결정할 때 쓰이다가 이후 점차 일반적인 국가 및 국가의 중대사를 칭하는 것으로 변모하였다. '군민軍民'도 '군국'의 대응 짝으로 자주 거론되었다. 이 표현은 고려 말 정국 설명에 주로 사용되다가, 개국 이후에는 일반 백성을 지칭하는 표현으로 바뀌었다. '종묘사직'은 중국 고대에 국가를 건설할 때 국왕의 조상을 모시는 종묘를 만들고 백성의 토착 신을 받드는 사직을 만들었던 데서 유래하였다. 이것이 점차 국가를 상징하는 표현으로 탈바꿈하였다. 통상 줄여서 '종사' 또는 '사직'이라고 했다. 여기서 백성을 연계시킨 '종사생민宗社生民'이나 '종사생령宗社生靈'이라는 표현도 등장했다. '조가'는 대체로 조정을 의미했으나 '아조가법我朝家法'으로 쓰일 때는 중의적 개념으로 조정과 왕실을 상징하였다. 그 뜻이 변형되어 국가를 의미하기도 했다. 또한 '공가'는 '국가'와 거의 등치되는 용어로 쓰였다. 17세기 이후 나타나는 '민국'은 민본 의식의 발현이 국가 개념으로 확대된 사례이다. '민사국계民事國計', '생민국사生民國事', '생민국계生民國計', '생민국세生民國勢', '생민국가生民國家' 등이 변화해 나왔다. 이것은 국가와 백성이 결합된 용어이다.

이중 주목할 만한 용어는 선조대 이후 나타나는 '종국'이란 표현이다. 종국은 주周 왕실의 종주국宗主國 개념을 도입한 것이다. 본래 종국이란 서주 왕실을 지칭한다. '대종大宗-소종小宗' 관계에서 대종, 곧 종주국을 의미한다. 서주에서는 대부분 혈연으로 맺어진 동성同姓 제후가 봉지封地를 받았기 때문에 천자와 제후는 한 가족이나 다름없었고, 이들은 적장자嫡長子의 관념으로 구분되었다. 적장자가 천자가 되고 나머지 형제가 제후가 되었다. 그래서 종국은 일반적으로 대종을 칭하는 것으로 천자와 제후 사이에서는 천자국을 의미한다. 또한 제후는 자신의 나라에서는 다시 적장자가 되기 때문에 제후국 내에서는 공公(제후)이 대종이 되고 경卿·대부大夫가 소종이 되는 상대적 개념이다.

그런데 선조-인조대 '종국'은 중국의 역사적 전통을 논하는 자리에서 '나라'의 일반명사로 치환되었고, 조선의 현실을 비견하는 데 사용되었다. 이때는 국가 체제에 대한 위기의식이 팽배해진 상태였다. 조선 전기에는 '종국'이 오랫동안 중국과 우리나라를 중의적으로 칭하는 용어로 쓰였으나, 조선 후기에는 자국을 지칭하는 것으로 보편화되었다. 또한 임진왜란기 '천사天使(천자의 군사)'로 지칭된 명明의 군대가 조선에 주둔하고 있었음에도 불구하고 위기 상황에서조차 이러한 용어가 통상적으로 쓰일 만큼 조선 왕실이 수백 년에 걸쳐 쌓아온 권위가 이미 일정 수준에 도달해 있었다. 이같은 표현은 조선을 정점으로 하는 문화 및 정치 질서의 체계를 구축했다는 전제 없이는 함부로 사용할 수 없는 개념이다.

이것은 무엇을 의미하는 것일까? 앞서 보았듯이 조선의 국체는 '종국'에 비견되었으며, 중앙 관직은 '육관'에, 외직은 '방백'에 비견되었다. 일정하게 서주를 모델로 하는 이러한 표현이 과연 제후국의 예제로서 가능한 일이었겠는가? 오늘날 사가史家의 평가와 달리 조선 후기 사림은 선조 연간을 한결같이 '목릉성세穆陵盛世'로 칭했다. 이는 전란을 겪은 시기와 전혀 어울리지 않는 평이지만, 사림 주도의 붕당정치를 처음으로 공인한 군주에 대한 칭송이었다. 16세기 말 사림의 정권 장악으로 조선은 새로운 국가상을 꿈꾸고 있었음을 여기서도 확인할 수 있다.

결국 조선 초기 군주는 고려왕조로부터 성군 이미지를 온전히 물려받았다. 여기에 『주례』에 기반한 국가 체제와 관료 제도가 수립되기 시작했다. 서주 이상향에 대한 추구가 명시적으로 제창되었지만, 『주례』에 기반하여 왕조의 틀을 만들었다고 해서 곧바로 당대 현실을 주대周代 제도와 동일시하지는 않았다. 어디까지나 주나라는 역사 속의 현장이었을 뿐이다.

그런데 15세기 후반부터 사림의 정계 진출과 짝하여 점차 군주에 대한 신성한 표현이 증가하는 사태가 벌어졌다. 이것은 사림의 성인군주론이 본래의 신성한 왕실의 이미지와 결합되어 증폭된 결과이다. 앞서 확인했듯이 중앙의 육조도 국초에는 『주례』 육관에 대한 상대적인 비교 대상에 불과했으나 점차 양자를 동일시하려는 분위기가 싹텄다. 이에 따라 선조대에는 군주에 대한 신성화가 극에 이르면서 육관뿐만 아니라 외신인 관찰사까지 주나라 방백에 비견했다. 그래서 한성을 중심으로 전국을 8개의 백伯(번藩)으로 재편하였다. 이것은 기존의 관찰사를 방백으로 재인식한 것이다.

조선을 종국으로 칭하는 사례가 등장한 것도 바로 이때이다. 이 세 가지는 모두 새로운 제도가 나타난 것이 아니라, 기존의 제도가 지속되는 가운데 새로운 가치척도를 통해 현실을 인식하는 방식이 변화한 경우이다. 이는 바로 인식 체계상에서의 "서주 사회의 현실 구현"과 다름없었다. 사림의 최종 구현 목표가 하·은·주 삼대 이상사회였으므로 사림이 집권한 당시의 이러한 현상은 어쩌면 자연스런 결과였다. 결국 황제국 체제 고려로부터 물려받은 신성한 왕실의 유산과 신진사류가 새롭게 주창한 유교적 이상사회의 청사진이 오랜 세월을 거쳐 융합되기 시작하였다. 사림이 1세기 이상 꾸준하게 중앙 정계 진출을 시도함으로써 조선은 건국기와 다른 국가관을 만들어나갔다.

4장 영토론

1. 국경선과 '근대'의 환상: 만주와 대마도

근대 지상주의자는 국경이나 국가 자체를 근대의 산물로 이해한다.[1] 이는 유럽에서 가산국가의 게르만 전통법이 19세기에 비로소 소멸되었고,[2] 20세기까지 국경선의 심각한 변경을 겪었기 때문이다. 유럽의 대외 식민지의 변화뿐 아니라 오늘날 영국의 북부 아일랜드 역시 제2차 세계대전 이후의 산물이다. 중동·동유럽·아프리카 등의 독립 역시 19-20세기의 산물이다.

이 같은 근대 지상주의는 두 가지 측면에서 문제를 일으킨다. 하나는 우리 안의 '화려한 고대사'의 관점이 반영된 광대한 영토에 대한 욕망이다. 다른 하나는 제국주의시대를 미화하는 외부의 침략주의적 시선이다. 전자는 만주-대마도 문제로, 후자는 독도 문제로 나타나고 있다.

하지만 동북아시아에서 한국·중국·일본의 국가체 출현이 수천 년의 역사를 갖고 있었다는 사실은 논외라 하더라도 우리나라 국경선의 최종 변경은 14세기 말-15세기 초에 완료되었다.[3] 명청 교체기 중국·만주의 경계만이 바뀌었을 뿐이다. 중국의 서북방 경계는 청의 서진西進 정책하에 확대되었으나[4] 동북 경계는 명·청과 조선에서 일찍이 '압록강-두만강'으로 고정되었다. 두 강을 경계로 나누었기에 시대별로 유역流域 범위에 대한 미세한 갈등만 있었을 뿐[5] '압록강-두만강'을 원칙으로 하는 국경선은 변함이 없었다.[6]

그런데도 '점'과 '선' 개념을 전제로 내세우면서 국경선이 '근대'에 탄생했다고 주장하는 것은 어불성설이다. 오늘날의 위도·경도처럼 정확한 형태로 남아 있지는 않으나, 중국이 여러 왕조를 거쳐서 만리장성을 축조했고 고구려·고려가 모두 북방에 천리장성을 쌓았음은 주지의 사실이다. 우리가 자연 지형인 '강'을 경계로 국가를 구분한 사실을 인정하지 않는다면, '바다'를 통해 구분한 일본과 국경도 없었다는 극단적인 논리에 빠지게 된다. 실제로 일본 사회과학계와 국내 뉴라이트는 근대 국경선론을 빙자하여 한국의 독도 영유권 부정을 시도하고 있다.

고조선·고구려·발해의 고토는 차치하고[7] 한반도를 기준으로 해도 고려 초기에 다시 압록강 유역을 확보하기 시작했고,[8] 조선 초기에 두만강에 진출하여 양대 유역을 국경선으로 정했다. 최소 600여 년 이상 지속된 국경선을 변동시키려는 시도가 '화려한 고대사'를 후대(고려)에까지 무리하게 적용시키는 형태로 재현되고 있다. "국경은 근대에 확립되었다"는 일방적인 주장은 다른 지역의 역사상을 무리하게 동북아시아에 적용하려는 기계적인 접근일 뿐이다. 이는 제국의 논리에 종속되어 우리 영토조차 방기하거나 지나치게 제국을 닮고 싶은 야망에 무리한 팽창욕을 투영시킨 결과이다.

항간에 떠도는 중국에서 북한에 만주 일대를 넘기려고 했다는 주장은 외교적 수사와 실제 상황의 차이를 전혀 이해하지 못한 데에서 나온 발상이다.[9] 중국은 소련에게서 반환받은 만주 지역에 초기에는 자치 운동조차 허용하지 않았으며, 백두산의 절반까지 북한에게서 얻어갔다(조중변계조약朝中邊界條約, 1962). 그러한 중국이 광대한 영토를 이양하려고 했다는 주장은 사리에 맞지 않다. 영토 획득이 얼마나 지난至難한 과정을 거치는지 전혀 이해하지 못하기 때문에 이러한 순진무구한 주장을 일삼는 것이다.

현재 중국의 국경선은 대체로 청의 영토로 복귀하는 과정이었다. 동쪽으로는 일본 제국이 지배했던 만주 일대(괴뢰 만주국滿洲國)를 1945년 소련군이 점령한 후 중화민국에 반환했다(요녕성·길림성·흑룡강성). 북쪽으로는 역시 일본제국 치하 내몽골 지역(괴뢰 몽강국蒙疆國)도 1945년 외몽골군·소련군에게 점령된 뒤 내몽골인민공화국이 세워졌으나 1947년 중국공산당에 흡수되었다(내몽골 자치구). 서쪽으로는 1949년 동투르키스탄 공화국을 편입했고(신장 위구르 자치구), 1950-1951년 티베트를 병합했다(티베트 자치구). 그러나 중국의 팽창정책은 여기서 멈추지 않았다. 남쪽으로는[10] 1974년 베트남의 파라셀 군도Paracel Islands를 점령하였고, 1988년 스프래틀리 군도Spratly Islands를 병합하기 시작했는데, 베트남뿐 아니라 추후 필리핀 섬들도 점령하였다.

중국과 러시아의 자치 운동 탄압사를 살펴보면 실지 회복론이 얼마나 공허한지 더욱 자각할 수 있다. 20세기 전반 남한-북한-간도-연해주 일대의 조선인은 마치 오늘날 서남아시아 일대 쿠르드족이 터키(1,470만 명), 시리아(170만 명), 이란(810만 명), 이라크(550만 명)에 분할되어 있는 것과 유사한 형국이었다.[11] 현재까지도 주변국들은 쿠르드족의 통일 운동(혹은 자치 운동)을 염려한다. 따라서 러시아의 강제 이주(자치 운동 봉쇄)와 중국의 동북 공정(분리주의

봉쇄) 역시 비슷한 의도였음을 유추할 수 있다.

한편 대마도의 경계 역시 마찬가지이다. 14-15세기 고려-조선에서 세 차례 대규모 정벌전에도 불구하고 대마도는 직할 영토 편입 대상에서 제외되었다. 심지어 광복 이후 이승만 정부가 반환을 요구했으나 관철되지 못했다. 이는 이미 수백 년간 우리 영토 의식에서 배제되어 있었기 때문에 타국의 지지를 얻지 못한 것이다. 오늘날 대마도에서 한국 휴대폰으로 로밍 서비스 없이 국내 통화가 되는데도 일본으로 인식되는 이유이다. 현재 재야에서는 신라 때 상실되었다가 고려-조선에서 간헐적으로 관직을 내렸으니, 마치 청과 일본 제국이 맺은 '간도협약'(1909)처럼 근대 메이지 연간에 국경이 재편되어 대마도가 일본 정부에 병합되었다는 주장을 펼치고 있다.

그 주된 근거로는 고지도에 대마도가 그려진 것을 내세우고 있다.[12] 그러나 고려-조선시대 연대기나 지리지(읍지邑誌)의 설명을 참고해보면 '일본국日本國 대마도對馬島(혹은 대마주對馬州)'라고 명시하고 있다.[13] 이는 일견 지도 자료와 문서 자료가 충돌하는 사례처럼 보인다. 이 같은 모순을 어떻게 설명할 수 있을까? 한편으로 지도 자료는 전통적 지리관이 투영되어 제주도와 함께 대마도를 한반도의 양발로 설정한 관념이 반영된 것으로 이해된다. 한반도 전체의 윤곽을 나타내는 경우에 제주도와 짝을 이루어 대마도가 등장하는 경우가 많았다. 다른 한편으로 군사 목적상 외국의 경계를 보여주려는 의도도 있었다.[14] 곧 관념적인 풍수지리의 관점과 현실적인 간접 세력권(기미 지역羈縻地域)이 반영된 결과였다. 특히 비슷한 시기에 제작된 동래東萊의 정밀한 군현 지도 중에는 대마도가 포함되지 않는 경우도 상당수 확인되므로 대마도를 그린 지도만으로 영토 의식의 발현으로 보기 어렵다.[15]

서울대학교 규장각한국학연구원에 소장된 수많은 동명이본同名異本의 고지도를 살펴보면 ① 아무런 설명 없이 대마도를 표시한 지도, ② 대마도를 타국으로 표기한 지도, ③ 대마도를 아예 제외한 상세 지도 등 세 종류로 나누어볼 수 있다.

예컨대 「지도」(동명이본 존재)에는 아무런 설명이 없이 군명郡名이 기재되어 있어 혼란의 여지가 있으며,[16] 「동국여도」(동명이본 존재)에는 대마도 우측에 '일본계日本界'로 표기되어 있어 대마도까지가 조선의 경계라는 뜻인지 논란의 여지가 있다.[17] 하지만 「조선팔도지도」·「여지도」·「팔도지도」(이상 동명이본 존재) 등에는 대마도 안에 일본 경계(일본계日本界/일본지日本地)를 명확히 표시하였을 뿐 아니라 「해동지도」(동명이본 존재)에도 대마도의 왼쪽부터 경계를 표시하였으므로 일본 땅으로 보는 데에는 논란의 여지가 없다.[18] 나아가 「해동지도」에는 경내의 일본 군명까지 확인되므로 결과적으로 문제의 소지는 전혀 없는 셈이다. 그런데도 일각에서는 언론 매체를 통해서 애매한 지도만을 근거 자료로 내세우면서 대중을 호도하고 있다.[19]

더욱이 「청구요람」에는 대마도가 신라 실성왕 7년(408)에 왜구의 침략으로 상실되었다고 지도 우측 하단에 별도로 그림 없이 문자로만 기재되어 있다.[20] 이 자료를 근거로 내세워 대마도의 영유권을 주장하는 이들이 많은데, 오히려 이는 고려-조선시대에는 대마도가 우리 땅이 아니었음을 반증한다. 대마도는 5세기부터 상실된 지 1,600년이 지났다. 대마도 반환 주장은 10세기 발해(698-926)의 멸망 이후 만주 일대를 잃은 지 1,100년이 경과되고 있는 상황에서 '만주 수복'을 외치는 재야사학의 '화려한 고대사' 인식만큼이나 모순된 주장이다. 고려나 조선에서조차 단지 지리적 인접성만으로 대마도의 귀속성을 주장하지 못했다. 그러므로 이것을 섣불리 독도 문제와 연결시키는 것은 위험천만하다.

백번 양보해서 일부 고지도의 경우 이론異論의 여지가 있을 수 있겠으나 문자가 기입된 사료(연대기·지리지·지도)는 분명히 대마도를 타국으로 인식하고 있었다. 이것은 대마도주가 일본의 중앙정부(막부)와 봉건제의 관계 설정 속에서 상대적 자율성을 누린 것과는 별개의 문제이다. 조선과 일본 양국에서 관직을 받았던 대마도주가 점차 일본 측으로 자신의 정체성을 만들어나간 것이 현실이었다. 대마도는 일본보다 조선에 가까워 경제적으로 종속되어 있었기에 번신藩臣을 자처하긴 했으나 명백히 일본 막부를 대신해 조선에 대한 외교를 맡고 있었다. 메이지 정부가 대마도의 영토를 병합했다기보다는 폐번치현廢藩置縣을 단행하면서 중앙정부의 통제력을 강화하고 외교 대행권을 회수했다고 보아야 옳다. 이는 메이지 정부가 강제병합한 류큐琉球(오키나와)나 본래 우리 영토인 독도와는 구분해서 보아야 한다. 개별 역사적 배경을 무시하고 단일한 잣대로 사고하는 것은 문제가 있다.

특히 외부 근대주의자의 침략적 인식도 경계의 대상이다. 일본 사회과학의 속칭 진보적 가치관은 전통시대의 역사적 맥락에서 벗어나 근대 지상주의 관점에서 모든 것을 상대화하여 설정하고 있다.[21] 이는 '선택적 적용'이자 역설적으로 일본이 만들어낸 틀을 합리화하는 것에 불과하다. 일본 사회과학이나 그에 영향을 받은 인사들은 독도 문제를 근대 국경선 정립 이전으로 되돌리거나 국제사법재판소의 심판으로 해결하자는 순진무구한 주장도 반복하고 있다.[22] 이는 역사적 맥락을 도외시한 언어유희에 지나지 않는다. 유럽의 모든 영토 인식도 최대한 소급 적용을 통하여 정당성을 확보하였고, 그것이 안 되면 전쟁을 일으켜 합리화했으며, 혹은 특정 지역을 분쟁 지역화해서 쟁탈전을 벌여 국제 사법 기구를 이용해왔다. 심지어 국제 사법 기구에 자금을 대거나 인력을 심어서 자국에 유리하게 만들기도 했다. 이마저도 실패하면 판결을 인정하지 않는 사례도 비일비재하다. 영토는 국력에 비례한다. 논리적인 언사만으로 획득할 수 있는 것이 아니다. 국토를 수호하거나 획득하려면 전쟁까지 감수해야 가능하다.

일본의 사회과학도는 역사학도와도 많은 차이가 있다. 근본적으로는 이른바 '양심적 지식인'은 조국을 사랑하는 마음에서 자국의 현실을 비판한다는 공통점이 있다. 대체로 일본의 역사학도는 상대적으로 사료에 대해 폭넓게 이해하고 있어 사회과학도와 현격한 품격 차이를 보인다. 그들 역시 애국자들이지만 조국의 미래를 위해서는 현실 부정이 아니라 과거사 반성이 최선이라고 생각한다. 반면에 사회과학도는 애국심의 영역에서 완전히 객관성을 유지하지 못하는 경향이 높아 끝내 제국주의시대를 미화하는 데로 흘러간다. 이는 19세기부터 이미 제국주의 국가의 사회과학에서 일어난 현상이다.[23] 객관이란 잣대를 내세우는 척하지만 사실 여부와 상관없이 논리적 빈틈이 조금이라도 보이면 무리하게 부정을 시도하는 경향이 나타난다. 이른바 '제국주의시대 보편적 현상'이라든지 혹은 '근대의 속성'이라든지 히는 그럴듯한 미사여구美辭麗句로 포장하면서 '가해자-피해자'의 구도에서 벗어나서 마치 중립적(혹은 객관적) 시각이나 세계 보편적 질서인 양 설명한다. 그러면서 피식민지 국가 학자들의 비판은 '지나친 감정주의'라거나 '과도한 민족주의 시각'이라고 힐난한다. 그리고 여기서 벗어날 때에만 객관적인 학문을 할 수 있다고 주장한다.

그러나 실제로 일본을 비롯한 사회과학도의 보편성(혹은 객관성)이라는 잣대는 제국주의에 대한 변호 논리로 쓰이고 있을 뿐이다.[24] 그러므로 객관을 가장한 주관에 불과하다. 한국의 사회과학

일부에서 일본 제국의 침략성 고발을 '반일 종족주의'라고 비하하는 뉴라이트가 탄생한 것도 결코 우연이 아니다.[25] 사회과학은 본래 제국주의시대에 이식된 학문 체계였기 때문이다. 이른바 뉴라이트는 항상 지나친 감정에서 벗어나야 한다고 얘기하지만 그들의 주장은 일본 국수주의(극우주의) 논리의 연장선상에 있을 뿐이다. 화려한 언사가 본질을 감출 수는 없다. 물론 여기에 대항하는 국내 자생적인 사회과학도 역시 존재하지만 그 숫자는 현저히 적은 편이다.

흔히들 현대 프랑스·독일 철학의 논리는 지나치게 사변적이라고 비판한다. 간단한 주장을 다른 나라에 비해서 지나치게 꼬아서 언어유희를 즐기면서 현학적으로 설명하는 경향이 있다. 19세기까지도 비교적 명쾌했던 논리나 주장이 20세기 이후 현학적인 언사로 바뀐 원인으로 독일 나치·프랑스 비시 정권의 역사 청산 미흡을 드는 이들도 있다. 양국이 다른 나라에 비해서 역사 청산이 잘 이루어졌다는 평가를 받고는 있으나 내부적으로는 나치에 부역했던 모든 사람을 숙청할 수 없어 일정 부류만을 걸러냈을 뿐이다. 실제로 비시정부Régime de Vichy(1940-1944)는 나치에 협력했으나 프랑스의 역사는 샤를 드골Charles de Gaulle(1890-1970) 망명정부로 치환되면서 승전국으로 자리매김하였고,[26] 나치는 독일 국민의 선거로 집권했으나 패전 후 국민 다수는 무고했다는 논리로 전후 복구 사업을 진행할 수밖에 없었다. 이 같은 역사에 대한 '기억 소거' 내지 '기억 조작'이 어려웠기 때문에 논리적인 주장이 지나치게 현학적으로 바뀌었다고 풀이하는 것이다. 이른바 2000년대에 유행한 기억 담론(뉴라이트의 제국주의 정당화)의 재생산도 이처럼 모호한 논리가 각광 받는 사회적 배경 때문으로 이해된다.

특히 국내에서 진보를 자처하는 인사들조차 모든 권위를 상대화하여 무엇이든 비판하는 것을 미덕으로 삼고 영미권 이론에 경도되어 정작 우리나라나 동북아시아의 역사적 맥락은 도외시하는 것은 심각한 문제이다. 앞서 살펴보았듯이 일본 제국주의가 개념화하고 극우가 새롭게 재탄생시킨 '헬조선'을 오히려 진보 매체가 적극적으로 사회 비판이라는 관점에서 사용하고 있다. 현재의 상황을 보면 보수나 진보를 자칭하는 언론 매체가 일본 극우가 만들어낸 담론을 역사적 맥락은 전혀 고려하지 않은 채 그저 각자의 정치적 편향성에 기반하여 인용하고 있을 뿐이다. 이는 우리 사회의 역사적 맥락에 대한 인식이 얼마나 퇴행적인지, 과거 지식인 집단으로 자처했던 언론계 수준이 어느 정도인지를 가늠할 수 있는 잣대처럼 보인다. 일제강점기에 태어난 '조선 망국론'과 '화려한 고대사'라는 쌍생아가 지금까지도 진보·보수할 것 없이 대유행하고 있다. 보수라는 매체가 외세의 식민통치를 찬양하는 기획 기사를 싣는 나라, 진보라는 매체가 고대 대제국의 유사역사학을 특집으로 다루는 사회는 실로 부끄럽기 그지없다.

지난 100여 년의 사례들을 살펴보면 사회과학의 객관성이란 한번도 문자 그대로의 객관을 유지한 적이 없었으며, 실제로는 제국주의 국가의 주관적 입장을 그럴듯한 미사여구로 포장해왔고, 그들의 이익을 대변하는 수단에 지나지 않았다. 그러므로 모든 경우를 일반화할 수는 없으나 일본 내 진보 그룹의 사회과학의 세례를 받고 귀국한 이들이 뉴라이트가 되는 것도 전혀 놀라운 일은 아니다. 마치 서구 근대화를 일본을 통해 배운 이들이 '문명개화'를 내세우며 친일파가 되었던 것과 비슷한 맥락이다.

더욱이 그들이 명확히 제국의 변호인으로서 모습을 드러내기 전에 회색의 경계를 넘나들면서 펼치는 이른바 '객관적' 논설을 국내 매체들이 금과옥조로 여기면서 앞다투어 받아쓰고 전파하는 사례가 비일비재하다. '비판을 위한 비판'이 자유로운 언론 활동이 아니라 '제국주의 시각'이었음을 깨닫게 되는 순간의 부끄러움은 해당 매체가 감당해야 할 몫이다.

그런데도 역사적 맥락은 간과하고 다른 나라의 최종 국경선이 근대에 이루어졌다는 사실만 단장취의해서 우리나라에 적용하는 것은 부적절하다. 앞서 제시했듯이 유럽사에서는 일반적인 국가 탄생의 기준은 적어도 동북아시아보다는 상당히 뒤쳐진다. 한국-중국의 국경 윤곽은 늦어도 15세기에는 대체로 기준이 잡혔다. 현대 중국의 영토 경계 확립 시기는 아무리 늦게 잡아도 17세기 무렵이면 충분하다. 그렇다고 해서 명·청이나 조선을 근대국가로 부르지는 않는다. 이를 통해 '근대'라는 허상이 유럽사에서 얼마나 과도하게 인식되고 있는지 알 수 있다.

2. 고토 의식: 해동과 압록강

고려는 국호를 고구려에서 취하여 계승 의식을 천명하였다. 최근 연구에서는 고려가 고구려를 줄인 것이 아니며, 고구려 후반(장수왕대)부터 중국뿐 아니라 국내에서도 국호를 고려로 칭하였다고 한다. 따라서 중국에서 고구려의 국왕이 고씨에서 왕씨로 바뀌었다고 이해하는 방식이 완전히 틀렸다고 볼 수는 없다. 물론 그 사이 신라와 발해가 있고, 발해가 고구려를 계승하였으므로 고구려(고려) → 발해 → 고려로 볼 수도 있겠으나 발해 말기에 이미 고려가 탄생했으므로 발해와 고려는 서로 형제국으로 인지할지라도 계승 관계로 보지는 않았다.[27] 이 때문에 고려에서 발해의 역사서 편찬이 이루어지지 못했다. 다만 발해의 유민은 수용하는 현실적인 정책을 펼쳤다.

이 밖에도 고구려·백제는 부여의 동명성왕東明聖王을 공통의 시조로 모시거나 졸본부여·남부여 등으로 국호로 자칭하는 등 부여 계승 인식이 강했다. 고구려는 주몽을 동명성왕과 동일시하였고, 백제는 부여씨를 왕성王姓으로 칭했으며, 발해는 부여족의 근거지에 부여부扶餘府를 설치하고 부여의 전통을 이었다고 천명하였다.

최근에 나오는 다양한 연구 성과를 참조해보면 부여계 건국 설화에서는 고리국28 → 북부여 → 동부여 → 졸본부여(고구려) → 백제(남부여) 등으로 출자出自와 수도 이전이 확인된다. 문헌에 따라 '색리'·'탁리'·'고리'·'고려' 등으로 표기되는데 국내외에서는 이 같은 고대국가의 원음이 '고려'의 중국 발음(gaoli)과 유사한 '고리'일 것으로 추정하고 있다.29 게다가 한漢의 현도군玄菟郡 고구려현高句麗縣을 압록강 유역에 비정하고, 졸본부여가 한사군을 격퇴하고 고구려 지역을 수복하면서 지역명을 따랐을 개연성이 크다고 보고 있다.30 고리국(북만주 추정)의 원래 지역과 고구려현(남만주 추정)이 일치하는지는 알 수 없다. 그러나 동북 3성은 반목반농半牧半農의 경계 지대이므로 일정한 거리의 차이가 있다 할지라도 지역의 명칭이 종족의 이동을 통해서 옮겨 왔을 개연성이 높다. 그러므로 고려계나 부여계 양자 모두 역사와 전통이 상당하다고 볼 수 있다.

이러한 배경하에 고대 '고구려'·'고려'가 중세 '고려'의 전범으로 이해되었다.31 비단 고려왕조에서뿐 아니라 중국에서도 유사한 인식이 보인다. 이른바 '해동海東'은 다른 나라가 고려를 칭하거나 고려가 스스로를 칭하는 데 쓰였다. 그런데 이 표현은 특정한 국경 의식을 내재하고 있다. 곧 중국의 동쪽이자 고려의 서북 경계를 의미한다. 과거에는 황해의 동쪽으로 이해되었으나 최근 연구에서는 발해(발해만)의 동쪽으로 재해석되면서 실제로 만주부터 한반도에 이르는 지역을 가리킨다고 한다.32 이는 고려가 국초부터 자국과 타국의 외교문서에서 모두 기자·주몽을 통해 고조선·고구려의 후예임을 인정받았기 때문이다.

현재 연구자들은 당시 이러한 역사의식을 바탕으로 원래 요하 동쪽이 모두 고구려의 유산이지만 고려는 현실적인 한계에 부딪혀 최소한 압록강 남쪽이라도 진출하는 것을 목표로 삼았다고 해석하고 있다. 따라서 고려의 서북 경계는 압록강 하구를 놓고 거란과 공방전이 여러 차례 이어지고, 소손녕-서희의 설전 이후 강동 6주의 획득 → 거란 재침공으로 보주의 상실 → 거란 멸망 후 의주(보주)의 설치 등으로 이어진다고 보고 있다. 고려 초기 이미 압록강 하구(하류)까지 진출하였다.[33] 그리고 몽골 침입 이후 원이 동녕부를 설치하여 상실했던 서북면(북계)을 충렬왕 연간에 대부분 회복했고, 동녕부는 후퇴하여 요양으로 옮겨 갔다. 특히 원세조元世祖(쿠빌라이)의 손자인 충선왕忠宣王이 황제 추대식인 쿠릴타이에 참여하여 원무종元武宗의 즉위를 도운 공으로 고려 유민이 많이 사는 지역에 심양왕瀋陽王으로 책봉되기도 했다. 다만 이는 고조선·고구려의 계승 의식에 국한되며 고려의 영토와는 직접 관련이 없었다.

공민왕 원년(1352) 조일신趙日新의 난에서 기철 일파 숙청에 실패하면서 개혁은 잠시 중단되었고, 원의 원병 요청에 응해야 했다. 그럼에도 오히려 홍건적 격퇴를 위해 파병되었던 고려 군사가 귀환하자 기울어가는 원의 국내 정세는 빠르게 전해져, 국왕의 정책에 동조하는 인사가 늘어났다. 이에 공민왕 5년(1356) 정동행성 이문소를 격파하였고,[34] 압록강 너머 파사부(단동丹東)까지 공파하였다가 압록강 일대로 군사를 물려서 고려의 국경을 다시 압록강으로 확정 짓게 된다.[35] 이에 공민왕대는 압록강 중류까지 확장하였다.[36]

하지만 기존 학계의 인식처럼 충렬왕대 반환받은 동녕부의 범위가 평양 이북 어디까지인지 확실하지는 않다. 조심스러운 의문이지만 당시 압록강 유역을 온전히 반환받았다면 공민왕 초반에 대군을 일으켜 출진할 필요가 있었을까 싶다. 이 군사작전으로 고려가 얻어낸 결과는 압록강 유역을 원으로부터 온전히 국경으로 인정받은 것이었다. 물론 이전에 반환받은 땅을 하류로, 새로이 확장한 땅을 중류로 구분하기도 한다.

공민왕대 최대 목표는 압록강 유역에 대한 안정적이고 영구적인 지배였고, 이를 위해서 먼저 근거리(파사부/단동)의 적의 요충지를 공파하고 향후 적의 배후까지 장거리(동녕부/요양) 기동전을 감행하였다. 이 같은 전술은 후대 세종·세조·성종·선조 연간에 압록강-두만강을 방어하기 위해 적(여진)의 배후지 깊숙이 원거리로 기동하는 전술의 교범처럼 쓰였다. 이후 명·청은 압록강 유역을 국경으로 인정하였다.

3. 잊힌 북진의 기억: 공험진과 두만강

공민왕대 동북 경계는 쌍성총관부를 공파하여 천리장성 이북 쌍성(영흥/화령/원산)을 탈환하였다.[37] 마침내 쌍성이 관할하던 천리장성 이북까지 예종대 윤관의 동북 9성을 내세워 고토 수복을 선포하였다.[38] 처음에는 천리장성 인근 함주咸州(함흥) 일대로 만족했으나 점차 북진에 성공하여 마침내 삼살三撒(북청)[39]까지 진군하였다. 이후 공민왕-우왕대는 해양 만호까지 귀부해오면서 해양海陽(길주)[40]까지 동북 9성이라고 주장하였다.

공양왕대에는 두만강 유역까지 고려 땅으로 주장하기 시작하다가, 마침내 태조-태종대에 두만강 유역을 석권하고 군사 거점을 만들었다. 세종대 여진족의 분열을 틈타서 잔여 세력까지 축출하고 두만강 남쪽의 모든 거점에 군진을 설치하여 백성을 옮겨서 살도록 함으로써 영역화 사업을 일단락하였다. 이때 갑자기 두만강 유역 최북단 도시인 경원을 공험진이라고 주장하고, 공험진의 외진을 두만강 이북 선춘령이라고 선포하였다.

그럼에도 여진의 이반離叛이 지속되어 세조·성종·중종·선조 연간 끊임없이 대군을 파병해야 했다. 두만강 유역 6진이 최북방 국경선으로서 안정적인 지배 체제를 갖춘 데 비해서, 압록강 상류 4군은 사람들이 살지 못하여 '폐사군廢四郡'으로 한동안 버려져 있다가 18세기 영조 연간에야 비로소 백성들이 자연히 가득 차는 상황이 되었다. 고려왕조는 결코 고구려나 발해의 고토라고 주장하지 않았고 예종대 고토라고 주장하며 수복을 명분으로 북진하였다. 이를 실현에 옮겼던 이자춘李子春(이성계의 부친) 가문은 조선왕조 개창 이후에도 같은 논리를 밀고 나갔다.

그런데 각 사료의 편찬 순서에 따라 점진적으로 고려의 동북 경계인 '동북 9성'의 위치가 이동하고 있음이 확인된다.[41] 이는 고려 말-조선 초 우리 군사가 '고토 수복'을 주장하면서도 실제로는 북진하였기 때문이다.[42] 이러한 행보는 '강원도 북단-함경도 남단'에 해당하는 원산(영흥/화령/쌍성)-함흥(함주)부터 북청이나 길주를 거쳐 두만강 유역까지 모두 '동북 9성'으로 비정하는 비상식적 설명으로 귀결된다. 조정 입장에서는 북진보다는 고려 전기 자국 영토를 수복한다고 해야 명분이 섰으므로 이 같은 원칙이 고수되었고, 4군 6진이 확정된 이후 『세종실록』 「지리지」가 편찬됨으로써 그전까지 "알 수 없다"거나 수시로 위치가 바뀌던 지역이 비로소 고정되어 나타났다. 하지만 공민왕대 이후 이미 비정해버린 함흥(함주), 북청(삼살), 길주(해양) 등은 바꿀 수 없었고, 동북 9성의 전체 성곽을 위로 옮길 수 없었기에 고려 전기에 동북 9성이 일자一字로 배열되었다는 설명을 인용하여 함경도 전체에 늘어뜨리는 기현상이 벌어졌다.

여기에 의문을 표한 것이 바로 조선 후기 실학자들이다. 역사·
지리를 고증해보면 현재 길주가 과연 동북 9성 중 하나일까?[43] 공
민왕대에는 북청까지라고 하던 동북 9성은 우왕대에는 길주가 되
었고, 공양왕대에는 두만강 유역이 되었으며, 세종대까지 정확한
위치를 알 수 없다던 공험진은 세종 사후 갑자기 6진을 기준으로
정확하게 기재되었다. 실학자들은 고려 말-조선 초 지리 고증 자체
는 잘못되었다고 생각했지만, 이 일대를 우리 영토로 보는 의식에
는 변함이 없었다. 곧 그들은 고구려와 발해의 고토로 처리하는 방
식을 선택하였다. 평안북도는 고조선·고구려·발해로 설명하고, 함
경남·북도는 고조선 변방이었으므로 고구려나 발해로 설정한 것
이다. 아울러 기타 숙신·동예·옥저·예맥 등 여러 종족도 사서에
따라 거론하여 연원을 밝히려 노력했다.[44]

따라서 고려 전기 기미주羈縻州에 불과했던 천리장성 이북(한반도
북부)은 고려 말 엄연한 영토로 편입되어 압록강 중류-길주 이북이
국경선으로 확보되었고, 조선 초기 압록강 상류-두만강 유역까지
내지화하였으며, 만주 일대의 여진족을 간접 통치하는 기미 지역
으로 확장해갔다. 그 결과 대한제국기에는 청과 국경 갈등까지 감
수하면서 두만강 북쪽 지역까지를 '북간도北間島'로 명시하고 국토
로 편입하는 적극적 조치를 취하였다.[45] 이것이 고려-조선시대 점
진적 북방 개척의 최종 결과였다.

다만 여기서 언급한 북간도는 '화려한 고대사'(만주 수복론)의 시
각과 다소 거리가 있으며,[46] 대한제국의 편입 지역 역시 조선인이
살고 있는 두만강 인근 실효 지배 영역에 국한되었다. 국망 이후
무장 독립운동 단체들은 압록강 이북은 서간도西間島의 서로군정
서西路軍政署[47]로, 두만강 이북은 북간도의 북로군정서北路軍政署[48]로

개편되어 대한민국임시정부大韓民國臨時政府(1919) 산하에 느슨한 형태로 편입되었다. 이는 중국 중앙 권력의 공백을 활용한 것이며 '압록강-두만강' 기본 개념을 확장시킨 것이다. 이후 만주와 연해주에서 수많은 무장 단체가 재편되면서 독립운동에 헌신하였다.[49] 대종교의 고대사 인식은 현실적으로 기반을 두고 있던 지역에 대한 역사적 근거가 필요했기 때문에 만들어진 것이다.[50]

4. 14세기 통일국가 고려의 위상

공민왕은 관료제의 재편과 함께 동북아시아 국제 질서의 변화에도 관심을 기울였다. 즉위 초부터 서쪽 경계에서 압록강 유역 수복에 나서서 고려 초기 최대 압록강 하구河口에 불과했던 영역을 압록강 중류中流 지역까지 끌어올렸다. 이 범위는 동쪽 경계에서 비슷한 위도의 북청(또는 길주)까지 비례하여 북진한 결과이다. 더욱이 신라의 대동강이나 고려 초의 청천강의 경계선을 대거 확장하였을 뿐 아니라 중국 왕조로부터 우리나라의 국경으로 인정하는 확약을 받아냈다. 이후 원·명·청은 압록강 남쪽에 대한 영유권을 다시는 주장하지 못했다. 물론 이는 물리력으로 대응하여 원의 군사를 수차례 물리쳤기에 가능했다.

당시 원은 이미 순제順帝 사후 황위 계승권을 놓고 내전 중이었고, 농민 반란이 일어나 다수의 홍건적 집단이 군벌화하였다. 요양·심양 지역에서는 몽골 귀족의 군벌이 독자 세력화하였으며, 함경도 일대에서는 여진족 및 몽골 패잔병이 할거하였다. 일본 역시 여러 지방정권으로 분열되어 상쟁 중이었다. 그 외 류큐, 탐라(제주) 등의 도서島嶼 세력도 독자적으로 정권을 구성하기 일쑤였다. 고려는 이러한 다양한 군벌(혹은 지역 정권)과 교류하였다. 특히 당시 통일국가는 고려밖에 없었으므로 각각의 현지 정권은 고려와 우호 관계를 맺으려 노력하였다. 홍건적 최대 세력인 장사성張士誠 (1321-1367)은 지속적으로 막대한 공물貢物을 고려에 보내면서까지 구애하였고, 일본의 지방정권은 왜구 토벌을 위한 토벌대까지 고려에 제공하였다. 여진족 중에는 해양海陽(길주) 만호가 고려에 귀부하였다. 요심(요양·심양) 지역은 명이나 원이 세력을 확장하면 고려에 도움을 요청하다가 정세가 잠시 안정되면 고려의 변경을 침범하기 일쑤였다.

얼마 지나지 않아서 홍무제가 홍건적을 통일했다. 공민왕 17년 (1368) 원의 도읍이 명에게 포위되었고, 이듬해 그러한 상황에서 고려에 먼저 접근해온 세력이 홍무제였다(공민왕 18/홍무 2/1369). 그를 해외에서 처음으로 인준해준 나라는 바로 공민왕대 고려였다. 홍무제는 장사성을 타도함으로써 중원 제패에 성공하였는데 고려는 바로 장사성이 오랫동안 공을 들여온 국가였다. 양자의 이해관계는 대원전쟁에 있었고, 북진은 양국 공히 추진하고 있었다. 잠시나마 강도 높은 동맹 관계가 형성되었음을 알 수 있다. 곧 명이 중원을 통일하고 몽골은 초원 지대로 도주하여 북원으로 재편되었다. 이 과정에 고려에서는 공민왕이 시해당하고 우왕이 즉위했다. 홍무제는 공민왕 시해 사건 조사를 빌미로 고려를 압박하고 이전까지 감히 요구하지 못하던 원의 영토를 명에게 줄 것을 요구했다. 공동전선을 펴고 있던 양국은 천자국과 제후국으로 재편되는 갈림길에 들어섰다. 공민왕대부터 이미 명은 천자를 자처했으나 실질적인 세력을 형성하지는 못하고 있었는데 이제 상황이 급진전되었다.

서쪽 국경은 이미 원순제 연간 실력을 통해 압록강까지 인정받았고 이후 명·청은 이를 존중하였다. 물론 이는 고려의 군사가 최소 3-4회 이상 압록강을 넘어서 요심 지역까지 원거리 작전을 펼쳤으므로 최소한 압록강을 다시 넘지 않기를 바랐기 때문이다. 그러나 동쪽 경계는 유동적이었다. 명은 철령위鐵嶺衛를 설치하여 철령 이북(쌍성총관부 관할지)을 반환할 것을 요구했다. 이것은 과거 원의 통치 지역에 해당했다. 이미 고려 군사가 천리장성 이남 쌍성은 물론이거니와 천리장성 이북 함흥·북청·길주 일대까지 진주한 상황에서 어렵게 피로 획득한 영토를 반환하는 것을 받아들일 수는 없었다. 더욱이 서쪽 경계가 압록강 중류까지 북진한 상황에서 동쪽 경계를 물릴 수는 없었다. 고토 수복을 기치로 내세웠으나 실제로는 피로 얻은 땅이었다. 더욱이 여진·몽골 잔존 세력의 침공으로 여러 차례 상실·수복을 반복하고 있던 터였다.

5. 위화도회군: 4불가론 대 공민왕의 유지

우왕대 고려 조정은 단호한 대응에 나섰다. 전군을 소집하여 평양에 집결시키고 요동 공략전에 나서게 되었다. 일반 대중에게 잘 알려져 있는 이성계의 4대 불가론은 북벌 시행 수개월 전에 조정에서 논의된 내용 중 하나에 불과하다.[51]

해당 내용이 현실적 비판인지는 현재까지도 논란이 되고 있다. 다만 공통으로 지적되는 부분은 한 가지다. 준비된 군대와 준비된 시기가 아니었다는 점이다. 공민왕대 4차례 요동 공략은 시기를 모두 우리가 정했고, 잘 조련된 군사가 주력을 이루었다. 그 방식도 언제나 기습적으로 공파하고 전략적 목적을 성취하면 신속히 회군하는 형태였다. 반면에 전국에서 소집된 농민병을 위주로 고려에 불리한 시기에 진군하는 것은 전장에서 가장 피해야 할 방도였다. 그러나 회군은 단순이 이러한 이유나 우기雨期 때문에 이루어진 것만은 아니었다. 어째서 그렇게 깊지도 않은 압록강의 위화도에 수만의 병력이 주둔하고 있었던 것일까?

그동안 간과되어온 변수가 있다. 명과 북원의 마지막 대회전이 남아 있었다.[52] 약 15만 명[53]에 달하는 명의 원정군이 몽골 초원으로 진군하고 있었다. 우기거나 농민병이거나 하더라도 일시적인 요심 공략은 성공할 수 있었을지도 모른다. 그러나 어떻게 지킬 것인가? 더 좋은 군사를 갖고 더 유리한 시기에 출진했던 공민왕대 원정군도 방어와 군량 문제로 회군하고 말았다. 그리고 자연 경계인 압록강 방어선을 천명하였다. 그런데 그보다 훨씬 불리한 상황에서 요동을 공격하여 성공하더라도 지킬 수 있을지는 단순히 감정의 문제가 아니라 나라의 존망을 건 현실이었다. 더욱이 북평北平(북경)의 병력(약 10만 명)과 만주 일대 북방 민족도 고려군을 기다리고 있었다. 이는 중국 전역에서 동원 가능한 수십만의 병력은 제외한 것이다. 최소 25만 명의 명군을 약 5만 명의 고려군[54]이 감당해낼 수 있을지는 의문이 아닐 수 없다.

고구려나 고려의 화려한 승전은 실제로는 산악 지형을 이용한 수성전이 대부분이었다. 지형지세로 항전하는 형태의 전투와 평지의 대회전은 전혀 다른 방식이다. 국가의 운명을 두고 더 적은 병력으로 평지에서 공성전을 도모하는 것이 과연 합리적인 선택이었을까?

우왕 14년(홍무 21/1388) 위화도회군을 사대주의로 낙인찍는 방식은 일제강점기에 처음 출현했다. 조선시대에 태조의 업적을 비판하는 것은 당연히 불가능했다. 일본 제국의 만선사관하에서 비판적 시각이 등장했다. 이에 대한 반론은 이미 1920년대 안확安廓(1886-1946)이 제기하였다.[55] 이성계가 사대주의자였다면 명의 책봉을 받지 못한 것은 무엇 때문이었을까? 그리고 왜 즉위 후 요동 정벌을 다시 추진했을까? 회군은 명을 존숭해서가 아니라 현실적으로 시기와 군사가 적합하지 않았기 때문이다.

더욱이 위화도회군 직후 내세운 명분은 4불가론이 아니었다. 그것은 바로 현릉玄陵(공민왕)의 뜻에 반한다는 논리였다.[56] 이는 1차적으로는 공민왕 후반 외교 관계를 내세운 것이다. 그러나 그것이 단지 외교정책만을 의미하지는 않았다. 2차적으로는 공민왕이 계획했던 압록강 방어선을 염두에 둔 것이다. 그랬기에 회군을 청하면서 왕명에도 불구하고 군이 압록강을 건너지 않고 있었다.

그러나 왕은 윤허하지 않았고 그사이 북원은 명에 대파당하였다. 명의 승전 소식을 들은 직후 우군도통사右軍都統使 이성계와 좌군도통사左軍都統使 조민수曺敏修(?-1390)의 회군이 시작되었다. 이것은 국제 정세에 귀를 기울이면서 공민왕대 원칙인 압록강 국경선을 굳건히 지킨 것이다. 태조 즉위 후 미완으로 그친 북벌이 과연 현지 점령을 목표로 한 것인지, 공민왕대처럼 원거리 기동전 수행 후 회군을 고려한 것인지는 확인할 길이 없다. 그러나 이미 학습된 군사전략상 '전략적 목적' 없는 원정은 실행하지 않았을 것이다. 이후 수많은 왜구 및 여진 정벌전은 기실 공민왕대 요심 공략전과 매우 유사하다.[57] 원거리 기동으로 적의 근거지를 분멸焚滅한 뒤 신속하게 회군하여 전략적 목적을 달성했고, 간접 지배의 방식으로 영향력을 행사했다. 그리고 국경선은 북방 압록강-두만강, 남방 탐라(제주)-동래(부산)를 유지하였다. 따라서 위화도회군을 단순히 야심에 찬 장군의 권력욕만으로 치부하기에는 상당히 문제가 있다.

추후 폐가입진론廢假立眞論에도 불구하고 우왕은 일단 14년간 공민왕의 후사로서 존중받았다. 심지어 회군 후에도 그의 아들 창왕이 즉위한 것 역시 그러한 맥락이었다. 앞서 말했듯이 이성계는 오히려 회군이 현릉(공민왕)의 뜻을 받든 것이라고 주장했으며, 이를 정당화하기 위해 공민왕비인 정비定妃가 왕대비로서 교서를 내렸다. 이후 왕대비는 혁명파에게 공민왕의 상징성을 대신하고 명분을 주는 존재로 자리매김하였다. 우왕·창왕·공양왕의 폐위 때도 한결같이 정비의 교서로 합리화하였다. 급기야 이성계는 즉위교서를 통해 공민왕의 후사가 없어서 자신이 왕위를 잇겠다고 주장하였고, 조선 왕실의 종묘에 공민왕·노국공주의 사당을 세웠다. 『태조실록』「총서」와 『태종실록』「총서」에는 이성계와 이방원을 알아봐준 뛰어난 성군으로서 공민왕이 등장한다. 특히 회군 직후부터 단행된 각종 개혁 입법은 마치 어떤 계기가 나타나기만을 기다렸다는 듯이 체계적으로 추진되었다. 많은 개혁 입법이 공민왕 즉위교서에서 시작된 각종 개혁 조치에서 유래했다. 그것은 우왕대에 무위로 돌아갔다가 회군 이후 재개되었다. 그리고 신왕조가 개창되자 혁명파는 마치 자신들의 지도자가 공민왕인 양 생각하는 듯했다.

그렇다면 가장 강성한 시기의 명에 도전했던 우왕과 최영의 요동 정벌론은 무의미했을까? 반드시 그렇지는 않았을 것이다. 이것 역시 결과적으로 긍정적인 영향을 미쳤다. 명은 북원으로 원정하되 영역을 무한정 넓히지 못했다. 원의 지위와 영토에 욕심을 냈지만 현실적으로 모두 가질 수는 없었다. 대원전쟁이 장기화되었으므로 요동이나 함경도 일대는 아직 군사를 파견할 수 없었다. 그때 명은 현지 군벌을 해체시켜 요동을 장악하고 원이 과거에 다스리던 함경도 일대까지 남하할 수 있을지의 여부를 타진하고 있었다. 철령위 설치 시도가 바로 그러한 맥락에서 이루어졌다. 명은 끈질기게 '철령 이북'을 요구하면서 쌍성을 포함하는 함경도 전역과 두만강 북부 여진 지역의 영유권을 주장했다.

그러나 고려는 예종대 윤관의 동북 9성 설치를 근거로 내세워 최북단 '공험진 이남'이 고려의 땅이라는 주장을 우왕대부터 지속적으로 주장하였다. 명은 최대한 남쪽으로 경계선을 내려 잡으려고 하였고, 고려-조선은 최대한 북쪽으로 경계선을 올려 주장하였다. 하지만 고려가 국력을 기울여서 함경도 지역 결사 항전뿐 아니라 요동 지역 원거리 공격까지 감행할 의지를 보여주었기 때문에 수십 년간 지속해온 전쟁을 북원 정벌로 끝맺고자 했던 명의 입장은 난감했다. 명은 위협만으로는 땅을 뺏을 수 없다고 판단하였고 장기전을 수행할 여력도 없었다.

그러나 황제의 조치를 무위로 돌릴 수도 없었다. 명은 외교문서상 서쪽 경계의 압록강처럼 동쪽 경계도 공험진이라는 고려-조선의 주장은 용인하였으나 동시에 철령만은 명의 영토라는 억지를 부렸다. 이에 명은 자존심을 지키고자 철령위를 물려서 지금의 요녕성 철령시로 위치를 변경하였다. 현존하는 중국 철령시의 읍지邑誌에는 이러한 이동 과정이 연혁으로 실려 있다. 그래서 재야에서 본래 철령이 요동이었다고 하는 주장은 성립하기 어렵다. 이미 우왕대부터 쌍성 일대는 과거 원에 항복한 자들이 중국 요동의 지명을 멋대로 고려에 갖다 붙여 원의 영토로 편입시켰다는 사실을 설명하고 있다.[58] '쌍성'은 여러 지역에 나오므로 보통명사로서 다수 쓰인 듯하다. 고려-조선의 지속적인 외교정책으로 '공험진 이남'을 인정받는 시기가 태종 연간인데, 이때도 명은 여전히 철령위를 고수하였다. 이것은 황제의 마지막 자존심이었다.

우왕대 북벌은 시기와 군사가 적절하지 않았으나 신왕조 개창 이후 정도전이 다시 한번 공식적으로 북벌 정책을 추진했다. 그것이 사병 혁파와 부병제 확립을 통한 군통수권 강화를 위해서였다는 설명도 있으나, 실록에는 공식적인 정책으로 기록되어 있다. 이것이 명이 정도전을 체포하려고 했던 이유였을 것이다. 1차 왕자의 난(1398) 발생으로 원거리 기동이 필요한 요동 정벌은 중단되었으나 국경선 인근을 확장시켜 압록강 상류와 두만강 유역을 확보하는 정책은 세종대까지 지속되었다. 두만강 유역에 대한 연고권緣故權이 조선왕조에서 비로소 확립되었다. 이는 발해 멸망 이후 500여 년 만에 다시 수복한 지역이었으며, 공양왕이 그렇게 꿈에 그리던 고토였다.

제2부 국가 체제

5장 중앙관제

1. 2차 홍건적의 난과 도평의사사의 확대

공민왕대 외적의 침입은 다양한 형태로 나타난다. 그중 가장 많은 병력으로 고려를 곤경에 빠뜨렸던 세력은 홍건적이었다. 1차 침입 때는 서경(평양)을 상실하였고, 2차 침입 때는 개경까지 함락되었다. 수도를 잃은 공민왕은 복주福州(안동)로 파천하였는데, 지방 세력으로부터 환대를 받았다. 이는 강조康兆(?-1010) 정변 이후 목종穆宗이 시해당하고 거란이 침공하여 현종顯宗이 지방으로 피신했을 때 목숨을 위협받았던 경우와 사뭇 달랐다. 그리하여 공민왕은 약 20만 명을 모병하여 개경 탈환에 성공하고 홍건적을 격퇴하였다. 개경 이북을 상실한 위급한 상황에서 삼남 지역 백성만 모은 것을 감안하면 대단한 숫자였다. 공민왕은 즉위 초부터 고려의 정규군을 재건하였을 뿐 아니라 지방세력의 군공을 인정하여 지역방어를 국가에 대한 공헌으로 인정하는 정책을 펼쳤는데, 이것이 주요하게 작용한 듯하다. 요컨대 이는 10여 년 이상 추진된 개혁 정치에 대한 지방민의 화답이었다.

하지만 역설적으로 이 과정에서 공민왕의 전반前半 정치를 지탱하던 측근세력이 소멸하였다. 연경燕京의 독로화禿魯花(숙위) 시절 호종했던 연저수종공신燕邸隨從功臣(무신), 외가의 척신 인사(문신), 기타 궁금宮禁 세력(환관) 등이 모두 변란(흥왕사興王寺의 난 등)에서 국왕을 지키다가 목숨을 잃었다. 측근세력은 마치 혈족같이 왕의 정책에 가치판단을 하지 않고 따를 정도로 신뢰를 보여주던 정치 기반이었다. 이제 군주는 홀로서기를 해야 했다. 이것이 바로 신왕조 개창으로 가는 여정 중 주요한 계기였다.

수도 탈환전에서 막대한 외방의 군사가 고려와 공민왕의 이름 아래 결집했다. 승전한 부대에는 군공에 상응하는 포상이 필요했다. 왕은 고려왕조 역대 최대 규모의 공신 책봉을 단행하였으며, 외방에서 출전한 많은 백성에게 크고 작은 관직을 내렸다. 더욱이 전란 과정에서 장군들이 김용金鏞(?-1363)의 계략에 희생되어 대거 소멸했기 때문에 이른바 군 상층부가 교체되었다. 그뿐만 아니라 공민왕 초기 압록강 유역 원정에서 부사副使에 지나지 않았던 최영은 군공에 따른 승진으로 불과 10여 년 만에 군부의 수장으로 성장하였고, 쌍성 수복 과정에서 고려에 합류한 이성계는 두 번째 세력으로 대두하였다. 더욱이 최다 공신 책봉으로 2품 이상 재상이 동시에 약 50여 명(최대 80여 명)이 존재하는 초유의 사태가 나타났다. 이제 재추의 합좌 기구인 도평의사사(충렬왕 5/1279-태조 1/1392)도 확대 개편되어 향후 집단지도체제의 서막을 알렸다. 이른바 신흥무장세력이 정치 전면에 등장하였다.

공민왕은 개인적 신뢰에 기반하는 측근세력을 잃었고, 이제 공적 질서를 통해 관료 사회를 재편해야 했다. 원간섭기 출사 길이 막혀 있던 지방세력에게 공민왕은 구세주와 다름없었으나 이러한 믿음을 언제까지 지속시킬 수 있을지가 관건이었다. 왕은 냉혹한 정치 현실을 누구보다도 잘 아는 인물이었고, 항상 최악을 대비하였다. 이에 두 가지 조치를 취하였다.

첫 번째는 공민왕 초반 사대부와 측근의 반발로 실각했던 신돈의 재기용이었다. 특히 그를 반대했던 두 세력 중 측근은 소멸했고, 사대부는 제휴 관계로 전환되었다. 그는 승려 출신으로 이제현 등 기존 유학자의 반감을 샀던 인물이지만, 그다음 세대인 이색李穡(1328-1396)을 설득시켜 무신정권기에 붕괴된 성균관을 복설하고 신진사류를 육성하였다. 한편 무신 사이에는 전란 중 자신의 실력을 통해 군공을 세워 출세하는 기풍이 만들어졌다. 이와 마찬가지로 문신 사이에서도 권문세족이 독점했던 중앙 관직에 이제 과거라는 실력을 통한 출사가 가능해졌다. 그동안 과거는 완전히 사라지지는 않았으나 거의 유명무실하던 상황이었다. 이에 공민왕은 과거의 횟수를 늘려서 상설화하였으며, 과거 급제자를 요직에 진출시켜서 유력 가문(권문세족)만이 관직을 독점하던 관행을 타파하였다. 이전에 자신의 실력을 통한 출사가 어렵던 양대 세력이 공민왕 치세하에 출사가 가능해졌다. 신흥무장세력과 신진사류가 사후에도 공민왕을 성군으로 추억하는 것은 당연한 일이었다.[1]

당시 중앙은 신흥무장세력이 상층부를 이루고 신진사류가 하층부를 채워나가는 형국이었다. 물론 권문세족 역시 완전히 소멸하지는 않았으며 왕에게 귀부하여 일부는 군부에서 지위를 유지하고 있었다. 그래서 공민왕 사후 권문세족으로 지칭되던 이들은 실제로는 신흥무장세력과 경계가 애매한 부분이 많았다. 이것은 특정 정치세력이 가문만으로 구분되지 않았기 때문이다. 이들은 개인의 자유의지에 따라 정치 이념을 선택할 수 있었다. 권문세족 중 무장으로 전환한 측도 공민왕의 지지자가 되었으며 그들이 사후 우왕을 돌보는 임무를 수행했다.[2] 또 다른 권문세족 중에는 자손이 성균관을 통해 신진사류로 변신하여 개혁을 주도하는 경우도 비일비재하였다.[3] 문무 관료가 실력으로 재편되는 과정이 아직 마무리되지는 못하였으나 공적인 질서하에 국왕이 통치하는 체제는 마련되었다.

두 번째 조치는 바로 재상정치(집정대신執政大臣/총리)의 실험이다. 신돈에게 왕의 권능에 버금가는 지위를 부여하여 문무 관료를 통솔하게 하였다. 왕은 재상을 장악하여 국정을 운영했다. 이른바 "일인지하 만인지상"의 집정대신이 탄생하였다. 정도전의 재상정치는 『주례』의 총재冢宰(태재)를 염두에 두고 있으나 역설적이게도 실제 모델은 영도첨의領都僉議 신돈으로 추정된다. 무신정권과 다른 점은 집정대신은 어디까지 국왕의 대리자로서만 존재했다는 사실이다. 그래서 신돈 역시 왕의 신뢰를 잃자 즉각 실각하였다.

2. 관찰사의 설치와 전제 개혁

우왕 14년(1388) 위화도회군이 단행되었다. 그러나 적어도 이성계는 회군 전까지 왕명을 수차례 간질하게 청할 정도로 신하로서 절차를 밟아나가고자 했다. 이것이 이성계 본인의 성격을 나타내는 것인지, 아니면 역사상 철저히 이미지화된 것인지는 알 수 없다. 더욱이 그는 이후 우왕 폐위, 창왕 폐위 과정에서 가장 큰 세력을 갖고 있었으면서도 쉽사리 왕위를 넘보지 않는 자세를 취했다. 고려 중·후기 대부분의 왕이 폐위당한 전례를 비추어 보면 국왕 교체는 대단한 일로 치부되지 않았을지도 모른다. 회군 당시 아직 조민수와 군부를 반분하고 있었으므로 정권을 완전히 장악하지 못했을지도 모른다. 그럼에도 그는 가장 강력한 정예군과 사대부의 지지를 받고 있었다. 최대한 왕위와 거리를 두고 문신을 예우하는 모습은 엘리트elite 지식인들에게 신망을 얻기에 충분했다. 그는 화려한 전공으로 군부의 충심을 얻었을 뿐 아니라 백성의 사랑도 받고 있었다.

북한의 '이밥(쌀밥)'이라는 표현은 오늘날 그 어원에 대한 논쟁의 여지가 있으나 역사학계에서는 대체로 '이성계가 내려준 밥'으로 이해하고 있다.[4] 곧 회군 직후 추진된 전제 개혁으로 인한 결과로 보는 것이다. 그렇게 조선왕조를 봉건 체제(혹은 구체제)로 비판하는 북한에서 여전히 이 같은 용어가 살아남아 있음은 대단히 역설적이다. 북한은 심지어 국호조차 왕정시대 유산을 쓰고 있다. 그것은 대한제국을 계승한 우파 독립운동가와의 차별화 노선의 결과이겠으나 결과적으로 오늘날 가장 왕정에 가까운 체제를 유지하고 있는 곳은 모순적이게도 북한(조선민주주의인민공화국)이다.

위화도회군은 여러모로 특별한 성격을 지니고 있다. 이는 회군 직후 개혁파의 행보를 보면 알 수 있다. 창왕을 세우자마자 일련의 개혁 교서改革敎書가 발표되었다.[5] 대체로 공민왕 연간에 추진된 개혁 조치를 재개한다는 선언이었다. 우왕대 후퇴했던 정책의 복구였다. 또한 한 걸음 더 나아가 지방장관의 개혁에 나섰다. 기존 구전하교로 임명되던 4-6품 안렴사를 개혁하여 2품 이상 재추가 파견되는 관찰사로 승격시켰다. 이는 지방의 계수관이 2-3품관인 데 반해 일도의 안렴사는 직질이 낮아 현실적으로 조선 후기 암행어사 수준의 역할밖에 할 수 없었기 때문이다. 더욱이 교서와 부월을 지급하고 정식 임명장을 수여함으로써 생살여탈권까지 부여하였다. 나아가 대간(양사)의 서경을 통과하도록 제도화하였다. 2품 이상 관료에 대한 인사 검토는 유례가 없는 일이었다.[6] 이는 전제 개혁에 동의하는 인사를 지방에 파견할 필요가 있었기 때문이다. 이들에게 부여된 민정·군정·형정 3권은 모두 양전量田(토지조사)에 활용되었다. 중앙의 실력자가 지방장관으로 내려오자 권문세족과 토호의 전지가 빠짐없이 조사 대상에 포함되었다. 회군 이후(1388년 5월) 불과 몇 달 만에 관찰사가 임명되었으며(1388년 8월) 채 1년도 지나지 않아 토지조사가 완료되고 과전법(1391년 5월)이 공포되었다. 이듬해 신왕조가 개창되었다(1392년 7월).

이러한 신속한 행보는 혁명파가 이미 개혁의 청사진을 마련하고 있었기 때문이다. 그래서 단지 권력욕에 눈이 먼 장군의 쿠데타로 설명하기에는 위화도회군은 상당히 복잡한 성격을 지니고 있다. 더욱이 회군 후 조민수·이색의 뜻으로 창왕을 세웠으나 곧 조준趙浚(1346-1405)의 조민수 탄핵과 전제 개혁 상소가 이어지면서 군부는 평화적으로 재편되었다. 물리력으로 집권한 '이성계-조민수' 연립 정권에서 단지 탄핵 상소만으로 조민수가 실각하였다. 이성계는 개혁을 희망하는 사대부의 열망을 지지하고 그들을 지켜주었다. 조준은 선조가 역관으로서 몽골과 교역으로 성장한 권문세족의 자손이었으나 자신의 집안이 대상이 되는 토지개혁을 주장하였다. 이성계 가문 역시 함경도 군벌인데다 북진 과정에 공을 세워 사실상 동북면 전체에 영향력을 행사하고 있었다. 그런데도 과전법(1품의 경우 최대 150결 보유)을 지지하여 가문의 토지를 내놓아야 하는 상황이었다. 대토지 소유자에 해당하는 이들이 전제 개혁을 주장한 것은 단지 가문의 이해관계만으로 정치적 정체성을 규정할 수 없음을 의미한다. 결과적으로 조준은 이러한 행보로 신왕조에서 주류 세력으로 편입되었고 이성계도 왕위를 얻었지만 당시에 이 같은 희생을 시도한 지도층이나 권력자는 드물었다. 이것은 이성계가 지지 세력을 늘려나가는 데 큰 도움이 되었고, 왕위 추대까지 받을 수 있었던 배경으로 보인다. 물론 왕실은 건국 이후 공신 책봉이나 사찰 개혁을 통해서 과전법의 취지를 훼손하지 않으면서 안정적인 재원을 마련하였다.

3. 도평의사사는 의회인가?

앞에서 말했듯이 공민왕대 2차 홍건적의 난 극복 이후 최다 공신 책봉이 이루어지면서 50-80여 명에 달하는 재신이 등장하였고, 이들은 도평의사사의 일원이 되었다. 도평의사사는 본래 중서문하성과 추밀원樞密院의 2품 이상 관료가 합좌하는 기구였으나 그 인원이 증가하면서 일견 '초기 의회'와 같은 역할을 맡게 되었다. 조정의 중대사가 여기에서 논의되었기 때문이다.

유럽사에서 의회는 모두 오늘날과 같은 정당정치를 의미하지는 않는다. 게르만족의 전통법인 가산제家産制의 적용을 받는 지역에서는 대개 혼인을 통해서 영토와 신민까지 상속되었는데, 그 상속지에서도 일정한 지역 세력(귀족층)이 각기 의회(귀족회의)를 구성하고 있었다. 이들이 새로운 군주에게 충성 서약을 해야만 비로소 통치권이 완전히 승인되었다. 이때 세금 징수나 군사 징발, 종교 선택 문제 등에 대해 새로운 군주와 합의를 거쳤다. 특히 언어가 완전히 다른 군주가 혈연만으로 상속받은 경우에는 더욱더 그러했다.

1515년 스페인 지역의 나바라Navarra와 카스티야Castilla 두 의회가 통합에 동의하여 합병하였다. 오스트리아 합스부르크가Haus Habsburg 군주의 스페인 상속이나 명예혁명 당시 네덜란드 군주(오렌지 공 윌리엄William Henry of Orange/윌리엄 3세William III, 1650-1702)의 영국 상속 시에도 동일한 문제가 불거졌다. 헝가리 의회는 프로이센Preussen과 전쟁에서 합스부르크가 마리아 테레지아Maria Theresia(1717-1780)에게 충성을 맹세했고, 엘리자베스 황후Elisabeth Amalie Eugenie(1837-1898)에게도 별도의 충성 서약을 거쳐 오스트리아·헝가리제국Österreich-Ungarn Monarchie(1867-1918)이 탄생하였다. 이때에도 어김없이 해당 지역 '의회council'로 표현되었다.

그렇다면 고려 말 도평의사사는 적어도 유럽에서 이루어졌던 지역 귀족들의 집단지도체체와 유사한 성격으로 볼 수 있을까? 고려는 무신 집권기 이래 붕괴될 때까지 고종을 제외하면 폐위당하지 않은 군주가 한 사람도 없었다. 공민왕은 단지 원의 폐위 교서를 물리력으로 격퇴해냈을 뿐이다. 이러한 상황에서 회군 이후 세 차례나 군주 교체를 실행한 도평의사사가 국왕권의 대리 기구였다고 보기는 어렵다. 오히려 회군 이후 이성계 세력이 도평의사사를 장악하였고, 결국 이 도평의사사의 쿠데타로 신왕조가 개창되었다고 보는 것이 합리적이다. 당시 실록을 보면 왕위 추대뿐 아니라 태조대까지 모든 의사 결정이 도평의사사의 이름으로 이루어졌다. 이러한 합좌 기구를 의정부로 개편한 이가 바로 태종이었다. 엄밀히 말하자면 의정부와 도평의사사는 동일한 기구는 아니다. 도평의사사는 중서문하성과 추밀원의 합좌 기구이므로 조선 후기 비변사에 가깝다. 그러나 당시 실록의 편찬자는 최상위 기구라는 측면에서 도평의사사가 의정부로 바뀌었다고 서술하였다.

어떤 의미에서는 고려 말까지 아직 집단지도체제의 수장에 불과했던 이성계(태조)의 권력 구조가 즉위 후 정도전을 기용하여 점진적으로 국가 체제를 중앙집권화하는 과정을 거쳤고, 태종대 이르러 국왕의 1인 지배 체제로 완전히 바뀌었다고 볼 수 있다. 그렇다고 해서 이성계가 무기력했다거나 권력을 행사하지 않았다는 것은 아니다. 이것은 왕건·이성계가 여느 경쟁자와 확연히 구분되는 화려한 군공이나 강력한 군사력을 갖고 있었으면서도 타인을 극진하게 예우함으로써 마음에서 우러나오는 복종을 얻었음을 의미한다.

정도전의 권력은 과연 신권을 지향했을까 하는 의문이 최근 들어 다시 제기되고 있다. 이는 이성계 권력의 성격과도 맞닿아 있는 문제이다. 나아가 『주례』의 성격까지 논의할 필요가 있다. 재상정치의 틀이 천관총재인데, 중국에서는 시대를 막론하고 천자를 대행하는 집정대신으로 설정되어 있을 뿐 신권을 상징한다는 해석은 단 한 번도 나타나지 않는다. 이것은 황제의 최고 권위를 대행하여 다스리는 존재로만 재상이 허락되었기 때문이다. 정도전의 재상정치는 이보다는 약하지만 강력한 중앙집권 국가를 꿈꾸었다. 그리고 그 실무를 재상이 했을 뿐이다. 이는 아마도 도평의사사의 집단지도체제를 일원화시키는 권력 구조 개편 작업이었을 것이다. 그래서 정도전과 태종의 정책은 거의 일치한다. 의정부를 만든 사람이 바로 태종이고, 의정부는 재상정치의 근간을 이루는 핵심 기구였기 때문이다.

초기 연구는 의정부서사제와 육조직계제를 대립적으로 보고 있는 듯하나 이는 시기별로 다르다. 더욱이 명에서 중서성을 해체하고 육부직주를 실현한 과정을 참고하였을 뿐 그대로 적용하지는 않았다. 곧 의정부를 유지하면서 육부직계를 도입한 것이다. 국초에는 공신 간 서열이 애매했기 때문에 의정부와 육조가 서로 경쟁하는 상황이 나타나긴 했지만 이는 한시적으로만 타당한 설명이다. 변란으로 즉위한 태종은 육부六部를 독립시켜 육조로 승격시켰고, 세조 역시 육조직계에 중심을 두었으나 의정부도 존중하였다. 세종 후반 의정부서사제와의 비교는 단지 국왕의 친정 정도가 얼마나 높아졌느냐의 문제였을 뿐이다. 이에 『경국대전』에는 의정부·육조가 완결된 삼각 모델로 등재되었다.

더욱이 의정부와 육조를 포함하여 보다 확대된 기구가 비변사로 나타났다. 16세기 변방의 위급을 대비하면서 비변사에 권력이 집중되자 다른 아문의 견제를 받았다. 그럼에도 중종은 비변사를 비호하면서 왕권을 강화하는 데 이용하였다. 선조대 임진왜란을 겪으면서 그 위상은 더욱 강화되었다. 17세기 비변사 확대 시 육조의 강력한 반발이 있었으나, 18세기 비변사는 숙종·영조·정조 같은 탕평군주의 손발로서 통합된 중앙 권력의 상징이었다. 19세기에는 국왕에게 위임받은 권력을 대신 행사하는 세도 가문의 세력 기반이었다.[7] 결국 동일한 제도라도 통시대적으로 같은 성격을 지니지 않으므로 정치기구의 성격은 시대적 맥락 속에서 살펴보아야 한다.

4. 2품이 다스리는 나라

태종의 조치 중 특이할 만한 것은 의정부의 설치뿐 아니라 육조의 재편이다. 고려에는 상서성尚書省 휘하에 육부가 존재하였다. 육부 전서는 3품에 불과하였고 실무를 맡은 아문이었다. 기본적으로는 상서도성尚書都省(상서령·좌복야·우복야·지성사)이 상서육부를 관할하였다.[8]

그런데 태종은 육부 전서를 2품의 재상급으로 승격시키고 판서로 개편하였다. 이른바 중앙의 정치를 의정부와 육조 중심으로 바꾼 것이다. 중서문하성(첨의부)은 의정부로, 추밀원은 중추부中樞府로 점진적으로 재편되었고, 도평의사사는 해체되었다. 이제 국왕의 의지는 삼공三公(의정대신) 이하가 대행하고 실무는 육조 판서가 맡았다. 이는 명과 조선에서 처음 등장하는 체제였다. 그러나 명은 중서성을 해체하였기에 실질적으로 소선에만 존속한 정치체제이다. 이것은 지방장관을 2품 관찰사로 승격시킨 것과 연관된다. 곧 중앙과 지방은 국왕에게만 책임지는 육조 판서와 팔도 관찰사가 장악하였다. 국정 전반은 의정부가 논의하였으나 실무 행정은 책임 장관이 전담하였다.

고려시대 팔도는 아직 행정적 역할을 하지 못하였고 거의 감찰 단위로서만 존재하였다. 그러나 위화도회군 이후 행정적으로 재편되어 팔도는 모두 관찰사 1인의 통치하에 들어갔고, 중앙의 대부분의 아문도 육조에 귀속되었다. 더욱이 후대 군권 역시 중앙 오위에는 종2품의 대장이 임명되었고, 팔도에는 종2품 병마절도사가 파견되었다. 민정(행정)에 이어서 군정까지 2품으로 임명하는 방식이 등장한 것이다. 본래 2품은 재상宰相(재신宰臣)으로 지칭되는 존엄한 존재로서 그 수가 적었다. 그러나 2차 홍건적의 난 이후 상실한 개경을 수복하는 과정에서 대규모 공신의 등장으로 재상 50-80여 명이 상존하였고, 이들에게 직무를 부여할 필요가 있었다. 그래서 재상들이 실무 장관으로 나가게 된 것이다. 중앙과 외방의 통치를 담당하는 관작官爵은 모두 승격되었고, 그만큼 중앙의 집권력은 신장되었다.

한편 2품의 책임 장관 제도는 초기 1품과 2품의 경계가 다소 모호하여 분쟁이 없지 않았으나 몇 세대가 지나면서 성종대 『경국대전』이 탄생할 즈음에는 모두 육조 판서나 팔도 관찰사를 거쳐 의정부로 승진하였으므로 계서제가 갖추어졌다. 특히 2품 이상 재신 집단은 이미 비변사 출현 전부터 조정의 상층부로서 국왕의 자문에 응하는 형태로 나타났다. 이는 도평의사사 같은 기구는 아니더라도 신료 집단이 형성되었기 때문이다. 게다가 1품 관료도 점차 집단을 이루게 되었다. 처음 군권을 재편하고자 만들었던 중추부는 명예직으로 변화하였다. 그런데 척신을 우대하려던 돈녕부敦寧府가 중추부와 함께 새로운 역할을 맡았다. 이른바 전직 의정대신이 모두 중추부나 돈녕부에 속하게 되어 자연히 두 기관은 원로대신의 기구로 전환되었다. 낙향하지 않는 한 모두 조정에 출사해야 했으며 정원이 없었다. 이에 1품 대신 집단은 의정부의 삼정승(정1품)과 좌우찬성(종1품), 영중추(정1품)나 영돈녕(정1품), 판중추(종1품)나 판돈녕(종1품)으로 구성되었다. 이른바 1품 대신(대관)과 2품 이상 재신(재상)이 집단화되면서 왕의 자문 집단을 형성하였다. 결국 2품은 각 아문을 전담하고 1품은 아문 간 갈등을 조정하는 역할을 맡았다.

5. 관료제 운영 양상

조선은 국왕이 중국 황제와 같은 전제 권력을 행사하기 어려운 나라이다. 「대한국국제大韓國國制」 제3조의 "무한한 군권을 향유한다"는, 일본 제국에 내각이 장악된 상황에서 왕정의 군주권을 지켜서 독립국을 유지하려는 역설적 표현이다. 무한한 권력이 실제로 있다면 굳이 그것을 주장했겠는가?[9]

물론 왕정에서 국왕의 고유 권한은 침범할 수 없는 것이다. 지나치게 왕권을 고려하지 않는 신권 중심주의도 문제지만, 과도하게 전제 권력을 휘두른 군주로 표현하는 시각도 적절하지 않다. 왕정은 극단적인 이분법으로만 보면 세대로 이해하기 어렵다.

조선의 군주에게는 견제 장치가 너무 많았다. 유가적 이상인 성인군주상을 목표로 하는 조강朝講·주강晝講·석강夕講·야대夜對·소대召對 등의 경연을 비롯하여, 실제 국정 운영을 위해서 각종 조참朝參·상참常參·윤대輪對·차대次對를 통해 신료와 국정을 상의해야만 했으며, 신문고申聞鼓(격고擊鼓)·상언上言·격쟁擊錚·순문詢問 등을 통해서 백성의 간청을 들으면서 정사를 돌보아야 했다. 국왕은 이렇게 국법을 수호하면서 신료를 설득하고 백성을 보살펴야 했으므로 일방적으로 명령만 하는 경우는 대단히 드물었다.

국왕은 신료들에게는 어떠한 사안이라도 조정에서 논의가 가능하다는 믿음을 주었기에 문물제도 정비에 탁월한 성과를 내면서 성군으로 추앙받았다(세종·성종·중종·숙종·영조·정조 등). 또한 백성에게는 왕에게 호소하면 억울함을 풀 수 있다는 믿음을 주었기에 신문고(격고)·상언·격쟁·순문을 실시하면서 백성의 사랑을 한몸에 받았다(태종·영조·정조 등).

특히 고려에서 발달한 언관 제도는 혁명 당시 정통성 부여에 큰 역할을 하였다. 고려의 중서문하성 낭사(사간원)와 어사대(사헌부)는 조선에서도 양사兩司로 계승되었다. 성종 연간에는 홍문관까지 추가되어 삼사三司로 불리면서 언론은 극도로 강화되었다. 문한文翰 기구 역시 춘추관·예문관·홍문관 및 집현전·규장각 등이 다양하게 설치되거나 폐지되면서 일정한 언관 역할을 겸하거나 공론을 형성하는 데 이바지하였다.

또한 「시종안侍從案」이 존재했는데 여기에는 시종신侍從臣 명단이 기록되었다. 곧 춘추관·예문관(사관史官·한림翰林), 승정원 주서注書, 사헌부·사간원(이목耳目), 홍문관(옥당玉堂), 승정원 승지(후설喉舌) 등을 지칭한다. 임금의 지근거리에 있으면서 정사에 참여하는데 대체로 당하관 내지 참하관의 신분으로 1품 대신과 2품 재신에 비해 상대적으로 낮은 관리였다. 그러나 품계는 낮아도 존귀한 대접을 받았는데 이들이 바로 청요직淸要職이다.

과거에 급제하면 장원에게만 정6품 참상관參上官을 주고, 나머지는 각기 성적에 따라 7품(갑과)·8품(을과)·9품(병과)의 관품을 각각 받았다. 이는 6품을 경계로 참상관(참내관)-참하관(참외관)이 나누어지기 때문이다. 이 같은 경계는 4품을 전후로 교서敎書·교지敎旨 발급 여부가 나뉘고, 3품 상계를 기준으로 당상관·당하관이 구분되며, 2품을 경계로 재신(재상)으로 대접받고, 1품을 기준으로 대신

(대관)으로 인정받는 것과 유사하다. 관료제 운영에는 구간별 존귀함이 달랐다. 이는 현재 한국의 공무원 제도와 유사한 측면이 많다.

문과 급제자 중 우리말을 실시간으로 한문으로 작성할 수 있는 뛰어난 인재를 선발하여 한림翰林(봉교·대교·검열)과 주서注書(주서·가주서·사변가주서)를 맡겼다. 각기 7-9품 내외의 관품을 띠었다. 전자는 예문관 봉교·대교·검열로서 한림으로 지칭되었는데 이들이 춘추관의 기사관記事官(사관史官)을 겸직하여 사실과 사평을 두루 기재하는 사초史草를 작성하였다. 후자는 승정원 주서로서 일종의 속기록에 해당하는 『승정원일기』를 기록하였다. 2인 1조로 한림과 주서는 항상 국왕의 좌우에 자리하였다. 후궁·궁녀와 환관을 만나는 경우를 제외하면 항상 입시해 있었다. 원칙적으로 국왕과 신료의 독대는 불법이었다. 태종은 사관을 감시자처럼 여겼으나 성종대에 이르면 사관 제도가 정착되었고, 한림과 주서가 서로 전직轉職하면서 국왕을 늘 따라다녔으므로 시종신으로 인식되었다. 또한 대개 과거 급제 후 첫 출사 경로였으므로 처음 보는 국왕에 대한 충성도가 매우 높았다. 동궁(세자·세제·세손)이 있을 경우는 국왕의 시종신과 동궁의 속료로 번갈아 근무하였다. 모두 현재와 미래의 최고 권력자를 모시는 일이었고, 엘리트 관료의 출세 통로나 다름 없었다.

참하관의 한주(한림·주서)를 무사히 마치면 당하관의 사간원 및 사헌부의 언관으로 이직하는 경우가 많았다. 또한 양사는 서로 전직하는 기관이었다. 언관을 몇 차례 잘 해내면 홍문록에 오르면서 옥당(홍문관) 관원이 될 수 있었다. 이렇게 삼사를 모두 거치면 이조전랑吏曹銓郎(정랑正郎·좌랑佐郎)의 반열로 이어졌다. 이후의 당상관 승진 경로는 오늘날 청와대 비서실에 비견되는 승정원 승지로 나아가는 경우가 많았다. 이것이 청요직의 출세 과정이다.

6. 청요직의 등장과 하관의 견제 장치

　한편 신왕조 개창에 동참한 이들은 중앙에서 이상적인 국가 체제를 만들어내는 데 주력하였으나, 고려왕조의 충신임을 자처한 사류는 낙향하여 향촌 사회에서 새로운 방향성을 모색해나갔다. 건국 이후에도 수차례 정변이 발생하면서 조정에는 공신이 차고 넘쳐났다. 방대한 토지를 하사받은 훈신勳臣(공신)은 이를 바탕으로 사노비를 부려 경기 일대에 대규모 농장을 건설하였다. 또한 그들은 대외 교역 확대로 상업 이윤까지 장악하였다.

　반면에 향촌 사회에 정착한 사류는 정치에 참여하지 않는 대신에 농법을 연구하여 지역사회의 개간 사업을 주도하며 경제개발을 추진하였다. 사림은 15세기 향사례鄕射禮, 향음주례鄕飮酒禮, 16세기 향약鄕約 보급 운동 등 유교적 교화 운동을 통해서 지역사회를 재편하고자 하였다. 더욱이 17세기 본격화되는 서원書院이나 사우祠宇도 사림이 새로운 곳에 세력 기반을 구축했기에 가능했다.

　조선 건국 후 약 1세기가 흐르자 두 정치세력은 그 성향이 서로 바뀌었다. 급진적 성향으로 역성혁명에 나섰던 이들의 후예는 급격히 보수화하여 기득권을 지키는 훈신이 되었고, 왕조 개창에 반대했던 보수 성향의 후손은 개혁을 부르짖는 사림으로 재등장하였다. 15세기 후반-16세기 초반 성종과 중종은 비대해진 훈신을 견제하기 위해서 언관권을 강화하여 사림을 육성하는 방법을 취하였다.

　본래 대간의 비판 대상은 국왕이었으므로 비판적 간언을 용납한다는 것은 성인군주의 덕목이었다. 성종은 어린 나이에 즉위하여 막강한 세조의 훈신 사이에서 왕권을 신장시켜야 하는 과제를 안고 있었다. 성종은 그 첫 행보로 문한기구인 홍문관을 만든 뒤 언관권을 부여하여 삼사(홍문관·사간원·사헌부)를 체계화함으로써 훈신에 대한 제어장치를 확립하였다.

물론 성종은 훈구와 사림의 존경을 한 몸에 받을 정도로 현명한 국왕이었다. 모든 신료는 조정에서 공개적인 논의를 벌일 수 있었다. 심지어 훈신들은 언제든지 문제점이 발견되면 자신들이 입안한 정책을 스스로 철회하거나 변경할 수 있었다. 성종은 상황이 바뀌면 정책의 유효성이 바뀔 수 있음을 인정하였고 과도한 책임을 묻지 않았다. 자연히 국왕에 대한 무한한 신뢰감이 형성되었다. 성종은 마치 오늘날 MBC〈100분 토론〉의 사회자와 같은 역할로 공정성을 유지함으로써 신료들이 전적으로 믿고 의지하는 군주로 자리매김하였다. 이 덕분에 그동안 완간되지 못했던『동국여지승람』, 『국조오례의』등이 모두 완성될 수 있었으며, 심지어『경국대전』, 『대전속록大典續錄』, 『동국통감』등은 여러 차례 간행될 정도로 개정에 대한 논의가 자유로웠다.[10]

이후 반정으로 왕위에 갑자기 오른 중종 역시 사림을 부양扶養함으로써 왕권을 확보하고자 했다. 심지어 중종은 관례화되고 있던 이조전랑의 자대제自代制와 낭관의 통청권通淸權을 허락하였다. 이조전랑은 자신의 후임을 정하는 자대自代, 각 부서 당하관의 천거 및 삼사의 후보자를 추천하는 통청권을 지녔다. 이후 선조대 붕당이 공인되자 현사賢士를 벼슬에 추천하는 낭천권郞薦權까지 지녔다. 이를 바탕으로 이조전랑은 언론을 주도하고 대신을 견제하였다. 인사권 독립은 상관·하관의 견제 구도를 만들어서 국왕과 왕정을 수호하는 데 주요한 역할을 하였고, 부정부패 감시에 긍정적인 작용을 하였다. 성종대는 조정에서 대간을 대우하기를 2품 이상과 동일하게 한다고 표현하였고, 중종대는 상·하가 서로 의심한다거나, 서로 꺼리고 두려워한다고 평하였다. 중앙에서 막대한 정치·경제적 기득권을 갖춘 훈척(훈신·척신)과 국왕의 지원을 받는 사림의 대결은 약 1세기 동안 지속되었다. 어느 한쪽도 아직 일방적 우위를 점하지 못하였기 때문이다.

조선 후기 탄핵의 활성화는 언론의 자율성이라는 장점에도 불구하고, 전시 상황에서 장수 교체를 요구하는 형태(임진왜란·병자호란), 자신의 붕당을 위해 다른 당색黨色의 인사를 무고하는 문제(경종대 신임옥사·영조대 을해옥사), 이념적 정당성만을 내세워서 현실 지형을 외면하는 문제(광해군·인조대 대명의리론) 등을 상존하게 했다. 물론 언관을 순기능이나 역기능으로 만드는 것도 모두 국왕의 정치력에 좌우되었다. 세종이나 영조처럼 왕이 장수를 지키겠다고 마음먹으면 아무리 탄핵 상소가 이어져도 지킬 수 있었고, 전시 상황에서 군벌화를 우려하는 언관의 견제는 적절히 활용하면 건전한 비판 수준으로 유지될 수도 있었다.

결국 언론 기능은 통념처럼 단순히 왕권을 견제하는 기구였다기보다 왕권의 성장과 맞물려 있었고, 국왕의 취사선택 능력이 전제되지 않으면 국정은 중우衆愚정치로 흘러갈 가능성이 다분했다. 반대로 영조·정조처럼 만년에 왕권이 언관을 초월하면 언관의 입을 다물게 할 수도 있었고, 국왕의 의중대로 움직이는 꼭두각시로 만들어버릴 수도 있었다. 따라서 각 아문의 성격은 통시대적으로 설명하기 곤란하며 당대의 정치 현실과 함께 검토해보아야 한다.

6장 지방통치

1. 고려의 실험

조선의 지방 체계는 고려왕조의 지방 장악 과정과 연동되어 있다. 500여 년의 장구한 중앙 권력의 팽창이 실제 지방 제도를 탄생시켰다. 조선 역시 수백 년간 장악도를 점차 높여나갔다.

먼저 신라하대 9주 5소경의 주·군·현체제가 어째서 고려시대 주현·속현으로 역행하게 되었는가 하는 점부터 확인이 필요하다. 삼국은 700여 년 이상 상쟁 과정에서 중앙집권화 정도가 높아져 갔고, 통일 전쟁을 치른 후에는 삼국 유민의 편제를 각기 3주씩 총 9주로 재편하는 방식이 취해졌다. 이 과정에서 모든 주·군·현에 관리가 파견되었으며, 각기 주 단위에 복수의 군단이 배치되었다.

그러나 신라 말 각 지방의 군벌(호족)이 할거하면서 중앙 권력은 경주 인근으로 축소되었다. 이윽고 지방 호족은 합종연횡을 통해서 통합되었다. 신라가 후고구려에 흡수되었고, 마침내 후백제마저 편입되었다. 후삼국의 재통합 전쟁은 이전과 다른 형태의 국가상을 창출했다. 삼국이 700여 년간 중앙 권력의 확대를 통해서 지방을 장악해내는 과정을 거쳤다면 후삼국은 단기간에 지방세력을 흡수하거나 연합하였기에 국가 체제의 완전한 융합을 이루지 못하였고, 각 지역의 통치권을 일정 정도 인정해주었다. 이 때문에 신라하대 출현한 정교한 지방통치 체제로 되돌아갈 수 없었다. 마치 로마제국의 붕괴 이후 프랑크왕국이 거점 단위로 지배하면서 봉건 제후가 발생한 경우와 유사하다. 물론 그 내용이 온전히 일치하지는 않으나 지방분권이라는 측면에서 상당히 비슷하다. 고려의 지방제도는 다음과 같은 과정을 거쳐 형성되었다.

첫째, 고려는 점령 지역을 재편하기 위해서 후삼국 지역에 도호부都護府(혹은 도독부都督府)를 설치해나갔다. 처음 3개에서 시작해서 5-8개 이상 늘려나갔다. 도호부(도독부)는 당唐이 이민족을 지배하기 위해 설치한 기미주이다. 한반도에도 삼국의 지역에 설치한 전례가 있다. 신라는 이를 몰아내고 9주를 둔 것이다. 이러한 전통은 한漢이 서역에 흉노를 몰아내고 실크로드를 확장해나가면서 설치한 관직인 도호都護에서 유래한 것이다.[1] 고려가 신라에서 퇴출시킨 제도를 다시 가지고 온 이유는 여러 가지로 생각해볼 필요가 있다. 하나는 고려의 입장에서는 3개 지역에 대한 군사적 장악이 필요했다. 이곳들은 새로운 정복 단위였기에 도호부(도독부)라도 의미상 문제가 없었다. 다른 하나는 추후 점진적으로 도입되는 각종 당대唐代 문물제도의 초기 형태라는 점이다. 고려는 신라보다 더 많은 당의 제도를 도입하였다. 이것이 고려가 황제국 체제로 알려지게 된 이유이기도 하다.

고려는 태조 연간 도호부를 두어서 광역 단위의 지배 영역을 확정지었다. 여기에 방위 명칭이 더해져서 안남·안동·안북·안서·안변도호부가 설치되었다. 계속해서 그 숫자가 늘어났을 뿐 아니라 동일한 방위명이라도 지역은 여러 번 바뀌었다. 예컨대 안동도호부는 상주·김해·안동(복주) 등으로 수차례 이동하다가 결국 안동으로 확정되었다. 본래 군사 단위였으므로 정세에 따라 위치가 변화한 것이다. 조선에 비교하자면 지역방어를 책임지던 병마절도영에 가까웠다. 고려는 대도호부大都護府·중도호부中都護府·도호부·대도독부大都督府 등을 상황에 맞추어 설치하였다.

둘째, 유수부留守府를 설치하였다. 대체로 전前 왕조의 수도에 해당하는 지역이다. 고구려의 수도에 서경유수부(평양), 신라의 수도에 동경유수부(경주), 백제의 수도에 남경유수부(한양)을 두고, 왕경송악에는 왕경개경부(개성)를 두었다. 이로써 4경체제가 갖추어졌다. 이 역시 지역의 거점으로 활용되었고, 도호부보다는 정치적 상징성이 짙었다.

셋째, 목牧을 설치하였다. 대개 성종 연간 12목은 9주의 치소나 5소경을 중심으로 설치되었으며 행정적·군정적 성격이 짙었다. 초기에는 도호부였다가 목으로 교체된 곳도 적지 않다. 목에는 군단이 설치되었고 일시적으로 절도사節度使가 파견되기도 했다.

그리하여 고려의 지방 제도는 유수부·도호부·목 등의 3중 지배체제를 갖추었다. 이러한 지역에는 비교적 고위직에 속하는 2-3품관이 임명되었고 관할 군현 중에도 목민관이 파견되는 경우가 있었다. 대개 3품관 이상의 지역 거점을 계수관界首官으로 통칭하였다. 계수관의 명칭은 조선 전기까지 여전히 남아 있었고, 그 기능은 조선 후기에도 일부 잔존하였다.

고려왕조의 과제는 두 가지였다. ① 계수관 단위의 지방 관할 중간적으로 향리(호족)에게 위임한 지역인 속현을 얼마나 줄여나갈 것인가? ② 군사 방어적 거점으로서 산악 지대에 위치한 치소治所를 얼마나 성공적으로 하강시켜 평지로 확장시켜나갈 것인가?

이러한 문제에는 다음과 같은 배경이 있었다. 내전을 많이 치르고 외적을 방어해야 하는 상황에는 군사적 요충지에 행정 관소가 있는 것이 용이하다. 지금도 남한산성은 산속에 위치해 있고, 여기에는 한동안 광주유수부가 있었다. 그러나 평화가 지속된다면 굳이 산 정상에 치소가 있을 필요가 없다. 고려왕조는 꾸준히 지방관 파견을 늘려나갔는데, 감무監務란 형태의 임시 지방관을 파견했다가 정규 목민관화하는 현상이 벌어졌다. 이는 고려 중·후기 일관된 정책이었다. 비록 그 전체 비율은 현저히 낮았다고 하더라도 점진적으로 늘어나고 있었고, 조선은 그러한 정책을 완성한 것이다.

14세기 홍건적의 난이 일어나고 왜구의 침공이 늘어나자 방어는 더욱 중요해졌다. 그러나 점차 외적을 몰아내는 데 성공하면서 산지의 치소는 점차 평지로 내려왔다.[2] 세종 연간 전국의 읍성 건설 정책은 바로 왜구를 몰아내고 해안 지대를 수복했기에 가능한 정책이었다. 이 덕분에 치소 단위를 잘게 쪼개서 촘촘하게 목민관이 파견되었고, 내륙까지 습격하는 왜구를 소탕하는 정책이 취해졌다. 조선 전기 약 330여 읍이 만들어졌고(조선 후기 약 360여 읍), 모든 고을에 읍성이 축조되지는 못했으나 대개 일정 규모 이상이면 성곽이 구비되었다. 고을마다 목민관뿐 아니라 보좌관을 포함하여 2인 이상의 중앙 관료가 지방으로 파견되었다. 본래의 거점은 '산성'이라는 형태로 여전히 잔존했다. 외적이 침략할 경우 이제 1차로 각 고을은 '읍성'에서 방어하고 2차로 여러 개의 고을이 과거의 치소인 '산성'으로 집결하는 방식이 취해졌다. 그럼에도 아직 모든 군현이 주현이 되지는 못했다. 15세기에 이미 주현이 9할 이상으로 추정되지만 16세기나 17세기까지 실록이나 지리지에는 아직 수십 개 속현이 잔존하였다. 18세기에 이르러서야 각종 문헌에서 완전히 소멸하였다. 따라서 고려시대 속현이 조선 건국과 함께 곧바로 완전

히 사라졌다는 믿음은 사실이 아니며, 중앙의 지방 장악 과정은 고
려부터 조선까지 오랜 시간을 거쳐 지속되었다고 보아야 한다. 다
만 최근에는 치소의 평지 이동설을 비판하는 연구도 등장하고 있
어 다방면의 검토가 필요하다.[3]

2. 조선의 지방 제도 골격

조선의 지방 제도는 고려에서 수차례 변경하면서 실험을 거친
최종 완성품이었다. 조선은 고려와 유사한 체제를 지녔다.[4]

첫째, 종2품 지방아문이다. 재상급 신료가 임명되는 위상을 지녔
다. 전前 왕조나 왕실과 관련이 깊은 곳에 부윤府尹을 두는 부府가
설치되었다. 개성부(고려 수도), 평양부平壤府(고구려 수도), 경주부慶
州府(신라 수도), 전주부全州府(왕실 발흥지王室發興地), 함흥부咸興府(왕
실 세거지王室世居地) 등이 해당된다. 이것은 신라의 오소경五小京, 고
려의 사경유수관四京留守官(종2품-3품)의 전통을 계승하였다. 또 부
윤과 관찰사는 모두 종2품이므로 대개 관찰사가 부윤을 겸직하였
다. 다만 경상도만은 감영의 위치가 변경되면서(경주 → 상주 → 대구
등) 경주 부윤과 경상도 관찰사가 분리되었다.

유형원柳馨遠(1622-1673)의 『반계수록磻溪隨錄』에서는 종2품 아문
을 '대부大府'로 구분함으로써 혼돈을 방지하고자 했다. 과거 교육
과정에서 조선의 지방 제도를 '부·목·군·현'으로 설명한 것은 부
에 대한 이해가 깊지 못했기 때문이다.[5] 그러나 부는 수도 방어 체
계(정2품-종2품 유수부), 과거 왕실의 발흥지(종2품 부), 광역 군사 거
점(정3품 대도호부), 지방 군사 요충지(종3품 도호부) 등으로 등급이
나 성격이 전혀 다르므로 구분에 주의를 요한다.

둘째, 정3품 지방아문이다. 대도호부와 목이 해당된다. 양자는

고려의 전통을 그대로 계승한 것이다. 대도호부는 군사행정단위에서 유래하였다. 당과 원의 영향을 받아서 고려에서 대도호부(3품), 대도독부(3품), 중도호부(4품), 만호부萬戶府 등이 번갈아 설치되기 시작하였고, 장기간 지속된 지방 제도 개편은 신왕조에서 완성되었다.

군정적 성격의 대도호부는 3개 내외로 축소되었으며, 민정적 성격의 목은 대체로 비슷하게 유지되었다. 부·대도호부·목은 모두 고려시대의 계수관으로서 독자적인 민정·군정·형정 3권을 행사하고 인근 고을까지 관할하였다. 이는 조선의 전면적인 도제道制 강화로 고려의 계수관이 소멸했다는 통설과는 많이 다르다. 조선시대는 속현이 점차 사라지면서 말단까지 목민관이 파견되어 중앙집권화가 훨씬 강도 높게 실시되었으나 고려의 중간 거점도 유지되었다.

셋째, 종3품 지방아문이다. 도호부가 해당된다. 도호부는 많은 군진의 재배치 과정에서 등장한 것으로 추정된다. 고려·조선은 한·당과 달리 변방에 이민족을 기미하기 위해 도호부·도독부를 설치한 것이 아니기 때문에 모두 내지에 두었다. 그럼에도 일부 군사적 의미는 잔존하였다. 도호부는 ① 각 고을이 성장하여 그 규모가 커지거나 ② 군사적 요충지로서 군직으로 첨절제사(첨사) 이상을 두어야 할 경우, ③ 왕실에 인연이 있거나 조정에 공훈을 세워 읍격을 상향한 경우 등에 설치하였다. 이에 앞선 계수관급과 달리 읍세邑勢가 천차만별이었다. 후기로 갈수록 군정적 성격이 줄어들수록 도호부는 '부'로만 약칭되는 경우가 많았고, 도호부사 역시 '부사'로만 지칭되었다. 점차 군·현 위에 존재하는 행정적 성격으로 이해되었다.

넷째, 종4품-종6품 지방아문이다. 군은 종4품 군수, 현은 큰 고을은 종5품 현령, 작은 고을은 종6품 현감이 파견되었다. 군·현은 후술하는 진관체제에서 독자적인 군사 거점이 아니며, 대개 소규모 고을이다.

다섯째, 종6품 광역 교통망이다. 각 도에는 여러 개의 찰방도察訪道가 마치 오늘날의 전철이나 기차 노선처럼 설정되었다. 여기에는 종6품 찰방이 파견되어 휘하 속역屬驛을 관할했다. 법전상 서열은 찰방이 현감보다 우선한다. 역민驛民을 관할하였으므로 목민관의 성격을 띠면서도 역마를 감독하는 특수한 역할을 부여받았다. 정약용의 초기 관직도 찰방이었다.

이 외에도 일반 백성이 사는 고을로 성장하지 못하고 군사 단위로 남은 진鎭·보堡가 있는데, 주로 북방의 국경 부근이나 남방의 해안 지역이 대상이었다. 여기에는 전문 무신인 만호萬戶나 기타 특수 군직이 임명되었다.

결과적으로 조선의 지방 제도는 도道-부府-대도호부·목牧-도호부-군郡-현縣 등의 위계 구조였다. 도에는 관찰사(종2품), 부에는 부윤(종2품), 대도호부에는 대도호부사(정3품), 목에는 목사(정3품), 도호부에는 도호부사(종3품), 군에는 군수(종4품), 대현大縣에는 현령縣令(종5품), 소현小縣에는 헌감縣監(종6품) 등을 두었다. 거점 역驛에 임명되는 찰방(종6품)도 목민관에 준하였다.[6]

3. 유수부의 등장

'유수부'라는 명칭은 고려시대와 조선 후기에 각기 다르게 사용되었다. 또한 고려의 유수관은 2-3품인데 반해, 조선의 부윤은 모두 종2품으로 조정되었다. 조선 후기에는 수도 인근에 유수부가 새롭게 설정되었다. 기존 개성부, 강화부를 유수로 재편하였고, 여기에 광주, 수원, 춘천 등이 추가되었다. 모두 경기 안에 있으며, 한성의 울타리이자 비상시 임시 수도 역할을 하는 곳이다.

또한 유수부는 군사작전 단위로도 편제되어 수도 방어의 중핵을 이루었다. 한성부[7]를 중심으로 개성부,[8] 강화부,[9] 수원부,[10] 광주부[11] 등 4도都가 배치되었고 여기에 총융청摠戎廳[12]이 추가되었다. 조선 후기에 진관체제의 복구와 수도 방위 체계의 개편이 하나의 연결선상에서 이루어졌기 때문이다. 예컨대 개성부는 전前 왕조의 수도인데 대흥산성을 축성하고 군영(관리영)을 설치함으로써 북방을 방어하였다. 강화부는 고려 이래 임시 수도로 기능하였을 뿐 아니라 북방과 남방에서 한강으로 진입하는 요충지로서 수군 기지가 건설되었다. 광주부에는 남한산성을 축조하고 수원부에는 화성을 건설함으로써 남방의 진입로를 방어하는 역할을 부여하였다. 심지어 고종대 춘천부의 편입으로 경기의 영역은 대거 확장되었다.[13]

유수는 본래 정2품-종2품 경관직으로 분류되었으나 외관직인 경기 관찰사가 유수를 겸직하여 감독권을 행사하였다. 마치 관찰사가 병마절도사(병사)와 수군절도사(수사)를 겸임하는 것과 유사했다. 이는 도내 각 고을에 대한 통합 관리 차원에서 이루어진 듯하다. 18세기부터 양도兩都-팔도八道(혹은 사도四都-팔도)의 방식으로 전국을 지칭하였다.

이러한 방식은 숙종대 이후 관방關防(방어 체계) 인식이 부각되고, 수도 방위 체계가 갖추어지기 시작한 17-18세기에 형성된 것이다. 영조 연간 수도 서울의 인구가 증가했기에 도성을 버릴 수 없다는 판단하에 도성 수비론이 과열되면서 한성 자체 방어 체계 건설이 3군문을 중심으로 이루어졌고, 정조 연간 4도 유수부의 외곽 방어 체계가 갖추어졌으며, 고종 연간 마지막으로 춘천이 재배치되어 5도 유수부로 귀결되었다.

따라서 먼저 민정적 성격의 지방관이 갖추어지자 여기에 군정적 성격이 대거 융합되면서 조선 전기 지방 제도가 갖추어졌으며, 형정권의 분화가 이루어지면서 조선 후기 지방 제도가 완성되었다. 다만 이는 고종 연간 갑오개혁 이후 23부제나 광무 연간 13도제는 제외한 것이다.

4. 외관의 전면 파견

유교적 이상사회 추구는 중앙의 정치체제에도 반영되었다. 조선에서는 의정부와 육조가 가장 주요한 권력 기구였다. 의정부와 육조는 『서경』「주관」의 삼공 및 『주례』의 육관을 주요 모델로 삼았다. 고려 말 발달한 합좌 기구인 도평의사사를 대신해서 의정부를 설치함으로써 삼공이 국정의 주요 사안을 총괄하도록 하였다. 이는 당이나 고려에서 국정을 논의하는 중서성·문하성, 정책을 집행하는 상서성과 휘하 6부가 별도로 존재하는 이원적 지배 구조와는 다르다. 조선에서 실무 관청은 대부분 육조에 분속되었으며, 의정부는 실무를 관장하는 육조를 장악함으로써 전체 관료군과 아문을 관할하였다. 조선 초기 의정부서사제와 육조직계제의 논란에도 불구하고 성종 연간 『경국대전』에는 의정부를 최고 정치기구로 등재시킴으로써 15세기 중앙집권적 양반 관료 국가의 탄생을 맞이하였다.

중앙 정치체제의 개편은 지방 제도 정비와 맞물려 추진되었다. 고려 창왕대부터 개혁파의 주도하에 직질職秩을 높여 중앙의 유력 인사를 도관찰출척사로 파견하는 지방 관제 개혁이 추진되었다. 이는 정도전의 감사론과 짝하여 관찰사(감사)제도의 정착으로 귀결되었다. 곧 관찰사는 중앙의 사헌부와 짝을 이루는 '외헌外憲'으로

도 지칭되어, 지방에서 일어나고 있는 모든 사안에 대해서 국왕에게 직계할 수 있는 권한을 부여받았다. 이는 명칭 그대로의 '감사'의 역할(사법권)을 충실히 수행하기 위한 것이었다.

처음에는 관찰사도 민정民情을 시찰하는 여러 왕사王使와 유사한 형태로 파견된 듯하다. 여기에 군사적 요충지인 양계 지방을 중심으로 관찰사가 고을의 목민관을 겸직함으로써 상시 거주하며 행정 전반을 장악하는 지방장관으로 변모하였다. 세종대에 이르면 이미 팔도 관찰사의 치소(사司)가 지역별로 확인된다. 이후 점차 목민관을 겸하는 관찰사로 확대되었다. 이제 관찰사는 행정장관으로 변모하였다.

이러한 노력은 신왕조 개창 후 대부분의 속현屬縣을 폐지하는 정책으로 나타났다. 『고려사』 「지리지」에는 4경京, 8목牧, 15부府, 129군郡, 335현縣, 29진鎭으로 체제를 총괄하여 설명하고 있는데, 여기에는 속부屬府 1개, 속군屬郡 68개, 속현 305개가 포함되어 있다. 총 520읍 중 목민관이 파견되는 곳은 146개(28%)에 불과하며, 속읍屬邑은 374개(71%)에 달했다. 그중 고려 말까지 234읍에 점진적으로 외관外官이 파견되었고, 182읍만이 속현으로 남았다. 신왕조 개창 이후 속읍은 더욱 소멸하여 『신증동국여지승람新增東國輿地勝覽』에는 주읍主邑 330개, 속현 71개(현 60개, 부곡 11개)로 나타난다. 전체 고을 수가 조선에서 고려보다 줄어든 것은 관리 파견에 맞추어서 일정 규모 이상으로 통합되었기 때문이다. 지방에는 오랜 시간에 걸쳐 서서히 팔도 체제가 갖추어져갔다. 17세기까지 간헐적으로 언급되던 속읍은 18세기에는 완전히 소멸하였다.

또한 외관은 목민관과 함께 보좌진까지 중앙에서 파견하였다. 이 정책도 고려 후기의 외직 정비 과정에서 유래하였다. 감영에는 도사都事, 심약審藥, 검률檢律, 목牧 이상에는 판관判官, 도호부都護府

이상에는 교수敎授, 군郡·현縣에는 훈도訓導가 함께 내려갔다. 『경국대전』에는 목민관, 역참, 군직을 포함한 지방장관은 정원 841명, 각전各殿의 사使·수守·영令·감監·참봉參奉, 도사, 판관, 교수, 훈도, 심약, 검률, 도승渡丞, 역승驛丞, 우후虞候, 평사評事 등의 속관屬官은 정원 452명으로 총 1,293명이며 겸직을 제외한 실제 파견 인원은 900명이다. 조선 전기 고을이 330개였음을 감안해본다면 방대한 중앙관리의 파견이 이루어졌음을 알 수 있다. 이제 고을마다 수령 및 보좌관이 함께 임명됨으로써 중앙의 지방 장악은 더욱 강화되었다.

5. 조선과 명의 비교

조선과 명의 중앙집권화 방식은 유사하면서도 약간의 차이가 있다. ① 중앙의 행정을 살펴보면 조선은 의정부-육조가 관장하였고, 명은 중서성(혹은 내각內閣)-육부六部가 담당하였다. 그러나 홍무제가 중서성을 폐지함으로써 행정은 이·호·예·형·공부 등 육부상서六部尚書가 황제에게 각각 직주하도록 바뀌었다. 조선 역시 육조직계가 허용됨으로써 유사한 궤적을 그렸다. 그런데 명은 홍치제弘治帝 이후 점차 품계가 낮은 내각학사가 육부상서를 겸직하면서 실질적인 재상의 역할을 함으로써 중서성 기능을 대체하였다. 조선은 『경국대전』 체제 성립 이후 육조가 의정부의 지휘·통제를 받음으로써 국초 의정부-육조의 길항 관계는 청산되었다.

② 중앙의 군정을 살펴보면 조선은 오위도총부五衛都摠府-병조가 맡았으며, 명은 오군도독부五軍都督府-병부가 담당하였다. 명 초明初에는 대군도독부大軍都督府가 군정을 총괄하였는데, 이는 조선의 삼군도총제부三軍都摠制府에 비견된다. 그러나 홍무제가 중서성에 이

어서 대군도독부마저 폐지함으로써 병권을 전·후·좌·우·중군 등 오군도독부에 분산시켰다. 조선 역시 여러 차례 관제 개편을 통해서『경국대전』체제에서 오위도총부로 재편되었다. 다만 명은 5개의 지휘부로 분산되어 있었으나 조선은 통합 지휘부였다는 점에서 차이가 있다.

그럼에도 대체로 인사권(군정권軍政權)은 병조나 병부가 행사하였고, 발병권(군령권軍令權)은 오위도총부나 오군도독부가 담당하였다는 공통점이 있다. 이는 군정-군령의 권한 문제를 놓고 오랜 진통을 겪었기 때문이다. 다만 명은 홍무제가 중서성과 대군도독부를 폐지함으로써 모든 권한을 황제 직할로 바꾼 반면에 조선은 외형적으로 의정부와 오위도총부를 통해서 재신이 관할하는 방식을 취하였다. 다만 명나라와 같이 판서와 장신은 모두 국왕에게 직접 보고가 가능했다.

③ 중앙의 형정을 살펴보면 양국 공히 삼법사三法司가 주요 사법 처리를 맡았다. 조선에서는 형조·사헌부·의금부(혹은 한성부)를 지칭하였고, 명에서는 형부·도찰원都察院·대리시大理寺를 일컬었다. 형조·형부의 형정 참여는 군정에 이어서 형정까지 육조·육부의 아문이 그 권한을 분장하였다는 데 의의가 있다. 또 어사대御史臺는 양국에서 사헌부나 도찰원으로 개편되었다. 여기에 특별 사법 기구로서 의금부·대리시가 추가되었다.

또한 양국에서는 합동 심리 제도가 발전하였다. 조선은 국사범의 경우 의정부·대간·의금부가 참여하는 삼성추국三省推鞫으로 처리하였고, 살인 사건의 경우 조정 대신 전반이 참여하는 삼복三覆을 실시하였다. 명은 주요 범죄의 경우 형부·도찰원·대리시가 참여하는 삼법사회심三法司會審을 개최하였고, 국가에 위해가 되는 대옥大獄의 경우 조정 신료 전반이 참여하는 조심朝審을 열었으며, 나라에 공훈이 있는 팔의八議 범죄의 경우도 이와 유사하게 처리하였다.

④ 외방의 3권을 살펴보면 조선은 관찰사(민정·형정)-절도사(군정)-[심리사審理使(형정)], 명은 승선포정사사承宣布政使司(민정)-도지휘사사都指揮使司(군정)-제형안찰사사提刑按察使司(형정) 등으로 역할을 구분하였다.14 단 양국 모두 도道 아래 각 읍의 3권은 목민관이 통합 운영하였다.

조선 초에는 군관軍官과 민관民官을 구분하는 교서가 자주 보일 정도로 두 영역은 구분되었다. 일견 명처럼 조선 역시 군정과 민정이 이원화되어 있는 듯이 보였다. 그러나 병권의 독립 정도는 많이 달랐다. 명은 민호民戶와 군호軍戶가 구분될 정도로 민정 지역과 군정 지역이 엄밀히 나누어졌으나, 조선은 북방 국경과 남방 해안에만 군진이 설치되었을 뿐 기본적으로 병농 일치제로 호적의 구분이 없고 절도사의 지배력도 군영 부근에 국한되었다. 특히 세조대는 진관체제가 도입되어 목민관은 모두 군직軍職을 겸하였고, 성종대는 '수령칠사'에 군정軍政까지 포함되었다. 이로써 민정과 군정의 통합이 촉진되었다. 더욱이 『경국대전』 체제에서 관찰사가 병사와 수사를 겸직함으로써 일도一道의 병권마저 민정장관의 감독하에 있었다.

외방 사법권의 경우 조선은 관찰사에게 귀속되어 있는 반면에 명은 제형안찰사가 독립적으로 갖고 있었다. 아마도 고려 말 안렴사의 지위가 명의 제형안찰사의 지위와 유사한 데서 유래한 듯하다. 위화도회군 직후 주로 순찰 임무를 맡던 안렴사를 강력한 지방장관인 관찰사로 개혁하고, 관찰사의 감사론을 적극 폈기 때문에 행정권과 사법권이 통합되었다. 물론 조선 말까지 사안별로 안핵사按覈使가 수시로 파견되었을 뿐 아니라 영조 연간에는 일시적으로 전국에 심리사가 파견되었으나 곧 중단되었다. 그 대신에 17세기부터 각 도에 4-6개 토포영(정3품 당상관)이 설치되어 중앙의 좌·우포도청(종2품)에 대응되는 별도의 사법권이 형성되었다. 점차 형정권은 분화되는 추세였다.

결국 세부적인 차이에도 불구하고 조선과 명의 행정·군정·형정 3권 분립을 통한 중앙집권화의 길은 유사한 궤적을 보인다. 조선은 의정부-육조(민정), 오위도총부-병조(군정), 형조-사헌부-의금부(형정) 등으로, 명은 [내각]-육부(민정), 오군도독부-병부(군정), 형부-도찰원-대리시(형정) 등으로 각각 3권이 분리되었다. 게다가 각 분야별로 복수의 기관이 상호 견제하도록 제도화되었다.

반면에 조선과 명의 외방에서는 훨씬 큰 차이가 발견된다. 양국 모두 각 도의 민정장관을 '방백方伯'으로 지칭함으로써 최고 책임자로 인식하였으나 실제 그 위상에는 차이가 있었다. 일견 조선의 관찰사(민정)-절도사(군정)와 명의 승선포정사(민정)-도지휘사(군정)가 서로 대응되어 유사한 분권화가 확인된다. 그러나 조선은 관찰사가 절도사를 감독하는 반면에 명은 승선포정사와 도지휘사의 권한이 엄격히 구분되었다. 더욱이 형정의 경우 명에서는 제형안찰사(형정)까지 별도로 두었으나 조선에서는 관찰사의 통제를 받았다. 이는 중앙의 형조-포도청이 비슷한 등급인 데 반해 지방의 관찰영-토포영은 현격한 직질의 차이가 있었기 때문이다.

7장 군사제도

1. 양계와 군익도

고려는 태조 초반부터 북진정책을 지속적으로 추진했다. 이 과정에서 신라가 영유하지 못한 북방 지대가 영토에 편입되었다. 본래 발해가 지배하고 있던 곳이었는데, 발해가 약해지면서 여진족 등이 자립하여 반독립적인 중간지대가 된 곳들이나 혹은 발해-고려 양국의 기미주로 간접 지배를 받던 곳들도 적지 않았다. 고려는 발해 멸망 후 한반도 북부(평안북도·함경남도·함경북도)에서 북방왕조(요·금·원)와 대적하면서도 비슷한 상황을 맞이했다.

태조 왕건의 우선 수복 대상은 서경이었다. 이에 평안남도 일대를 적극적으로 영토화하였다. 국경 확장은 한두 번의 전투로 이루어지지 않았다. 점을 찍는 네서 빗이니 선을 연결 짓는 국경의 설정에는 물리적 점령뿐 아니라 축성과 군대의 주둔이 필요했다. 무수한 진보鎭堡가 지속적으로 관리되고 실제 백성이 생활 가능한 마을이 조성되는 데는 수백 년이 필요했다.

이 같은 지난한 과정을 통해서 북계와 동계는 고려 말 동북면과 서북면으로 재편되었다. 이는 동계가 오늘날 동해안에 자주 출몰하는 왜구와 북방 여진족을 방어하기 위해 강원도 해안 지대와 함경도 남단 일부만을 점유한 군사적 방어 지대의 성격이 짙었기 때문이다. 고려 말 공민왕대 북벌이 추진되면서 조선 초까지 함경도가 건설되었으므로 이 시기 새로운 편입 지대가 '동계'에서 '동북면'으로 재편되었다. 원래 동계는 강원도 해안 지대에 치우쳐 있던 데서 나온 명칭이고, 북계는 평안도로 크게 진출했기에 붙여진 이름이었다. 이후 평안도와 함경도에 비슷하게 북진하면서 서북면과 동북면이라는 이름으로 재편된 것이다. 곧 국경선의 변화로 말미암아 명칭조차 바뀐 사례이다.

① 서북면은 고려 전기 주요하게 확보한 지점으로 서경 인근이다. 고구려의 수도이자 고조선의 고토라는 명분을 가졌을 뿐 아니라 대對중국 무역에서 실질적으로 황해 연안 항로의 거점을 확보할 수 있는 지대였으므로 동북아시아 삼각무역의 핵심 지대였다. 이것이 북경(원·명·청)-요양·심양(금·요·원·청)-평양(고조선·고구려·고려·조선)-개경·한양(고려·조선)-부여(백제) 등이 황해안을 따라 배후지가 발달된 이유이자 각 왕조의 수도나 부수도로 선택된 연유였다.

② 동북면에서 오늘날의 함경남도 일대는 신라가 진흥왕 때 일시적으로 점령하였으나 이내 상실한 지대였다. 고려 예종 연간 동북 9성을 설치한 지대와 겹치기도 한다. 함경산맥 아래에 함경 평야가 동해안을 따라서 평행으로 달리고 있어서 상대적으로 진격에 유리하지만 평야가 끝나는 동북쪽의 산악 지대까지 점령하지 못하면 수성守城하기에 쉽지 않은 구간이다. 신라와 고려의 퇴각은 동일한 문제로 발생한 것으로 보인다.

평안도 개척은 고려 초기에 추진되었고, 사실상 평안남도는 영토화에 성공하였다. 공민왕대 남은 과제는 평안북도 일대의 수복, 함경남도·함경북도의 장악이었다. 군진軍鎭의 설치는 고려왕조 500년 동안 일관된 사업이었고, 조선도 마찬가지였다. 국경을 늘려가는 정책은 일관되게 이루어졌다. 일제강점기 작은 반도라고 폄하되었던 우리나라의 국토는 실제로는 고려-조선 1000여 년간 북벌의 꿈으로 왕정시대 사람들이 일군 위대한 업적이었다.

양대 북방 지역은 군사적 요충지이자 북진이 이루어지는 군사 지대였다. 북진이나 방어를 위해서 군사적 요충지 건설이 주요했다. 점을 이루던 군진(진보)은 천리장성으로 연결되어 굳건한 방어망을 이루었고, 장성을 기준으로 북쪽은 기미주로 설정되어 여진족을 간접 지배하였다. 그리고 공민왕대는 이 장성을 본격적으로 넘기 시작했다. 장성 북쪽에 방어 체계 마련은 필수 과제였다. 새로운 점령지의 영구적인 영토화를 위해서 고려 말 군익도軍翼道(익군翼軍: 중익中翼-좌익左翼-우익右翼)체제가 성립하였다. 거점 고을을 중심으로 여러 고을이 하나의 군사 단위를 이루어서 마치 서로의 날개처럼 연계하여 방어하는 방식이다. 따라서 처음 북방 지대 고을은 군진(진보)의 성격이 짙었다. 여기에 사민徙民 정책이 점차 시행되면서 민간 고을화가 이루어졌다. 이러한 과정은 공민왕-세종 연간까지 이어졌다.

2. 수군의 창설

신왕조의 개창으로 두 가지 방면에서 군제 재편이 이루어졌다. ① 북방의 군사 거점을 일반 고을로 돌려서 자급자족이 가능한 방어 체계를 안정적으로 유지하고자 했다. ② 남부 지방의 왜구 출몰에 대비하고자 했다. 양자의 특징은 전문 무신이 국경-해안 방어에 투입된다는 점이다. 평안도-함경도의 요새화가 이루어졌으며, 해안 지대에는 수군진이 촘촘히 배치되었다.

삼국-고려시대에 주로 군사적 요충지인 산지에 치소가 들어서서 외적 방어에 편리한 읍치가 구성되었다면, 고려 후기부터 치소가 점차 평지로 남하하기 시작하였다. 이는 몇 가지 조치가 맞물려 일어난 일이다.

첫째, 감무의 파견이다. 속현이 줄어들고 중앙의 목민관이 임시적으로 파견되어 산성뿐 아니라 인접 군현까지 내려가게 되었고, 중앙에서 파견한 관리가 직접 맡는 방어 체계도 확장되었다.

둘째, 왜구 토벌이 이루어지면서 해안 지대가 수복되어 읍성이 평지 혹은 해안 지역까지 확장되었다. 이는 태종-세종 연간 대대적인 전국 읍성 축성 정책으로 이어졌다. 평지에 읍성이 늘어나자 여러 고을이 각기 방어할 수 있는 방어망이 훨씬 촘촘하게 구성되었다. 이는 목민관의 증원과 중앙집권력의 향상이 맞물려 나타난 현상이었다. 더욱이 신왕조에서 갑자기 일어난 변화가 아니라 고려 후기부터 오랫동안 지속된 정책의 귀결이었다. 물론 전면적인 읍성 구축은 조선의 시책이었다.

셋째, 여기에 해안 요충지마다 수군진이 더해졌다. 이러한 해안 요새가 남부 내륙을 최일선에서 방어하였다. 이에 양계의 내륙 국경 지역과 남부의 해안 방어에 전문 무신이 배치되는 것은 당연한 결과였다. 그래서 이들 지역에는 주요 거점 대부분에 무신만 임명되었다.

게다가 수군의 성격이 조선에서 바뀌었다. 고려의 기선군騎船軍은 육군에 배속되어 있었고, 필요시 배를 타고 육군과 수군을 겸임하였다. 그러나 조선 수군은 무신의 육군과 수군 간 전속轉屬이 이루어지긴 했지만 군제 자체가 달랐다. 육군은 '병마-'로, 해군은 '수군-'으로 별도의 직제가 설정되었다. 본래 도별로 병마절도사 지휘하에 있던 병권은 점차 병마절도사와 수군절도사로 양분되었다. 더욱이 관찰사에게 병사와 수사를 겸직하게 함으로써 감독 권한까지 부여했다. 혹자는 남부 지역 연안 방어를 책임지는 수군의 군비가 양계보다 약 서너 배에 달했을 것으로 추정하기도 한다. 『세종실록』「지리지」에는 평안도·함길도 육군 병력은 약 2만 2,000명인 반면에 팔도 수군은 약 5만 명으로 집계되며 별도로 군선 약 800여 척까지 포함된다.[1] 조선은 문치주의시대를 열었으나 그 실상은 기존의 통념과 전혀 달랐다. 막강한 무비武備 계획하에서 평화의 시대를 개막한 것이다. 고려와 조선의 현격한 전쟁 수치의 차이는 천운으로 얻은 것이 아니다.

고려시대 북방에는 강력한 주진군이 설치되었고, 남부 지역에는 거점 단위에만 주현군이 배치되었다. 곧 국경 방어에 모든 초점을 맞추고 해안이나 내륙은 상황이 발생하면 수동적으로 대처했다. 각 지역은 향리(토호)가 자기 마을을 방어하는 지역 자위 공동체地域自衛共同體의 모습을 띠었고, 상대적으로 중앙은 지방의 방어에 큰 공을 들이지 못했다.

조선은 고려와 달리 군인의 전문화와 민간의 평화를 분리시켜 국가의 역할을 강화해나갔다. 숭무崇武(상무尙武) 정신 아래에서 외적의 침탈을 스스로 방어해야 하는 시대와 국가가 군진을 배치해서 방어하는 시대는 그 성격이 전혀 다르다. 모든 영토에 외적이 침입하기 전에 막는 것을 국가의 사명으로 삼았다. 점차 확대되는 촘촘한 방어망의 구성은 침입한 적을 조기에 퇴출하는 데 큰 역할을 하였다.

이 역시 국가의 역할론 변화에서 시작된 것으로 추정된다. 이미 공민왕은 즉위교서에서부터 자기 지역에 들어온 외적 토벌을 국가에 대한 군공으로 인정하고 포상하여 지방민의 마음을 얻는 데 성공하였다. 외방의 백성에게 나라가 있음을 알려주었다. 몽골의 1차 침입 이후 중앙군의 궤멸로 지역 단위 방어 체계가 향민에 의존하거나 방치되던 것과는 사뭇 다른 조처였다. 이때 국가에 군공을 인정받아 관직이나 관품을 받은 지방민(한량·품관)이 조선왕조를 개창한 사대부의 모집단에 합류하였음은 주지의 사실이다. 이것은 전통적인 신라-고려의 귀족 출신 이외의 사대부의 문호를 확장하는 역할을 하였고, 모집단의 확장으로 '실력(과거·군공)'으로 출세 가능한 사회적 분위기를 만들어냈다. 이들이 중앙에서 신진사류·신흥무장세력으로 전환되었음은 물론이다.

3. 방어 체계의 정비

세조 연간 양계 지역의 군익도를 전국으로 확장하는 정책이 추진되었다. 당시 왜구에 대한 트라우마가 심하였으므로 내륙에 깊숙이 침투한 왜구를 퇴출시키기 위해서는 중앙군이 출진하기보다 지역 단위에서 신속히 격퇴할 필요가 있었다. 이에 작전 교범상 양계와 같이 지역별로 자체 방어가 가능하도록 군진을 내륙 지대까지 확장하고자 했다. 처음 군익도는 양계와 동일한 모습이었으나, 얼마 뒤 수정하여 진관제도(주진主鎭-거진巨鎭-제진諸鎭)로 재편하였다.

내륙은 평화 시에는 외침이 없으므로 전체 지휘권을 행사하는 병마절도사만 무신으로 파견되었고 거진 및 제진은 음관·문관·무관이 번갈아 목민관에 임명되어 군직을 겸임했다. 반면에 국경 방어를 맡던 양계 지역이나 해안 방어를 맡던 수군진은 대체로 무신으로 배치되었다.

그러나 세조대 이래 북방 국경의 여진이나 남부 해안의 왜구를 제외하면 내지 습격은 거의 일어나지 않았다. 전란기(고려)에는 전쟁에 익숙한 목민관이 출자에 상관없이 지휘 능력을 발휘했으나 평화기(조선)가 오래 지속된 상황에서 갑자기 전란이 발발하면 대응이 어려웠다. 이에 진관체제를 보완할 수 있는 군사작전 교범이 마련되기 시작했다. 고을이나 진보 단위로 지키는 군사는 병력이 적어서 소수의 침탈은 방어할 수 있었으나 일시에 많은 병력이나 선박이 침공해오면 역부족이었다. 이에 일정 지역에 병력을 집결시켜서 한 번에 토벌하는 새로운 군사교범이 등장하기 시작했다. 이른바 제승방략制勝方略(분군법分軍法)이다.

북방(함경도)의 경우 기존 거진 단위가 모두 연계되어 현지 절도사의 총괄 지휘를 받아서 두만강 너머 원정까지 감행하는 형태로 나타났으며(세종대 김종서金宗瑞 창안, 선조대 이일李鎰 계승), 남방의 경우 왜구가 침공하면 경장京將이 파견되고 일정 지역에 집결하여 총공세를 가하는 형태로 기획되었다. 임진왜란 당시 경장의 파견이 늦어지고 지방군이 집결하기 전에 일본군의 공격을 받아 임란 직후 류성룡으로부터 상당한 비판을 받기도 했다. 북방은 전문 무신이 파견되어 있었고 현지 장수가 최적의 조건에 맞추어 선발되어 즉각적인 조치가 가능했다. 아마도 세종·세조·성종·중종·선조 연간의 여진 정벌전은 이러한 김종서(1390-1453)의 교범이 지속된 것으로 이해된다.

하지만 남도는 왜구의 도발 시 무신의 전담 구역이 해안선의 수군진에 치중되어 있었으므로 수군 이외에 내지의 목민관이 다스리는 지대에서 병력을 효과적으로 통제할 장수가 필요했다. 더욱이 중종-명종대 왜변 발생 시[2] 중앙에서 경장을 파견하는 관행이 간헐적으로 성공을 보이자 임진왜란 때에도 이러한 원칙이 이어졌다.

그러나 일본은 처음으로 습격이 아니라 전면전을 기획하였다. 불과 수백 명이 지키던 진관체제하 수군진에 수만 명이 상륙하였고 내지에서 집결지로 향하던 군사들이 차례로 각개격파당하였다. 민간의 인식과 달리 이때 수군진 역시 포를 거두는 수포군收布軍으로 전락해 있지 않았고, 오히려 1년 이상 전쟁을 준비해 지방 백성의 극심한 원망에도 불구하고 병력을 모두 규정대로 갖추고 있었다. 첫 방어를 맡았던 경상도 내지의 군사 역시 대부분 도망치지 않고 결사적으로 항전하거나[3] 평소의 작전 계획에 따라 집결지로 이동하여 중과부적衆寡不敵인 줄 알면서도 적의 출진을 최대한 지연시켰다.[4] 임진왜란 7년 전쟁에서 적의 침공(약 15만 명)은 임진년 첫해 9개월 남짓,[5] 그리고 정유재란丁酉再亂 직후(약 14만 명) 첫해 9개월 이내[6]에 불과하였다. 조선군은 전쟁 발발 당시 신립申砬이 집결시킨 군사는 약 8,000명에 불과했으나 1년 뒤 전국에 포진한 병력은 약 17만 명[7]으로 불어났다. 명군 역시 전쟁 기간 동안 약 10만 명[8]이 참전하였다.

조선에서 일본의 전면전을 예상치 못했다고 해도 조선과 명의 국력이 더 컸기 때문에 장기전에서 국민국가 개념이 아직 형성되지 못했던 일본이 승리하기는 어려웠다. 일본이나 유럽은 영주제하에서 전문 군인만 전투하고 농민은 전쟁을 수수방관하는 형국이었다. 물론 일본 역시 정유재란을 일으키면서 농민을 참전시키는 등 총력전 양상으로 변화하기 시작했으나, 이미 조선 수군과 민간 의병·승병이 초창기부터 적을 막아냈고, 그새 조정 역시 관군을 재편하고 명군의 참전을 성사시켜 병력을 확장시켰다. 서구 사회에서 세계대전 이후에나 출현하던 총력전이 이미 동북아시아에서는 오래전부터 일상화되어 있었다.

막심한 피해가 있었음에도 불구하고 조선시대에 임진왜란은 승전으로 기억되었다. 고려시대 여타 전란과 비교해보아도 실제 침공 기간은 몇 년 되지 않을 정도로 방어에 성공하였으며, 전후 복구 역시 수백 년이 걸릴 필요도 없었다. 고려는 비교적 규모가 큰 전쟁·전투만 해도 거란전쟁, 여진전쟁, 몽골전쟁, 홍건적 침입, 왜구 침입 등으로 나타나며 수십 년간 지속된 경우가 적지 않았다. 그에 비해 조선은 장기간 평화가 지속되었는데도 임진왜란과 병자호란의 피해를 지나치게 강조한다. 이것은 일본 제국의 식민지배 시각이다. 이렇게 임진왜란을 '패전'으로 기억하고 조선 후기 약 300년간을 붕괴의 시기로 설명하는 방식은 일제강점기에 등장하였다. 도요토미 히데요시豊臣秀吉(1536-1598)의 영웅사관하에서 조선의 무력함을 증명하는 사례로 제시된 것이다.

우리나라 역사에 대한 자성自省은 중요하지만 '기억 전쟁'에서 제국주의 국가의 식민정책에 따른 일방적인 세뇌 교육을 그대로 받아들일 필요는 없다.

4. 진관체제

조선은 누대에 걸쳐 기본적인 군사방어체제를 마련했다. 태종이 사병을 혁파하여 중앙의 병권을 하나로 통합하고, 세종이 물력을 비축하여 외방의 읍성을 구축하고, 세조가 보인保人을 마련하여 군사를 경제적으로 보조케 하는 동시에 전국적인 진관鎭管을 구획하였다. 특히 외방의 군현이 읍성과 산성을 갖춤으로써 진관을 실현시킬 수 있었다. 진관은 공민왕대 양계 수복 후 개편한 군익도를 6도의 영진군營鎭軍에 확대 적용한 데에서 비롯되었다. 진관체제의 틀은 조선이 붕괴될 때까지도 기본 골격을 유지하였다.

본래 관찰사는 임금의 대리자로서 도내 수령의 인사고과人事考課를 관장함으로써 행정 체계하에서 모든 목민관을 장악하였다. 관찰사 이외의 각 고을의 수령은 품계가 달라도 상호 간 명령 체계가 성립하지 않아서 오직 관찰사에게만 책임을 졌다. 그런데 세조대 진관체제가 구축되면서 지방에도 새로운 위계질서가 탄생하였다.

　각 도에는 절도사[9]의 지휘하에 '주진'이 설정되었고, 주진 내의 실질적인 전투 단위는 절제사(정3품) 및 첨절제사(종3품)가 지휘하는 몇 개의 '거진'으로 구획되었다. 거진은 고려시대 계수관 단위와 중첩되었다. 거진 휘하에 동첨절제사(종4품)·만호(종4품)·절제도위節制都尉(종6품)의 고을 및 진보가 '제진'으로 배치되는 구조였다.[10]

　초기 관찰사는 양계를 제외하면 치소가 온전하지 않아서 주진 설정이 어려웠으나, 병사와 수사를 겸함으로써 도내 병권 장악에는 변화가 없었다. 또한 대도호부사, 목사, 도호부사는 절제사나 첨절제사를 겸하여 거진이 되었으며, 군수는 동첨절제사, 현령이나 현감은 절제도위를 겸하면서 제진으로 편성되어 주진 및 거진 휘하에 예속되었다.

　실제 절도사의 작전 구역을 중심으로 진관체제를 살펴볼 수 있다. 예컨대 경상도는 절도사가 5명 있었다. 좌·우병마사는 좌·우 병영을 중심으로 경상도를 좌도와 우도로 나누어 육군의 병권을 관할했으며, 좌·우수사 역시 좌·우 수영을 중심으로 해안 방어를 맡았다. 따라서 경상도의 주진은 좌·우 병영과 좌·우 수영이다. 마지막으로 관찰사는 병마절도사·수군절도사를 겸직함으로써 도 전체의 군권을 감독하였다.

　각 도에는 주진 및 거진이 설치되어 지역방어를 담당하면서 군편제상 위계질서가 부여되었다. 행정상으로 관찰사의 명령 체계만 중요했지만 군사상으로는 대도호부사(혹은 목사)나 도호부사의 휘하에 예속되었다. 또한 군사적 요충지에는 목민관이 겸직하지 않고 전투를 전담할 무신 중에서 수군첨절제사水軍僉節制使, 병마만호兵馬萬戶, 수군만호水軍萬戶 등이 파견되었다.

『경국대전』을 기준으로 전국에는 65개 거진이 설치되어 거미줄같이 촘촘한 진관체제가 구축되었다. 이것은 고려시대 국경 지대 방어군防禦郡이나 방어진防禦鎭을 거느린 광역 단위의 고을 체계를 상당 부분 계승한 듯하다.

5. 진영의 복구

임진왜란 당시 전면전에 대한 방비 문제가 크게 대두하였다. 이에 기습을 당한 초창기에는 대응에 어려움이 있었으나 이내 군·민이 합세하고 명의 원병으로 반격에 나설 수 있었다. 실제 조총의 위력은 높지 않았으나 신무기에 대한 트라우마에 사로잡혔던 조선은 역설적으로 병자호란 직전까지 막대한 포수(조총병)를 육성하였고, 19세기 말까지 동북아시아에서 가장 많은 조총을 생산하는 국가였다. 병자호란 역시 당시 조정에서는 만전의 방비를 행하였으나 산성 방어전을 위해 요지에 구축된 거점을 청군이 모두 무시하고 직공을 감행함으로써 조선의 방어 작전은 무너졌다. 임진왜란 시에는 압도적인 병력의 상륙으로, 병자호란 시에는 기병의 직공으로 방어전 개념이 붕괴되었다. 북방 방어에서 고조선·고구려·고려가 즐겨 사용했던, 요동·압록강 전후로 발달한 산맥을 중심으로 요충지에 방어진을 펼쳐서 장기간 수성하는 전략이 모두 형해화形骸化되었다. 또 남방 방어에서 일본군과 전면전으로 해안 요충지에 수군진을 설치하는 방식도 한계가 드러났다. 이에 북방과 남방의 국경선뿐 아니라 내륙 계수관 단위까지 전문적인 무신이 파견되었다. 이른바 '영장제營將制' 실시였다.

진영鎭營(중영中營-좌영左營-우영右營-전영前營-후영後營 등)은 완전히 새로운 제도는 아니었다. 전문 무신이 파견되는 북방과 남방 수군진을 제외하고 내륙에는 병마절도사나 부관급[11] 외에 문관·무관·음관이 번갈아 목민관에 임명되어 군직軍職(군함軍銜)을 겸직했다. 전투 경험이 없던 목민관은 갑작스러운 전란대비가 어려웠다. 그래서 중간 단위에서 지휘 능력을 발휘할 수 있는 무신이 추가로 파견되었다. 이들이 바로 정3품 당상관 진영장鎭營將(영장)으로, 계수관 단위의 지휘가 가능했다.

특히 몇 개의 지역을 제외하면 대체로 민정장관이 파견된 상태에서 추가로 군정장관이 임명되었다. 도 단위의 민정(관찰사)과 군정(절도사)뿐 아니라 계수관 단위의 민정(목민관)과 군정(진영장)도 구분되었다. 17세기 영장은 각도에서 4-6개 내외로 설정되었다. 이는 진관제하의 거진 단위와 대체로 일치하였다. 진관의 '거진'을 '진영'으로 재편한 것이다. 물론 완전히 일치하지는 않으나 대동소이하다. 방어선이 변경되면서 일부 고을이 재조정되었기 때문에 차이가 생겼다.

이렇게 16세기 말-17세기 초 왜란·호란을 겪으면서 전란 방비가 중요해졌다. 더욱이 인조반정·이괄의 난 등 쿠데타까지 발발하면서 내우외환內憂外患에 시달렸다. 17세기는 기후사氣候史에서 온도가 급강하하여 소빙기小氷期Little Ice Age로 불리고 있다.[12] 동시대 유럽은 전쟁·기근·질병 등이 끊이지 않아 '보편적 위기General Crisis(일반 위기)'의 시대로 불린다.[13] 조선 역시 대기근으로 백수십만 명의 인구 감소가 식년式年(3년)만에 나타났다.[14] 외세의 침공이나 내부의 변란을 막기 위한 군사 양성이 시급하여 5군영이 차례로 창설되었으나 대기근이 수차례 발생하여 부분적인 인구 급감 현상이 나타났다. 그중 상당수가 수포군이 되면서 면포를 내는 군대는 중앙 재정에서 상당한 비중을 차지했다. 18세기 약 20만에 달하는 장부상 병력은 대체로 최대 2만 명 이내의 상비군을 위한 보인保人을 포함한 숫자였다.[15]

임진왜란을 겪으면서 신분을 초월한 속오군束伍軍이 지방에 만들어졌다. 여기에는 양인 이외에 양반과 천인 신분이 포함되었다. 전란기에 군공을 통한 노비의 면천이나 서얼의 허통도 이루어졌다. 속오군이 전면적으로 운영되자 공사천公私賤이 군역 의무를 지게 되었다. 의무와 권리는 함께 가는 것이다. 본래 노비는 군역과 부세의 의무가 없었으나 이제 속오군의 소집에 응할 의무를 지게 된 것이다. 심지어 18세기 영조 연간 공노비의 신공과 양인의 양역이 동일한 수준으로 재편되었다. 균역법이 실행되면서 면포 2필이 1필로 감해지자 노비의 신공 역시 여기에 준하여 통일되었다.

그렇다면 속오군을 통제하는 주체는 누구인가? 바로 오늘날 향토예비군에 해당하는 군사를 소집하여 훈련하는 일을 진영장(영장)이 맡았다. 진영은 거진(계수관) 단위에 설정되었으므로 자연히 인근 여러 고을을 지휘·통솔하였고, 군무軍務에 관한 전권을 지녔다. 17세기 전란의 위험이 높던 시기에는 훈련 강도가 높아서 휘하 목민관의 원성이 자자했다. 고을 수령은 여전히 본래의 군직을 지녔고, 계수관의 민정장관 역시 군함을 갖고 있었으나 통합 지휘권은 별도의 영장이 지녔다. 병마절도사 휘하의 복수의 영장이 지역별로 도를 방어하는 체계가 완성되었다.

8장 법치국가의 구현

1. 동북아시아 당제와 세계 체제

조선시대 국법 체계의 근간은 고려 말 사법 개혁에서 비롯되었다. 고려의 형정은 집권세력에 따라 자의적으로 집행되었다. 불의한 현실에 대한 통렬한 비판 의식 속에서 조선의 건국 세력은 만세불변萬世不變의 제도를 법으로 남기고자 하였다. 고려 말 개혁 입법은 조선의 법전인 『경제육전』에 반영되었다.

멀리는 삼국시대의 전통부터 가까이는 고려시대의 입법 취지까지 직간접적으로 계승되었다. 이 시기 당률唐律에 대한 광범위한 연구가 진행되는 가운데 원과 명의 사법제도 역시 차차 도입되었다. 특히 14세기에 주목할 만한 점은 명과 고려 말 위정자가 거의 동시간대에 당률 연구를 추진하고 있었다는 사실이다. 이것은 명과 조선의 건국 세력이 꿈꾸었던 당唐 초기 국가 모델과도 부합한다. 건국 세력은 각종 유교 경전을 통해 고제古制를 회복하고자 했으나 이상을 현실화하는 데는 어려움이 적지 않았다. 이에 세계 제국을 건설한 당의 문물제도를 연구함으로써 유교적 이상사회를 현실에서 구현하고자 노력하였다.

앞에서 말했듯이 이는 동시간대 유럽에서 그리스·로마 고전에 주목하던 르네상스 운동에 비견해볼 만하다. 더욱이 서구 근대법은 로마법 연구에서 기원하였는데, 이는 마치 한국·일본의 현대 형법의 법률 용어가 은연중에 당률·명률 개념을 상당 부분 차용하고 있는 것과 비슷하다. 이러한 관점에서 동북아시아 당제唐制 수용에 대한 몇 가지 특징을 살펴볼 수 있다.

첫째, 당 초기 농업 국가 경제모델이 주목받았다. 양국의 위정자는 몽골제국이 구축한 유라시아 통상 경제망이 대외 정세에 크게 좌우되면서 급기야 왕조의 멸망까지 초래한 사실을 심각하게 받아들였다. 이에 외부의 변수가 거의 영향을 미치지 않는 자립적이고 안정적인 농업경제모델에 주목하였다. 유학자들은 모두 자유무역의 막대한 통상 이익이 황실·왕실이나 부상대고富商大賈에게만 돌아가고 일반 농민에게는 별반 도움이 되지 않았으며, 몽골제국의 변방을 이루던 한국汗國Khanate(혹은 울루스Ulus)의 붕괴가 동서 교류망의 상실로 이어져서 국가의 중앙 재정이 파탄이 났다고 보았다. 따라서 명에서는 해금령과 사행 제한 등과 같은 방식으로 대외 무역 의존도를 축소하고자 하였다. 이 시기에는 조租·용庸·조調, 균전제均田制, 부병제府兵制 등의 당 초기 소박한 자립 경제를 이상적 국가상으로 인식하였다.

둘째, 당대唐代 전典-예禮-율律 삼법 체제가 명과 조선 양국에 적극 도입되었다. 『당률소의唐律疏議』(653), 『대당개원례大唐開元禮』(712), 『당육전唐六典』(738) 등은 후속 왕조에서 계승되지 못하고, 명과 조선에 이르러서야 비로소 부활하였다. 중국에서는 홍무제가 오왕吳王 시절부터 『율령직해律令直解』(1367)를 반포하여 법치주의 국가를 선언하였으며, 명은 건국 후 수십여 차례의 문물제도의 정비 과정을 통해서 마침내 『대명률大明律』(1367-1397), 『대명집례大明集禮』(1369-1370), 『대명회전大明會典』(1509-1587) 등을 구축하였다. 아울러 고려 말부터 『주관육익』, 『조선경국전』 등의 육전六典 체제가 편찬되고 있었고, 실제 국가의 통치 규범은 명의 제도 정비 과정을 참조하여 『경제육전』(1397)을 시작으로 상당한 진통 끝에 『대명률직해大明律直解』(1395), 『경국대전』(1466-1485), 『국조오례의國朝五禮儀』(1474) 등의 체제를 갖추었다.

더욱이 고려 말 당률 연구를 통해서 사법 개혁의 근간이 마련되었다. 실례로 사법권의 중앙 집중, 삼복의 실시, 사면 대상의 재조정, 신문고 및 소원 제도 정착, 십악·강상죄 유형화, 휼수 조치, 사회적 약자 보호 등이 모두 당률을 토대로 추진한 사법 개혁이었다.

셋째, 당의 국가 제도 및 관료 체제 모델이 적극 원용되었다. 당대唐代 완성된 조종 묘호는 고려 초에 도입되었다가 원간섭기에 중단되었고, 조선에서 부활하였다. 또한 한·당의 제도를 참고하여 고려에서는 목·대도호부·중도호부·대도독부를 설치하였고 조선에서도 목·대도호부·도호부로 계승하였다. 당대 등장한 도道·절도사·관찰사는 고려시대부터 도입되었고, 조선의 『경국대전』에서도 지방 제도·군정장관·민정장관으로 최종 등재되었다. 아울러 당에서 완성된 문·무산계 역시 고려에서 수용되었다가 조선에 이르러 비로소 중국과 동일하게 문신과 무신이 각각 문산계와 무산계를 받는 형태로 정착되었다.

넷째, 당대 경제구조의 급격한 변화 과정이 동북아시아에 재현되었다. 당은 7세기 개창 당시에는 소박한 경제구조로 출발하였으나, 8세기에 접어들어 이슬람 세계와 연결되면서 대규모 동서東西교류의 시대를 열었다. 이미 수백 년 전 당에서도 성공하지 못했던 농업 입국農業立國의 꿈이 명과 조선에서 유지될 리 만무하였다. 15세기 중반부터 명과 조선에서는 조정에서 주도하는 강력한 통제 경제가 붕괴되었다. 명은 은銀본위 경제로, 조선은 부세의 금납화金納化로 각각 변화하였다. 향후 16세기에 이르면 양국은 세계 은 경제체제 내에 완전히 편입되었다.

2. 조선의 법제서 편찬

조선은 국가 체제를 성문법成文法에 기초하여 운영하였다. 조선 초기 각종 입법 조치를 살펴보면 공민왕 즉위교서, 위화도회군 직후 창왕 개혁 교서, 공양왕대 다양한 사법 개혁 조치 등에서 유사한 성격을 찾을 수 있다. 고려 말 개혁 입법은 조선왕조가 들어서자 신속히 성문법으로 확립되었다.

이러한 성과는 태조대 『경제육전』으로 집대성되어 반포되었다. 국초부터 국가의 모든 운영 규정을 '국법國法'에 명문화하고자 노력하였다. 왕조 사회에서 처음으로 최상위 법전을 보유하는 새로운 전통이 탄생하였다. 『경제육전』의 반포로 조선은 이전 시대와는 명확히 구분되는 새로운 정치 운영 체제를 갖추었다. 조선은 명실상부한 '법치주의 국가'가 되었고 모든 통치는 법에 근거하였다.

고려시대에도 법치는 국가의 주요한 기틀이었으나, 국가 제도 전반이 하나의 법체계 속에 명문화되어 국가 운영의 중심으로 기능하지는 못했다. 고려에서도 조종성헌을 준수한다는 개념과 개별 사안에 대한 세부적인 법제가 정비되어 있었으나, 모든 법규를 통할하는 최상위법은 아직 존재하지 않았다. 조선은 당제를 모범으로 하였으나 직접적으로는 아마도 원이 '대전大典'을 편찬하여 제국의 통치 근간을 확보하고자 한 전통을 참고하여 활용한 듯하다.

『경제육전』은 후속 세대의 법의식에서 거의 현대 헌법에 해당하는 지위를 누렸다. 후왕後王의 수교受敎는 『속육전續六典』이 수차례 속간續刊되면서 반영되었다. 『경제육전』은 법체계의 근간이자 변개불가變改不可의 지침으로서 자리 잡았다. 『경제육전』을 중심으로 하는 각종 법제가 증보되면서 최고 상위법 『경제육전』, 후속법 『속육전』, 하위법 「등록謄錄」 등이 각각 편찬되었다. 조선 초부터 이미 법전의 지위가 이처럼 구분되는 상황이었다.

법치주의가 자리 잡으면서 수교가 누적되었고, 법체계를 보다 큰 틀로 조정하는 일이 필요해졌다. 이후 『경제육전』은 수차례의 증보 과정을 거치면서 한 차원 더 격상된 『경국대전』으로 탈바꿈하였다. 태조대 『경제육전』이 간행된 이후 약 1세기 동안의 노력 끝에 보다 거시적 틀에서 조선의 체제를 규정하는 『경국대전』이 반포된 것이다.

사회 개혁과 신왕조 개창, 그리고 국가 기반 제도의 안정화는 오랜 시행착오 끝에 이루어졌다. 성종대 『경국대전』은 건국 세력이 개혁 입법에 본격적으로 나서기 시작했던 위화도회군(1388) 직후부터 약 1세기 이후에 만들어진 법전이다. 이것은 보편적인 법조문의 구축이 얼마나 어려운지를 잘 증명한다. 『경국대전』 편찬의 가장 큰 목표는 국법 체계의 확립이었다. 이 같은 노력 덕분에 『경국대전』은 조선시대 전 기간 동안 국정 운영의 최상위법으로 기능하였다. 조선은 『경제육전』 편찬으로 성문법에 기반한 국정 운영의 첫발을 내딛었으며, 『경국대전』 찬집으로 정교한 국법 체계를 갖춘 국가로 발돋움하였다. 『경제육전』이 14세기 국가 체제의 이정표 역할을 했다면 『경국대전』은 통시대적이고 보편적인 법으로 자리매김하였다. 이후 조종성헌은 『경제육전』에서 『경국대전』으로 그 기준이 바뀌었다.

아울러 『경국대전』의 보완 작업도 지속적으로 이루어졌다. 세월이 흐르면서 변화된 사안을 기존의 법제도에 반영시켜야 할 필요성이 대두하였다. 법치주의를 원칙으로 내세웠기 때문에 새로운 규정도 국법에 명시하는 전통이 지속되었다. 성종대 『대전속록』, 중종대 『대전후속록大典後續錄』, 명종대 『경국대전주해經國大典註解』 등의 편찬이 이루어졌다. 이전에 항상 『경제육전』을 중심으로 법제가 운영되었듯이 이번에는 『경국대전』이 같은 역할을 했다. 이른바 『경국대전』 체제의 성립이었다. 이로써 조선 전기 국가 체제의 근간이 되는 법제가 갖추어졌다.

하지만 16세기 말부터 법제 정비 사업은 한동안 정체기를 맞이하였다. 임진왜란(1592-1596)·정유재란(1597-1598)과 정묘호란(1627)·병자호란(1636-1637) 등의 연이은 발생으로 상당수 전적典籍이 소실되었고 전후 물력物力도 불충분하여 법제 정비가 지지부진하였다. 어려운 여건 속에서도 선조대 『각사수교各司受教』, 인조대 『각사수교』「추록追錄」 등과 같은 임시 사업이 추진되었다. 17세기부터 수교가 오랫동안 누적되자 새로운 법제를 집대성하고 다시 '대전'체계 내로 편입시키려는 논의가 지속되었다.

18세기 탕평정국이 도래하면서 국내외 정국이 안정되자 비로소 법제 정비 사업이 본궤도에 재진입하였다. 숙종대는 열성列聖의 수교를 집대성하여 『수교집록受教輯錄』을 편찬하였을 뿐 아니라 기존 법전을 하나의 법체계로 묶는 작업을 시도하여 『전록통고典錄通考』까지 간행하였다. 또한 영조대는 선왕의 업적을 계술하여 『신보수교집록新補受教輯錄』과 『증보전록통고增補典錄通考』로 증보하였을뿐 아니라 『경국대전』 이후의 모든 법제를 집대성하고 최상위 법조문으로 격상시켜 『속대전』을 탄생시켰다. 나아가 정조대는 『경국대전』과 『속대전』을 국가의 근간이 되는 두 개의 기둥으로 설정하고,

여기에 영조 후반-정조 초반의 수교를 시왕時王의 법전으로 증보하여 『대전통편大典通編』을 반포하였다. 이는 종합 법전화의 새로운 방향을 제시하여 고종대 『대전회통大典會通』까지 계승되었다.

3. 법치국가 탄생

'법치주의rule of law'나 '법치국가Rechtsstaat'라는 용어를 단지 영국이나 독일의 전유물로 국한해 이해하는 것은 서양 우월주의적 시각으로 재고가 필요하다. 법치주의는 17세기 수평파Leveler의 의회주의 운동이 확산되면서 명예혁명이 일어난 데에서 기인한다. 당시 윌리엄 템플William Temple(1628-1699)의 명대明代 내각제內閣制 연구가 바탕이 되었고,[1] 심지어 이때 천명한 입헌군주제 원칙은 "군림하되 통치하지 않는다"[2]는 『논어』 「태백泰伯」의 구절[3]까지 원용하였다. 이는 서구의 자생적인 근대화라기보다는 계몽주의시대 중국 열풍과 맞물려 나타난 것으로 법치주의를 동양과 대비되는 고매한 서구의 이상으로 설명하기에는 무리가 있다.

법치국가는 19세기에 이르러 영국뿐 아니라 프랑스까지 입헌정체 수립에 성공하자, 낭만주의시대 근대화의 이상화된 모델이 동양에서 서유럽으로 변화한 것이 배경이다. 특히 정치적으로 분열되어 있던 독일 지역은 한편으로는 통일국가의 탄생을 꿈꾸면서도 다른 한편으로는 법이라는 강력한 권력으로 개인의 자유를 보장받고자 하였다. 이러한 바람이 후대에 법치국가라는 용어로 정립되었다. 이미 통일된 국가에서는 법의 운영 원리인 '법치주의'에 관심을 가졌던 반면에 그렇지 못한 지역에서는 단일한 권력이 지배하는 '법치국가'의 수립 자체가 중요했다.

이때 역설적이게도 억압하는 전제군주정의 모델로 중국이 상정되었다. 명예혁명 당시 중국은 사대부의 공론정치를 실현하는 이상적인 나라로 소개되었으나, 한 세기가 지난 뒤 영국의 정치체제를 동경하던 독일에서는 오히려 정반대로 설정되었다. 오늘날 오리엔탈리즘Orientalism(왜곡된 동양관)의 서막은 헤겔을 비롯한 독일계 학자들의 시각이 가장 많은 영향을 미쳤다.

이 같은 유럽의 서로 다른 입법 전통은 자국사의 정치체제 발전을 설명하기에는 유용하지만 전 세계의 보편적인 현상으로 확대하기에는 부적절하다. 특히 15세기 조선의 『경국대전』에 17세기 영국이나 19세기 독일의 전통이 존재하는지를 묻는 것은 시공간을 거의 고려하지 않은 서구 중심주의 관점이다. 법치 개념이 훨씬 늦게 형성된 지역의 기준을 선진 지역에 무리하게 적용하는 방식이므로 문제가 있다.

법을 바라보는 관점은 시대별로 여러 가지로 나뉜다. 그중 하나는 공과 사로 구분해 국가의 통치 체제 전반의 영역과 민간의 영역을 구분하는 방식이다. 더욱이 고금을 막론하고 일반적으로 법을 형벌 위주로 인식하는 경우가 많았다. 그래서 그 영역은 주로 공법(국법), 사법(민법), 형법(형사법) 등으로 이해되어왔다. 물론 엄밀히 구분하면 형법은 공법에 속한다. 이들 중 어느 하나가 압도적으로 앞선 전통을 지니고 있지는 못하며 그 연원 역시 다채롭다. 국법이나 형법의 영역은 『서경』에서 확인되며, 소송(민법)은 『주역』에서 확인된다. 더욱이 국법(공법)의 전범은 『주관』(『주례』)에 집대성되어 있다. 또한 예법을 하나의 범주로 인식하는 관점은 후한 말 삼례三禮 의식이 탄생하면서 『주례』뿐 아니라 『의례』 · 『예기』 역시 국가 전장典章으로 간주하였다.

이 같은 인식은 진한秦漢의 강력한 법치주의의 실현, 위진남북조魏晉南北朝의 다양한 법원法源의 발굴 및 확대 등을 거쳐 당대『당육전』,『대당개원례』,『당률소의』등의 삼법 체계로 발전하였다. 국법 체계 전반을 규정하는『당육전』이 가장 늦게 마련되었고, 예치를 법치의 경지와 동일시하는 의식으로 말미암아 의례도 국법에서『대당개원례』로 규정되었다. 또한 법치의 협의로 해석한 형벌이『당률소의』로 집대성되었다. 물론 편찬은 율律-예禮-전典의 순서로 이루어졌다. 이러한 삼법 체계는 이후 왕조에서 국가 운영에 상당한 참고가 되었다.

송이나 고려 등은 이를 절충하는 방식으로 활용하여 당의 체계와 일치하지 않았다. 오히려 당의 삼법 개념을 그대로 국가 체제로 계승한 것은 조선과 명이었다. 마치 서구 사회에서 르네상스기에 로마법을 연구하여 근대법체계 마련에 활용한 것과 유사한 맥락으로 조선과 명도 당의 국가 체제를 대거 연구하여 현실 정치에 적용하였다. 그것이 바로 명의『대명회전』,『대명집례』,『대명률』, 조선의『경국대전』,『국조오례의』,『대명률직해』로 나타났으며, 이는 국가의 최상위 법체계가 마련되었음을 의미했다. 중국과 한국의 고대국가에는 모두 법(형/율)이 존재했다. 삼국은 물론이거니와 고려도 정교한 형법을 지니고 있었다. 이 같은 법 전통 위에 조선이 세워졌음은 주지의 사실이다.

그럼에도 고려와 조선의 차이점은『고려사』「형법지」서문에 응축되어 있다. 신왕조 개창 세력은 고려 말 법 적용이 집권자의 의도에 따라 고무줄처럼 좌지우지되었다고 보았다. 이에 근간이 되는 성문법을 바로 세워서 모두에게 동일한 법을 적용하기를 주창하였다. 이것이 근대 신분 평등을 뜻하는 것은 아니다. 그러나 법문에 규정되어 있는 그대로 집행하기를 주창한 것이다. 곧 죄형법정주의를 제창한 것이다. 형 적용이 마음에 들지 않을 경우라도 새로이 입법을 해야만 바꿀 수 있었다. 이것이 조선을 성문법의 국가로,

조선 사람을 법(제도) 만능주의자로 탈바꿈시킨 요인이었다. 이러한 잦은 제도 개혁은 현대인에게도 이어지고 있다.

법치주의 척도는 제도의 완비 정도가 주요하지만 법을 운영하는 사람도 중요하다. 따라서 법제도와 법문화가 모두 수반되어야 법치주의가 실현된다. 세계에서 가장 좋지 않은 헌법을 지닌 나라는 독립 당시의 형태에 약간의 수정만 가한 미국의 헌법이다. 아예 단일한 성문헌법이 존재하지 않는 나라는 불문법 국가인 영국이다.[4] 그렇다고 이들 국가를 선진 민주국가가 아니라고 하지는 않는다. 반면에 세계에서 가장 현대적이고 발전된 법이론을 담고 있는 헌법을 가진 나라는 대체로 제3세계 국가들이다. 대부분 독재 정권이나 비민주적인 의사 결정으로 악명이 높다. 아무리 좋은 법제도를 가지고 있어도 민주주의국가로 평가하기는 망설여진다. 이는 법문화가 중요하기 때문이다. 사람과 제도가 모두 갖추어질 때 비로소 온전한 민주주의라고 부를 수 있다.

고려의 법치를 살펴보면 시대별로 너무나 다양한 법 적용이 이루어져왔다. 특히 후기에는 쿠데타가 만연해지고 이민족이 침입하면서 법은 종이 문서로만 존재했다. 그러다가 위화도회군 직후 법을 실질적인 가치로 바꾸기 위해 원칙적인 국가 운영(공법의 확립)을 천명하였다. 이에 모든 개혁에 입법 작업이 선행되었다. 개혁 입법은 불과 수년 만에 법전이 될 만큼 축적되어 『경제육전』으로 탄생하였다. 최상위 헌법(헌장/국법)을 지닌 왕조가 탄생한 것이다. 왕정에서 명목상 모든 법의 최종 재가자裁可者는 국왕이었으나 국가 운영에 필요한 대부분의 사안은 신료들과 논의 과정을 거쳐 입안되었다. 국왕의 전교만으로 입법이 이루어지는 경우는 대체로 오늘날의 대통령령에 해당하는 수준에 불과하였다.

일반적인 입법은 해당 아문에서 초안을 올리거나(오늘날의 정부

입법), 신료들이 상소나 차자를 통해 개혁안을 올리는 경우(오늘날의 의원입법)가 대부분이었고, 재야의 신민이 상소·신문고 등을 활용하여 청원하는 형태(오늘날의 국민입법) 등도 없지 않았다. 이 같은 입법 초안은 1차로 해당 아문(예조)의 기초적인 검토 과정을 거치고 2차로 다시 대간(사헌부·사간원)의 서경署經(이전 법과 충돌하는지 검토)을 거쳐서 3차로 조정에서 논의되어 신료들의 합의가 이루어지면 국왕이 재가하여 반포하였다. 이 같은 입법 절차는 국법으로 규정되었고 실록에서도 실제로 준수되고 있는 사례가 확인된다.

여기서 '법치'는 세 가지 개념을 전제로 사용하였다. ① 법에 의한 통치이다. 고려 말 관행에 따라 법의 적용 잣대가 달랐던 불의한 현실을 개혁하여 신왕조에서는 누구나 동일한 법의 적용을 받도록 했다. ② 최상위 법전(헌법)을 상정한 점이다. 조선은 신라나 고려와 달리 일정한 국법 체계를 상정하여 국가의 토대가 되는 헌장을 세웠다. ③ 국왕이 법의 수호자로 자리매김하여 법치를 강조한 점이다. 왕정사회임에도 불구하고 국왕은 입법 활동을 장려하고 오히려 법을 준용함으로써 왕권을 강화하는 형태를 취하였다. 서구 의회주의 발전이 군주권을 제한하는 역사로 이해되지만 입헌군주제의 국왕은 법의 수호자이기도 하다. 이 같은 체제는 이미 조선에서 구현되었다.

4. 포도청과 토포영

17세기 두 차례의 호란 이후에 청과 여전히 긴장감이 감돌았음에도 불구하고 전란이 다시 일어나지는 않았다. 평화가 지속되면서 진영장(영장)에 대한 민원이 훨씬 더 많이 발생했다. 전쟁 대비 필요성은 느끼지 못했고 농사철 일손 부족을 호소하기 일쑤였다.

그러나 조선 전기에 평화가 장기간 지속되자 왜란과 호란을 막기 어려웠던 사실을 고려해야 했다. 이에 각 진영에는 새로운 임무가 부여되었다. 그것이 바로 '토포영'의 설치이다. 본래 토포사는 특별한 사안이 있을 때만 파견되는 것이 상례였으나 17세기부터 기존의 진영을 활용하는 방안이 채택되었다. 이에 진영은 토포영이 겸하였고 진영장도 토포사를 겸직하였다. 곧 군정장관의 역할이 형정장관까지 확장된 것이다.

이는 한성부 내의 좌·우포도청과 유사한 성격을 지녔다. 『경국대전』에 포도청은 등재되어 있지 않다. 포도청은 성행하던 도둑을 잡기 위해 별도로 설치한 임시 관청을 상설 기구화하여 수도 한성부의 사법 기능을 특화시킨 것이다. 물론 한성부의 사법권은 사라지지 않았고, 한성부-형조로 이어지는 사법체계에 포도청이 별도로 들어섰을 뿐이다. 일종의 목민관인 한성판윤이 가진 종래의 사법 기능 이외에 좌·우포도청의 특별 사법권이 병립한 것이다. 우선권은 포도청에 있었다. 포도청의 담당 구역은 시대별로 차이가 있으나 대체로 한성부 내로만 국한되었다. 이는 오늘날 경찰(한성부)-검찰(포도청)의 권한에 비견해볼 수 있다. 물론 이 같은 비교는 조선시대에 국한되며, 대한제국기에 포도청은 근대 경찰의 원형으로 변모하였다. 포도청은 중국에서는 청 후반에 읍지에서나 능상하는 표현이므로 조선에서 독자적으로 만든 관청명인 듯하다. 정약용은 『경세유표』에서 "도둑을 잡는다[捕盜]"는 표현이 너무 직설적이라고 비판하기도 했다.

외방의 토포영을 중앙의 포도청과 비교하는 이유는 상급 사법 기구인 형조와 감영에서 한결같이 포도대장(종2품)과 영장(정3품 당상)의 월권을 비난했기 때문이다. 더욱이 한성판윤(정2품)은 목민관이면서 동시에 조정회의에 참여하는 특별한 지위를 가졌으므로 포도대장의 우선권에 반발했고, 지휘 계통에 있던 형조판서(정2품) 역시 2품 반열로서 포도청의 행동을 월권으로 여겼다. 지방에서는 토포사가 포도대장의 행동을 답습하였다. 포도청과 토포영은 본래 군문軍門으로 분류되어, 형법을 초월한 가혹한 고문으로 악명 높았으므로 물고物故(사망)되는 경우가 많았다. 형조판서와 관찰사 모두 죄인이 제대로 심문하기도 전에 죽는 경우가 많다고 한탄하는 보고를 많이 올렸을 정도였다. 이에 18세기에는 사법 기구를 하나의 계통 속에서 재정리하는 일이 진행되었다. 마치 5군영의 군권을 병조에 귀속시켰듯이 일부 예외에도 불구하고 사법권 역시 형조에서 관할하도록 하였다. 특히 영조는 지방 토포영의 월권에 대해 엄격한 징계를 취하였다.

그럼에도 토포영의 설치로 목민관이 지닌 민정·군정·형정 3권 중 군정·형정 권한이 상당 부분 이양되었다는 사실은 주목할 만하다. 물론 모든 고을에 해당하는 것은 아니었다. 마치 도에서 관찰사가 민정·형정을 담당하고 병마·수군절도사가 군정을 담당했듯이 계수관급에서는 여전히 목민관이 민정·일반 형정을 담당하고 진영장·토포사가 군정·특별 형정을 맡았다. 예컨대 19세기 해미읍성에서 천주교도의 사형 집행이 많이 이루어진 것은 바로 해미가 충청도의 좌영左營(진영)이자 토포영이었기 때문이다.

할리우드 영화 〈저지 드레드Judge Dredd〉(대니 캐논 감독, 1995)의 미래 도시에서는 수사·판결·집행을 동시에 하는데 왕정사회의 형정 권한이 그와 유사했다. 목민관은 수사권·판결권·집행권을 모두 지녔다. 기소권과 판결권을 분리하는 전통은 그리스 아테네 희곡5에서도 확인되므로 서구 사회의 오랜 전통으로 이해된다. 단 조선왕조에서는 사건의 경중에 따라 집행 권한이 제한되었다. 사형은 국왕에게 귀속되었고, 유형(유배) 이하는 관찰사가 직접 판결하고 집행할 수 있었다.

오늘날 광역 단위 지방 도시에는 지방검찰청과 지방법원이 같은 장소에 나란히 있는 경우가 대부분이다. 지방경찰청이 다른 곳에 위치한 것과는 대조적이다. 조선시대와 대한민국이 사법 기구를 전국적으로 배치하는 방식은 전혀 다르지만 양자를 거칠게 비교하자면 지방경찰청의 임무는 고을의 목민관이 맡았고, 지방법원과 지방검찰청의 역할은 토포영이 담당하였다. 그리고 고등검찰청·고등법원의 역할은 감영(관찰사)이 맡았으며, 대검찰청·대법원·헌법재판소는 임금이 주재하는 조정의 판결(사헌부·사간원-형조·의금부-의정부)과 같았다. 물론 대한제국기「재판소구성법」(1895) 반포 이후와 비교하면 토포영이나 감영의 사법 권한은 지방재판소의 형태로 통합되었고 고등재판소는 서울에만 존재하여 비교 층위가 전혀 달라진다.

사안에 따라 형조나 의금부에서 죄인과 형정 문서를 주관하였고 기록을 바탕으로 사헌부·사간원이 안율按律하여 구형求刑하면, 의정부 대신이 국왕의 자문에 응하였다. 사법절차에 필요한 필수 직분을 포함한 약 30-40여 명(중추부·돈녕부·한성부·육조·홍문관·승정원·준추관·훈신·종신 등)의 조정 신료가 의견을 내면 판결에 참고하였다. 역모 사건을 제외하면 국왕 단독으로 판결을 명하는 경우는 거의 없었다. 따라서 이때 조정회의(국청鞫廳·초복初覆·삼복三覆 등)에 참여하는 이들은 영국의 절대왕정하 추밀원樞密院Privy Council 혹은 현대 입헌군주제하 상원上院House of Lords 같은 역할을 맡았다. 사법권의 영역에서만 보면 양사 모두 대법원·헌법재판소의 역할을 하였다. 최근까지 영국과 미국에서는 상원이 한동안 헌법재판소의 업무를 보았다.

한편 영조대는 수령이 형벌을 가하려면 토포사의 허락을 받아야 했다. 그리고 토포사는 관찰사의 제어를 받았고, 관찰사는 전국에 파견된 심리사審理使의 견제를 받았다. 마치 명이 포정사布政使·제형안찰사提刑按察使·도지휘사都指揮使로 민정·형정·군정이 나누어진 것처럼 영조 연간에도 일시적이지만 관찰사·심리사·절도사로 구분되었다. 명대 제형안찰사가 순행했던 것처럼 심리사도 순찰을 임무로 하였다. 비록 심리사는 얼마 뒤 폐지되었으나 그보다 더 많은 어사御史(왕사王使)가 파견되어 지방의 민정 전반을 감찰하였다.

5. 노비 소송을 지원하는 왕조

원간섭기 신왕이 즉위할 때마다 개혁을 위해 내세운 정책이 바로 전민변정도감 설치였다. 빼앗긴 전토田土와 억지로 노비가 된 양인의 신분을 회복하는 일이 절대적인 과제였다. 곧 토지개혁만이 그 해결책이었다. 전지의 소유자가 십여 명이나 나타나면서 지세를 부담하는 것이 버거워 권문세족에게 자의·타의로 투탁하는 경우까지 등장하였다. 국가에서는 당연히 부세 수입이 줄어들고 군병의 확보도 어려워졌다.

공민왕은 즉위 초부터 이 문제의 해결을 과제로 제시했다. 이미 선왕들이 실패했던 과제였다. 부병제府兵制(국민개병)를 회복하고 정규군을 재구축하지 않았다면 공민왕 5년(1356)에 벌어진 압록강 영역 진출, 쌍성총관부 수복 등은 불가능했을 것이다. 특히 신돈을 두 차례나 기용하여 끊임없이 전민변정도감을 복설하고 토지 반환과 양인 신분 회복에 주력했다. 그러다가 국내외 전란이 잦아지고 홍건적 2차 침입으로 개경마저 함락되자 조정의 공문서가 모두 불태워졌다. 이러한 홍건적의 침입은 임진왜란으로 도성의 공문서가 불탄 것에 준하는 사건이었다. 이후 모든 노비문서는 홍건적의 침입 이후 재발급된 것을 기준으로 삼았다. 이전의 사적인 기록은 모두 무효화되었다. 이러한 인식은 신왕조 개창 후 노비변정도감에서 지속되었다.

위화도회군 이후 민정·군정·형정 3권을 갖고 막대한 권력을 행사하는 관찰사를 지방에 파견하여 양전(토지조사)에 성공하자 토지개혁에 해당하는 과전법이 반포되었고, 얼마 지나지 않아 신왕조가 개창되었다. 전민변정도감에서 '토지(전田)'의 문제가 1차로 해소되자 조정에서는 '백성(민民)'의 문제에 주력하여 인물추변도감·노비변정도감을 별도로 설치하였다. 그래도 민원이 심해져서 태조·태종의 어가를 막고 하소연하는 격쟁이 일반화되었고, 이에 대응하고자 태종은 신문고를 만들어 격고를 허용했다.

노비변정도감·격쟁·신문고는 모두 목민관이나 형조 등의 지방과 중앙의 정규 사법 기구에서 해소되지 않은 사안을 국왕의 특별 법정에 청원하는 형태였다. 조선왕조는 처음부터 양인 확보에 주력하였으므로 신분 회복을 적극 장려하였다. 노비 소송의 상당수는 양인 판결을 목적으로 하였으며, 문서상 불가능하면 속공屬公 조치로 공노비로 판결하였다. 문서가 명확할 경우에만 사노비를 인정하였다. 왕정에서 신분 해방을 위한 일종의 '공익 소송'을 지원하는 이례적인 상황이 이미 수백 년 전에 나타났다.

이러한 사회신분 구조의 대변동은 비단 왕조 개창기뿐 아니라 중흥기로 분류되는 18세기에도 또다시 일어났다. 중앙에서 서얼은 청요직에 허통되었고, 지방의 중서층은 양반으로 편입하는 비중이 높아졌다. 공노비(사사노비/시노비)는 일반 양인과 비슷한 지위를 누리게 되었고, 공인貢人(공물주인)과 시인市人(시전상인) 등의 상업 세력은 농민과 유사한 처우를 보장받았다. 이것이 바로 왕조가 장기간 존속한 이유였다.

6. 사원 개혁의 나비효과

개혁은 1차 과전법(토지개혁)과 2차 노비 소송(양인 회복)이 이루어지자 3차로 사사寺社에 대한 일대 정리가 이루어졌다. 사사 개혁은 태조가 발의하였고 태종이 전면적으로 실시하였다. 고을별로 최소 한 곳 이상의 사찰이 보존되었고 심지어 각 도는 여전히 종파별 수십 개 사찰을 거느릴 수 있었다. 그럼에도 대개혁으로 상정할 수 있는 이유는 오늘날 다양한 종교 시설이 도시의 밤하늘을 가득 메우고 있는 것과 유사할 정도로 고려 말 고을 내에 사찰이 많았기 때문이다. 종교의 종류만 다를 뿐 신앙이나 이념을 좋아하는 성향은 그대로 이어지는 듯하다. 결국 고려의 사찰은 시간을 두고 조선에서 점차 서원이나 사우 등으로 바뀌었다.

사원 개혁은 우선 각종 폐단이 발생한 사찰부터 전격적인 몰수 조치가 이루어졌다. 이를 통해서 다음 몇 가지 효과가 나타났다. 첫째, 전토에 대한 몰수로 사찰의 토지가 모두 국가·왕실로 들어갔다. 이는 과전법 개혁으로 타격을 입었던 재원을 회복하는 데 요긴했을 듯하다.

둘째, 사사노비寺社奴婢가 모두 공노비로 전환되었다. 이로써 엄청난 숫자의 공노비가 생겼으나 이들은 중앙 각사各司의 느슨한 감독을 받으며 전국에 거주하였으며 사실상 농민의 생활을 영위했다. 이들이 노비의 절대다수였으므로 이를 근거로 조선이 노예제 사회였다고 주장하는 것은 어불성설이다.

셋째, 사찰에 상주하던 승려는 상당수 양인으로 환속시켜 군역을 지게 했다. 전민변정도감으로 세속 귀족의 부를 재편했다면 사원 개혁으로 성직 귀족의 부를 재편해냈다. 이처럼 조선은 급진적 혁명으로 새로운 국가를 만들어냈으므로 일견 근대 공화정 내지 입헌군주제의 모습을 연상케 할 정도이다.

비근한 예로 동북아시아의 자본주의 블록의 경우 제2차 세계대전 직후 미군정(연합국총사령부General Head Quarters(GHQ)) 지역인 한국-대만-일본 3개 지역에서 토지개혁이 실시되어 유상몰수 유상분배 조치가 추진되었다.[6] 이를 통해 전통시대 지주계급이 해체되었고, 소농의 자립은 사유재산의 인정, 생산력 확대, 자본주의 정착에 긍정적인 역할을 하였다. 이와 유사한 정책이 이미 14세기 말-15세기 초 조선에서 3차례의 경제개혁을 통해 이루어진 것이다. 한편 이웃했던 북한-중국-러시아의 경우 공산당(혹은 노동당) 주도하에 각기 토지개혁이 단행되어 자본주의 블록과 비슷한 양상을 띠었으나 갑자기 러시아에서 집단농장제도를 시행하고 중국이나 북한도 이를 도입하자 소농의 자립적인 생산 의욕은 붕괴되었다. 이것이 1980-1990년대 개혁개방 이전까지 두 진영의 경제적 토대를 완전히 바꾸어놓았다. 마찬가지로 토지개혁에 성공한 조선이 그렇지 못했던 동시대 여타 국가들과 전혀 다른 경제적 성취를 거두었음은 주지의 사실이다.

7. 신문고와 사법체계

격고擊鼓(등문고登聞鼓/신문고申聞鼓)는 중국 위진남북조시대부터 등장하여 당률에서 정립되었다. 이것이 명에서는 등문고로 조선에서는 신문고로 정착하였다. 이미 당의 여러 제도는 동시대 국가인 발해·신라·일본에 영향을 미쳤다. 특히 당률은 후대 왕조인 송·원·명이나 고려·조선에서 통치에 적극 활용되었다. 거듭 말했듯이 이는 마치 로마에서 집대성한 제도와 법이 동시대 게르만족과 향후 유럽에 영향을 미쳤던 것과 유사하다.

격고의 기본 취지는 억울함을 해소하기 위함이었다. 그러나 기존 사법절차를 초월하는 군주(황제·국왕)의 특별 법정에 해당하므로 그 사안에 목숨을 걸어야만 했다. 이는 정규 사법체계를 무력화하거나 남용하는 것을 막기 위함이었다. 조선의 등문고는 표면적으로 중국 제도를 연원으로 한다. 그리고 태종대 최초 신문고 규정 역시 당률·명률을 개정하여 조선화하였다.

하지만 실질적으로는 고려 후기부터 누적된 사송 문제의 연장선상에서 그 배경을 살펴보아야 한다. 고려 전기 광종대는 노비안검법奴婢按檢法을 실시하였을 정도로 노비로 전락한 백성에 대한 구제와 호족의 세력 약화를 도모하였다. 이후 몇 차례의 왕위 계승 전쟁과 외적의 침략을 겪었으나 체제는 빠르게 안정되어갔다. 적어도 연대기상으로는 신분 문제가 잘 드러나지 않는다. 그러다가 큰 격돌을 겪는 것은 무신정변 이후이다. 중앙에서는 무신정권기 고종을 제외한 대부분의 군주가 시해당했고 집권세력은 무반 → 하급 무신 → 천민 등의 순서로 기존 신분 질서가 파괴되었다. 외방(지방)에서는 농민 반란과 노비 반란이 전국적으로 발생했다. 여기에 몽골의 침략까지 겹치면서 고려의 사회질서 자체가 와해될 지경이었다.

최씨 정권이 강화도 내에서 안정은 이루었지만 지방과 외세에 대한 문제까지 해결하지는 못했다. 그러던 중 김준金俊(김인준-1268)이 쿠데타를 일으켜 최씨 정권을 종식시키고 왕정복고를 명분으로 내세워 절반의 복고가 이루어졌다. 여기에 몽골에 대한 항복 절차가 진행되는 과정에서 고려 태자(원종)가 쿠빌라이(원세조)의 즉위를 도운 공으로 고려의 독립국 지위가 보장되었다. 몇 차례의 폐위나 삼별초의 반란에도 몽골군이 남하하여 왕정을 지켜주었다. 왕정은 복고되었고 국왕의 권력은 회복되었으나 외세의 도움을 빌렸으므로 여기서 발생하는 사회 모순이 적지 않았다.

이 시기 등장한 권문세족은 호족·문벌 귀족·무신의 기존 집권층과 원과의 외교 관계에서 통역·무역·호종 등으로 새롭게 부상한 세력 등이 다양하게 섞여 있었다. 한 가지 공통점은 모두 자신의 실력보다는 가문의 힘으로 추천받아 출사한 이들이었다는 점이다. 그랬기에 부패상은 더욱 심각하였다. 함부로 남의 토지를 겸병하는 문제와 위력으로 양인을 노비로 만드는 문제가 가장 컸다. 이에 원간섭기 전민변정도감이 수차례나 설치된 것이다. 전민변정도감의 소송 안건은 토지 반환과 양인 신분 회복이었다. 그런데 위화도회군 이후부터 추진된 전제 개혁으로 과전법이 공포되어 토지에 관한 소송은 일괄 정리되었다. 공양왕 앞에서 무려 3일간 고려의 전시과 문서를 모두 불태웠다.

그러나 노비문서는 홍건적 2차 침입 시 개경이 불탄 이후를 기점으로 여전히 기록이 존재했다. 이에 문서에 근거하여 소송전이 이루어졌다. 역설적으로 이전의 노비 신분은 인정되지 않은 듯하다. 과전법 공포 후 전민변정도감은 인물추변도감·노비변정도감으로 차례로 변모하여 노비 소송을 전담했다. 그런데도 앞서 살폈듯이 사람들은 태조·태종의 어가를 막고 억울함을 호소했다. 이전의 고려 국왕에게는 거의 일어나지 않은 일이었다. 이성계는 유명한 장군으로 백성의 신망을 등에 업고 신왕조를 개창했으므로 백성들이 직접 뜻을 전달한 듯하다. 번거로움에도 불구하고 이들을 잘 어루만져야 새 왕조의 뿌리를 든든히 할 수 있었다.

태종은 공신에게 냉혹하기 짝이 없었으나 백성에게는 한없이 부드러운 태도를 취하였다. 자신의 다소 작위적인 군사 정변(1, 2차 왕자의 난)은 모두 백성을 명분으로 내세웠기 때문이다. 태종대 신문고 기록이 영조·정조의 상언·격쟁 횟수보다 훨씬 많았다는 사실이 이를 반증한다. 정약용이 『경세유표』에서 태종대 신문고는 궐내에 설치되어 백성의 접근이 어려웠다고 지적한 것은 사실과 다르다. 이러한 비판이 나온 이유는 영조대에 복구한 신문고가 궐내 중문(창덕궁 진선문)에 설치되었기 때문이다. 진선문은 돈화문 다음에 나오는 중문인데, 정약용은 영조가 백성을 진선문 앞에 자주 불러서 순문을 열었다는 사실은 인지하지 못하고 있다. 정조는 신문고가 궐내에 있다 하더라도 백성의 접근이 가능하다고 반박하였고, 실제 태종대의 신문고 접수 기록은 천여 건(1,359건)이 넘기 때문에 접근이 불가능했다는 주장은 사실이 아니다. 심지어 태종대 노비 소송 전체를 대상으로 하면 만여 건(1만 6,058건)을 훨씬 상회한다. 이것이 어느 정도의 규모인가 하면 영조-정조 연간 상언·격쟁보다 압도적으로 많은 수이다(영조대 346건, 정조대 4,427건).[7] 단순 비교로도 이미 많으며 재위 기간을 고려한 평균 횟수로 보면 압도적인 차이이다.

신문고의 본래 취지는 국가 반역죄 고발이나 국가정책 건의, 자신의 억울한 사안 호소였는데, 대부분 억울한 사연으로 노비 소송을 들었다. 이는 노비 개인에게는 신분이 달린 절체절명의 과제였고, 양반 주인에게는 재산 손실의 문제였다. 양자 모두 간절하게 소송에 매달렸다. 정규 사법절차에서 자신이 원하는 결과를 얻지 못하면 국왕에게 달려갔다. 특별 기구인 노비변정도감까지 한시적으로 운영했으나 여기에서도 만족하지 못하면 어가를 멈춰 세우기 일쑤였고, 태종이 신문고를 만들어 상시 운영이 이루어지니 여기에 진정하라고 당부할 정도였다. 그러나 사람들은 노비변정도감·신문고(격고)·어가(격쟁)를 가리지 않았다. 태종은 힘들다는 투정을 부릴지언정 백성의 간청을 거절하는 경우는 없었다.

국가는 기본적으로 양인 확대를 정책 방향으로 삼고서 억울한 백성을 보호하고자 노력했다. 기실 권문세족이 몰락하고 그들의 토지가 재편되면서 기존 토지에 달린 노비 신분의 백성도 양인이 되었을 것으로 추정된다. 문제는 중소 지주에 해당하는 양반 관료였다. 곧 조선왕조 개창에 직간접적으로 지지 의사를 보낸, 왕정의 포섭 대상인 사대부의 노비였다. 사대부는 중앙에서는 공신이나 과전법하 150결 이하의 토지 수조권을 지급받은 고위 관료로서 존재하였고, 지방에서는 과전법에서 10결 이상의 보유를 인정받은 사족이었다. 물론 토지 규모에 노비가 비례하였으므로 고려에 비해 대규모 노비 소송이 일어날 여지는 많지 않았다. 그러나 과전법과 달리 노비문서를 일괄 소각하지 못하였으므로 신분 논쟁은 태종대에 이르러 전면적으로 재논의되었고 세종대에 가서야 비로소 진정되었다. 이는 판결에 불복하는 경우가 많아서 끊임없이 소송이 이어졌기 때문이다.

　이는 17세기 영국에서 젠트리gentry(신사)를 중심으로 '소유권 절대의 원칙'를 외친 상황과 크게 다르지 않았다. 물론 양자의 법치주의는 동일하지 않다. 영국은 의회가 폭군을 견제하기 위해서 입법 활동을 활발히 하였으나 조선은 국가가 양민을 보호하기 위해서 사법절차를 마련하였다. 국가에서 양인 신분 회복을 지원했으므로 일종의 공익 소송 지원으로 인지한 노비들이 마음껏 소송하였고, 양반은 재산을 지키고자 항소를 반복했다. 이에 판결 기한을 정하고(삼한三限), 재판 횟수를 정하고(삼도三度), 재판 기한을 정함으로써(삼년三年) 사법제도의 체계화가 이루어졌다. 오랜 시간이 걸리더라도 이른바 법절차를 통해서 사대부를 설득시켜간 것이다. 고려 말 신돈 집권기와 같이 아무리 옳은 판결일지라도 압도적인 권력만으로 판결을 집행했다면 법치주의는 정착될 수 없었을 것이다.

이 과정에서 정규 사법절차에서 해결할 수 없는 사안이 신문고로 모였고(격고), 어가에서도 동일한 사태가 벌어졌다(격쟁). 법전에서는 이 두 가지를 동일하게 '억울함을 호소하는 행위(소원訴冤)'로 보고 일괄적으로 절차법을 규정하였다. 영조 연간에는 신문고와 상언(격쟁)으로 부르다가, 정조대부터 상언은 사안에 따라 상언·격쟁으로 세분화했다. 결국 조선의 소원 제도는 처음에는 중국법을 참고하였으나 실제로는 고려 후기 전민변정도감에서 비롯된 장구한 전통 속에서 형성된 것이다.

이것이 19세기 삼남 백성이 끝까지 국왕에게 탐관오리를 고발하고 호소한 이유였다. 조선의 왕정은 백성의 억울함을 풀어준다는 신뢰가 축적되어왔기 때문이다. 조정에서 왕사가 파견되면 모두 엎드려 환영하면서 재발 방지가 이루어질 줄 알았다. 하지만 왕사가 지방에서 오히려 백성을 처벌함으로써 군민君民 간 신뢰에 금이 가면서 19세기 말 왕정의 붕괴 현상이 촉발되었다.

9장 정치구조의 변화

1. 강력한 국가 통제의 등장

13세기 후반-14세기 전반 약 1세기 동안 몽골제국은 유라시아 대륙을 단일 경제권으로 연결하여 동서 무역을 통한 막대한 통상 이익을 바탕으로 국가재정을 운영하였다. 이른바 유럽과 아시아를 잇는 세계경제체제가 도래한 것이다. 그러나 14세기 중반 동서 교류망을 지탱하던 4개 한국에 균열이 일어나자 더 이상 대외 교류로 인한 재정 수익은 기대하기 어려워졌다. 따라서 원을 대신한 명에서는 대외 변수가 지나치게 높은 통상 경제를 문제로 인식하였다. 이에 당시 유학자들은 국가가 국내 산업을 통제할 수 있는 소박한 농업경제를 꿈꾸었다.

앞에서 살펴보았듯이 고려 밀 신흥무장세력 중 하나인 이성계는 신진사류와 연대하여 전제 개혁을 실현시켜 역성혁명에 성공하였다. 이른바 조선의 건국은 위화도회군 직후 전국에 파견된 도관찰출척사가 양전量田을 시행하는 데서 출발하여 공양왕대 고려 토지

문서의 소각과 과전법 반포로 종결되었다. 고려 역시 몽골제국의 경제 권역에 편입되어 있어 이슬람인이 주축이 되는 대규모 교역이 이루어졌으나 그 이익은 일반 백성과는 무관했다.

14세기 말 명·조선의 위정자는 백성 생계의 안정과 국가 경제의 재건을 목표로 하였다. 이 시기 양국에서 강조된 '무본억말務本抑末(본업인 농업에 힘쓰고 말업인 상업을 억제한다)'은 세계 제국하 최첨단 통상 무역 경제의 폐해를 접해본 이들의 역설적인 구호였다.[1] 명이 정비한 이갑제里甲制와 조선이 제시한 전세·신역·공납 등은 구체적인 운영 방식은 다르지만 당 전기 토지를 기반으로 한 조·용·조와 이념적 토대를 공유하였다. 르네상스기 유럽에서 그리스화한 로마인의 비잔티움 문화에 열광하고 있을 때 명과 조선은 당대 창출한 국가 통치술을 동경하고 있었다. 앞서 설명했듯이 당이 구축한 전-예-율의 삼법 체제는 명과 조선에서 부활하였다. 『당육전』은 명의 『대명회전』, 조선의 『경국대전』으로, 『대당개원례』는 명의 『대명집례』, 조선의 『국조오례의』로, 『당률소의』는 명의 『대명률』, 조선의 『대명률직해』로 계승되었다.

양국은 강력한 중앙집권화 정책을 통해서 자립 경제의 기틀을 조성하였다. 명은 홍무제가 중서성을 폐지하고 육부직주제를 마련하였다. 약 8만 5,000-10만 5,000명에 이르는 공신 및 관리를 반역 및 부패 혐의로 처단함으로써 황제독재 체제를 수립할 수 있었다. 중앙과 지방의 민정·군정·형정 3권은 상호 견제하도록 체계화되었다. 조선 역시 수차례 변란(1-2차 왕자의 난·조사의趙思義의 난·계유정란·이시애李施愛의 난 등)을 거치면서 대대적인 숙청이 이루어졌다. 중앙은 의정부를 세우고 육조까지 격상시켜 중앙집권력을 높였고, 지방은 방백方伯을 파견하고 속현屬縣을 폐지하여 장악력을 제고하였다. 조선은 처음 행정·군정 2권이 상호 견제하다가 점차

형정까지 분화되는 경로를 거쳤다. 양국의 경제는 고양된 중앙집
권력을 바탕으로 철저히 국가 통제하에 기획되고 운영되었다.

그러나 북위北魏에서 유목 민족의 중원 정착을 위해서 토지를 균
등 분배하여 운용하던 균전제와 부병제는 당 후기에 이미 붕괴되
었다. 당은 7세기 이슬람제국의 등장과 궤를 같이하여 역사의 무대
에 출현했다가 8세기에 동서 교류망의 양대축 중 하나를 떠받치면
서 세계 체제에 급속히 편입되었다. 당대唐代에도 존속되기 어려웠
던 농업 국가 체제를 14세기 말-15세기 초에 재도입하는 것은 거
의 불가능한 일이었다. 단적인 예로 송宋과 금金을 시원으로 원대元
代에는 종이 화폐가 일반화되었다. 이를 계승하여 명에서는 대명
통행보초大明通行寶鈔를, 조선에서는 저화楮貨를 각기 국가의 표준
화폐로 선언하였다. 하지만 양국에서는 지폐 유통을 위해서 금은
의 유통만 금지하고 정작 지폐의 태환이 보장되지 않아서 무역 강
국이었던 원과 같은 화폐의 위상을 기대할 수 없었다. 조정의 강력
한 지폐 유통 정책에도 불구하고 시장에서 그 값어치는 계속 하락
하였다.[2] 따라서 15세기 중엽 명에서는 녹봉과 부세에 은을 활용
하는 것을 추인할 수밖에 없었으며, 조선에서는 형조에서도 저화
를 속전으로 받는 것을 꺼려서 면포가 그 자리를 대신하였다. 지폐
가 국가의 공적인 사용에서 배제되자 민간의 사적인 활용도 기대
할 수 없었다. 결국 인위적으로 세계경제변동의 흐름에 역행할 수
있었던 시간도 약 한 세대 정도에 불과했다.

2. 자유주의시대로의 전환

양국이 지향했던 계획경제와 제왕 중심 체제는 불과 한 세기를
넘기지 못하고 균열이 일어났다. 15세기 중반 명은 황제의 권위가

실추되고 훈신과 환관의 전횡이 팽배하였다. 이를 견제하기 위해 사도부흥의 기치하에 신사의 정치 참여가 확대되었다. 이는 마치 조선에서 성종대 사림이 삼사三司의 언관권을 바탕으로 훈구를 견제하면서 조정에 출사하기 시작한 상황과 유사하였다. 또한 중종대 기묘사림의 진출도 반정공신反正功臣의 전횡에 대한 비판을 배경으로 했으며, 선조대 붕당의 공인도 명종 연간 척신 정치에 대한 반성에서 비롯되었다. 바야흐로 양국에서는 신사와 사림으로 각기 지칭되는 사대부정치의 시대가 열리기 시작했다.

정치에서 공론을 중시하는 자유로운 분위기는 사회경제적 변화도 추인하는 양상으로 전개되었다. 금은에 대한 강력한 유통 금지를 시행하던 명 조정도 종이 화폐의 가치 폭락으로 더 이상 은의 사용을 금단할 수 없었다. 15세기 중엽 명은 자체 은 생산과 유통이 확산되자 세금이나 녹봉을 은으로 유통하는 이른바 은본위 경제로 전환되었다. 더욱이 이는 16세기에 아메리카 은의 대규모 유입으로 세계경제에 직접 연결되었다. 이에 명에서는 전세와 요역의 징수를 은으로만 납부하는 일조편법一條便法이 출현하였다.

조선 역시 평화기가 존속되자 산업이 회복되고 전국적인 장시가 만들어졌다. 더욱이 일본의 왜은이 조선을 통해서 명에 들어감으로써 조선은 거대 은 유통망의 일원으로 자리하였다. 이것이 양국 모두가 세제의 금납화로 접어드는 배경이었다. 양국은 몽골의 세계 체제에서 벗어나고자 계획경제 국가를 꿈꾸었지만 불과 한 세기가 못 되어 유럽을 넘어서 아메리카까지 연결된 세계경제망에 합류하였다. 급격히 진행된 세금 제도의 와해는 인위적으로 유지해온 농업 입국의 균열 현상이었다. 더욱이 명군의 임진왜란 참전으로 은이 조선의 시장에서 대량으로 유통됨으로써 경제구조의 변동이 촉진되었다. 또 명청 교체기 전쟁이 지속되는 상황에서 명과 후금, 그리고 일본과 삼각무역이 가능한 지역은 오직 조선뿐이었다. 이 때문에 조선은 전란에도 불구하고 후금이 중원을 장악할 때까지 독점적인 교역권을 누렸다.

16세기 유럽에서는 절대왕정의 중상주의 기치하에 아메리카 금은의 대량 유입으로 가격혁명이 일어났으며, 그 여파로 화폐가치는 1/4로 폭락하고 물가는 3배나 상승하였다. 이보다 앞서 장원은 경제외적강제가 사라지고 화폐로 정액定額 지대를 받는 순수경제 관계로 전환되었다. 마치 조선에서 직전법이 폐지되어 수조권적 지배 질서가 소멸된 것과 같은 현상이 나타나고 있었다. 이러한 상황에서 가격혁명까지 발생함으로써 폭락한 화폐를 지대로 받던 영주는 심각한 타격을 입을 수밖에 없었다. 영국에서는 하급 귀족인 젠트리가 위기를 극복하기 위해서 15세기 중엽-16세기에 1차 인클로저 운동enclosure movement을 일으켰다. 그들은 공동체 내 분산된 농민 공유지에 울타리를 쳐서 농장으로 만들어 사유화해버렸으며 추방된 농민은 임노동자로 내몰렸다. 이것이 1차 농업혁명의 배경이자 17세기 수평파가 정치세력화하여 의회를 여는 출발점이 되었다.

이 시기 경제변동의 여파 속에서 사대부는 국가 통제에서 벗어나 자유로운 공론정치를 주창하였다. 조선 건국에 반대한 사대부는 낙향하여 향촌 사회에서 신농법을 통해 토지 개간을 주도함으로써 경제적 기반을 마련하였고, 더 나아가 향음주례鄕飮酒禮, 향사례鄕射禮, 향약鄕約, 서원書院, 사우祠宇 등을 통해서 향촌 사회의 윤리 질서까지 장악함으로써 사족지배질서를 구축하였다. 이러한 힘을 바탕으로 중앙 정계에 사림이란 이름으로 재진출하였다. 이것은 명의 신사나 영국 젠트리의 사회경제적 변화 현상과도 상당히 닮아 있다. 결국 동서의 경제 변화와 정치세력의 교체 과정은 유사한 궤적을 거쳤다.

3. 붕당정치의 공인

조선 후기 정치사에서 특징적인 부분은 17세기에 전성기를 누린 붕당정치와 18세기 대두한 탕평정치였다. 양자는 전혀 다른 정치체제를 지향했다. 그래서 심지어 오늘날까지 전공자에 따라 선호도가 극심히 갈려, 붕당정치론자는 탕평정치의 부정적인 면을, 탕평정치론자는 붕당정치의 문제점을 지적하는 데 치중하곤 한다. 하지만 정치 운영론이란 그 시대에 가장 부합하는 이념 체계를 형상화하였을 뿐 통시대적으로 옳고 그름을 나눌 수는 없다. 초창기 각정치론은 구래舊來의 모순을 타파하기 위한 개혁론으로 등장하였으나, 운영이 궤도에 오르고 전성기를 지나자 폐단이 누적되는 문제가 자연히 발생하였다. 붕당과 탕평은 서로 다른 시기에 각각의 방법으로 정치적 난맥상을 타개해보고자 한 정치 운영론이었을 뿐이다. 양자의 논점이 시대별로 어떻게 변화했는지를 살피는 것이 조선 후기의 변화상을 이해하는 지름길이 되지 않을까 한다.

붕당정치는 선조대 이래 사림정치의 이상적인 모델로서 인식되어 약 1세기 동안 공인되어오다가 영조대에 이르러 그 생명력을 다하고 급기야 망국亡國의 원인으로 규정되기에 이른다. 선조대 이후 연이은 옥사와 광해군 정권의 몰락 등으로 부정적 이미지가 쌓였고 인조대부터는 '붕당' 자체를 죄악시하는 시각이 지속적으로 제기되어 영향을 미쳤다. 그러나 정치세력으로서 붕당은 약 100여 년간 견고했다.

사실 정치집단은 어느 시대에나 존재했다. 사림이 정계를 장악한 선조 연간 학풍과 정책에 따른 정치결사의 출현은 자연스러운 현상이었다. 앞서 설명한 것처럼 선조는 후사가 없었던 명종明宗의 뒤를 이어 파격적으로 왕위에 오른 만큼 마땅한 세력을 갖고 있지 않았다. 당시 선조에게는 조야朝野에 광범위하게 포진해 있던 사림의 지지가 절실했다.

이미 성종대에 진출을 시작한 사림은 당시 기득권층인 훈구 세력에 맞서서 왕권의 수호자이자 균형추로서 자신들의 위치를 비정함으로써 국왕의 신뢰를 얻으면서 지분을 넓혀나갔다. 이 과정에서 '사화'가 일어나 마치 사림이 피해를 당한 피해자인 것처럼 알려져 있으나 사실 이는 사림의 끊임없는 정계 진출에 점차 초조해진 훈구 진영의 대반격이었고, 무엇보다도 어느 한 세력이 우위를 점하지 못하도록 하여 세력균형을 유지하고자 했던 군주의 의중이 반영된 결과였다. 대립 구도 역시 점차 외척세력 간 투쟁에 사림이 양방향으로 간여하는 구도로 옮아오고 있었다. 이제 사림 간의 대립이라 해도 과언이 아니었다. 급기야 선조대가 되면 재야뿐 아니라 정계 내에서도 거의 사림이 정치세력을 형성하여 자신들의 위상을 제고해나갔다.

따라서 선조는 그들이 1세기 이상 애타게 바라 마지않았던 붕당정치의 공인을 더 이상 미룰 수 없었다. 그러한 상황에서 붕당의 공인은 현실을 인정하는 것 이상의 또 다른 의미가 있었다. 이는 사실상 과거 훈구 세력과 쟁투 과정에서 붕당 결성 자체가 역모로 몰려 화禍를 당했던 사림의 복권을 의미했다. 붕당의 합법화로 사림은 정치적 정통성을 거머쥐는 기회를 마련하였다.

이제 사림은 방계 혈통이었던 신왕의 가장 강력한 지지 세력이 되었다. 이것은 자연스런 수순이었다. 임금은 사림의 붕당을 교묘히 활용하여 견제와 균형을 통해 왕권을 확립해나갔다. 선조와 사림의 유대감이 얼마나 공고했는지는 후대 사림의 역사관을 통해서도 살펴볼 수 있다. 놀랍게도 향후 사림은 임진왜란 책임론에 대해 거의 면죄부를 주다시피하면서 심지어 이 시기를 "선조의 융성한 치세(목릉성세穆陵盛世)"로 평가했다. 이때 사림은 훈구 세력과 오랜 결전 끝에 집권에 성공했기 때문에 그들이 추억하는 선조대는 우리가 익히 아는 임진왜란 시기와는 다소 간극이 있었다. 이처럼 선조 연간은 여러모로 미화되어 새롭게 인식되었으며 여기서 유래한 붕당정치는 17세기에 이르러 절정에 달하였다.

붕당정치는 군자君子를 자처하는 정치집단의 결성을 주장했으므로 등장 초기에는 성리학의 이념을 실현하고 올바른 정치 문화를 만들어내고자 했다. 동인東人과 서인西人으로 나뉜 붕당은 정파政派로만 기능하지 않고 학파學派로서 전통을 만들어나갔다. 붕당은 초기에는 느슨한 정치 연합에 지나지 않았으나 후대로 갈수록 점차 새롭게 이념으로 결집하여 학맥을 형성하면서 정교하게 재구축되었다. 17세기 후반에는 학맥을 체계화하는 작업이 빈번히 이루어졌다. 오늘날 이이李珥(1536-1584)와 이황李滉(1501-1570)을 대립적으로 보는 시각은 이때부터 형성되었다.

이 과정에서 서경덕徐敬德(1489-1546)·조식曺植(1501-1572)·성혼成渾(1535-1598)·정인홍鄭仁弘(1536-1623) 등 방계나 정치투쟁에서 실패한 세력의 학맥과 정파는 정리되는 수순을 거쳤다. 동인은 광해군대에 남인과 북인으로 분리된 후 인조반정을 계기로 남인 중심으로 재편되었다. 북인 중 살아남은 소북 세력은 영남 남인과 별도로 경기 일대에 거주하는 근기近畿 남인으로 재편되면서 남인의 대열에 합류했다. 반면에 숙종 후반 정치투쟁에서 승리한 서인은 노론老論과 소론少論으로 갈리면서 학통의 분화가 이루어졌다.

새롭게 기억되고 만들어진 학파가 정파로 받아들여지면서 이것이 붕당의 연원으로 재인식되기에 이른다. 이에 따라 학풍學風과 정책 대결이라는 흥미로운 정치 운영 방식이 대두되면서 때때로 일종의 근대 정당정치의 일면까지도 나타났다.

붕당정치 아래서 정치세력의 재분열 양상은 사실 지극히 당연한 결과였다. 훈구와 대결 과정에서 사림이 하나의 세력으로 대두했으나, 정작 공동의 적을 격퇴한 이후인 선조대는 동인과 서인으로 분열되었다. 또 광해군대 동인이 재분화되어 북인이 집권하자 권력을 장악한 세력 내에서도 다시 대북과 소북 등으로 나누어졌다. 인조대도 서인과 남인이 연합해서 집권했으나 이후 예송禮訟을 전개하면서 양당은 치열한 경쟁 관계를 형성하였고 각기 환국換局의 주역으로 자리 잡았다. 앞서 살폈듯이 숙종 후반 남인을 정계에서 축출한 이후로는 다시 서인 내에서 노론과 소론으로 경쟁하였다.

곧 집권 전까지는 일치단결하여 공통의 적과 맞서 싸우다가도 정권을 장악한 이후에는 다시 주도세력과 비판세력의 견제가 이어지기 마련이었다. 이는 권력의 속성 그 자체였으며, 어느 나라 어느 시대나 존재했던 집권세력 간 경쟁 과정이었을 뿐이다. 그런데도 일본 제국주의는 식민통치를 위해 전통시대에는 거의 쓰이지 않았던 '당파싸움[黨爭]'이란 용어를 별도로 만들었다. 이는 전혀 다른 층위의 문제였다. 당쟁사관은 오늘날까지 조선시대상을 왜곡하고 정치 혐오를 부추기는 데 악용되고 있다.

복수 붕당의 경쟁 구도는 그 자체로 균형과 견제의 역할을 했다. 그래서 조선왕조에서는 국정을 농단하는 권신權臣이 쉽게 등장하지 못했고, 염치廉恥와 청빈淸貧이 존경받는 기풍을 조성하는 데 기여하였다.[3] 붕당정치의 개념에서 서로 다른 집단의 '공존'은 중요한 전제 요소였다. 여기서 공존은 때로는 연합 정권의 창출을 의미하기도 했고, 때로는 집권세력이 언제든지 다른 대안 세력에 의해서 교체될 수 있다는 긴장감 속에서 정국을 운영해야 함을 의미하기도 했다. 이는 어느 방향에서든 권력의 독점이 불가능한 구조를 창출해냈다.[4] 이러한 권력의 분점 현상을 은근히 바라는 이는 언제나 국왕이었다.

학계에서는 붕당의 출발을 선조대로 보기는 하지만 가장 이상적인 운영 방식은 인조반정 직후의 동인과 서인의 연합 정권 시기였다고 보고 있다. 이는 붕당이 조정 내에서 공존하는 모습을 이상적인 정치형태로 평가했기 때문이다. 광해군대 대북 정권의 권력 독점이 결국 당대의 개혁 정치를 저평가하게 만들었고, 극단적으로 국왕을 교체하는 반정으로 이어졌다고 본다. 이후 여론은 일당의 권력 독점에서 다수당의 분점 형태를 지향하였다. 이에 동인과 서인의 대연합은 반정 자체의 회의적인 시각과 별개로 재야의 지지를 받을 수 있었다.

실제 이러한 정치형태는 숙종대 환국 이전까지 큰 흐름에서 같은 궤적을 그려나가고 있었다. 17세기는 극심한 환란患亂과 자연재해 속에서 국가의 존망存亡을 두고 사투를 벌이던 때였다. 오히려 이 시기는 전후 복구 문제를 수행할 현실적이고 능력 있는 실무 관료가 각 붕당에서 출현하여 나라의 살림을 돌보고 사회를 안정화시키는 데 전력을 다하였다. 곧 대동법大同法을 추진한 김육金堉(1580-1658) 같은 경세 관료經世官僚가 두각을 나타냈다.

그러나 아무리 좋은 제도라 할지라도 운영하는 사람들이 변하면 초기의 가치관이 그대로 전수되지는 않는 법이다. 붕당이 융성한 지 약 100여 년이 지나면서 처음 이상적인 제도로 출발한 붕당은 점차 공존정신이 희석되고 상당한 폐단이 쌓여만 갔다. 더욱이 정국 운영에서 국왕의 권능權能이 온전히 발휘되지 못하는 사건들이 누적되고 정국의 주도권이 신료들에게 상당 부분 옮겨 가면서 국왕의 견제 노력도 가중되지 않을 수 없었다. 두 차례의 예송(1659, 1674)은 붕당 간 정치 주도권의 문제가 왕실의 존엄성과 연관되면서 결국 왕권의 문제로 비화되었다.

예송은 현종 즉위년(1659) 효종 승하 시와 현종 15년(1674) 효종
비 인선왕후仁宣王后의 승하 시 두 차례에 걸쳐 일어났다. 이때 차남
으로 왕위에 오른 효종의 정통성과 관련하여 인조의 계비 자의대
비慈懿大妃(장렬왕후莊烈王后)의 복상服喪 기간을 두고 예학적 입장이
갈렸으므로 예송禮訟으로 부른다. 서인은 1차 예송에서는 왕조례王
朝禮를 들어서 1년설을 주장하고 2차에서는 효종이 적장자가 아님
을 들어 왕과 사대부에게 동일한 예가 적용되어야 한다는 입장에
서 9개월설을 주장하였다. 남인은 1-2차 예송에서 왕에게는 사대
부와 다른 예가 적용되어야 한다는 입장에서 각각 3년설과 1년설
을 주장하여 대립하였다.

숙종은 즉위한 해에 14세에 불과했던 소년 군주였으나 분노에
찬 어조로 당시까지 유례가 없었던 환국을 단행하여 부왕父王의 유
지遺旨를 받들었다. 치세 동안 온화했던 현종이 2차 예송 중 몹시
분개하다가 훙서薨逝했으므로 이 과정을 모두 지켜본 왕세자는 어
린 나이에도 정치적 결단을 내려야 했다. 왕실의 권위와 마찰이 생
기자 붕당에는 검은 그림자가 짙게 드리워져만 갔다. 바야흐로 숙
종시대 격렬한 붕당 간 전면전의 서막이 열리고 있었다.

4. 환국의 대두

17세기 조선 사회는 예학禮學이 극도로 발달한 시기였다. 조선은
개국 초 성리학을 받아들이면서 이를 조선 사회에 내면화하는 데
오랜 시간을 보냈다. 조선 초에는 역성혁명의 이념으로 성리학이
시무時務를 다하였고, 15세기에는 문물제도를 갖추어 국가 체제를
만들어나가는 데 기여하였다. 사회가 안정된 16세기에는 수준 높
은 성리학性理學 논쟁으로까지 발달했다. 17세기가 되자 두 차례의

큰 전란을 맞이한 조선 사회에서는 다방면에 걸쳐 전후 복구 사업이 진행되었으며, 사상思想과 전례典禮에서 예학을 중심으로 사회를 안정화시키고자 하는 예치주의의 흐름이 대세를 이루었다. 붕당을 막론하고 이 시기에 상당수 예서禮書의 편찬이 이루어진 것도 이 때문이었다.

하지만 17세기 이래 학파와 정파가 동일시되면서 서로 다른 붕당이 차별화하기 위해서 학문적으로도 근원을 달리해야 했다. 그래서 서인과 남인 양당의 예학도 학설상 차별화가 이루어져갔다. 이러한 배경하에서 현종 연간 두 차례에 걸친 예송논쟁이 일어났다. 본래는 학파가 명확하게 구분이 되지도 않았고, 정파 간의 예설이 명백히 다르지도 않았다. 그러나 예송이 일어나면서 상황은 전혀 다르게 변했다. 점차 자신이 속한 붕당을 중심으로 학설을 재편하고 결속력을 다져나갔다.

사실 예학은 시의적절한 의례(시례時禮)를 쓰기 때문에 당대 사람들이 의미를 부여하여 가장 적합하다고 여기는 학설을 채택할 뿐, 시대를 초월하는 보편타당한 정설이란 유사 이래 한 번도 존재한 적이 없었다. 그랬기에 의례는 항상 변화무쌍하고 논란의 대상이 되기 마련이었다. 조선 전기에 만들어진 『국조오례의』는 당시의 예제를 집대성하였으므로 조선 중기 이후의 새로운 변화 양상까지 모두 예상할 수는 없었다.

파란波瀾은 인조반정 이래 줄곧 서인이 정계를 주도하고 남인이 보좌하는 정국에서 반전을 모색했던 남인계에서 예설에 대한 이견異見을 제기하면서 시작되었다. 복상 기간 설정 문제를 계기로 논점을 효종의 왕위 계승권의 문제로 바꾸어 의례 논쟁을 몰고 갔다. 초기 남인계 상소는 대단히 정략적이고 정파적인 성격이 강했기에 심지어 남인 내에서조차 폭넓은 지지를 받지는 못했다. 마치 잔잔한 시내에 돌멩이를 던진 듯한 형국이었다. 이는 상소를 올린 윤선도尹善道(1587-1671)가 대단히 과격한 발언을 쏟아냈기 때문이다.

또한 1차 예송 때 서인의 학설은 국초에 정한 『국조오례의』의 왕조례를 따랐기에 별반 문제가 없었다. 당시 왕조례는 중의적 해석의 여지가 있었다. 서인은 왕조례를 따랐다고 변명할 수 있었으므로 왕위 계승권을 문제 삼을 수는 없었다. 결과적으로 남인의 서인 예설에 대한 비판은 실패로 돌아가고 말았다.

하지만 2차 예송 때는 문제가 달랐다. 왕조례에 규정되지 않은 상황이 도래했으며, 이제 남인과 서인의 학설 중 어느 하나를 채택해야 하는 상황이 벌어졌다. 여기에 1차 예송의 패배로 상당한 정치적 타격을 입었던 남인계가 일치단결하여 왕실의 존귀함을 강조하는 방향으로 학설을 펴면서 호시탐탐 집권 기회를 엿보고 있었다.

국왕은 당연히 왕통의 신성함을 중시하는 학설을 제시한 남인에게 우호적이었다. 이러한 방식은 기실 사림이 출사의 명분으로 성종 연간 훈구를 견제할 때 사용하던 논법을 그대로 가져온 것이다. 이러한 연장선상에서 1차 예송까지 남인의 학설이 부회되면서 현종은 서인에게 오랫동안 속았다고 생각하여 분노에 몸서리쳤다. 1차 예송까지는 상례喪禮 자체를 다루었을 뿐 부왕인 효종의 왕위 계승권에 대한 문제 제기가 모호했으나, 2차 예송에서는 효종에 대한 명확한 평가를 바탕으로 각 붕당의 학설이 제기되었으므로 왕을 적장자嫡長子로 인성했는지가 관건이었다. 현종이 유례없이 화를 내었던 이유는 바로 서인계 학설이 소현세자昭顯世子를 대신하여 왕이 된 부왕을 적장자로 인정하지 않았음을 새삼 깨달았기 때문이다. 수면 아래에 잠복해 있던 문제가 이때 비로소 급부상했다.

이후 얼마 되지 않아 임금은 몸져눕고 승하하였다. 복상을 고치도록 명하면서 화병火病이 도진 듯했다. 일각에서는 이 때문에 독살설을 제기하기도 하지만 현종의 실록은 보기 드물게 두 번이나 제작되었다. 남인과 서인은 각기 자신들의 시각으로『현종실록』과 『현종개수실록』을 편찬하였다. 실록 제작에 오랜 세월과 막대한 경비가 소요된다는 점을 감안하면 이는 정치세력이 사활을 두고 뛰어든 역사 재평가 사업이었다. 역대로 붕당 간 격론이 벌어진 시기에는 최초 실록 외에도 추가로『선조수정실록』, 『현종개수실록』, 『숙종실록보궐정오』, 『경종수정실록』등이 편찬되었다. 그러나 사초史草가 망실된 상황에서 대부분의 수정본은 처음 만든 실록보다는 분량이 적었고 붕당 간 민감한 사안들을 대상으로 기사와 사평만 재조정하여 편찬되었다. 그런데 유독『현종개수실록』만은 그 분량 면에서『현종실록』과 쌍벽을 이루며 오히려 넘어선다. 이는 실록에 남인과 서인의 시각이 여과 없이 각기 투영되었음을 의미한다. 이러한 상황에서 독살설은 직접적으로나 간접적으로나 어디에도 나타나지 않는다. 오히려 현종의 분노하는 모습이 두 실록 모두에서 나타난다. 그렇기 때문에 현종의 사망은 복상 문제 처분을 두고 나타난 화병이었을 가능성이 높다. 자신의 예설을 지지한 왕이 독살되었다면 남인은 결코 좌시하지 않았을 것이며, 서인이 독살을 시도했다면 왕의 분노를 그대로 기록해서 남겨둘 필요가 없었다.

이러한 어수선한 상황에서 숙종이 즉위하였다. 사왕嗣王의 입장에서 부왕의 뜻을 받들 뿐 아니라 왕실의 존귀함을 강조함은 자연스러운 일이었다. 이는 비단 왕실의 권위의 문제였을 뿐 아니라 바로 새로 즉위한 국왕 자신의 법통과도 연관이 있었기 때문이다. 왕에게는 대단히 민감한 문제였다.

그러나 어린 왕이 극단적인 방법으로 정권 교체에 해당하는 환국을 단행하리라곤 아무도 예상치 못하였다. 환국은 급격한 정국 변화로 집권당이 바뀌는 현상을 이른다. 환국 시 단순히 집권세력의 교체만이 아니라 충신과 역신이 갈리는 문제가 발발했기에 정치권에서는 매우 민감한 사안이었다. 숙종 연간 대표적인 환국은 갑인(1674), 경신(1680), 기사(1689), 갑술(1694) 등 크게 네 차례나 단행되었다. 남인과 서인이 번갈아 가며 정권을 잡았으며, 그때마다 국가의 주요 정책이 극심하게 뒤바뀌었다. 어느 붕당이 집권하느냐에 따라서 동일한 사안에 대한 해결 방안이 전혀 다르게 제시되었고 실제 그렇게 추진되었다. 붕당 간 정책 대결이 이루어지고 실패할 경우 정권이 교체되었으므로 어떤 의미에서는 환국의 시기에 붕당의 책임정치가 가장 분명하게 발현되었다고 평가하는 시각도 있다. 이는 환국을 어떠한 형태로 평가해볼지의 문제와 맞닿아 있다.

환국기는 과연 공존을 전제로 성립한 붕당정치구조가 파괴된 시기였을까? 아니면 붕당정치가 한 단계 진전되어 정책 대결과 책임정치의 시대로 도약한 시대였을까? 이처럼 환국을 붕당정치기의 전성기 혹은 쇠퇴기로 보는 시각이 상호 교차되어왔다. 다만 어느 쪽이든 붕당정치가 무르익는 난숙기에 접어들면서 탕평정치로 이행되는 과도기의 현상이라는 평가는 공통적이다.

5. 탕평시대의 화려한 개막

탕평정치론은 처음 이이의 주장에서 비롯되었다. 선조 연간 붕당정치론이 공인되면서 각 정파 간 대립이 극에 치닫자 이를 중재하기 위한 일종의 조정론으로 등장하였으나 당시에는 큰 반향을 불러일으키지 못하였다. 이로부터 약 100여 년이 흘러서 율곡의 학문에 심취했던 박세채가 서인계 학통을 재편하는 과정에서 이이의 학설을 가다듬어서 황극탕평론으로 재등장시켰다. 이미 살펴보았듯이 숙종 연간 극심한 환국을 수차례 경험하면서 서인과 남인의 대립이 충역 시비로 치달았을 뿐만 아니라 서인 내에서조차 다시금 선배 관료와 후배 관료 사이에서 노론과 소론으로 갈리는 대분열의 시기가 도래하였다. 이러한 상황을 타개하기 위하여 박세채는 정파 간 중재론을 펴는 한편, 그 모든 과정에서 국왕의 역할론을 주장하였다. 숙종은 갑술환국 이후부터 탕평 교서를 내리면서 환국을 종식시키고 본격적인 탕평정국으로 방향을 재설정하였다.

갑술환국 이후 대규모 환국은 종식되었으나 미묘한 경쟁은 지속되었다. 남인이 정계에서 배제되었기에 온전한 탕평정국으로 칭하기는 어려웠다. 그뿐만 아니라 숙종의 후사後嗣에 대한 불분명한 태도는 두 아들인 경종과 영조의 의사와는 상관없이 왕위 계승전을 야기하면서 극심한 환국이 경종-영조 연간에 재발하였다.

모두 30대에 즉위한 경종과 영조 두 군주는 다행히 형제애를 바탕으로 신료들에게 쉽게 휘둘리지 않아서 경종은 아우를 끝까지 감싸고 보호하는 데 힘썼을 뿐만 아니라 자신의 소론계 핵심 관료를 모두 영조의 동궁속료東宮屬僚로 붙여주었다. 소론 중 강경파 (준소峻少)인 이광좌李光佐(1674-1740)마저 경종의 명을 받아 왕세제를 보호하면서 즉위 과정을 끝까지 도왔다. 강경론을 주도했던 이광좌에게 아우를 보좌하도록 함으로써 소론 내에서 급진파(급소急少)에 속하는 반대파를 억누르고 노론이 지지하는 아우가 즉위할 수 있는 발판을 마련해주었다. 또한 소론 온건파(완소緩少)는 탕평을 이론화하고 실무 정책을 추진하는 탕평 관료가 되어 영조의 정치를 떠받쳤다. 결국 소론 강경파와 온건파가 영조에게 귀부歸附함으로써 신왕은 노론과 소론 양대 세력의 지지를 받아 즉위할 수 있었다. 따라서 영조대 탕평정치의 큰 축을 담당했던 소론계 인사는 대부분 황형皇兄인 경종이 물려준 유산이었으며, 아우인 영조는 형의 그늘에서 탕평정치론을 본격적으로 준비할 수 있었다.[5] 탕평정치의 출발은 박세채의 이론화와 숙종의 채택으로 처음 시작되었으나, 이를 본격적으로 연구하여 정치 현실에서 실천에 옮긴 이들은 영조와 탕평 관료였다. 초반에는 소론 온건파가 주로 활동하였으며, 중반 이후는 노론계의 적극적인 협력도 이끌어냈다. 또한 남인까지 가세하면서 명실공히 초당적인 탕평정치를 실현시키는 데 성공하였다.

붕당정치가 성숙되는 시기에 당인黨人들은 자신의 정통성을 확립하기 위해서 학통을 재편하여 학파와 정파의 일치도를 높여나가고자 했고, 붕당 간 학문의 경계도 나뉘어만 갔다. 그러나 탕평정치기 노론 홍계희洪啓禧(1703-1771)와 같은 인물은 실학의 대표 학자로 알려진 남인 유형원의 『반계수록』을 적극적으로 연구하여 국가 경장에 활용하는 양상도 보여주었다. 특히 이 책은 소론계의 적극적인 소개로 학계에 알려지기도 했다. 그래서 『반계수록』은 소론, 노론, 남인 등 붕당을 초월하여 주목을 받았으며, 국왕의 경연 교재로 논의되었다. 이는 탕평시대를 맞이하여 전통적 붕당 간 경계가 허물어지면서 사상적인 측면의 융합이 일어나고 있었을 뿐만 아니라, 이른바 재야의 학문으로 알려진 실학자의 연구 성과가 실제로 탕평정치기 국정 운영에 적극적으로 반영되고 있었음을 의미한다. 탕평이 한갓 정치 구호나 정치세력의 재편만으로 끝나지 않고 시대상 전반에 영향을 미치고 있었기 때문이다.

더욱이 한 세대 뒤 정조와 지지 세력인 범청류汎淸流의 활동도 인상적이다. 경종 연간 노론과 소론의 충역 시비가 양대 세력을 불구대천의 원수로 만들었기에 시비를 뚜렷하게 가리는 것은 매우 어려운 일이었다. 특히 각 붕당이 주장하는 당론을 채택할 경우 어느 한쪽이 충신이 되면 다른 한쪽은 반드시 역도가 되어야 했다. 영조와 탕평 관료는 이러한 난점을 없애고 당론 자체를 무력화시키고자 요순堯舜의 이상사회론을 적극적으로 주창하였다.

영조 초반 각 붕당의 청류를 중심으로 탕평이 시작되었으나 왕이 장수하여 장기 집권함에 따라 점차 세력이 부식되면서 탕평당蕩平黨은 '권귀權貴'화하고 '세신世臣'화하여 마치 훈척勳戚처럼 인식되었다. 이들은 영조의 권위를 떠받들면서 급기야 호가호위狐假虎威하였다. 처음 청신한 기풍 속에서 중재와 타협을 모색하면서 정국 안정에 기여했던 모습과는 달리 초월적인 권위를 누리는 왕에게 기생하는 세력이 되었다.

그래서 차세대의 청류는 탕평당의 대열에서 이탈하여 각자의 명분을 새롭게 주장하는 분위기가 영조 후반 정국에서 나타났다. 이들은 다음 왕위 계승자인 왕세손(정조)을 희망으로 삼았다. 다행히 왕세손은 국왕 영조의 총애를 받고 있었을 뿐만 아니라 훈척의 제거에 뜻을 같이하였다. 이것이 정조가 즉위한 후 새로운 형태의 탕평을 주장하게 된 배경이었다. 정조는 이러한 각 붕당의 청류의 지지를 받아서 훈척의 제거와 어진 사류의 등용을 주요 국정 과제로 제시하였다. 그리고 신왕은 이것이 이전에 붕당의 의리를 주장하지 못하고 세력의 균등에 초점을 맞춘 혼륜混淪한 탕평과는 차원이 다르다고 차별화를 선언하였다.

하지만 이는 사실상 한두 세대가 흘러 영조 초반과 같이 피의 복수를 주장하며 서로를 불구대천의 원수로 여기는 의식이 상당히 희석되었기에 가능한 방법이었다. 영조는 재위 초반에는 극성이 강한 노론과 소론의 양극兩極체제를 중심으로 정국을 운영하였으나 점차 군주의 정국 장악도가 높아지자 관료를 재편하여 군주를 지지하는 탕평당 일극一極체제로 왕명에 순응하도록 하였다. 반면에 정조는 탕평당을 축으로 집결한 척신 세력을 부수어 강력한 구심점을 붕괴시켰고, 개별 정파의 힘을 약화시켜 다극多極체제로서 왕에게 귀일歸一하도록 만들었다. 그래서 각 붕당이 의리를 주장하더라도 신왕 정조는 거리낌이 없었으며, 오히려 이들의 지지를 바탕으로 의리 탕평으로 불리는 명분을 세워 훈척 제거에 나설 수 있었다. 정조가 즉위 초반에 훈척을 대대적으로 제거할 수 있었던 것은 모두 붕당을 초월해서 존재했던 범청류 세력의 광범위한 지지가 있었기 때문이다. 따라서 정조 연간에 이루어진 선왕대의 탕평 평가와 이를 발판으로 재해석한 탕평정치는 역사적으로 두 번째로 탕평정치를 연구한 사례로 볼 수 있다.

　마치 영조가 각 붕당에서 폭넓게 지지자를 늘려서 탕평당으로 육성하여 국왕의 위상을 확립해나갔듯이 정조 역시 여러 붕당 청류의 지지를 바탕으로 자신의 탕평 기반을 마련하였다. 영조와 정조의 탕평에는 단지 붕당의 정치 명분을 강렬하게 주장하였는지 여부의 차이가 있을 뿐, 붕당을 초월한 청류가 두 왕을 지지했다는 사실에는 변함이 없다. 탕평은 사류의 지지 없이 국왕 단독으로는 불가능한 정치론이었으며, 왕의 정치 입론이 장구한 역사의 흐름 속에서 시대정신과 부합할 때에만 비로소 실현될 수 있었다.

10장 사회신분의 재구조화

1. 사족의 모집단 확대

신왕조의 사회신분 구조는 우선 관료 사회의 외연을 확장함으로써 사족의 모집단을 늘려나갔다. 공민왕대 이후 외방에서 왜구나 홍건적 토벌 등의 군공을 세우면 첨설직을 내리는 경우가 많았다. 고려 말 첨설직은 고위직뿐 아니라 공인(공工)·상인(상商)·천인(천예賤隸)에게도 개방되었으며, 조선에서도 잡직으로 진출이 허용되어 관료군 내에 편입될 수 있었다. 이들은 신분이 미천했기 때문에 관직 진출 시 법리논쟁이 치열하게 일어나곤 했다. 중앙에서 관리를 지낸 후 낙향한 이들은 유향품관留鄕品官을 자처하였고 실직이 없는 이들은 한량관으로 불리기도 하였다. 이들 첨설·품관·한량 등은 실록에서 때로는 병칭되거나 중의적으로 사용되었다. 이들이 지방에 거주하는 사대부의 모집단이라는 점에는 큰 차이가 없었다.

위화도회군 이후 과전법에서 한량에게 소유한 토지를 감안하여 과전을 지급한 것이나, 태조-태종대 각 군현의 품관이나 한량 등을 폭넓게 조사하여 인재를 등용해야 한다는 교서를 내린 것 등은 바로 이 같은 상황을 반영한다. 또한 사림이 중앙 정계에 진출하던 시기의 유향소 복립 운동 등도 모두 유향품관의 문제와 연동되어 나타났다. 『경국대전』을 살펴보면 고려의 문·무산계를 개혁하여 무반과 문반에게 각기 서로 다른 품계를 주었으며, 외방 토관직과 중앙 잡직까지 품계를 부여하여 관인층에 포함시켰다. 게다가 종친宗親과 의빈儀賓의 관품까지 더하면 조선의 품계는 고려보다 약 2배 이상 늘어난 셈이다. 이것은 고려 말 다양한 계층이 사대부의 모집단에 포섭된 결과였다.

2. 신양인의 탄생

아울러 사회변동과 신분 구조 재편이 일어났다. 신왕조 개창 이후 백성의 생활 안정을 위해서 농업이 장려되었다. 변경이나 해안의 토지 확장, 저수지의 확보, 신농법의 보급 등이 추진되었다. 이러한 정책 기조는 수령칠사守令七事를 비롯하여 각종 진휼책으로 구현되었다. 또 전제 개혁과 양인 확보 정책은 농민의 모집단을 늘리는 데 기여하였다.

조선왕조의 개창으로 기존의 많은 천민이 양인으로 바뀌었다. 이른바 신양인新良人이 탄생하였다. 그 사례를 유형화해보면 ① 천역에서 종사하던 천인을 일괄적으로 양인으로 바꾼 경우(신량역천身良役賤), ② 국가가 신법을 입안하여 양천교혼良賤交婚 소생에게 양인 신분을 부여한 경우, ③ 노비 소송을 통해서 양인 신분을 되찾은 경우, ④ 국경선이 확장되면서 귀부한 여진족을 백성으로 재편한 경우(신백정新白丁), ⑤ 사족의 자녀로 보충군(보충대)을 거쳐 양인이 된 경우 등이 해당한다.

다만 신백정(신양인)은 군현에서 독립적으로 살면서 완전히 일반 백성에 편입되지는 못하였다.[1] 일부는 농민으로 정착하거나 관직에 진출하기도 했으나 상당수는 도축屠畜을 불법으로 일삼는 거골장이 되었다. 농사에 필요한 우마牛馬를 도살하는 것은 금하였으나 쉽게 개선되지 못했다. 이 때문에 초기 실록에는 우마 도살에 대한 처벌 사례가 상당히 많이 실려 있는데, 이러한 경우 어김없이 신백정의 재편 문제와 연관되었다. 『세종실록』「지리지」는 신백정을 군액에 포함시켰고, 『경국대전』「형전」 '재백정단취才白丁團聚'처럼 백정을 관리하는 규정이 마련될 정도였다.

3. 서얼의 허통 과정

조선은 건국의 공을 세운 훈신을 위해서 2품 이상 재상의 서얼 자제에게 출사 기회를 넓혀주었다. 그러나 1세기가 경과하자 그 취지가 훼손되면서 속칭 '서얼금고법庶孼禁錮法'으로 인식되었다.[2] 이는 16세기 신분제가 강화된 기현상을 반영한다. 우리에게 알려진 『홍길동전』의 사례는 15세기나 17세기 이후에는 통용되지 않던 극단적인 상황이었다. 그럼에도 이러한 인식을 근거로 일제강점기 이후 '서얼차대법'으로 재명명되었다. 본래는 재신들에게 혜택을 주었음이 당시 사료에 그대로 등장하는데도 이것을 정반대로 해석한 것이다.

서얼의 허통은 조선 전기부터 다양하게 논의되어왔다. 태종대 처음 만들어진 서얼 정책이 성종대 법전 편찬으로 구체적으로 법제화되었지만 찬반양론이 계속되어 변통책이 간헐적으로 시행되었다. 연산군 3년(1497)에는 2품 이상 관료의 첩자손妾子孫의 잡과雜科 허통이 이루어졌으며, 명종 8년(1553)에는 한시적으로 양첩자良

妾子에 한하여 손대孫代부터 허통하도록 하였다.

그간 임시적인 변통에 그치던 허통책은 전란을 계기로 제도화되기에 이르렀다. 선조대 이이의 주장에 따라 먼저 납속허통納贖許通이 제도화되었다. 이 시기 군공에 따른 허통도 이루어졌다. 모두 국가가 위급한 상황에서 그 대응책으로서 제시되었기에 전란 수습 후 선조는 제도 자체를 무위無爲로 돌리려 하였다. 하지만 인조 3년(1625) 반정 이후 정국 수습책으로「허통사목許通事目」이 만들어져 양첩자良妾子는 손대부터, 천첩자賤妾子는 증손대부터 허통하되, 등과登科하면 요직(호조·형조·공조·각사 낭관)에 진출할 수 있도록 하였다. 마침내 임시변통책에서 벗어나 제도화된 틀에서 허통 방침이 마련되었다.

그러나 법제가 만들어졌어도 이후 실효성이 높지 않았다. 이 문제는 숙종대 다시 수면 위에 올라 주요한 논쟁거리가 되었다. 그 결과로 숙종 22년(1696) 서얼의 납속허통법이 폐지되었다. 처음 납속허통을 만들었을 때는 서얼의 관직 진출의 활로를 모색하기 위해서 납속을 활용하였으나「허통사목」이 만들어진 후에는 오히려 납속이 제약 조건이 되었다. 그래서 숙종대는 납속 자체를 폐기하고 바로 허통이 되도록 조치하였다.

같은 해(1696)에 서얼에 대한 칭호를 '업유業儒', '업무業武' 등으로 개칭하는 조치가 새삼 재확인되었다. 본디 '업유'는 조선 전기에는 유생儒生을 칭하는 용어였으나, 서얼의 지위 상승으로 양반의 용어 중 일부를 점유하면서 유생은 '유학幼學'으로 구분하고 서얼은 '업유'로 지칭되었다.

처음에는 양첩자·천첩자의 손대까지 해당 직역職役에 부치고 다음대부터 양반으로 간주하였다가, 숙종 34년(1708)에는 서얼 자신에게만 한정하고 아들대부터는 바로 양반이 될 수 있도록 개정하였다. 이 조치는 영조 21년(1745)에 나온 『속대전』에 그대로 반영되었다. 이제 서얼은 법적으로는 온전히 양반으로 인정받게 되었다.

영조 즉위 초 서얼 273명이 집단적으로 상소를 바쳤다. 환국과 변란이 수습되어 정국이 안정되자, 영조 10년(1734)에는 왕을 직접 호위하는 3청(겸사복兼司僕·내금위內禁衛·우림위羽林衛) 중에 분속시켰고, 영조 15년(1739)에는 궁궐을 지키는 수문장守門將의 참하參下 1과窠(자리)를 허통 자리로 하였으며, 영조 16년(1740) 다시 3과로 늘렸다. 영조 28년(1752)에는 서얼 음관蔭官 퇴임자 재임용[甄復]이 가능해졌고, 승문원承文院 제술관製述官과 이문학관吏文學官의 천직遷職이 가능해졌으며, 영조 41년(1765)에는 경희궁慶熙宮 경현당景賢堂에서 한학문신漢學文臣을 친히 시험 보는 자리에서 서얼을 인재라 하며 별도로 선발하기도 하였다. 모두 문신의 상징인 문한文翰을 담당하는 관직이었다.

급기야 영조 48년(1772) 8월에는 청요직인 대간에 임명하는 파격적인 조치를 취하였다. 서얼을 지평持平과 정언正言으로 삼았다. 이는 국왕이 서얼 통청의 의지를 보다 강경하게 관철시키고자 한 조치였다. 11월에는 서얼허통을 "만년의 하나의 사업"으로까지 칭하였다.

12월에는 서부도사西部都事에 서얼을 임명하였는데, 이것이 서류가 사법기관인 사송아문詞訟衙門에 진출한 첫 사례였다. 영조 연간 법을 다루는 아문은 중요한 자리로 인식되어 양반일지라도 음관蔭官(조상의 음덕으로 출사한 관리)은 함부로 등용되지 못하도록 제한하였다. 아울러 실무적인 법 운영 경험이 없는 자는 지방 수령으로 파견하지 않았으므로 이러한 조치는 서얼이 외방外方의 관리로 진출할 수 있는 길도 열어주었다.

이러한 분위기 속에서 영남 서얼 유생 3,000명의 상소가 올라왔다. 영남 지방과 같이 전통적으로 사족의 세력이 강성한 곳에서는 향안鄕案에 입록入錄하는 것마저 쉽지 않았기 때문이다. 처음 영조는 호의적이었으나, 결국 향전鄕戰 문제가 야기될 것을 우려해 곧바로 가납할 수 없었다.

하지만 다음 해가 되자 국왕은 더욱 강경한 자세를 보이면서 지방으로까지 서얼허통의 의지를 관철시키고자 했다. 영조 49년(1773) 1월에는 경상도 서얼 황경헌黃景憲이 향학鄕學에서 신분보다 나이에 따라 자리를 배치할 것을 청하였다. 이에 국왕은 문신과 무신의 인사人事에도 차별이 없는데 중앙과 지방이 다를 수 없다 하여 차별하지 못하도록 하였다. 실제 이튿날 영조는 성균관부터 나이에 따라 자리를 잡도록 하면서 불응하는 이들에게 모두 유배 조치를 하는 등 강경하게 대응하였다. 이 밖에도 영조 50년(1774)에는 후사後嗣가 없을 경우 서자庶子를 후사로 삼도록 하는 법전 규정을 준수하도록 신칙하였다. 국왕 영조의 서얼허통 의지는 어느 왕대보다도 단호하였다.

영조의 뜻은 후왕들에게도 계승되어 정조는「정유절목丁酉節目」을 제정하였고, 순조는 한층 제도를 보완하여「서얼소통경정절목庶孽疏通更定節目」을 제정하였다. 이에 따라 대관직臺官職이 개방되었고 종2품까지 진출이 가능해졌다. 철종대는 승문원과 선전관 등 청직淸職에 대한 진출이 보다 폭넓게 이루어질 수 있었다. 고종대도 허통의 전교를 내렸을 뿐만 아니라 서북인西北人·송도인松都人·서얼·의원醫員·역관譯官·서리胥吏·군오軍伍 등도 일체 주요 관직에 등용하되 오식 재주에 따라 기용할 것임을 천명하였다. 고종 31년(1894) 갑오개혁을 계기로 신분 철폐안이 최종 마무리되었다. 이러한 사례들은 대체로 조선시대 서얼허통의 일관된 정책 흐름을 보여준다. 왕정은 사회의 변동에 능동적으로 대응하면서 서얼의 허통 문제를 점진적으로 해결해나갔다.

4. 공노비의 지위 향상

공노비(사사노비) 정책은 몇 가지 방향에서 진전되었다. 첫째, 반半자유민의 지위 획득 과정을 살펴볼 수 있다. 외방에 거주하는 공노비는 조선 초에 사원 개혁으로 탄생하였다. 처음에는 중앙 각 사에 순서대로 번상하여 신역身役을 졌다. 그러나 부세의 금납화와 맞물려 공노비도 점차 신공身貢을 바치는 형태로 바뀌었다. 전국 사찰의 사적 지배를 받던 노비들은 중앙 각사에 소속되어 외방에 서 농민의 생활을 누렸다.

둘째, 외방 공노비에 대한 강제력 완화 조치이다. 17세기 천변 재이가 잦아지자 생계가 어려워진 노비의 도망이 늘어났다. 내수 사를 비롯하여 중앙 각사의 납공노비納貢奴婢는 주요한 재원이었 다. 동시대 양역에서 이탈한 양인을 일괄 조사하는 방식을 그대로 노비에게도 적용하여 추쇄推刷가 이루어졌다. 그러나 양인이나 노 비 모두 추적 조사하는 방식은 향촌에서 많은 민폐를 양산하였고 그 효과도 미미하였다. 그래서 숙종대부터 추쇄를 정지하는 조치 가 점진적으로 늘어났다. 영조대는 노비를 관리하는 장예원掌隸院 이 혁파되었고, 정조대는 노비를 추쇄하던 추쇄관推刷官조차 입법 을 통해 완전히 폐지되었다.

셋째, 신공 감면책이다. 극심한 재해로 인해 농사가 타격을 입자 농민에 대한 감세 조치가 이루어졌고, 여기에 준해서 농사를 짓던 공노비에 대한 신공 탕감도 함께 이루어졌다. 이 같은 조치는 숙종 대부터 대대적으로 이루어졌다.[3]

특히 영조대는 균역법이 타결되어 양인의 군역 부담이 절반으로 줄어들자 노비 신공도 반감되었다. 곧 영조 31년(1755) 「시노비감포절목寺奴婢減布節目」을 제정하였다. 또한 영조 만년에는 비공婢貢(여자 노비의 신공)까지 혁파하였다. 공노비는 남녀가 모두 신공을 바쳐서 농민보다 세 부담이 높았다. 그런데 공노비 역시 남자 노비만 신공을 부과하도록 법을 제정함으로써 세금 부담이 비슷해지고 양민과 공노비의 경계는 더욱 모호해졌다.

정조 연간에는 노비 신공을 올리는 공노비가 사실상 양민과 동일한 세금을 국가에 내는데도 '노비'란 이름 때문에 천대받는 폐단이 생겼다고 호소하였다. 정조는 신료들에게 이 문제를 해결할 방안을 마련하도록 지시하였다. 그 결과 순조대에 이르러 공노비를 공식적으로 혁파하기에 이른다.

일련의 조치는 파격적인 정책이라기보다는 조선 사회에서 공노비의 지위 상승이 완만하게 이루어져 양민화하였음을 보여준다. 결국 변화의 발단은 역의 수행 방식이 점차 금납화로 변경되는 추세 속에서 노비의 입역入役 방식도 신공을 바치는 것으로 바뀌었기 때문이다. 양민과 공노비는 국가재정의 한 축을 이루는 요소였다. 이후 양역 제도가 변화하고 양민에 대한 경감 조치가 공노비에까지 영향을 미치면서 그 사회적 지위가 유사해지는 상황에 이르렀다. 이는 점차 조정의 입장에서도 구분이 무의미한 상태까지 이르러 공노비제의 혁파로까지 이어졌다. 사노비의 경우는 점진적으로 외거노비의 합법·불법 등의 다양한 방법으로 면천이 이루어지면서 사회적 지위가 향상되었다. 특히 고종대에 접어들어 사노비 세습을 금지시키는 조치가 취해졌고, 얼마 뒤 갑오개혁에서 신분제의 전면 철폐로 귀결되었다.

11장 경제구조의 변환

1. 실버 로드의 도래

몽골제국은 몽케칸(헌종憲宗, 1209-1259) 사후 왕위 계승 전쟁의 여파로 제국 전체를 관할하는 대칸大干이 사라지고 원元과 한국汗國으로 분리되어 정치적으로 독자 노선을 걸었으나 경제적으로는 여전히 하나의 제국을 형성하였다. 이슬람인[1]이 경제 관료가 되었으며 종이 화폐인 보초(중통원보교초中統元寶交鈔·지원통행보초至元通行寶鈔)는 은과 태환 가치를 지닌 표준 통화로서 유통되었다.

그러나 14세기 중반 동서 교류망 붕괴로 대외 수출에 의지한 경상지출은 심각한 타격을 입었으며 무역망을 회복하기 위해 남은 재원을 총동원하여 추진한 대규모 군사 원정까지 실패로 돌아가고 말았다. 곧 재정 적자(경상 비용 부족) → 군사 원정 실패(대규모 원정 비용 적자) → 보초 가치 하락(보초 남발) → 농민 세율 인상(농민 반란) → 재정 적자 등의 악순환이 지속되었다. 또한 원순제 말엽 왕위 계승 전쟁까지 겹치자 제국은 종말을 고하였다. 중국은 농민 반란이 홍건적의 난으로 표면화되었다.

명을 건국한 홍무제는 유학자와 제휴하여 국가 체제를 재정비했다. 앞에서도 살펴보았듯이 이때 대외 변수가 지나치게 높은 통상 경제를 문제로 인식하였는데, 해금령海禁令을 내리며 국가가 국내 산업을 통제할 수 있는 소박한 농업경제를 꿈꾸었다. 고려 역시 몽골제국의 경제 권역에 편입되어 있어 그 여파가 유사하였다. 주지하다시피 고려 말 신흥무장세력 중 하나인 이성계 역시 신진사류와 연대하여 전제 개혁을 실현시켜 역성혁명에 성공하였다. 이른바 조선의 건국은 위화도회군 이후 전국에 파견된 도관찰출척사가 양전(토지조사)을 시행한 데에서 출발하여 공양왕대 고려 토지 문서의 소각과 과전법 반포로 종결되었다.

15세기 중앙집권적 관료 국가 체제가 궤도에 안착하자 토지를 근간으로 하는 조·용·조도 재건되었다. 국초부터 위정자는 농본주의 이상국가론을 제창하였다. 이들은 전쟁으로 황폐해진 전토를 복구하고 강력한 통제 정책으로 사무역私貿易을 차단하여 대외 변수의 영향을 받지 않는 자생적이고 독립적인 농업경제를 재건하였다. 마치 오늘날 '신자유주의' 비판을 보는 듯한 발언이 명과 조선의 유자에게서 쏟아져 나왔다.

하지만 조정에서 시장의 변화를 인위적으로 막기에는 역부족이었다. 이미 15세기 중엽부터 조·용·조체제의 균열이 확인되며, 16세기에는 국내 장시場市가 발달하고 세계 은 경제망에도 조선이 연결됨으로써 경제는 더욱 활성화되었다.[2] 동북아시아의 유학자는 최대 유럽과 아프리카까지 연결된 몽골제국의 동서 교류망을 비판하였으나 오히려 아메리카까지 확대된 세계 체제에 편입되고 말았다. 이제 국내외 경제변동으로 전세의 곡물, 신역의 노동력, 공납의 특산품 등 필요한 자원을 직접 수취하는 전통적인 농업 국가 체제로는 더 이상 재정 운영이 불가능하였다.

2. 전세의 표준화

이러한 배경하에서 다양한 경제적 변동이 수반되었다. 첫째, 토지의 소유 관계가 바뀌었다. 국초의 과전법은 세조대 현직 관리에게만 수조권을 지급하는 직전법(1466)으로 바뀌었다. 이것은 계유정란(1453) 이후 조정 출사자에 대한 특권 보장과 현실적으로 경기京畿에 국한된 과전의 부족 때문이었다. 그러나 수조권을 현직 관리에게만 국한하자 은퇴 자금을 고려한 가혹한 수취가 이루어졌다. 그래서 성종대는 관리가 직접 조租를 거두지 않고 관에서 거두어서 지급하는 관수관급제官收官給制(1470)가 실시되었다. 사실상 수조권을 회수하고 일종의 준準녹봉으로 전환한 조치였다. 16세기 중엽 명종대는 이마저도 폐지하였다(1556). 이른바 경제외적강제가 내포된 수조권적 지배 질서가 쇠퇴하여 순수경제 관계인 지주전호제地主佃戶制로 점차 전환되었다. 후대에 궁방과 아문의 절수지에서 수조권이 일부 부활하였으나 특수 목적 토지에 국한되었다.

둘째, 전세의 세율이 고정되었다. 본래 전세는 조·용·조 중 가장 부담이 높았다. 그래서 15세기 세종대부터 공법을 개혁하여 전세를 안정화시켜나갔다. 이때 연분 9등(상상上上-하하下下)과 전분 6등(1-6등전)을 실시하여 토지 생산력에 따라 세밀한 차등을 둠으로써 세금 부담의 형평성을 제고하고 국고의 안정적인 확충도 가능해졌다. 그러나 16세기 후반부터 전세의 세율이 점차 하향하는 추세로 나타났다. 16세기 말-17세기 초 조선은 국제 전쟁의 후유증과 기후변화에서 자유로울 수 없었다. 이에 조정의 전후 복구 사업은 버려진 진전陳田을 다시 농사를 짓는 기경전起耕田으로 바꾸는 데 온

힘을 기울였다. 17세기 약 100년간 토지 결수結數의 증대는 가파른 상승 곡선을 보이며 조선 전기 수준까지 거의 회복하였다. 여기에는 조정의 정책도 주요하였다. 이미 선조 초반부터 한 해의 풍흉豐凶을 재는 연분 9등은 하중下中(6두) 혹은 하하下下(4두)의 최저 세율로 고정하는 문제가 논의되었다. 이후 동북아시아 국제 전쟁의 지속과 장기간의 천변재이로 인해 17세기 초 선조 후반-인조대는 최저 세율이 제도화되었으며 점차 4두로 영구히 고정되었다.

셋째, 토지의 측정 방식이 바뀌었다. 양전은 세종 26년(1444) 1-6등전을 등급에 따라서 달리 측정하였으나, 효종 4년(1653)부터 1등전의 자로 측정 기준을 통일한 후 각 등급에 맞추어 산술적으로 감하여 결을 산출하는 방식이 도입되었다. 유형원은 생산량 단위의 결부법結負法을 토지 단위인 경무법頃畝法으로 바꾸자고 주장하면서 세종대 수등이척隨等異尺에 대해 비판적인 입장을 취하였는데, 거의 같은 시기에 재야의 비판이 조정에서 수용되었다. 생산력을 바탕으로 인식되던 토지 결수는 절대 면적에 생산력 일부를 결합하는 방식으로 변화하였다. 곧 토지 생산력과 한 해의 풍흉 정도를 복합적으로 측량하던 방식에서 절대 면적 우위의 원칙과 고정 세율이 연동되는 형태로 전환되었다.

결국 재지사족(사림)의 성장으로 관권 우위의 수조권적 지배 질서는 이미 쇠퇴하였다. 전쟁과 대기근이 반복되는 상황에서 생산력을 촘촘히 살피는 방식에는 큰 의미를 부여할 수 없었고, 세율을 단순화해야 했기에 절대 면적 우위 및 정액화 경향을 촉진하였다. 그리하여 차후 조정은 세금체계를 재편하는 데 혁신된 전세제도를 활용할 수 있는 기회를 얻었다.

3. 신역의 금납화

신역은 노동력 제공에서 점차 현물화폐 납부로 바뀌었다. 이러한 흐름은 다방면에 걸쳐 확인된다. 첫째, 천인의 역부터 변화가 확인된다. 세종대부터 선상노자選上奴子의 문제가 제기되었다. 중앙각사는 외방의 공노비가 순번대로 입번하여 업무를 보좌하였는데, 이때 올라오는 노비를 '선상노자'로 칭하였다. 이것은 아마도 태종대부터 시행된 대규모 사찰 노비 몰수 조치의 여파로 보인다. 앞에서 살펴보았듯이 건국 초 과전법과 태종대 노비 소송 허용으로 토지개혁과 양민 안정이 일정한 궤도에 오르자 사원경제에 대한 개혁이 추진되어 사원전과 사사노비가 몰수되었고, 태종대 각사는 막대한 토지뿐 아니라 노비까지 확보하였다. 갑자기 불어난 공노비를 모두 중앙아문에 근무시킬 수 없어 외방 거주지에 차례로 입번하게 하였다. 이것이 선상노자의 문제로 나타났다. 처음에는 주로 경제력이 서로 다른 노비 사이에 입번 순서의 불공정이 문제로 거론되었으나 점차 대립代立의 문제로 발돋움하였으며 심지어 대립가代立價가 합법화되기에 이르렀다.

둘째, 양인의 군역도 급격한 변화를 보였다. 본래 국초의 양천제 하에서 양인은 광의의 개념으로 사대부까지 포함하며, 16-60세의 양정良丁은 군역의 의무를 졌다. 하지만 세종대 이미 일반 고인雇人이나 정군正軍의 자대自代가 출현하였다. 아직 관에서는 이를 불법으로 간주하여 금단하고자 하였으나 관행을 완전히 통제하지는 못하였다. 평화기가 지속되자 대립 관행이 군역에도 만연하였다. 이는 정군을 경제적으로 보조하기 위해서 봉족奉足 2명을 두는 세조대의 보법保法이 왜곡된 결과였다. 사람들은 정군보다 보인保人을 선호하였다.

성종대 중앙은 5위에서 대립이 만연해지고 지방은 군사를 놓아 주고 면포를 받는 방군수포放軍收布가 횡행하였다. 중종대는 대립을 추인하고 역가役價를 국가에서 통일하여 세율이나마 낮추고자 보병 정군에 대한 군적수포제軍籍收布制가 실시되었다. 이것은 전세의 관수관급제와 같이 국가 통제하에 세금 부담을 경감시키기 위한 조처였다. 현종 4년(1663) 기병騎兵에 대한 번상 의무도 일부 면포 납부를 허락하였다. 번상병番上兵이 완전히 없어지지는 않았으나 점차 상당수의 군사는 명부로 존재하고 군액은 재정수입으로 인식 되었다.

셋째, 군역의 금납화 현상은 요역에도 영향을 미쳤다. 요역은 팔 결작부八結作夫로 운영되었고, 각종 토목공사에 노동력을 제공하는 연호군煙戶軍은 연간 6일을 넘길 수 없었다. 그래서 요역의 비중은 본래 매우 낮은 편이었다. 다만 법외에 동원이 이루어질 경우 부담 이 가중될 수 있었다. 이것은 오로지 현능한 목민관에 달려 있었다. 앞서 보았듯이 15세기부터 선상노자의 납공노비화納貢奴婢化가 진 전되었으며, 16세기에는 군역의 대립이 조정의 추인을 받았다. 이 에 16세기 말-17세기 초에 이르면 요역도 연호군이 직접 입번하는 방식에서 면포를 내는 형태로 바뀌었다. 이른바 노동력을 제공하 는 각종 신역이 모두 현물화폐로 납부되면서 세제의 금납화 현상 이 촉진되었다. 이것은 16세기 대외무역이 활성화되고 전국적인 장 시가 출현하여 교환경제가 한 단계 진전됨으로써 임노동자를 손쉽 게 고용할 수 있었던 상황과도 무관하지 않았다.

4. 공물의 방납

공물의 방납防納 현상이 만연해졌다. 본래 현지 특산물을 바치는 공납은 요역에 준하여 징수되었다. 따라서 조·용·조의 중심은 전세와 군역이었으며, 요역과 공납은 부수적인 세제에 지나지 않아서 가벼운 역에 불과했다. 세종대부터 방납이 출현했는데 당초에는 박리다매의 효과와 물류비의 절감을 명분으로 등장하였다. 세월이 흐르자 공안貢案에 등재된 특산물이 현지에서 생산되지 않는 경우에도 다른 지역에서 물산을 사서 납부할 수밖에 없었다.

그러나 세종대는 폭리를 취하는 폐단이 적발되었고, 세조대는 공신이 방납에 관여하여 균열이 감지되었다. 각 고을의 수령이 공물을 납부하는 과정에는 운반비를 포함한 다양한 공무 비용이 필요했다. 점차 경주인京主人을 대신하여 사주인私主人이 중앙의 각사와 왕실의 각전에 납부하는 업무를 담당하였는데, 현지 물품 가격 외에도 타 지역 특산물을 사오는 비용, 납부 비용, 중앙에서 처리하는 데 드는 각종 수수료가 거품처럼 부풀어 오르면서 특산품 본래 가격보다 비정상적으로 높아져버렸다. 명종-선조대 방납 비용은 10배에 달하였다.

이 과정에서 방납 상인이 중앙의 실력자와 연관되는 경우가 많아서 그 이익에 가담한 훈척은 원성의 대상이 되었다. 해당 군현의 백성이 희망하지 않는데도 임의로 방납하고서 막대한 수수료를 챙기는 횡포가 만연하였다. 전세는 점차 세율 인하가 이루어지고 있던 반면에 부수적인 세제에 지나지 않던 공납이 주요 세금으로 부각되었다. 특히 지역 특산물을 바치는 방식에서 방납 상인에게 돈을 지불하는 형태로 바뀌면서 사상私商을 매개로 일종의 준準금납화가 진행되었다. 공물의 방납화 과정은 진상進上에도 영향을 미쳐서 대동법체계 내에 일부 수렴되거나 공인의 체계를 원용하는 방식으로 반영되었다.

12장 부국 출현의 배경

1. 조선과 중국의 사회변동

16세기 조선의 과전科田의 붕괴, 대립과 방납 현상 등은 더 이상 조·용·조체제가 정상적으로 작동하지 않는다는 사실을 확인시켜준다. 바야흐로 15세기에 구축한 국가 체제에 보완이 필요한 시점이었다. 이러한 사회경제적 배경하에서 새로운 정치세력이 출현하였다. 사림은 지역사회의 문제를 목도하고 세조대 이래 부세 이권에 상당히 개입하고 있던 훈구 세력을 비판하였다. 사림과 훈척의 경쟁은 아직 어느 누구도 압도적인 우위를 점하지 못한 상황이었다. 직전의 폐지 및 군적수포 등과 같은 조정의 조치는 새로운 대안이라기보다 현재 상황을 인정하는 수준에 가까웠다. 이것은 당시 정치권의 역학 구도를 여실히 반영하였다.

한편 앞에서 보았듯이 명초 홍무제는 금은의 유통을 엄단하였으나 15세기 중엽 화폐가치의 몰락으로 국내 은 수요가 증가하자 녹봉이나 징세까지 은의 대납을 허용하였다. 상품유통이 활발해지자 중국 자체의 은광 개발이 성황을 이루고 왜은이 들어오면서 은을 근간으로 하는 경제구조가 등장하였다. 이는 농업 사회를 기반으로 한 국가 체제 전반의 균열을 의미하였다. 더욱이 16세기 중엽 유럽과의 교역으로 막대한 은이 유입되자 전부田賦와 요역徭役은 각기 토지와 인정人丁을 기준으로 통합하고 은으로 세금을 징수하는 일조편법一條便法(1530-1592)이 시행되었다. 이제 복잡다단했던 부세 구조는 전세와 인두세로 이원화되었을 뿐만 아니라 금납화가 이루어졌다. 따라서 사실상 국초의 부세체계는 와해되었다.

일조편법은 당시 중앙 재정을 안정시키는 데 공헌한 세제 개편이었으나, 그 부과 기준은 여전히 명초의 이갑里甲에 기반하고 있었다. 십단법十段法(1565)을 필두로 균세를 실현시키고자 하는 노력이 일조편법으로 이어졌으나, 호구의 이동과 토지 소유의 집중도가 높아지고 이갑 사이에 빈부 격차가 커지면서 역 부담의 불균등은 갈수록 심화되었다. 이에 전토를 기준으로 이갑을 재편성하는 보갑保甲 논의와 이를 바탕으로 요역을 균등하게 부과하고자 하는 균전균역법均田均役法(1581)이 대두하였다. 이 법은 강남 지방을 중심으로 시범 운영되어 다소 성과를 거두었으나 전국적으로 실시되지는 못했다.

사회경제적 흐름은 정국 변화와도 맞물려 있었다. 15세기 중엽 명은 황제독재 체제가 위기를 맞던 시기였다. 홍치제弘治帝는 사대부를 적극 기용하여 국란 타개를 모색하였고 홍무제 때 자문관에 불과하던 내각內閣의 위상을 강화하였다. 사대부의 성장과 중앙 진출은 16세기 지방 신사층紳士層의 광범위한 우면優免(면세)을 초래하여 중앙 재정의 불안정성은 더욱 커지기만 했다. 명말 이자성李自成(1606-1645)은 귀천균전貴賤均田을 봉기의 구호로 내걸 정도였다.

이는 조선의 상황과도 유사했다. 16세기 사림이 진출하여 훈신이 납세 과정에서 방납이나 대립 등으로 이권에 개입하는 현상을 비판하였지만 사회 전반의 금납화 현상은 추인할 수밖에 없었다. 오히려 16세기 말 사림이 집권에 성공하자, 그동안 불법적이었던 군역 면제는 임진왜란 시 의병 활동을 명분으로 합법적인 혜택으로 바뀌었다. 군역이 급납화된 만큼 중앙 재정의 비중이 높아졌고, 여기에서 사족士族 전체가 제외됨으로써 수세稅收의 불안정성이 그만큼 늘어갔다.

광해군대의 경기 선혜법宣惠法의 실시(1608)는 공납제 개혁인 대동법의 효시로 볼 수 있지만 아직 전국적 확산은 요원하였다. 이는 강남에 실시된 균전균역법의 성과와 별반 다르지 않았다. 양국의 미완의 부세 개혁은 민심民心을 얻는 데 실패하였다. 그 결과 조선은 인조반정(1623)이 일어나 집권세력이 교체되었고 연이어 이괄李适의 난(1624)과 정묘·병자호란(1627, 1636) 등을 겪으면서 사회체제가 급격히 동요하였다. 또한 명은 농민 반군인 이자성에게 북경을 함락당해 멸망하였고(1644), 곧이어 청의 대대적인 공격으로 이민족 왕조가 들어서기에 이른다(1645). 양국은 모두 내부에서 먼저 무너지기 시작하였다.

한편 16세기 말부터 약 1세기 동안 유럽 전역에서는 전쟁이 끊이지 않아 '보편적 위기'가 지속되었다. 동북아시아에서도 16세기 말-17세기 초반 국제 전쟁이 수차례나 반복되면서 지역 세계의 정치 환경이 급격히 변모하였다. 조선과 중국의 조정은 위기관리에 나서지 않을 수 없었다. 이때 조선에서는 사림이 집권에 성공하고 붕당이 처음으로 공인되었으나 새로운 정치체제가 본궤도에 오르기도 전에 장기간 국제 전쟁을 경험하면서 조정이 전시체제에 돌입하였다. 설상가상으로 천변재이와 그로 인한 대기근이 창궐하여 극심한 인구 변동을 경험해야 했다. 비변사로 대변되는 합좌 기구는 비상시국을 주도하면서 사실상 실행 가능한 모든 정책을 현실화했다. 이때 만들어진 둔전, 서얼허통, 구휼, 속오군 등 다양한 정책은 부세 개혁이 완료되지 못했음에도 불구하고 조선의 사회구조를 한동안 유지시켜주는 데 기여하였다. 17세기 중반-18세기 초반 비변사는 전후 복구와 진휼 사업을 주도하면서 급격히 성장하였다.

재야의 비판자에서 집권세력으로 탈바꿈한 사림은 근본적인 부세제도의 개혁 없이는 국가의 보존이 어렵다고 판단하였다. 당시 가장 문제시되었던 공납제를 안정시키기 위해서 특산물 납부를 토지에 결부시키는 방식이 제한적으로 실시되기 시작했다. 17세기 초 광해군 즉위년(1608)에 발의된 이 사업은 18세기 초 숙종 34년(1708)에 이르러 비로소 대동법으로 안착하였다.

중국에서는 그 사이 중원의 주인이 명에서 청으로 바뀌었다. 17세기 전반 맹렬한 위세를 떨쳤던 청도 한 세대가 지나자 내우외환에 봉착하였다. 어린 강희제康熙帝가 즉위하였으나 오배鰲拜(1610?-1669)로 대변되는 공신 세력을 제압하는 데 아직 상당한 어려움을 겪었다. 게다가 입관入關의 결정적인 역할을 했던 오삼계吳三桂(1612-1678) 등의 삼번三藩 세력, 명의 잔여 세력인 대만 정성공鄭成功(1624-1662) 일파, 몽골 중가르Züüngar準噶爾의 갈단Galdan噶爾丹(1644-1697), 러시아 등 여러 세력을 상대로 수십 년간 대내외 전쟁을 수행해야 했다.

청은 전시체제를 오랫동안 이끄는 동시에 부세제도 개혁에 나서지 않을 수 없었다. 군비는 막대한 재정이 뒷받침되지 않고는 불가능한 일이었다. 한 세대 이전에 명은 북방 민족을 방어하기 위해서 만리장성을 다시 쌓고 방어선을 유지하는 데만 상상을 초월하는 군비를 쏟아부어야 했다. 이것이 부담이 되어 중앙 재정의 파탄을 초래했고 결국 왕조가 멸망하고 말았다. 그런데 강희제는 4개의 서로 다른 적과 전면전을 수행해야 했다. 최대한 동시 전쟁을 피하고 순차적인 진압을 선택하였다. 삼번 진압 후 막대한 군사력을 해체하여 군비를 줄이고 그 비용으로 부세를 개혁하여 민심을 달랬으며 국가재정을 안정시켜나갔다. 또한 강희제는 대재난 시 이재민에 대한 각종 면세 조치를 취했다. 이는 같은 시기 숙종 연간 조선에서 이루어진 조치와 거의 유사하다. 강희 연간 민심의 안정과 세제의 개혁은 수십 년간 지속된 전쟁을 승리로 이끄는 원동력이 되었다.

2. 부세 기준의 변화

세금의 기준은 생산력에서 정액 단위로 바뀌었다. 조선 전기에 토지의 결結은 생산량을 기준으로 측정되었다. 실제로 세종 연간 토지의 비옥도에 따라서 전분육등법田分六等法이 실시되었으며, 이외에도 풍흉에 따른 연분구등제年分九等制가 운용되었다. 명의 이갑제도 호戶의 생산력에 따라서 등급을 3개로 나누어서 세금을 차등 부과하는 방식으로 세정을 이루었다. 이는 토지당 생산량을 기준으로 하였기에 조선 전기와 유사한 방식이었다.

그러나 앞서 말했듯이 조선에서는 수차례의 국제 전쟁을 치르면서 황폐해진 전토에 대한 측정이 용이하지 않았다. 선조 39년(1606)경 전세는 이미 '하하下下'로 고정되기 시작하였으며, 17세기 인조 대에 이르러 영정법永定法(1634-1635)으로 1결당 4두斗를 공인해 세정稅政의 안정을 기하였다. 이후 실제로는 4-6두 범위 내에서 세율이 결정되었다. 이러한 조치는 전세田稅의 안정화에 기여하였을 뿐만 아니라 결結의 단위가 상대적인 생산력에서 절대적인 면적 단위로 변화되는 바탕이 되었다. 이로써 정액토지(절대 면적)를 근간으로 하는 세제가 출현하여 공납 개혁의 논의를 전결田結과 결합시킬 수 있는 개연성을 열어주었다. 이러한 추이는 중국에서도 유사하게 전개되었다. 명말 십단법十段法은 이갑里甲의 생산력에 기반한 호수戶數 단위에서 벗어나 정수丁數와 토지土地를 기준으로 재편되기 시작했다. 이를 기반으로 하는 일조편법의 등장은 은납과 더불어 이갑 전체에 매년 세금을 부과해 향촌 지배 질서마저 재편시켰다. 더욱이 강남의 균전균역법은 신사우면紳士優免(사족 면세)을 제외한 나머지 액수에 대해 토지 무수畝數에 근거하여 전부田賦와 요역徭役을 균일하게 징수했다. 청대 성립한 지정은제地丁銀制는 신사층의 특혜를 전면 폐지하였고, 위와 같은 개혁 조치를 전국에 확대 적용하였다. 곧 토지와 인정人丁을 결합하는 방식(이전량재정以田糧載丁)으로 귀결되었다.

3. 총액제 도입

청은 강희 50년(1711, 숙종 37) 정세丁稅 개혁이 추진되었다. 이해 이전의 세액(인정人丁 2,462만, 정은丁銀 335만여 냥)을 정액으로 하고 이후 추가 징수를 금하는 성세자생정은盛世滋生丁銀 조치가 단행되어 세금의 총액이 고정되었다. 이는 조세 수취 단위의 변화에 힘입은 바가 컸다.

조선 역시 숙종 후반부터 세수의 총액 파악이 시작되었으며, 영조 20년(1744)부터 연분에서 재해災害의 결수를 제하고 토지 총액에 세금을 부과하는 비총제比摠制가 운영되기 시작하였다. 또한 영조 연간 『양역실총良役實摠』(1748)을 편찬하여 양역 대상을 재조사하고 기본 세액을 확정하였다. 특히 『탁지정례度支定例』(1749)를 만들어 중앙 재정을 개편하고, 균역법 이후에는 『여지도서輿地圖書』(1757-

1765?)에 각 군현의 부세액을 적시하여 반포함으로써 총액제 운영을 뒷받침하였다. 총액제의 실시로 중앙 재정의 지출 금액을 최소로 고정시켜서 계획 예산을 운영하였다. 이는 이전까지 한 해의 수입과 지출을 일치시키는 양입위출量入爲出의 국가 회계와 다른 방식이었다. 정조 역시 『탁지지度支志』(1788) 및 『부역실총賦役實摠』(1794)을 편찬하여 중앙 재정의 합리화에 기여하였다.

4. 세제 개편의 방향

세제 개편은 화폐납과 토지 소유에 초점이 맞추어져 양국 간 비슷한 궤적을 그렸다. 일조편법이 발의되어 전국으로 확대 실시되는 데 무려 약 60여 년 이상이 소요되었으며 그 사이에 십단법과 균전균역법 등이 연이어 후속 대책으로 나타났다. 명말 강남에서만 한시적으로 시행했던 균전균역법은 청 강희 연간 다시 실시되어 인정人丁에 부과되던 정은丁銀을 토지에 징세하는 지정은제로 점차 전환되었다. 옹정 7년(1729)에는 마침내 전국적으로 시행되기에 이르렀다. 이로써 인두세가 토지에 결합하고 토지의 다과에 따른 경제적 지위에 맞추어 세금을 부과하는 부세제도가 만들어졌다. 곧 일조편법에서 요역과 전세 두 가지로 나누어 납부하던 방식을 전세를 기준으로 일원화하였다.

조선에서도 세제 개혁은 지속되었다. 숙종대 공납을 토지에 부과하는 대동법(1608-1708)이 완성된 데 이어서 약 1세기 동안 논의만 무성했던 양역변통 논의가 영조대 균역법(1750-1751)으로 타결되었다. 영조는 양역을 포 2필에서 1필로 반감하였으며, 부족한 세원은 궁방에 어염선세漁鹽船稅를, 부유한 양인에게 선무군관포選武軍官布를, 토지 소유자에게는 결전結錢을 각각 부과하여 마련하였다.

양반과 부유한 양민이 군역에서 이탈하여 소민에게만 부여되던 양역이 마침내 전 사회계층에 고루 분배되었다. 특히 어염선세와 같은 새로운 상업 이익을 국세화하였을 뿐만 아니라 공납에 이어서 양역마저도 토지에 세금을 부과하였다. 이로써 조선 전기 조·용·조는 대부분 금납화되었으며 동시에 토지에 결부되는 방식으로 전환되었다.

16세기 일조편법은 세제의 통일과 화폐납의 변화를 야기하였으며, 17-18세기 지정은제는 경제력(토지 소유)에 따른 차등 부과 원칙을 천명하였다. 이는 조선의 16세기 금납화 현상과 17세기 영정법의 세수 고정화, 대동법의 토지 소유에 따른 부과 원칙, 18세기 균역법에서 나타나는 인두세 완화 및 전세 결합과도 매우 유사한 흐름이다. 더욱이 청 조정에서는 신사우면을 적극적으로 금단하고 지정은제를 실시하였으며 조선에서도 대동법과 균역법에서 대동미大同米와 결전을 통해 양반을 부세체계 내에 편입시켰는데, 양국의 조치는 내치內治에 결정적인 영향을 미쳤다.

동북아시아 지역 세계가 17세기 후반부터 약 100여 년 이상 이룩했던 평화의 시대는 부세 개혁에 성공하여 내정이 안정되었기에 가능한 일이었다. 청의 강희제(재위 1661-1722)·옹정제雍正帝(재위 1722-1735)·건륭제乾隆帝(재위 1735-1796)와 조선의 숙종(재위 1674-1720)·영조(재위 1724-1776)·정조(재위 1777-1800)의 업적은 규모는 다르지만 상당 부분 닮아 있었다. 이것이 바로 계몽주의시대 서구에서 동양을 인식하는 밑거름이 되었다.

13장 국가재정의 재편: 대동법

1. 토지 기준

17세기 세제 개혁의 속도는 더디었지만 대동법은 지속적으로 확대되었다. 18세기 숙종 후반에 이르면 대동법이 전국으로 확산되고 총액제의 시범 운용이 이루어졌으며, 영조대는 비총제가 확립되고 균역법이 타결되었다.[1]

조선과 청은 약 1세기 동안 점진적인 세제 개혁을 추진하였다. 국가에서는 중앙 회계를 정비하고 조세를 정액화하여 합리성을 높이고 피역 대상을 줄였으며 경제력을 단위로 세금을 거두어 형평성을 제고하였다. 이 같은 개혁으로 국고는 증대되고 백성의 부담은 감면되었으며 경제 전반의 부富가 재창출되었다.

17-18세기 조선과 청이 세제 개편으로 국내의 자생적인 상업 유통망을 진작시켰다면, 대서양에 인접했던 네덜란드와 영국은 자원이 부족했던 자국의 상황을 타개하기 위해서 동인도회사로 대변되는 주식회사와 각종 금융제도를 발전시킴으로써 해외 진출형 경제

구조를 갖추었다. 동양과 서양은 각기 지역의 실정에 적합한 첨단의 경제구조를 구축해나갔다.

그중 가장 두드러지는 변화가 토지 기준의 도입이다. 앞에서 살펴보았듯이 방납으로 고통 받던 백성을 구제하는 문제가 초유의 관심사로 주목받았다. 방납을 담당한 사주인은 중앙의 실력자와 결탁하기 마련이었고, 훈척세력을 비판하고 정계에 진출한 사림이 최우선 개혁 과제로 공납을 거론한 것은 당연한 결과였다.

16세기 말부터 공납을 토지의 다과에 따라 쌀로 대신 납부하는 개혁안이 점진적으로 추진되었다. 실행 과정에서 지역에 따라 편차가 존재하였으나 대개 1결당 12-16두 정도로 통용되었다. 도 단위에서 일률적으로 같은 세금을 부과할 경우에는 명실상부하게 '대동법'으로 칭하였으나, 고을별로 부과 액수를 조정해야 할 경우에는 '상정법'으로 불렀다.[2]

세제 개혁은 18세기 중반까지도 지속되었다. 실제 완성에는 숙종 후반기 정국 변화가 큰 역할을 하였다. 갑술환국(1764) 이후 초기 탕평정국에 진입하자 각종 세제 개혁, 법제 정비, 양역 이정 등이 추진되었다. 대동법 역시 정국 안정을 배경으로 전국 단위의 확대 실시가 가능하였다.

대동법의 실시로 토지의 다과에 따라 세금을 납부함으로써 백성의 부담이 현격히 줄어들었다. 공납은 대략 1/5 수준까지 경감되었다.[3] 이는 같은 시기 중국의 세제 개혁의 방향과 상당히 유사했다. 이 조치로 인해 세금을 고을 단위로 공동으로 거두는 것이 아니라 경제적 규모에 따라 개별적으로 거두게 되었으며, 이는 전세에서 최저 세율의 혜택을 받고 양역에서 피역을 누리던 양반 계층을 지주라는 잣대로 다시 세금체계 내로 편입시키는 효과를 가져왔다. 앞서 살펴보았듯이 16세기 말-17세기 초 전세의 절대 면적화 경향과 최저 세율 조치가 전제되었기에 공납에도 토지를 활용하는 방식이 가능하였다. 토지를 기준으로 하는 세금체계의 출현은 백성에게는 감면 혜택을, 피역층에게는 부족분에 대한 추징을 통한 균등한 세정을 실현하는 밑거름이 되었다.

2. 중앙 재정

대동법은 경제체계의 근간을 바꾸어놓았다. 그동안 공납은 방납을 통해 사적으로 금납화되었으나 대동법을 통해 국가체계 내로 편입됨으로써 별도의 중앙 재정이 출현하였다. 이전까지는 백성이 방납으로 특산물이 아니라 현물화폐인 쌀이나 면포를 방납 상인에게 지급해도 정작 조정에서 받는 공납은 이미 구입된 특산물이었기에 방납 이전과 별반 차이가 없었다. 그러나 백성이 국가에 대동미를 직접 납부하자 새로운 재원이 마련되었다.

특히 영정법하에서 전세가 점차 1결당 4두로 맞춰진 데 비해 숙종대 대동미가 12두 내외로 확정되었기에 전세보다도 그 비중이 3배 이상 높았다. 이것은 지주층에게는 세금 부담을 확대시켰으나 조정에서는 대규모 자금을 운영할 수 있는 기회로 작용하였다. 실제 광해군대 경기 선혜법의 효용은 전후 복구 사업과 사신 접대 등과 같은 비상시에 소용되는 재원 마련에 있었다. 이 때문에 조정에서는 선혜청이라는 독자적인 재정 기구를 설치하여 호조와 더불어 중앙 재정 전반을 관할하였다.

방납을 담당하던 사주인은 선조 연간부터 이미 공물주인貢物主人(공인貢人)으로 칭해지기 시작하더니, 대동법 이후로는 조정에 등록된 관용 상인으로 전환되었다. 선혜청은 막대한 대동미를 거두어들이는 수세 기관으로 출범하였으나 그에 못지않게 공인에게 지불하는 공가貢價의 결정을 통해서 물품의 조달이나 시장가격에도 영향을 미쳤고, 각종 중앙아문의 급대給代를 담당하여 막대한 재정지출 권한을 행사하였다. 이것이 과거 최대 세원인 전세를 전담하던 호조 이외에 별도로 선혜청을 설치한 근본 이유였다. 이렇게 하여 이른바 17세기 국가 주도의 유통경제가 활성화되는 단서가 마련되었다.

3. 환곡 재원

대동법의 발효는 중앙 재정뿐 아니라 지방관아에도 관수官需, 아록衙祿, 사객지공使客支供, 유청지지油淸紙地 등 각종 수요를 유치미留置米를 통하여 해결하는 기회를 제공하였다. 더욱이 진휼에 대비하는 환곡 역시 대동법의 영향으로 확장되었다. 대동미 중 절반 가량을 저치미儲置米로 현지에 남겨두었기 때문이다.

17세기 대동법의 확대 실시는 환곡의 점진적인 증가와 재정보용財政補用 현상을 촉진하였다. 저치미의 확산으로 환곡 확보가 용이해졌기 때문이다. 경기 선혜법이 실시된 이유는 경기가 방납 시 폭리가 극심하여 백성의 원성이 높았던 이유가 컸지만 그 외에도 전란 직후 필요한 비상 재원을 확보하는 데 효과적이었기 때문이다. 실제 외교 사신의 접대 등에 이 재원이 활용되었다. 조정의 입장에서는 백성의 구제와 재원의 확보가 모두 가능한 일거양득의 정책이었다. 하지만 국가가 백성과 이익을 다툰다는 따가운 시선도 적지 않아서 재정보용책을 전면적으로 추진하는 데는 상당한 세월이 걸렸다.

18세기에 접어들면 지방에서 군포軍布를 받아들이던 병조와 각 군영도 면포의 일정분을 외방의 각 고을에 남겨두고 목민관에게 재정 운영을 위임하였다. 대동미를 동전이나 면포로 바꿀 수 있었듯이 군포 역시 동전이나 쌀로 바꿀 수 있었다. 과거에는 조·용·조에서 전세가 세제의 근간이었으나 세제가 금납화되자 공납과 군역이 주요한 세원으로 재인식되었다. 이것은 대동법과 균역법이 국가재정의 주요 골자가 되고 그 운영 기관인 선혜청 및 균역청이 최대 재정아문으로 발돋움하는 계기가 되었다.

더욱이 중앙 회계에 모곡耗穀을 편입시키는 방법뿐 아니라 환곡의 반출량을 조정하는 방식을 통해서도 수익을 극대화하였다. 통상적으로 환곡은 절반을 비축하여 진휼에 대비하고, 매년 절반을 풀어서 새 곡식으로 바꾸는 개색改色을 실시하였다(반류반분半留半分). 그러나 재정보용 기능이 확대되자 분급액도 이류일분二留一分, 일류이분一留二分, 일류삼분一留三分, 진분盡分 등으로 다양해졌다. 이 같은 비율 조정은 국왕의 특별한 재가裁可를 받아야만 가능했다. 이는 탕평정치기 진휼 정책과 부세 개혁의 결과 부족해진 중앙과 지방의 재정을 충당하기 위한 대안으로 마련된 방법이었다. 숙종 후반부터 영조대까지 대대적으로 취해지는 농민, 공노비, 공시인에 대한 각종 탕감은 이처럼 중앙에서 그에 상응하는 경비를 마련하였기에 가능한 조치였다.

4. 화폐 유통

앞서 누차 살펴보았듯이 16세기에 접어들어 장기간 평화가 지속되자 산업이 회복되고 전국적인 장시가 만들어졌다. 왜은이 조선을 통해서 명에 들어감으로써 조선은 거대한 은銀 유통망의 일원으로 자리하였다. 이것이 세제의 금납화로 접어드는 배경이었다. 양국은 몽골의 세계 체제에서 벗어나고자 계획경제를 꿈꾸었지만 불과 한 세기가 못 되어 유럽을 넘어서 아메리카까지 연결된 세계경제망에 합류하였다. 급격히 진행된 세금 제도의 와해는 인위적으로 유지해온 농업 입국의 균열 현상이다. 더욱이 16세기 말 명군의 임진왜란 참전으로 은이 조선 시장에서까지 대량으로 유통되어 경제구조의 변동을 촉진하였다.

조선의 은 유통은 17세기 대중·대일 무역에서 정점에 달하였으며, 국내 유통까지 영향을 미쳐서 사실상 고액 화폐로서 기능하였다. 은화銀貨는 중앙아문의 이식이나 은납에도 활용될 정도로 보편화되었다. 하지만 대청 무역에서 은화 유출이 점차 대규모로 이루어진 데 비해서 대일 무역을 통해 국내로 유입되던 은화는 일본 도쿠가와막부의 통제로 오히려 급격히 감소하였다. 이에 국내에서 은화 유통이 현격히 감소하고 상대적으로 동전의 유통영역이 점차 확대되었다. 더욱이 서울을 중심으로 광역 단위의 대도시화가 진행되고 지방에는 장시의 수가 폭발적으로 증가하여 전국적인 시장망이 확대되었다. 이로 인해 농업 생산물과 수공업 제품이 상품화되어 시장 판매가 폭넓게 이루어졌다. 교환의 매개 수단이 되는 동전의 수요가 날로 늘어났고 그 가치가 널리 인정되자 부의 축적 수단으로 활용되었다.

대동법 시행은 화폐 유통의 전환점을 마련하였다. 유형원은 쌀과 더불어 동전을 함께 받을 것을 제안하였는데, 대동법 확대 과정에서 산군山郡은 쌀이 귀하여 면포나 동전을 대신 내도록 함으로써 동전납이 채택되었다. 15세기 태종대 저화(지폐紙幣), 세종대 조선통보(동전銅錢), 세조대 팔방통보(전폐箭幣) 등이 발행되었으나 유통은 한시적이었다. 민간의 사적인 활용을 장려하기 위해서는 국가가 공적인 차원에서 수요를 만들어야 했으나, 당시 조·용·조체제 하에서 공가公家(국가國家)의 화폐 수요가 매우 낮았기 때문이다. 태종은 제용감濟用監과 사섬시司贍寺를 동원하여 저화의 관용 입출을 보장하고 수속收贖, 공물貢物, 상세商稅 등에 활용했으나 시장의 환영을 받지는 못하였다. 15세기 명목화폐인 저화와 동전은 수속에 주로 이용되었다. 16세기 전국 시장의 출현으로 교환경제가 형성되어 점차 조세의 금납화가 촉진되었으나 아직 현물화폐인 쌀이나 면포는 국가의 재정체계와 충분히 연동되지 못하였다.

반면에 17세기 초 세제가 이미 금납화된 상황에서 인조 원년 (1623) 대동법이 경기, 충청, 전라 3도까지 확대되었고, 인조 4년 (1526)부터 동전 유통을 시행하였다. 그러나 인조 초반 대동법이 후퇴하여 실시 지역이 축소될 때 동전 역시 얼마 못 가서 폐지되었다. 한동안 정체기를 극복하고 세제 개혁이 재개되면서 대동법의 점진적 확대가 이루어졌다. 숙종 3년(1677) 경상도에서 대동법이 실시됨으로써 전국 5도까지 확대되었고, 다음 해(1678) 상평통보常平通寶가 법화로서 공포되었다. 이처럼 대동법 확대와 동전 유통의 본격화는 상호 밀접하게 연동되었다. 그 과정에서 동전 2냥을 정은丁銀 1냥으로 교환가치를 설정하였다. 또한 숙종 13년(1687) 호조가 은점銀店을 전담하자 그 수는 전국적으로 68개소에 달하였다. 곧 화폐가치를 보존하는 태환 가치가 『속대전』에서 법제화되었다.

18세기 후반 정조대 『부역실총』에 의하면 강원도와 함경도를 제외하고 역총役摠은 약 886만 냥에 이르며, 그중 동전납은 약 300만 냥에 달한다. 국가의 1년 예산은 약 1,000만 냥 내외로 추정되고, 동전 유통의 규모는 약 30-40%의 비중을 차지한다.[4] 조정에서 동전의 공적 사용을 보장하자 민간에서도 공신력을 얻었다. 17세기부터 전후 복구 사업과 진휼 정책에 앞장선 조정 주도의 유통경제가 성장하였고, 18세기에는 장시가 전국적으로 되살아나고 수도권이 점차 상업 경제망을 형성하여 화폐경제가 진전되었다.

그동안 교육과정에서 '상품화폐경제'라는 개념을 조선 후기 발전된 상업을 설명하는 용어로 사용해왔다. 그러나 '상품화폐'는 본래 'commodity money'로 현물화폐(실물화폐)와 동일한 뜻이다. 조선 후기에는 상평통보가 법전에 등재된 법정화폐로 사용되고 있었으므로 '상품화폐경제'라는 표현을 쓸 경우 조선 전기 쌀·면포 등을 현물화폐로 사용하는 시기와 구별되지 않는다. 본래 '상품화폐'는 경제학 개설서를 비롯하여 일반이 접하기 쉬운 『경제학사전』이나 『국어사전』 등에서도 현물화폐를 가리킨다고 해설되어 있다. 그런데도 역사학계에서는 이를 막연히 '상품과 화폐가 발달된 경제'로 이해하고 있다. 이 때문에 뉴라이트 경제사학자들은 상평통보를 금속 덩어리인 현물로 전제하는 극단적 주장까지 하고 있다. 따라서 기초 개념에 대한 검토가 절실하다.

대동법과 함께 대규모 화폐교환체계도 출현하였다. 대동법은 기본적으로는 미米로 받는 것을 원칙으로 하였으나, 지역에 따라서 목木 혹은 포布나 전錢의 납부를 허락하였다. 그런데 이처럼 현물화폐인 쌀이나 면포, 그리고 명목화폐인 상평통보 등 세 가지 이상의 화폐가 활용됨으로써 화폐 간 교환 비율에 따른 일종의 환전 이익이 발생하였다. 각 군현의 수령은 점차 쌀로 바꾸는 작미作米, 동전으로 바꾸는 작전作錢, 면포로 바꾸는 작목作木, 계절 간 가격 차를 이용하는 입본立本, 지역 간 가격 차를 이용하는 이무移貿, 동전으로 분급하는 전환錢還, 다른 곡물로 대신 받는 대봉代捧 등 다양한 재정 운영 방안을 모색하였다. 단 이러한 이식 방법은 원칙적으로 조정의 허가를 받을 때만 실행할 수 있었다.[5]

국가에서 책정한 대동미, 대동목, 대동전 등의 명목상 가치가 같다는 전제하에 실제 지역에서 보이는 가격의 차이는 현능한 목민관이 부임하면 지방 재원을 마련하는 데 요긴하게 이용되었다. 이제 각 고을의 수령이 얼마나 재정을 효과적으로 운영하느냐에 따라서 지방재정의 비축 여부와 민심의 향배가 갈렸다. 조선 전기에 구축된 행정, 사법, 군정 3권을 장악하던 목민관은 17세기부터 재정 운영에도 관심을 두어야 했으며, 18세기에는 일종의 자산 운용가 역할까지 겸하였다.

14장 왕정의 위기 대응: 균역법

1. 양역변통 논의

17세기의 난점은 전란과 대기근으로 인구가 단기간 급감하는 경우가 잦았는데도 불안정한 대외 정세로 5군영이 차례로 창설되어 오히려 군비가 늘어났다는 데 있다. 인구는 현종 11년(1670) 510만 명에서 현종 13년(1672) 470만 명으로 불과 3년 만에 40만 명이 급감하였고, 숙종 19년(1693) 700만 명에서 숙종 22년(1696) 560만 명으로 무려 140만 명이나 급감하였다. 이것은 당시 대기근이 얼마나 심각했는지 보여준다.

양역은 금납화되어 비단 군비뿐 아니라 중앙 재정에서 막대한 비중을 차지하였다. 양정의 숫자가 짧은 기간 동안에 급격히 변화함으로써 조정은 재정 절벽을 우려해야 하는 상황에 직면하였다. 설상가상으로 인력 자원이 부족한 상황에서 양반까지 군역에서 벗어나 군액의 확보가 절체절명의 과제였다. 위정자들은 양역의 폐단을 문제로 인식하였으나 아직 공납을 개혁할 여력조차 충분하지 않았으며, 개혁 대상이 사대부 자신이었으므로 쉽게 추진할 수도 없었다.

17세기 초반부터 전세에 최저 세율이 적용되었고 18세기 초반 공납마저 대동법으로 세금이 경감된 상황에서 오직 양역만이 경제력을 반영하는 토지에 직접 연동되지 않아서 백성에게 큰 부담으로 남았다. 부유한 양민 중에도 양반을 모칭冒稱하여 피역하는 행태가 늘어났으며, 이 때문에 인징隣徵이나 족징族徵 등으로 세금을 견디지 못하고 유망流亡하는 서민이 적지 않았다. 남은 소민만으로 양역을 감당하기는 무리였다.

숙종 후반부터 정국이 안정되면서 대동법의 확대 실시와 함께 양역가를 3-4필에서 2필로 이정釐整하는 수준의 1차 균역 사업이 이루어졌다. 이를 기반으로 영조대는 본격적인 대경장을 추진할 수 있었다. 당시 주로 논의된 양역변통안은 유포론游布論, 호포론戶布論, 구포론口布論, 결포론結布論 등이다. 유포론은 세금을 내지 않고 있는 양정을 찾아내서 세금 징수를 늘리자는 논의인데, 이것이 확대되어 양반까지 세금을 물리자는 유포론儒布論도 등장하였다. 전자는 기존 양역체제를 바로잡는 수준이었으며, 후자는 신분제를 전면에 나서서 건드리는 사안이었다. 유포론 논의가 확대되자 아예 신분 장벽을 허무는 호포론이 등장하였다. 이것은 신분에 관계없이 가호家戶마다 면포를 내도록 하자는 주장이다. 또한 논의가 진전되자 가장 급진적인 구포론까지 등장하였다. 구포론은 신분에 관계없이 인정人丁마다 면포를 내는 방안이다. 마지막으로 결포론은 대동법과 같이 토지의 다과에 따라 세금을 부과하자는 주장이다. 실제 유포론游布論을 제외하고는 모두 양반을 수세 대상에 포함시키는 논의였으므로 개혁의 추진은 쉽지 않았다. 그럼에도 당시 조야朝野에서는 더 이상 소민에게만 과중한 부담을 지속시킬 경우

나라의 존망이 위태로울 수 있다는 위기의식이 팽배하였기에 세금을 부담하는 대상에 양반을 포함시키자는 목소리가 점차 커져갔다.

2. 진휼 재원의 발굴

18세기 전반까지 자연재해는 지속되었다. 이 때문에 영조 초반에는 진휼 재원의 마련이 시급하여 궁극적으로 양역을 변통할 여유가 없었다. 당시 진휼을 위해서 무곡貿穀, 염분鹽盆, 주전鑄錢 등의 방책이 추진되었다.

첫째, 조정에서는 긴급한 재원 마련을 위해서 무곡을 시행하였다. 도道 단위의 재정을 상호 교환하여 지역차와 물가차를 이용하는 방식으로 진휼곡을 조달하였다. 대동법의 여파로 각도에 저치미가 진휼을 위한 상진곡으로 남아 있었기 때문이다. 효과적인 진휼을 위해서 숙종-영조대 중앙의 비변사에는 각 도를 관할하는 팔도구관당상八道句管堂上을 설치하였고, 지방에는 현지 사정에 따라 여러 도의 재정을 통합하여 관장할 수 있는 진휼사賑恤使를 파견하였다.

둘째, 조정은 염분을 설치하여 새로운 재원을 확보하였다. 조선 전기 어염의 수세권은 각 고을에서 갖고 있었으나, 17세기 이래 궁방이나 토호 혹은 통영 같은 거대 아문이 장악하고 있었다. 이에 중앙정부가 직접 운영하는 직영 염분을 늘리고 점차 수세권도 환수하였다. 염분으로 비축한 재원은 기민饑民을 구휼하는 데 효과적이었다. 더욱이 이것은 균역의 근간을 이루는 어염선세 마련의 주요 배경이 되었다.

셋째, 주전 정책이다. 동전을 주조하는 데는 많은 비용이 들었기 때문에 진휼책 중 가장 늦게 추진되었다. 그러나 대동법 이후 주전의 효용 가치에 새삼 눈뜨면서 재원 확보에 주요한 시책으로 재인식되었다. 기근 못지않게 돈이 유통되지 않는 전황錢荒도 심각하였기 때문이다. 그동안 영조는 주전에 반대하였다고 알려졌으나 실제로는 막대한 규모의 주전을 실현시켰다. 영조 초반까지는 기근이 연이어 일어나 화폐를 주조할 여력이 없었으나 안정기에 접어들자 물력을 비축하여 주전에 돌입하였다. 진휼을 위해서 마련했던 다양한 비상 재원은 자연재해가 감소하자 안정적 개혁을 추진하는 데 재정적 뒷받침을 충실히 하였다. 양역변통 논의에서도 그동안 면포를 기준으로 호포론, 구포론, 결포론 등이 논의되었으나 이 시기부터 호전론戶錢論, 구전론口錢論, 결전론結錢論 등 동전을 활용하는 방안이 적극적으로 검토되었다. 이는 주전이 본격화되는 단계에서 가능했던 개혁 방안이다. 마치 대동법과 상평통보가 연동되었듯이 균역법의 추진 배경에도 주전이 있었다.

3. 국가 총예산

이후 양역변통의 기반을 확보하는 구체적인 정책이 실현되었다. 첫째, 군액을 재조사하였다. 곧 『양역총수良役總數』와 『양역실총』 등을 통해서 양역의 총액을 재획정하였다. 이때 전세도 비총제가 안착되었다. 이른바 총액제 운영의 틀이 갖추어지고 재정체계가 정비되어 전국의 세수가 표준화되었다. 국가의 재정이 궁핍하던 시기에 조정에서 필요에 따라 세금을 걷어 지출하는 차원에서 벗어나서 국가의 1년 예산을 미리 편성하고 그에 맞추어 재정을 집행하는 방식으로 전환되었다.[1] 둘째, 군제가 정비되었다. 점진적으로 총융청의 북한산성, 수어청의 남한산성 출진이 이루어졌으며, 『속병장도설續兵將圖說』, 「수성절목守城節目」, 『수성윤음守城綸音』 등을 편찬하여 5군영의 편제와 수도 방위 전략을 재정비하였다. 셋째, 왕실 재정을 개혁하였다. 『탁지정례』, 『상방정례尙方定例』, 『국혼정례國婚定例』 등을 연이어 편찬하여 중앙 재정의 일원적 회계원칙의 도입과 왕실 관련 예산의 절감이 이루어졌다.

이상의 조치를 통해서 국가의 총예산이 자연스럽게 다시 파악되었다. 새로운 재원의 확보와 중앙 재정의 개혁이 성과를 내자 양역 변통을 위한 사전 작업도 거의 마무리되었다. 특히 군영의 재편과 왕실 재정의 절감으로 마련된 재원은 이후 균역법의 급대에도 활용되었다.

4. 균역순문

균역법을 세우기 위한 다양한 논쟁이 이어졌다. 그중 가장 극적인 순간은 신료와 백성을 모두 모아놓고 의견을 물었던 균역순문均役詢問이었다. 균역법 입안의 결정적 계기를 살펴보면 다음과 같다.

첫째, 호포제 좌절과 감필 선언이다. 여건이 갖추어지자 조정은 본격적인 양역변통 논의에 돌입하였다. 국왕은 양역을 전부 폐지하고 새로운 세제로 바꿀 것을 기대하였다. 영조는 구전론은 양반과 양인을 막론하고 인정人丁당 세금을 부담하므로 반발이 높을 것으로 보고, 중간 정도에 해당하는 호전론을 지지하였다. 기존의 양역은 양정에 대해서만 부과하여 양반의 부담이 없었다. 반면에 호포제를 실시하면 양인은 인정에서 가호당 징수로 바뀌어 세금이 줄어들고, 양반은 면세에서 호당 세금을 납부하여 균형을 이룰 수 있다고 보았다.

하지만 당시 양인은 부유한 백성과 궁핍한 소민으로 계층 분화가 이루어져 있었으며, 양반조차 출사해서 가문을 보존하거나 지역에서 경영에 성공하여 경제력이 있는 계층과 몰락한 잔반殘班이 병존하였다. 따라서 먼저 양인과 양반 모두 경제력에 따라 재분류하지 않는다면 국가에서는 수세 자원을 안정적으로 확보할 수 없었다.

영조는 재위 기간 동안 약 200여 차례가 넘는 순문을 열었는데, 양역변통을 위해서 백성과 순문을 단행하였다. 영조 26년(1750) 5월 19일 창경궁 홍화문에서 1차 순문을 열어 개혁 방안의 찬반을 묻고, 여기서 호전제의 지지를 얻어냈다. 그러나 대·중·소호로 나누어서 호전을 부과하는 경우를 계산해본 결과, 양역을 폐지하고 호전을 시행하면 중앙 재정은 적자 상태를 면치 못한다는 사실이 확인되었다. 호를 3등분하는 데도 어려움을 겪었다.

같은 해(1750) 7월 3일 홍화문에서 2차 순문을 열었다. 이번에는 사족이 반대 의사를 명백히 밝힘으로써 호전론은 더 이상 존속될 수 없었다. 국왕은 개혁의 추진 동력을 확보하기 위해서 감필을 선언하였다. 영조는 백성과 약속한 사안이라고 주장하면서 재정이 빈약하여 양역을 전부 폐지할 수 없다면 절반이라도 감면하겠다고 압박하였다. 이제 양역의 면포는 2필에서 1필로 줄어들었다. 이것은 단순히 군액의 축소가 아니었다. 전세와 공납마저 개혁되자 양역이 중앙 재정에서 가장 큰 비중을 차지하고 있었다. 그런데 국왕의 감필 선언으로 양역이 떠받치고 있던 재정의 절반이 일시에 사라져버렸다. 감면한 세수만큼 세원을 확보하지 못하면 조정이 곧 재정 절벽에 직면할 것은 명약관화하였다.

둘째, 어염선세이다. 장시의 발달로 새로운 경제적 이익에 주목하여 과세 대상을 발굴하고, 그동안 수세를 해온 궁방, 외방아문, 토호 등의 이익을 국가로 환수하여 백성의 과세 부담은 줄이는 형태로 이루어졌다. 이에 영조 초반 진휼 재원 마련을 위해서 개발된

염분을 중심으로 바다에서 나는 모든 이익을 수세체계 내로 재편하였다. 어전漁箭이나 곽세藿稅, 선세船稅 등이 모두 중앙 재정으로 귀속되었다. 어염세는 그동안 궁방 등에서 폭리를 취해온 과중한 세금을 저율 과세로 바꾼다는 명목하에 수세권을 조정으로 귀속시켜서 만들어냈다. 이 역시 유형원이 소개하고 정약용이 보완책을 제시한 특수세 항목이다.

셋째, 선무군관포를 정책화하였다. 부유한 양인 계층으로서 양반을 모칭하여 피역하고 있던 이들을 찾아내서 선무군관 선발 절차를 거치게 함으로써 수세 대상에 편입시키는 정책이었다. 이들은 일종의 취재取才를 통해서 군관이 되면 자연히 중서층中庶層으로 인정받고 면세 혜택도 받았다. 조정은 설령 이들이 시험을 통과하지 못하더라도 양인으로 되돌리지 않았다. 세금도 본래 양인이 부담하던 수준에 불과했다. 더욱이 조정은 시험 통과나 납세의 방법으로 새로이 성장한 사회적 신분을 인정해주었다.

넷째, 분정分定과 결전이다. 이에 따라 지방의 재원을 활용하고 경제력에 기초한 과세가 이루어졌다. 처음에는 부족한 재원을 외방에 부담시키는 분정이 이루어졌으나, 지방재정의 중앙 편입은 각 고을의 경상비 지출조차 어렵게 만들었으므로 지속되기 어려웠다. 불법적으로 과세 대상에서 제외된 은여결을 찾아내는 일도 쉽지 않았다.

이 때문에 영조 27년(1751) 3차 순문이 이루어졌다. 그동안 유포론은 선무군관포라는 변형된 형태로 흡수되었고, 호전론은 초기에 채택하였으나 시행 과정에서 좌절을 면치 못하였다. 또한 구전론은 호전론보다 급진적이어서 시행이 요원하였다. 남은 대안은 결전론뿐이었다. 이미 전세와 대동미를 토지에서 거두고 있는 마당에 양역까지 토지에 부과할 경우 삼중 과세의 혐의가 짙었다. 이것이 결전론이 가장 늦게 추진된 배경이다. 그러나 화폐경제가 급진전된 상황에서 경제력을 고려하지 않은 가호나 인정을 기준으로 세금을 부여해봤자 받을 수 있다는 보장도 없었다. 이에 인두세人頭稅 성격에서 탈피하여 경제력의 척도인 토지에 과세하는 방안이 현실적인 대안으로 떠올랐다.

하지만 개혁을 추진하면서 오히려 세금이 늘어나는 것은 조정에서도 여간 부담이 아니었다. 이에 각 도에서 토지에 부과하던 잡세를 바로잡는다는 명분하에 결전으로 전환하는 방식이 추진되었다. 하지만 그 비중은 매우 적어서 1결당 5전錢에 불과하였다. 일종의 지방세를 중앙세로 편입시킴으로써 백성은 새로운 세금을 부담하지 않아도 되었고, 중앙도 급대 재원을 마련할 수 있었다. 다만 토지에 부과된 세액의 규모가 적었으나 사실상 분정의 변형에 지나지 않았으므로 국가의 지방재정을 일정 부분 희생시키는 형식이 되었다. 이로써 토지를 소유한 양반이나 부유한 양인, 그리고 지방 아문까지 양역변통 과정에서 수세 대상으로 편입되었다.

5. 개혁의 여파

균역법의 성립은 다양한 방면에 걸쳐 영향을 미쳤다. 첫째, 역의 형평성이 제고되었다. ① 감필은 경제적으로 열악한 소민에게 면포 2필의 부담에서 1필로 절반의 감면 혜택을 주었다. ② 어염선세는 궁방의 절수 비중이 상당히 높았으므로 사실상 왕실의 부를 희생시키는 방식이었다. ③ 선무군관포는 조정에서 부유한 양민의 중서층 편입을 인정하는 대신에 수세 대상으로 끌어들이는 정책이었다. ④ 분정과 결전은 모두 지방재정을 중앙으로 편입시켜 국가 예산의 손실을 일정 부분 감수하는 방안이었다. ⑤ 결전은 경제적 기준으로 세금을 부과하는 형태로 양역에서 이탈한 양반과 부유한 양민을 모두 수세 대상으로 환원하는 형태로 추진됨으로써 대동법의 과세 정신을 계승하였다.

균역법의 타결로 소민, 왕실, 부유한 양민, 양반, 국가 등이 모두 하나의 세금체계 내에 들어왔으며, 다양한 사회신분 계층이 양역을 서로 나누어 지게 되었다. 이것이 바로 정약용이 영조가 균역에 반대하는 신하들에게 "나라가 비록 없어질지언정 이 법은 고치지 않을 수 없다"고 한 발언까지 소개하며 극찬을 아끼지 않은 이유였다. 심지어 그는 균역법을 옹호하여 보완책까지 마련하였다.

둘째, 국가재정의 일원화이다. 대동법과 균역법은 비단 세금 부담의 형평성만 제고시킨 것이 아니었다. 여기에는 몇 가지 부수적인 효과가 수반되었다. 우선 국가재정의 일원적인 통합 운영이 강화되었다. 대동법의 실시로 중앙 재원이 확보되면서 선혜청이라는 새로운 중앙 재정 기구가 만들어졌으며, 여기서 비축된 재원은 균역법 시행 과정에서 이획移劃이나 급대給代라는 명목으로 감면된 세수를 대신하는 데 활용되었다. 또한 균역청이 만들어졌으나 곧이어 선혜청과 통폐합되어 거대 재정 기구로 탈바꿈하였다. 대동법과 균역법의 세수는 각 계정이 별도로 남아 있었으나 세금체계의 통합성은 현저히 높아졌다. 유형원은 국가의 경비를 세입에 따라 지출하고 잡다한 세금은 모두 대동법에 포함시켜 일원적으로 운영할 것을 주장하였는데, 실제로 대동과 균역의 성립으로 재정 일원화 흐름이 속도를 냈다.

국가의 1년 예산에 대한 표준액이 정해지자 이것이 다시 각 군현에 재분배되었다. 이 때문에 영조대 『여지도서』에는 『신증동국여지승람』에 없던 재정 항목이 보완되었다. 이후 각 고을에서는 읍지를 증보할 때마다 『여지도서』를 본받아 부세 항목도 모두 갱신하였다. 또한 정조대 『부역실총』에는 『양역실총』의 군액을 미米, 포布, 전錢 등으로 환산한 절가折價를 세밀하게 기재하였으며, 『군국총목軍國摠目』에는 전총田摠·군총軍摠·곡총穀摠 등 읍지에 수록되던 주요 재정 정보가 집대성되었고, 『전률통보典律通補』에도 민총民摠·군총·전총·곡총 등이 실렸다.

셋째, 상업정책의 강화이다. 세제 개혁으로 조정의 경제정책의 기조가 바뀌었다. 이미 대동법을 전후하여 공인이 등장한 상황에서 균역법이 타결되자 영조는 순문의 주요 주제를 농형農形에서 공시貢市로 바꾸었다. 농사의 풍흉을 묻는 일이 없어지지는 않았지만 공인貢人과 시인市人을 소견하여 폐막을 묻고 이를 전담하는 공시당상貢市堂上을 설치해 1품 대신급이 맡도록 하였다. 국왕은 공시순문貢市詢問을 정기적으로 열어서 공시인의 어려운 점을 하나하나 조사하여 개선하도록 하였다. 이미 숙종대부터 대동법이 발효되자 공물가에 대한 탕감 조치가 시작되었다. 영조대는 양역변통 과정에서 공인과 시인을 대상으로 채권과 역가를 탕감하였으며, 공인에게 탕감한 규모만 약 50만 석에 달했다. 균역법으로 농민이 안정되자 정책 대상이 공인과 시인까지 확대되었다.

이미 서울은 상업 도시화되어 농사를 짓는 백성이 드물었을 뿐 아니라 대동법과 균역법의 성립으로 선혜청이라는 통합된 중앙의 재정 기구가 새롭게 출범하였고, 여기에는 공인과 시인의 역할이 큰 비중을 차지했다. 대동법에서 공인은 국가의 인정을 받았고, 균역법에서도 각사各司와 각전各殿의 재정 개혁이 선행조건이었을 만큼 공인에게 지급하는 공가貢價 문제가 중요하였다. 세제 개혁을 안착시키기 위해서는 공인과 시인의 안정이 필요하였다. 영조 후반 잦은 공시순문은 이 때문이었으며, 이를 보고 성장한 신료들과 왕세손(정조)이 신해통공辛亥通共(1791)을 기획하는 것은 자연스러운 귀결이었다.

넷째, 사회신분 재편이다. 사회신분의 범주가 재편되었다. 서얼, 선무군관, 공시인에 이어서 공노비까지 신분이 변화하였다. 대동과 균역으로 양인의 문제가 해결되자 외방에 거주하면서 농사를 짓는 공노비 신공身貢 감면책도 추진되었다. 숙종대부터 흉년으로 농민과 공노비의 세금을 지속적으로 탕감해왔는데, 영조대는 심지어 공노비를 국가에서 돌보아야 할 백성으로 전제하였다. 그래서 균역법 이후 세율 인하가 추진된 것은 물론이거니와 영조 만년에는 남녀 노비가 모두 종신토록 신공을 바치는 제도를 양인과 같이 남자만 일정한 나이까지 신공을 내도록 개혁하였다. 영조 31년(1755) 노비 신공 반감半減에 균역청이 2만 66냥을 급대하였고, 영조 50년(1774) 여비女婢 신공의 전감全減에도 균역청이 1만 3,074냥을 사용하였다.

따라서 이념적으로 균역법에서 양인의 면포를 감면한 정책의 연장선상에서 공노비의 신공 감면이 이루어졌을 뿐만 아니라 실질적인 급대 비용도 균역청의 재원으로 이루어졌다. 이것이 정조 연간의 공노비 혁파 논의와 순조대 그 시행의 배경이 되었다. 정치 분야의 탕평이 사족의 정계 진출을 확대시키고 그 여파가 서얼의 허통으로 이어졌다면, 경제 분야의 균역은 양인(농민)의 세금 부담을 감면시키고 그 영향이 선무군관, 공시인, 공노비 등에게 미쳤다.

다섯째, 정치사상의 변화이다. 세제 개혁은 정치사상의 변화까지 이끌어냈다. 대동법이 점진적으로 확대되던 시기에 유계兪棨는 백성과 국가의 관계에 대한 시제試題를 냈다. 이후 대동의 효용은 "백성을 편하게 하고 나라를 넉넉하게 한다"[2]고 평가되었다. 이것이 양역변통 논의가 한참이던 시기에 들어와서 '민사民事'와 '국계國計'를 하나로 이어서 운명 공동체로 이해하는 방식으로 전이되었다.[3]

균역법이 타결되자 영조는 한 걸음 더 나아가서 "백성을 위해서 군주가 있는 것이지, 군주를 위해 백성이 있는 것이 아니며",4 "백성을 구제하지 못한다면 임금의 자리에 있어도 독부獨夫(혁명 대상)에 지나지 않는다"5는 과격한 발언을 주저하지 않았다. 이제 맹자의 혁명 사상으로 무장한 탕평군주가 대경장의 중심에 섰다.

더욱이 그는 "백성은 나라에 의지하고 군주는 백성에 의지하며", "백성과 나라가 서로 의지하고",6 "군주와 백성도 서로 의지한다"7고 하여, 백성을 한갓 시혜의 대상이 아니라 왕정의 동반자로 재설정하였다.8 국왕은 "한평생 민국에 몸과 마음을 바쳐왔다"9고 술회하기를 주저하지 않았다. 이른바 '민국'은 장기간 추진된 대경장의 여파로 점차 정치 개념으로 형성되었다.

조선의 재정 개혁은 15-16세기 경제변동인 금납화 현상으로 촉발되었다. 17세기 전쟁과 기근으로 피폐해진 위기 상황에 대한 조정의 능동적인 대응책이 바로 대동법으로 나타났다. 대동법의 발효로 화폐와 환곡이 세제 변동과 연동됨으로써 조선 전기와 구별되는 후기의 경제체계로 한층 진일보하였다. 더욱이 18세기 대동법이 전국으로 확산되고 균역법까지 타결됨으로써 중앙 재정은 온전히 통합되고 국가 총예산의 운영이 가능해졌다. 이 같은 사회경제적 변동 양상은 공시인이나 공노비 등과 같은 사회신분까지 영향을 미쳤을 뿐 아니라 정치사상적 측면에서 백성관의 재인식에도 막대한 영향을 미쳤다. 1930년대 조선학운동 이래 실학 담론에서는 조정이 무능하여 재야 지식인의 정책을 제대로 반영하지 못했다고 억측해왔다. 그러나 사실 유형원이나 정약용의 개혁안은 조정의 정책과 상당한 연속선상에 있었다.

제3부 타자의 시선

15장 동북아시아 역사상의 변화

1. 계몽주의시대 '동양' 인식

명明·청淸에서 활발한 활동을 벌인 예수회Society of Jesus(1534-
1773, 1814년 재건)가 중국 선교 사업을 적극적으로 홍보함에 따라
이를 토대로 동양에 대해 막연한 신화적 이미지가 유럽 사회에 전
해지기 시작했으며, 동양에서도 서구를 재인식하게 되었다. 당시
유교 사상이 유럽 사회에 전해지면서 관료를 능력에 따라 시험으
로 뽑는 과거제는 상당한 충격을 불러일으켰다. 특히 유학을 공부
한 국왕과 관료의 통치는 일견 플라톤의 철인哲人정치를 연상케 했
다. 계몽주의시대 서양의 지식인들에게 학문을 매개로 정교하게
발달한 관료제를 갖춘 동양의 유교 정치 모델은 이상적인 근대국
가의 상으로 자리매김하였으며 더 나아가 혁명기 새로운 국가를
꿈꾸는 계기가 되었다.

영국에서 명예혁명에 적극 가담하였던 존 로크John Locke(1632-
1704)는 입헌군주제와 대의제를 주장하여 홉스보다 진전된 근대국

가상을 꿈꾸었는데도, 오히려 명의 사례를 긍정적으로 소개하기에 이른다. 심지어 프랑스의 볼테르Voltaire(François-Marie Arouet, 1694-1778)는 중국을 유럽의 어느 나라보다도 고결한 나라라고 칭송했으며, 유교의 합리적인 가치에 따라 황제가 지배하는 개명 군주의 본보기라고까지 주장했다. 또한 중농학파에게 유교 정치 이념은 모범적인 국가 통치 이념으로 각광받았다. 프랑수아 케네François Quesnay(1694-1774)는 7년 전쟁(1756-1763)에서 영국에게 크게 패한 프랑스 재건의 방법으로 중국을 모델로 하는 농업 중심의 경제정책을 주창하였다. 그는 '유럽의 공자'로까지 불렸는데, 『중국의 전제정치Le Despotisme de la chine』(1767)를 저술하여 유교 정치제도에 대한 동경을 드러냈다.[1] 당시 '전제정치'는 19세기 이후의 부정적인 의미와는 전혀 달랐다. 여기서는 효율적이고 일사불란한 제국 통치가 이루어지는 동경의 대상으로서 군주제를 의미했다. 이 시기 중국 정치제도는 스코틀랜드의 애덤 퍼거슨Adam Ferguson(1723-1816)도 긍정적으로 평가했다. 더욱이 미국의 벤자민 프랭클린Benjamin Franklin(1706-1790)이나 토머스 제퍼슨Thomas Jefferson(1743-1826) 등과 같은 대표적인 정치가들이자 사상가들에게도 상당한 감명을 주었으며, 미국의 독립혁명(1775-1783)과 프랑스혁명(1789-1794)에도 일정한 반향을 일으켰다.

이는 17세기 후반-18세기 중국에서 강희제·옹정제·건륭제 등이 즉위하여 국내외의 총체적인 위기를 극복하고 문물제도를 집대성하는 데 성공함으로써 학자 군주의 면모를 유감없이 드러내어 청의 최전성기를 누렸기 때문이다.

앞에서도 언급했듯이 조선에서는 17세기 후반부터 당시 정치구조에 반발하는 재야의 움직임이 포착된다. 남인 유형원은 『반계수록』을 저술하여 군주를 중심으로 하는 정교한 관료제의 복구와 토지제도의 개혁 등을 통한 새로운 국가상을 제시하였다. 서인 박세채 역시 황극탕평론을 통한 군주 주도의 정치체제를 제안하고 수십 년간 준비해온 국가의 대경장안인 「시무만언소」를 숙종에게 올렸다. 그는 법전의 증수 및 법치주의의 확립, 군제의 개편, 인사 정책의 개혁 등 국가 제도의 총체적인 개혁을 주장하였다.

17세기는 수차례 경험한 국제 전쟁과 천변재이의 잦은 발생으로 인한 대기근이 전후 복구 사업을 더디게만 하였다. 더욱이 다양한 정치세력의 잦은 교체는 대경장을 추진하는 데 상당한 어려움을 야기하였다. 이에 통일된 국가권력의 출현을 희구하였다. 실제 18세기에 이르면 탕평정치의 시대가 도래하여 군주성학론의 의미가 재해석되었다. 이른바 탕평군주로 일컬어지는 숙종·영조·정조 등은 학문의 수양을 통하여 성인군주론을 완전히 체득하고, 군주이자 스승으로 불릴 수 있는 군사君師의 면모를 유감없이 과시하였다. 청과 조선의 제왕은 유교의 이상적인 국가를 현실 세계에 구현한다는 정치 구호를 내걸고 통치 체제를 재정비하여 사회 전반의 개혁을 직접 주도하였다.

결국 동북아시아에서는 군주가 학문을 연마하여 사회의 변화를 주도하고 급기야 개혁을 성공시켜서 부강한 평화의 시대를 만들어 낸 반면에 서구의 절대왕정은 새로운 변화에 부응하지 못하여 민심의 이반을 초래하였으며, 급기야 '구체제'로 낙인찍혀 혁명을 경험해야만 했다. 18세기 동북아시아의 평화기는 서양에서 흠모해 마지않던 이상향이었다. 유교 정치 문화는 서구 사회에서 새롭게 발굴해낸 또 하나의 이상화된 사회로 인식되었으며, 계몽주의시대에 고대 그리스·로마 문명 및 중세 기독교적 세계관과 더불어 새로운 근대국가상을 꿈꾸는 데 활용되었다.

18세기 조선과 청은 중앙 재정의 안정을 바탕으로 문물제도의 정비를 추진하여 융성한 문화의 시대를 열었다. 조선에서는 『여지도서』, 『동국문헌비고東國文獻備考』, 청에서는 『고금도서집성古今圖書集成』, 『사고전서四庫全書』 등과 같은 방대한 서적이 편찬되었다. 이 같은 동북아시아의 부흥은 계몽주의시대 유럽에서 이른바 중국풍chinoiserie이나 중국 애호벽sinophilism이 절정에 이른 것과 무관하지 않다. 동시대 영국이나 프랑스에서도 대규모 백과사전의 편찬이 추진되었는데, 케네는 백과전서파의 일원으로서 동양을 이상화하여 새로운 근대국가의 개혁 모델로 제시하기에 이르렀다.

2. 낭만주의시대 오리엔탈리즘

하지만 18세기 후반부터 서서히 반反중국 정서가 나타나기 시작했고, 19세기 중엽에 이르면 이성을 초월하는 낭만주의 사조의 유행과 서세동점西勢東漸의 흐름 속에서 오리엔탈리즘이 급속히 확산되었다.[2] 이러한 유럽 사회의 부정적인 중국 인식의 근원은 명청교체기라는 특수한 역사적 상황에서 비롯되었다. 만주족滿洲族의 중원 장악은 비단 조선의 사족뿐 아니라 서구의 계몽주의시대 지식인들에게도 현실로 받아들이기 어려운 대단히 충격적인 사건이었다. 예수회의 중국 문명에 대한 강한 긍정과 동경은 서구 사회에서 명을 문화의 대국으로 각인시킨 반면에 만주족은 야만의 오랑캐로서 전파했다. 서구 사회는 그토록 동경하던 문명사회(명)가 야만인(청)에게 붕괴되었다는 현실을 도저히 받아들일 수 없었다. 마치 조선이 북학운동 이후에야 비로소 청을 이적夷狄에서 새로운 중화中華로 재인식했듯이 대다수 서구 지식인들도 혼란을 극복한 청이 다시 정교한 통치 질서를 회복하는 과정을 지켜본 연후에야 명과 청을 동일한 중국 문명으로 받아들일 수 있었다.

그러나 19세기를 전후하여 점차 제국주의 열강이 아시아 식민지 쟁탈전에서 두각을 드러내자 더 이상 중국 문명을 동경할 필요가 없어졌다. 오리엔탈리즘의 대상도 중국에서 인도로 재편되었다. 이제 서구 고대 문명에 대한 강한 자부심을 바탕으로 낭만주의가 유행하였고, 중국 사상을 모델로 하는 계몽사상은 더 이상 유효하지 않았다. 만주족의 침입은 야만인의 약탈로 받아들여졌고, 청의 통치 질서 재편은 강압 정치의 상징으로 재해석되었다.

공교롭게도 강력한 절대왕정을 경험한 프랑스나 독재 권력의 역사를 간직한 독일 출신의 학자들에게서 중국의 전제정치를 부정적으로 개념화하는 일이 많아졌다. 마치 자신의 역사적 경험과 현실의 모순상을 이국적인 절대악에 대입시켜서 극복하기를 희망하는 듯했다. 프랑스 루이 15세 치하의 몽테스키외Baron de La Brède et de Montesquieu(1689-1755)는 이웃 나라 영국의 명예혁명을 지켜보면서 자국에서도 삼권이 분립된 정교한 법치주의가 이루어지기를 희망했고, 이 과정에서 영국 입헌군주제와 중국 전제정치를 대조시켜서 서구제도의 우월성을 주장했다. 하지만 같은 시기 영국에서 오히려 중국의 내각제를 원용하여 명예혁명을 성공시켰던 사실을 되새겨보면, 이러한 몽테스키외의 주장은 허황되기 그지없었다.

더욱이 스위스 제네바 출신의 루소Jean-Jacques Rousseau(1712-1778)는 사회계약설을 발전시켜 개인의 자유의지를 강조했는데, 청을 개인의 자유가 억압되는 사회로 간주하여 중국을 타락한 문명으로 묘사했다. 이는 당시 루소 자신이 경험했던 제네바의 신·구교 간 극심한 종교전쟁에서 개인의 의지가 억압당한 현실을 반영한 것으로 보인다.

이러한 입론은 헤겔, 베버Maximilian Carl Emil Weber(1864-1920), 비트포겔Karl August Wittfogel(1896-1988) 등으로 이어져 근대 서구 사

회의 일반적인 상식으로 굳어졌다. 독일 출신의 헤겔은 19세기 초 프랑스혁명에 반대하는 신성동맹Germany Holy Alliance(1815)이 결성되어 반동체제가 더욱 공고히 유지되는 것을 지켜보았고, 이에 반하는 학생들이 자유와 통일을 요구하는 부르셴샤프트 운동Bur-schenschaft(1817)을 일으키는 것을 목도하였다. 헤겔은 분열된 독일을 강력한 통일국가로 만들기를 간절히 바랐으나, 동시에 시민의 자유와 권리가 보장되는 법치국가로 발돋움하기를 희망하였다. 이러한 맥락에서 그는 중국을 억압의 상징으로 제시하고, 그곳에서는 개인이나 단체의 독립된 권리를 가질 수 없다고 질타하였다.

한편 베버는 헤겔이 갈망했던 독일제국의 시대Deutsches Kaiser-reich(1871-1918)를 누렸지만, 독일 귀족은 여전히 게르만 전통법을 원용하여 근대적 관료제 위에서 군림하였다. 이러한 배경을 살펴보면 그가 '가산관료제Patrimonialbürokratie'라는 개념을 설정하여 중국 사회를 비판했던 궁극적인 목적이 어디에 있었는지 가늠해볼 수 있다. 그는 독일제국이 일으킨 세계대전에 참전해야 했고 그 와중에 독일혁명(1918)에도 가담하여 바이마르공화국Weimarer Republik(1919-1933)의 헌법을 기초했으며 베르사유조약 체결 시 대표로도 활약하여 자국이 근대국가로 변신하기를 갈망하였다. 비트포겔은 베버의 제자였는데, 그는 나치 정권Zeit des Nationalsozialis-mus(1933-1945)의 탄압을 피해서 미국으로 망명한 후 유목 민족인 거란족이 세운 요遼를 연구하여 극단적인 '동양의 전제주의Oriental Despotism'라는 개념을 체계화하였다. 두 사람은 강력한 독재 권력의 폐단을 경험한 바 있으며, 그 대안으로 급진적 사회변혁을 갈망했다.

중국 비판론자의 공통점은 대체로 자신들이 경험했던 자국의 불안정성을 '구체제'로 인지하고 있다는 점이며, 이를 가상의 중국(정복 왕조)을 통하여 효과적으로 부각시키는 듯한 인상을 지울 수 없다. 곧 17-18세기 유럽의 '중국' 인식보다 후대에 해당하는 19세기 후반 자국사의 관점을 바탕으로 동양의 역사상이 재구축되었다. 더욱이 한 세기 이전에는 그토록 혁명을 통해 극복하고자 애썼던 '구체제'에 해당하는 서구 절대왕정이 동양 전제주의와 어떻게 차별화되는지에 대한 효과적이고 합리적인 설명은 거의 해내지 못하였다. 따라서 19세기 승자의 입장에서 서구의 혁명만을 근대의 기준으로 삼아서 동북아시아 사회를 재단해온 일련의 과정이 얼마나 실제 역사상과 동떨어진 것인지를 가늠해볼 수 있다. 전통시대에 대한 재조명은 당대 사회의 작동 원리와 그 시대의 맥락이 어떻게 작동되었는지를 검토해보는 과정이 선행되어야 한다.

지금까지 '조선시대 역사상'은 끊임없이 이념 지상주의에 기반하여 형성되어온 듯하다. 일본 제국주의는 식민사관 주입에 혈안이 되어 있었으나 광복 후에는 역으로 일본 제국주의가 설정한 테제에 반대하는 연구가 무수히 진작되었다. 그렇지만 안티테제의 설정에 초점을 맞추고 식민사학 극복을 위하여 조급하게 대응했기에 내재적 발전론은 비판의 단초端初를 제공하였다. 더욱이 일본 제국과 군사정부라는 거대 권력에 저항하는 운동사적 관점은 조선시대상을 희생양으로 만들어버리기도 했다. 역사상의 검증과 비판은 역사가의 당연한 책무지만 이를 위해서는 최소한 사실에 기반한 연구가 전제되어야 한다.

그러려면 먼저 동서양의 사상사적 전개 과정을 거시적인 차원에서 비교해보고, 다시 유럽에서 주목한 18세기 동양 사회에 대해 미시적인 차원에서 접근하여 중국과 조선의 사회경제적 변화 과정을 살펴볼 필요가 있다. 이러한 과정을 통해서 동시간대의 서로 다른 공간에서 공유해온 역사상을 추출해보아야 한다. 여기서는 시론적인 차원에서 현재까지 서로 다른 영역에서 연구된 성과를 재조합해보는 선에서 그쳤지만, 향후 조선과 중국의 사회체제의 변동 양상을 좀 더 심도 있게 검토해본다면 필경 동북아시아 지역 세계의 공통적인 역사상을 그려볼 수 있을 뿐만 아니라 장기적으로는 세계사의 보편성을 추출하는 데도 도움이 되리라 확신한다. 따라서 한국사와 지역사, 더 나아가 세계사와의 연관 구조 속에서 역사상을 재구축하는 것이 절실하며, 이를 위해서는 한국사와 세계사를 그 동시성을 고려하여 재검토해야 한다. 고립된 분단체제하의 일국사적 관점에서 이루어진 그동안의 조선시대 연구는 더 이상 유효하지 않을 듯하다.

아직도 제대로 된 연구가 진척되지 못하고 있는 19세기사에 대한 재조명도 필요하다. 그동안 이 시기는 서세동점하 제국주의 열강의 침투현상에 대한 반제 반봉건反帝反封建의 관점만 강조되었고 정작 구체적인 사회상 연구는 등한시되었다. 조선과 청이 망국에 이르렀다는 역사적 사실에서 자유로울 수 없으나, 결과론적 해석에 모든 현상을 부회해서 적용하는 것도 역사상을 정확히 이해하는 방식은 아닐 듯하다.

특히 가장 중앙집권력이 높았던 조선과 청의 관리가 상업 이익에 눈뜨기 시작하면서 저효율의 농업을 점차 방기하고 고효율의 상업 이익에 골몰하여 생기는 도덕적 해이 현상, 그리고 오늘날의 펀드fund를 방불케 하는 당대의 첨단 금융 기법을 통한 이식利殖 행위 등에 대해서도 좀 더 면밀한 검토가 필요한 실정이다. 지금까지 부끄럽다고 외면받아온 망국에 이르는 과정까지도 포함한 정확한 시대상의 이해가 뒷받침될 때 양국의 역사는 비로소 온전히 재조명될 수 있으며, 궁극적으로 세계 자본주의 시장과의 연결 고리를 밝히는 단초로서 검토해볼 여지가 있을 것이다.

3. 식민사학의 그림자[3]

'당쟁黨爭'은 오랫동안 부정적인 이미지로 인식되었다. 일본 제국주의가 식민사학의 한 축으로 당파성론을 들고 나왔기 때문이다. 이에 대한 반성과 통찰을 통해서 1980년대 우리 사학계는 어느 정도 당쟁사관을 극복하고 '붕당정치론'을 펼칠 수 있었다. 그러나 당쟁사관이 우리 사회 내에서 완전히 청산된 것은 아니다. 붕당정치론은 1990년대가 되어서야 비로소 교과서에 반영되었기에 그전에 교육을 받은 세대는 '붕당정치'가 낯설었다. 오랫동안 식민사학을 답습하여 훈련받은 세대에 의해서 재교육되었기 때문이다. 식민지는 이미 청산되었음에도 불구하고 뿌리 깊은 우리 역사에 대한 불신은 쉽게 청산될 수 없었다.

더욱이 연구사에 환원시켜보면 간단한 문제가 아니다. 1970-1980년대 사회구성체 논쟁 중에도 마치 한말(조선)은 '구체제'로 인식해야 한다는 전제가 있었던 것 같다. 이러한 인식 구도는 아직 한국사 전공자 내에서도 완전히 해소되지 못했다. 특히 근대사 전공자 중에서 그 비중이 압도적이다. 독재 정권하 불의한 현실의 모든 문제가 친일파를 배태한 일제강점기에서 비롯되며, 식민지의 근본 원인은 전적으로 왕정에 있다고 보았다. 국망의 현실은 마치 '조선'의 원죄마냥 인식되었다. 일본 제국주의가 망국의 주요 원인으로 개발해낸 당쟁사관은 우리 연구자 내에서조차 극복해내기 쉽지 않았다. 다행히 연구자 내에서는 갈수록 이 같은 인식이 줄어들고 있으나, 새로운 연구 성과를 접하기 어려운 일반 대중의 인식은 여전히 수십 년 전 구체제론에 머물러 있는 경우가 많다.

앞에서도 언급했듯이 오늘날 구체제론의 근거 자료로 쓰이는 당론서는 대개 한말에 간행된 서적들이다. 특히 국망 전후로 이러한 책들이 각 붕당 계열의 후손에 의해서 경쟁적으로 활자화되었다. 식민사학자들은 당시 보급되기 시작한 당론서를 대거 활용할 수 있었다. 조선광문회가 『당의통략』(소론)을 대대적으로 간행한 이후 점차 『동소만록桐巢漫錄』(남인)[4]이나 『아아록我我錄』(노론),[5] 『동국붕당원류고東國朋黨源流考』(노론, 필사본)[6] 등이 경쟁적으로 편찬되었다.

당론서 편찬은 16세기 후반까지 거슬러 올라갈 수 있다. 초창기 당론서의 범위 역시 선조대에서 영조대까지가 일반적이었다. 붕당정치의 근원과 대상 시기를 대체로 사림의 정권 장악 이후로 보았기 때문이다. 하지만 점차 시기를 확장시키는 경우가 많아지면서 조선 전기 '사화'까지 포함되었다. 당론서에서 각 붕당의 입장은 전혀 달랐지만 다루는 사건 자체는 거의 유사했다. 16세기 전반은 4대 사화가 주요 소재였으며, 16세기 후반은 동인·서인의 분화가 주요 분수령으로 이해되었다. 17세기 전반은 남인·서인의 예송논쟁이 부각되면서 4대 환국이 비중 있게 다루어졌고, 17세기 후반은 노론·소론의 분기分岐가 중심에 놓였다. 18세기는 왕위 계승 문제가 주요 사건으로 인식되었다.

당론서는 본래 각 붕당의 정당성을 변론하기 위해 편찬된 책이었다. 이러한 흐름이 19세기까지 이어져 붕당이 소멸한 시기에도 붕당에 기초한 역사 인식이 지속되었고, 이는 일제강점기 '당쟁사관'의 형성에 직접적인 영향을 미쳤다.

그러나 정작 '당쟁'이란 표현은 조선시대에 거의 쓰이지 않았다. 실록 전체를 대상으로 붕당을 염려하는 표현을 검출해보면 숙종대 한 차례만 '당쟁'이 사용되었을 뿐이다.[7] 유사한 표현인 '당전黨戰'조차 드물게 나타난다. 그런데도 실록의 번역본에는 '당쟁'이란 용어가 수없이 등장한다. 현재 번역본에서 '당쟁'으로 표현한 부분을 실제 원문에서 찾아보면 당의黨議, 당습黨習, 붕당朋黨, 붕당색목朋

黨色目, 당비黨比, 당론黨論, 당인배黨人輩, 당인黨人, 편당偏黨 등의 표현으로 나타난다. 그렇다면 당쟁이란 용어 자체가 인위적으로 도입된 '역사 용어'임을 알 수 있다. 곧 당대 쓰인 역사적 용어가 아니라 현재적 가치 평가를 담은 '역사 용어'로 쓰이고 있는 것이다.[8] 이는 한말 지식인의 부정적인 붕당 인식과 일본 제국주의 식민사관이 잘 맞아떨어졌기 때문이다. 양자의 악순환은 이렇게 시작되었다.

일본 학자의 붕당 관련 저술은 간단한 논문부터 단행본까지 적지 않은 편이다. 특히 하야시는『조선근세사』(1902)를 간행하여 독보적인 영역을 구축하였다. 그러나 하야시의 당쟁사관은 비교적 소략한 편이었고 체계적인 서술이라고 보기는 어려웠다. 이후 '당쟁' 자체만을 다루는 본격적인 연구가 나온 것은 시데하라 다이라幣原坦(1870-1953)부터였다. 여기서는 단행본으로 간행된 시데하라의『한국정쟁지韓國政爭志』(1907)와 나가노 도라타로長野虎太郞(생몰 미상)·호소이 하지메細井肇(1886-1934)의『붕당사화의 검토朋黨士禍の檢討』(1921) 두 책을 저본으로 해서 내용을 살펴보고자 한다.

시데하라는『한국정쟁지』「서언敍言」에서 자신이 대한제국 정부 초빙으로 학정學政에 참여하였다고 밝히고 있다. 그러나 러일전쟁 이후 1904년(광무 8) 8월 22일「한일 외국인 고문 용빙에 관한 협정서」(제1차 한일협약)가 체결되었으므로 실제로 그는 당시 내정간섭을 위해 파견된 '학부學部 학정참여관學政參與官'이었다. 또한 이 책이 출간된 것은 1907년인데 이미 1905년 을사늑약으로 통감부가 설치되면서 사실상 대한제국의 주권은 무력화된 상태였다. 이때 우리나라의 학부 예산을 이용하여 '당쟁관'을 담은 본격적인 저술이 나타난 것은 의미심장하다 하겠다.

그는 처음부터 "한국韓國(대한제국)의 정치는 사권私權의 쟁탈에서 유래한다"고 전제하였다. 이는 공적인 영역의 정치가 아닌 개인의 사사로운 이권을 위한 정치라는 점을 강조한 셈이다. 이러한 인식은 가와이 히로타미河合弘民(1872-1918)나 호소이에게도 그대로 계승되는 인식 체계인데, 그보다 앞서 성호星湖 이익李瀷(1681-1763)이 먼저 제기한 문제이기도 했다. 또한 시데하라는 "의견이 백 가지로 계속해서 갈리고, 암살까지 일삼으면서 정권을 잡으면 적을 일망타진하는 등 참화를 피할 수 없다"고 하였다. 그러나 이는 일본 정치에서 팽배했던 암살을 은연중에 조선 역사에 이입한 것이다. 조선 역사에는 암살이 존재한 적이 없다. 그뿐만 아니라 그는 "대신의 교체가 빈번하고 국정의 개혁은 오로지 우연의 소치일 뿐이다"라고 주장하였다. 그런데 이 같은 부정적인 인식은 이건창李建昌(1852-1898)이 『당의통략』「원론原論」에서 붕당이 격화된 원인과 문제점에 대해서 "옥사와 형벌이 지나치며, … 당화黨禍가 서로 이어져 죽이는 것이 법도가 없어졌다"고 한 대목에서 먼저 보인다. 곧 시데하라는 당론서에서 부정적인 인식의 기반을 발췌해낸 것이다. 게다가 그는 "한인韓人의 오늘날 상태를 이해하려면 그 원인을 과거의 역사에서 찾아야 하며, 그 원인은 당쟁 외에는 다른 것이 없다"고 단언하였다. 그리고 이러한 연구 작업 자체가 "[한국韓國] 국정國情을 살피는 데 유용하기를 바라는 뜻"을 가진다며 책의 목적을 밝혔다. 곧 시데하라는 식민지화의 정당성을 증명하고자 한 것이다.

책의 구성은 제1편「개론」, 제2편「동서분쟁론」, 제3편「노소분쟁론」으로 되어 있는데, 각 사건과 개요에 대해서 비교적 정확하게 인지하고 있는 편이다. 또한「서언」이나「개론」등을 제외하면 자신의 생각보다는 사실관계를 추적하려고 애쓴 흔적이 보인다. 하야시의 『조선근세사』보다는 내용이 상세하고 치밀한 편이다.

제시한 참고 문헌은 비교적 개인 문집의 비중이 높고, 야담집과 기타 잡서가 다수를 차지한다. 시데하라가 이 같은 사료의 더미 속에서 사건을 정리해냈다면 대단한 성과로 볼 수 있다. 그러나 이 시기에는 이미 하야시의 요약정리본이 있었고, 다수의 당론서가 상존하는 상황에서 그가 정말 원자료만을 분석해서 사건의 요지를 만들어냈을지는 대단히 의심스럽다. 특히 당론서의 사건 개요와 『한국정쟁지』의 본문 구성은 크게 다르지 않다. 19세기 말에 편찬된 『아아록』, 『당의통략』과 비교하면 내용을 상당히 요약하고 장절별로 소제목을 부여한 정도의 차이밖에 보이지 않는다. 사실상 시데하라는 당론서를 그대로 베껴 쓴 것으로 보인다. 다만 그는 일본인이므로 당색을 고려해서 기술할 필요는 없었다. 반대당을 비판한 당론서와는 달리 이 책은 조선의 정치 자체를 극단적으로 혐오스럽게 묘사했다.

다음으로 호소이·나가노가 쓴 『붕당사화의 검토』(1921)가 있다. 시데하라의 첫 『한국정쟁지』 출간 이후 1916년에 가와이의 연구가 논문의 형태로 이어졌고, 이를 재검토하는 차원에서 호소이·나가노의 후속 연구가 1921년에 단행본으로 정리되었다. 호소이 하지메는 1908년 '조선연구회朝鮮研究會' 창립을 주도한 인물이다. 이 단체는 『조선朝鮮』(1913), 『신조선新朝鮮』(1916) 등 일본 제국의 침략 논리를 집대성한 연구서를 간행하였다. 또한 『붕당사화의 검토』가 간행된 이듬해인 1922년은 조선총독부에서 '조선사편찬위원회(조선사편수회)'를 조직해서 『조선사朝鮮史』 37책(1932-1938) 편찬을 기획한 시기였다. 그 외에도 총독부는 '조선사학회朝鮮史學會'를 조직해서 『조선사강좌』(1923-1924)를 간행하였고, 이후 경성제국대학도 『조선경제의 연구』(1929), 『조선사회경제사연구』(1933), 『조선사회법제사연구』(1937) 등을 간행하였다. 이 같은 대규모 편찬이 이루

어지기 직전에 '당쟁'을 다루는 연구서가 단행본으로 만들어진 것
은 별개의 문제로 보기 어렵다. 이후에 나오는 모든 식민사관의 저
술에 이러한 연구서가 기초 자료로 이용될 수 있었기 때문이다.

호소이는 『붕당사화의 검토』 「서序」에서 가와이의 "붕당사화는
정권 쟁탈에서 유래했다"는 설을 인용하고 있다. 또한 자자손손子子
孫孫 같은 당적을 유지하는 것이 근대적인 정당정치와 대별된다고
강조하면서 실권失權은 곧 아사餓死로 이어질 수 있어 정쟁政爭이
격렬해졌다고 보았다.[9] 그런데 이 같은 언설은 이익의 주장을 그대
로 답습한 내용이다.[10] 이건창 역시 도학道學과 관직官職 배분의 문
제가 당론을 촉발시켰다고 보았다.[11]

호소이·나가노의 글은 시데하라보다 범위가 확대된 것이 특징
이다. 시데하라가 선조 이후를 다룬 반면에 호소이 등은 조선 전기
사화의 비중을 높이고 대원군 시기까지를 총망라하고 있다. 구성
은 1장 「갑자사화」, 2장 「기묘사화」, 3장 「외척의 발호」, 4장 「동서
분당」, 5장 「남북 양론」, 6장 「노론 소론」, 7장 「노소대립 후 붕당朋
黨의 소장消長」 등이다. 내용은 간단하게 잘 정리되어 있으며 각 내
용별로 소제목이 달린 점이나 도해식圖解式 설명 방법, 요약적 제시
등은 근대적인 역사서의 형식을 잘 따르고 있지만 내용 자체가 기
존 당론서와 얼마나 차별성이 있는지는 역시 의문이다. 이는 당론
서에서 선조대를 특별히 다루면서 조선 전기 사화를 붕당의 기원
으로 설명한 것과 별반 다르지 않은 구성이다. 동시에 어떤 면에서
는 붕당의 역사를 조선시대 전체로 확대하고자 하는 의도로 보인
다. 그래야 조선 망국의 원인 규명이 가능하기 때문이다.[12]

개항기 이후 유행한 『당의통략』의 시각은 20세기까지 절대적인
영향력을 행사하였다. 사실 『당의통략』 역시 소론계 이건창이 19세
기 말에 쓴 당론서에 불과한데도 이를 기반으로 한 역사상이 1차

사료인 실록, 『승정원일기』, 『일성록』 등의 정사보다 앞서는 실정이었다. 원사료는 엄격히 관리되어 접근하기 어려웠던 반면에 당론서는 도식적으로 잘 정리되어 일반인도 이해하기 쉬웠기 때문이다. 더욱이 『당의통략』에는 저자와 같은 당색인 소론에 대한 비판이 한 문장 들어 있다는 이유로 비교적 공정하다는 평이 붙었고, 당시 약간의 명망이 있던 조선광문회가 『당의통략』을 활자화하여 보급하면서 대단한 영향력을 미치게 되었다.

결국 조선시대에 편찬된 당론서는 일본 제국주의 관학자들에게 많은 영향을 주었다. 재야에서 날카로운 잣대로 조정을 비판했던 내용은 그대로 식민사학자의 입으로 옮겨져 조선에 대한 부정적 정치상으로 재구성되었다. 일본 제국 관학자들의 저작을 살펴보면, 극소수를 제외하고는 근대 사학의 범주로 평가할 수 있을 만큼 조선의 당론서와 차이나는 질적인 변화가 감지되지 않는다. 오히려 한문으로 된 책의 내용을 근대적인 일본어 논문으로 깔끔하게 재정리한 표절작에 불과한 경우가 태반이다. 가장 큰 차이는 일본 제국주의가 정치 혐오를 부추겨 식민지화를 필연적 결과로 받아들이도록 했다는 사실이다.

더욱이 이러한 일본 제국주의 관학자의 주요 참고서로 야담집이나 야사野史가 대거 활용된 점도 반정부적인 입장을 무비판적으로 수용할 수 있는 바탕이 되었다. 이는 일본 제국에 유리한 자료가 될 수밖에 없었다. 결국 총독부의 식민지정책과 전통적인 당론서의 영향, 그리고 야담집 혹은 야사 등에 기반한 식민사학자의 연구서가 서로 영향을 주고받으면서 당쟁사관이 형성되었다.

4. 당쟁사관의 극복[13]

불행히도 일본 제국주의 관학자의 근대적 역사서 구성은 개항기 역사 교과서에도 영향을 미쳤다. 곧 조선시대 당론서 → 일본 제국주의 식민사관 → 근대 역사학의 순서로 악순환이 이루어졌다.

김택영金澤榮(1850-1927)의 『동사집략東史輯略』(중등학교 교과서, 고대-고려, 1902)에서는 하야시의 학설을 채택하여 단군을 부정하면서 임나일본부설을 소개하였고, 심지어 일본 제국의 침략마저 고대사의 회복이라고 주장하였다. 『역사집략歷史輯略』(고대-고려, 1905) 역시 단군을 부정하고 임나일본부설을 채택하고 있는데,[14] 여기에 시데하라의 서문이 붙어 있는 것은 결코 우연이 아니다. 다만 그는 을사늑약 이후 중국으로 망명하여 친일파는 아니었으며, 왕정을 신랄하게 비판하는 입장에서 『당의통략』의 관점을 수용하여 당쟁사관이 농후한 『한사경韓史綮』(조선, 1918)[15]을 지었다.[16]

현채의 『중등교과 동국사략』(고대-조선, 1906)은 하야시의 『조선사』(고대-고려, 1892)와 『조선근세사』(조선, 1902)를 약간의 편집(고대사 축소 및 임진왜란 승전 표기)만 거쳐 거의 그대로 번안하였다. 특히 그가 조선 후기를 붕당정치 위주로 정리한 것은 바로 하야시의 견해를 수용했기 때문이다.

이처럼 일본 제국주의 시각이 학부를 중심으로 과학적이고 근대적인 학문으로 추앙받았다. 이들은 처음부터 모두 친일파가 아니었으며 '근대성(문명개화)'이라는 관점에 한동안 경도되어 있었을 뿐이다. 그래서 일본 제국으로부터 학습한 근대 학문으로 애국계몽운동을 전개하다가 종국에는 사회진화론(약육강식론)의 수용 여부에 따라 독립운동가와 친일파로 나뉘었다.

학부에서 편찬한 교과서가 친일 성향임이 드러나자 이에 반발하는 민족주의 계열의 역사학이 나타났다.[17] 1910년대 박은식朴殷植 (1859-1925)·신채호申采浩(1880-1936) 등은 고대사 왜곡에 반발하여 민족사의 유지·보존을 주장하였다. 그러나 그들도 붕당정치는 여전히 부정적으로 보았다. 박은식의 『한국통사韓國痛史』(1915)는 동시대사를 위주로 하였기 때문에 '당쟁의 폐해'를 한 줄 정도만 언급하면서[18] 자성의 목소리를 냈다.[19] 신채호 역시 상고사를 위주로 반박하여 조선시대를 다루지는 않았다. 다만 조선 중엽 이후를 '문명文明의 암흑'으로 규정하는 등 부정적 인식을 가졌던 것만은 확인 가능하다.[20] 결국 1910년대 박은식과 신채호는 당시까지 간행된 전통 당론서나 일본 제국주의 관학자의 당쟁사관과 유사한 시각을 갖고 있었다. 왕정의 몰락을 직접 목도한 지식인들에게 조선시대까지 옹호할 여력은 없었다. 1940년대 손진태 역시 "조선 중후기는 민족의식 침체기"라고 규정하였다.[21] 대체로 간접적으로 언급하면서 부정적 시각을 드러냈다. 또한 1932-1938년 조선총독부 조선사 편수회에서 『조선사』(37책)을 간행했지만 사료집의 성격이 강했기 때문에 본격적인 붕당정치 논평은 찾아보기 어렵다. 다만 편집된 시각은 기존의 부정적 붕당관을 계승하고 있다.

붕당이 소멸된 이후 당론서의 성격은 더욱 뚜렷해졌다. 세도정치기 중앙 정계 진출이 막히면서 향촌 사회 양반의 입지를 다지기 위해 과거 화려했던 붕당정치기 가문의 활약상을 추억하는 작업이 이루어졌다. 중앙에서 붕당정치가 사라졌는데도 지방에서는 당색으로 변형되어 살아남았다. 최근 고종대 인사 과정에서 당색을 고려한 자료를 이용해서 당파정치로 재명명하려는 시도가 나타나고 있으나,[22] 같은 현상은 탕평정치기에도 인사 균형을 맞추기 위해 이루어졌다.

게다가 고종대 세도정치를 종식시키자 역사 인식도 역전되었다.

그동안 집권당으로서 역할을 다한 노론과 재야에 머물던 소론·남인의 입장 차이가 있었기 때문이다. 고종대 점진적으로 소론, 남인, 중인, 서얼, 무반 등의 출사가 이어지면서 기존의 노론 중심의 역사관은 타격을 입었고, 이에 반대하는 비판적인 붕당 인식이 대두하였다. 조선광문회로 통칭되는 지식인 집단 역시 대체로 새롭게 출세하기 시작한 중인층 혹은 몰락한 소론·남인의 후예였다. 최남선·김택영은 중인 출신이었고, 신채호는 남인계, 이건창·황현·박은식은 소론계 후예였다. 이들이 왕정의 정치체제에 부정적인 인식을 가지는 것은 당연했다.

앞에서 여러 차례 언급했듯이 이때 일본 제국주의가 농간을 부려 "자기 역사에 대한 비판적 성찰"을 민족성의 문제로 왜곡시켜 식민사관으로 활용한 것이다. 그러므로 여기에는 좀 더 신중한 접근이 필요하다. 다시 말해 당쟁사관의 형성에는 조선총독부의 방대한 역사 왜곡 작업과 일본 학자의 근대적인 연구 논문이 한 축을 이루고 있었고, 전통적인 당론서의 반대당에 대한 부정적인 인식의 계승이 다른 축을 이루었으며, 이 두 가지 흐름을 민족주의 역사학자들도 대거 수용한 것이다.

그러나 광복 이후 강주진姜周鎭(1919-1994) 등이 새로운 시각을 내놓으면서 비로소 변화의 조짐이 일었고,[23] 1980년대에는 붕당정치 이론이 새로운 패러다임으로 도입되기에 이르렀다.[24] 이때 1920년대 잊힌 안확이나 1940년대 이시이 히사오石井壽夫의 연구가 재평가되었다. 안확은 『조선문명사』(1923)에서 조선시대에 대한 독자적인 의견을 내세우며 붕당정치를 적극적으로 긍정하였다. ① 군권이 없어지면서 정객의 권리가 진작되어 정치 자유가 생겼고, ② 인재 등용이 활성화되면서 일반인(상인常人)의 정계 진출도 촉진되었으며, ③ 각기 서로 다른 여론과 붕당 간 의론이 일어나면서 절충점을 찾는 정치가 이루어졌다고 평가하였다. 특히 그는 조선 후기에 자유당(노론·북인)과 보수당(소론·남인)이 서로 각축하는 가운데 정치 발전이 이루어졌고, 세도정치는 붕당정치가 끊어진 상태에서 빚어진 것으로 정치가 더 추하고 쇠퇴하였다고 보았다. 이러한 평가를 내릴 수 있었던 것은 국망 직후와 달리 상대적으로 시간적 거리가 생기면서 전통 사회에 대한 재평가가 가능해졌기 때문이다. 게다가 당시는 자치 운동을 한참 전개해나가면서 정당론을 상당히 수용하던 때였다. 이 같은 입장이 이시이에게도 그대로 이어졌다. 다만 그는 붕당정치론의 입장에서 붕당을 긍정하고 이를 종식시킨 탕평정치는 혹독히 비판하였다.

1980년대 조선시대사 연구는 새로운 시대를 맞이하였다. 전통시대 역사상을 재조명하려는 노력이 이루어지면서 당쟁사관은 점차 설 자리를 잃어갔다. 1990년 교육과정에서 당쟁사관이 퇴출되면서 식민사학은 대체로 극복된 듯했다. 하지만 1-2차 검정 교과서 도입과정에서 『고등학교 한국사』와 『중학교 역사』 교과서의 본문 서술 및 읽기 자료를 통해서 이익과 이건창의 비판적 시각이라는 명분하에 당쟁사관이 부활하는 웃지 못할 촌극도 벌어졌다.²⁵ 이는 대안 교과서 등에서 뉴라이트가 특정 자료를 재조합하여 제시함으로써 객관성을 가장하여 부정적인 역사상을 전파했던 방식과 크게 다르지 않다. 물론 집필진에게 이러한 의식이 있었다고는 전혀 생각되지 않으나 연구사(식민사관 극복 과정)에 대한 이해가 너무나 미약했기 때문에 벌어진 일이었다.

앞서와 같은 연구사를 설명하면 우리 지식인과 일본 제국주의 시각이 비슷해 보이는데 어째서 식민사관이라고 비판하는지 반문하는 경우도 있다. 그러나 양자는 맥락이 전혀 다르다. ① 일본 제국주의는 당론서의 초점을 교묘하게 바꾸어 '당론서의 상대 당 비판 → 일본 제국주의 조선 정치 혐오론 → 조선 망국론 전파' 등으로 이어나갔다. ② 목적 자체도 불순하였다. 일본 제국주의는 침략 책임을 조선 내부로 돌리고자 했다. 임진왜란부터 사실을 왜곡해 당색별로 의견이 달랐다는 허위 조작을 통해서 조선 조정에 책임을 지우려 했다. 더욱이 ③ 붕당은 조선 망국론의 원인으로 성립하지도 않는다. 붕당정치 자체는 이미 중앙 정계에서 200여 년 전에 소멸했는데 존재하지 않는 붕당으로 망하는 것은 불가능하다. 이는 후술할 향촌 사족의 당색 의식과 붕당정치를 혼돈한 것이다. ④ 붕당 기원론도 오류이다. 관직이 고정되어 있는데 과거 급제자가 증가하여 밥그릇 투쟁을 벌여서 붕당이 발생했다는 설명도 적절하지 않다. 붕당정치가 소멸되고도 과거 급제자는 폭증했으나 붕당은 다시 부활하지 못했다. 17세기 붕당정치가 극성했을 때의 관점을 통시대적으로 적용하는 것은 문제가 있다. 따라서 당파성론(당쟁사관)은 목적이나 사실 설명 자체가 모두 잘못된 이론이다.

다만 순수한 목적에서 자국의 현실을 비판적으로 바라보았던 근대 지식인들을 식민통치를 합리하기 위한 논리를 만들어낸 일본 제국의 관학자들과 한통속으로 보는 것은 명백히 문제가 있다. 이는 오늘날 평화로운 시대를 사는 이들이 난세에 독립운동에 투신했던 이들을 욕되게 하는 일이다. 앞서 지적했듯이 이는 시대적 상황에 대한 이해가 전혀 없기 때문이다. 다행히 2019년 다시 교육과정을 개편하면서 이 문제도 약간은 해소되었으나 연구사에 대한 교육이 제대로 이루지지 않는다면 언제든지 다시 벌어질 수 있는 일이다.

5. 탕평을 보는 시각의 변화

탕평정치는 숙종 연간 처음 제기되었고, 영조-정조 연간 본궤도에 올라 본격적인 방법론에 대한 접근이 이루어졌다. 이후 18세기 탕평시대에 대한 본격적인 평가 작업은 19세기 후반에 가서야 비로소 이루어졌다. 가장 직접적인 원인은 흥선대원군(이하응李昰應, 1820-1898)의 아버지 남연군南延君(이구李球, ?-1822)이 사도세자思悼世子(이선李愃, 1735-1762)의 아들 은신군恩信君(이진李禛, 1755-1771)의 양자로 입적되면서 고종의 가계가 바로 영조와 직결되었기 때문이다. 고종 초반 흥선대원군이 섭정을 시행하면서 국정 개혁의 지표로 제시한 선왕도 다름 아닌 영조였다.

이 시기에 숙종·영조·정조에 대한 새로운 재평가 작업이 시행되었다. 우리에게 익숙한 묘호廟號인 영조와 정조도 원래는 영종과 정종이었지만 이 시기 재평가 사업을 통해서 추존된 것이다. 고종 26년(1889) 1차로 '영종'에서 '영조'로 묘호를 높였다. 이때 시호의 개정과 존호尊號의 가상加上도 이루어졌다. 아울러 다음 해에는 숙종에 대한 존호도 가상하였다. 다만 이때 숙종의 경우 성과에 대한 재평가 논의가 묘호로까지 추진되지는 못하였다. 이는 훌륭한 영조를 기리면서 그 부왕父王(숙종)까지 추숭하는 절차였기 때문이다.

2차로 10여 년이 흘러 대한제국이 새롭게 선포되자, 황제국으로 재편하는 시기와 맞물려 묘호와 제호帝號가 올려졌다. 고종 36년 (1899) 9월에는 먼저 세자의 시호인 사도장헌세자思悼莊獻世子를 임금의 묘호인 장종莊宗으로 바꾸어 한 단계 격상시켰다. 그해 12월에는 왕조를 개창한 태조를 포함하여 고종 자신의 직계가 되는 장종을 황제로 추존하였다. 그리고 '정종' 역시 '정조'로 높였다. 이때 태조 고황제高皇帝, 장조莊祖 의황제懿皇帝, 정조正祖 선황제宣皇帝, 순

祖純祖 숙황제肅皇帝, 문조文祖 익황제翼皇帝 등 5명의 황제가 탄생하였다. 고종은 자신을 사도세자의 후손으로 천명闡明하면서 그 후손인 정조, 순조, 문조(익종翼宗)까지 추존하였다.

이때의 특징은 헌종과 철종이 배제되었고, 대리청정을 시행한 두 왕세자인 장헌세자(장조)와 효명세자(익종/문조)가 포함되었다는 점이다. 재위 시 치적治積이 부진한 왕을 제외한 반면에 왕세자에 대한 적극적인 평가가 이루어졌다. 여기에는 기본적으로 고종의 가계家系가 장헌세자의 후손에 연결되고, 왕통은 즉위 시 효명세자의 빈嬪이었던 신정왕후神貞王后의 양자로서 이루어진 점이 주요했다. 이를 기화로 두 세자가 모두 성대한 정치를 베푼 인물로 지목되었다. 이는 대개 사도세자와 정조, 그리고 순조와 효명세자를 하나의 틀로 이해하는 방식이다. 이러한 인식은 한편으로는 왕위의 정통성을 주장하는 측면이 있지만 다른 한편으로는 마치 고종 연간 탕평시대와 세도정치기를 나누는 경계선처럼 보이기도 한다. 세도정치기에 대한 강한 비판 정신이 고종대 정치 분위기였는데, 그 경계선을 신정왕후의 배우자인 효명세자 이후로 나눈 것은 의미심장하다.

이미 영조에 대한 묘호 추존 절차가 이루어졌으며, 숙종에 대한 존호 가상도 있었으므로 이는 다른 차원의 단계별 추숭 사업으로 보인다. 그래서 숙종에게는 존호를, 영조에게는 묘호, 존호, 시호를, 정조에게는 묘호와 제호 등을 올리는 방법으로 추숭 사업이 진행되었다.

탕평군주에 대한 흥선대원군과 고종의 한없는 존경과 흠모의 표현은 단지 직계 후손이였기 때문은 아닌 듯하다. 대체로 흥선대원군의 복고주의 모델은 18세기 탕평군주였다고 이해된다. 또한 고종도 전통적 개혁 모델과 서구식 근대화 모델의 절충점으로 찾고자 했는데 이때 전통적인 개혁 모델을 영조와 정조에게서 찾고자 하였다. 그랬기에 고종대에는 탕평군주에 대한 직접적인 재평가가 시도되면서 영조와 정조는 붕당정치를 종식시키고 문화의 전성기를 이끈 '문예군주文藝君主'로 재평가받았다. 그리고 이러한 분위기는 일본 제국주의 관학자들에게도 그대로 수용되었다. 고종이 규장각奎章閣 도서를 주로 활용하면서 영조와 정조에 대한 존경의 표현을 했던 것과 같이 일제강점기 규장각 도서를 독점적으로 열람하였던 식민사학자들도 실제 문화유산들을 보자 두 군주에 대해서만은 쉽게 부정하지 못했다.

다른 한편으로 탕평군주를 긍정하는 부분은 역으로 붕당에 대한 비판 의식과도 맞닿아 있었다. 세도정치기에 대한 고종 시대의 강한 비판 의식은 전통적인 조선시대 정치구조에 대한 냉정한 평가와 맞물려 있었다. 한말은 국망의 현실에 대해서 자성自省의 목소리를 내는 비판적 지식인이 상당수 있었으므로 유교망국론이 세勢를 얻는 시기였다. 앞에서도 설명했듯이 이러한 분위기를 타고 일본 제국의 식민사학자들은 당쟁사관을 담은 일군一群의 책을 편찬하였다. 그들이 참고한 당론서는 자당의 주장을 합리화하기 위해서 다른 붕당을 비판하는 내용인데, 마치 조선의 보편적인 정치사의 난맥상처럼 체계화하여 왕정 혐오를 부추겼다. 이렇게 일본 제국주의가 창출한 구도와 분위기를 바탕으로 필사본으로만 전해지던 당론서의 내용이 차례로 보급되면서 마치 조선이 붕당으로 망한 듯한 이미지가 고착화되어갔다. 붕당정치는 실제 17세기 약 100여 년 동안 지속되었는데도 사실관계에 대한 확인 따위는 중요하지 않았다. 오히려 조선 후기 붕당정치사가 '당쟁'으로 소개되자 점차 범위를 확대하여 조선 전기 '사화'를 함께 소개하는 데 열을 올렸다. 물론 이 역시 당론서에서 이미 사용된 방식의 차용에 불과했다.

처음 조선광문회에서 『당의통략』을 간행할 때만 해도 일본 제국주의에 맞서서 조선의 문화 정신을 전하겠다는 취지였다. 망국 현실에 대한 비판 정신에서 이러한 대본을 선정한 것이다. 하지만 이는 붕당 간 대립을 조선시대 전체를 관통하는 이미지로 만드는 데 일정한 역할을 하였다. 식민사학자의 연구 서적은 충실한 해설서 기능을 했으며, 활자화된 당론서는 마치 이를 뒷받침하는 원자료처럼 이해되었다. 더욱이 18세기 당대사를 다룬 규장각 도서의 출입과 열람이 거의 불가능하던 시절에 야사野史와 식민사학은 근대적인 지식 전달이라는 미명하에 지식인은 물론 일반 대중이 가장 손쉽게 접할 수 있는 조선시대상으로 자리 잡았다. 결국 일본 제국주의는 우리 지식인의 자성의 목소리를 식민사학에 교묘하게 접목시키는 데 성공하였다.

식민사학자들은 한편으로는 붕당정치를 종식시킨 탕평군주에 대한 고종시대의 긍정적인 이미지를 일부 수용하고, 다른 한편으로는 우리 지식인들이 쌓아온 붕당정치에 대한 비판적 입장을 받아들여 당쟁사관을 만들어냈다. 이것이 붕당과 탕평을 극단의 대립 구조로 이해하게 되는 결정적 계기였다.

다만 탕평군주는 화려한 문화의 시대를 연 인물로 긍정적으로 평가되었으나 붕당정치는 비판적으로 보는 관점만이 주요하게 인식되었다. 이렇게 일제강점기 내내 붕당정치론은 당쟁사관의 제약을 받았고, 안확 같은 소수의 학자만이 붕당이 현대 정당정치에 비견된다는 새로운 연구를 산출하였을 뿐이었다. 그리고 이시이 같은 붕당을 지지한 유일한 일본 제국의 학자도 탕평은 부정적인 정치체제로 평가하였다. 이와 같이 붕당정치론과 탕평정치론은 마치 양자택일의 문제처럼 인식되어만 갔다.

하지만 붕당정치론에 대한 비판이 주류를 이루었으며, 탕평군주의 재평가는 크게 주목받지 못하였다. 탕평군주에 대한 평가는 앞서 말한 대로 문예군주라는 일부 긍정적인 이미지가 있었으나 이것이 보편적 지지를 얻지는 못하였다. 망국 책임론이 불거지면서 조선왕조에 대한 이미지가 상당히 부정적으로 인식되었기 때문이다. 한말 이래 대부분의 역사학자는 화려한 고대사의 부활에 매달렸으며, 조선시대를 대단히 부끄러운 시기로 단정 지었다.

그럼에도 비판적 지식인들 중에서 전통문화를 지키고자 노력한 사람도 적지 않았다. 초기 1910년대 조선광문회 주도의 고서古書 간행 사업은 이후 1930년대에는 '조선학운동'으로 발돋움하였다. 특히 정약용 서거 100주년을 맞이하여 『여유당전서』를 활자본으로 간행한 것을 계기로 '실학'을 체계화하여 새로이 학문의 영역으로 만들어내는 데 성공하였다.

그런데 조선시대에 대한 긍정적인 인식이 시작되었음에도 불구하고 이때 강조되었던 논리는 조선 조정의 무능으로 이렇게 훌륭한 실학이 제대로 평가받지 못하고 재야에 묻히고 말았다는 설정이었다. 여기에서도 당쟁사관이 여전히 유효했으며, 한말 조선 조정을 '구체제'로 인식하는 전제가 깔려 있었다. 처음에는 비판적 지식인의 자성적 목소리였지만 사실상 식민사관의 경계를 허물지 못하고 그 체계 내에서 조선시대에 대한 재인식을 시도한 측면이 컸다.

대개 실학자로 설정된 인물의 학설은 영조-정조 연간에 조정에서 직접 활용하였다. 심지어 영조대는 당색을 초월하여 『반계수록』을 경연 교재로 논의하였고 정조대도 실학자의 학설을 화성성역華城城役에 대거 활용하여 국정에 대부분 수용하였다. 단지 세도정치기 정약용이 유배된 이후의 특정 상황을 18세기 탕평정치기와 동

일시하는 것은 역사적 사실과 무관하였으나 이때에는 그러한 세세
한 사실은 주요하게 생각하지 않았다. 조선왕조는 그저 500년이 동
일하다는 사고방식이 팽배해 있었기 때문이다.

이러한 인식은 광복 이후에도 크게 바뀌지 않았다. 세계대전의
전후로 전 세계를 휩쓸었던 마르크스주의가 비공산권에는 사회구
성체론으로 학계에 폭넓게 수용되었다. 이는 사회경제사적 측면에
서 전체 시대상의 변화 양상을 입체적으로 재구성해보는 매우 유
용한 신학문이었다. 특히 동북아시아 각국에서는 1960-1970년대에
자본주의 맹아론이 크게 유행하였다. 이 시기 식민지를 경험한 국
가는 외세의 침탈이 없었더라면 자력으로 자국의 근대화에 성공할
수 있었을 것이라는 점을 증명하고자 무던히도 애를 썼다. 이는 당
시 선진국의 대열에 여전히 과거 제국주의 국가가 선두를 점하고,
피식민지 국가들은 후진국을 면치 못하던 시대 상황에 대한 일종
의 변론辯論에 가까웠다. 현실에서 정의를 규명할 수 없던 세계사
의 조류 속에서 당대 역사가는 소명을 저버릴 수 없었다.

마치 독립운동의 수단으로 화려한 고대사에 역점을 두었듯이,
광복 이후에도 식민사관 극복의 일환으로 자국 근대화의 가능성에
대한 다양한 검토가 이루어졌다. 이것이 국내에서는 실학의 외연
을 확장하는 방식으로 추진되었다. 이러한 시도 역시 조선시대를
새롭게 긍정적인 시선에서 살펴보고자 하는 의도였다. 그러나 여
전히 조선 조정은 '구체제'이자 모순덩어리였음에도 불구하고 사
회경제적 추세만은 근대를 지향하고 있었다는 논리가 다수를 이
루었다. 따라서 안타깝게도 실학이나 자본주의 맹아론의 긍정적인
시선조차도 일본 제국주의가 만들어놓은 당쟁사관과 조선의 조정
이 무능하다는 이미지를 완전히 깨는 계기가 되지는 못하였다.

1980년대부터 변화가 찾아왔다. 새로이 붕당정치론이 출현하면

서 당쟁사관이 정면에서 깨지기 시작했다. 당쟁사관 자체에 대한 이의제기뿐만 아니라 조선 후기 붕당정치와 탕평정치의 구조적 개편 과정도 군제의 변화에 맞추어 살펴보게 되었다. 이후 학계에서는 점차 '당쟁'을 대신하여 '붕당정치'라는 용어가 새로이 자리매김하였을 뿐 아니라 국정 교과서에도 차츰 반영되어갔다.

하지만 붕당의 긍정이 곧바로 탕평의 재평가를 가져오지는 못하였다. 당시 시대 상황과 맞물려 군사독재에 대한 강한 비판 정신이 조선 조정을 '구체제'로 몰아서 비판하는 방식으로 재현되었다. 특히 붕당이 건전한 여론에 입각한 공론정치였던 데 반해 이를 타파한 탕평정치는 왕권에만 집착한 전제군주의 정책이었다는 평가가 대중 개설서에 공공연히 실리기도 하였다. 곧 새로운 붕당정치론 제기로 당쟁사관은 극복되었으나 반대로 당쟁사관에서 탕평군주를 긍정적으로 보던 시각은 약화된 것이다. 이는 여전히 양자의 정치론을 대립적으로 보는 전제가 통용되었기 때문이다.

그럼에도 불구하고 이 시기를 전후하여 탕평정치에 대한 기초적인 연구는 착실히 진행되었다. 멀리 해외에서도 일찍이 1978년에 영조시대를 심도 깊게 다룬 단행본 분량의 연구가 산출되었다.[26] 또한 국내에서는 1980년대 초반부터 탕평정치의 윤곽을 밝히는 주요 논문이 동시다발적으로 학계에 발표되었다. 다수의 탕평 논문이 영조 시대에 초점을 맞추어 지속적으로 쏟아져 나왔다. 이 시기의 연구는 탕평에 대해서 붕당을 대신하는 새로운 정치 운영론으로 평가하면서 탕평을 둘러싼 정치세력의 변화에 주목하였다.

1990년대가 되자 새로운 변화가 일어났다. 영조 연간에 대한 축적된 연구 성과에 힘입어 외연이 확장되어 정조시대에 대한 재평가 사업이 적극적으로 추진되었다. 서울대학교 규장각이 별도로 독립하여 규장각 도서의 열람과 접근이 용이해지면서 정조시대에 대한 연구가 새로운 전기를 맞이하였다. 특히 정조가 꿈꾸었던 붕당에 기반한 탕평정치가 학계에 적극 소개되면서 재평가 작업이 봇물처럼 쏟아졌다. 이제 정조는 단순히 전제군주의 이미지를 벗고 문예군주로 칭해지는 차원을 넘어서서 보다 적극적으로 근대국가를 지향한 '절대계몽군주' 혹은 '개혁군주'로서 새로이 비정되기에 이르렀다. 1990년대 초반까지도 각종 드라마나 소설 속의 정조는 우둔하고 허수아비 같은 임금으로 그려지기 일쑤였으나 이제 평가가 완전히 바뀌어 '정조대왕'으로까지 추앙받기에 이르렀다. 정조가 다시 새로운 인생을 산 것이 아니라 그를 바라보는 시대와 사회의 시선이 완전히 변화한 것이다.

아울러 탕평정치 연구는 새로운 관점을 제시하는 데 머무르지 않았다. 1990년대 중반에 접어들면서 다양한 주제에 걸쳐서 박사학위논문이 쏟아져 나오기 시작했다. 이전 시기 한두 편 분량의 논문으로 전체 시대사를 조망하던 데서 벗어나, 개별 주제로 단행본 분량의 정밀한 연구가 축적되었다. 이로써 새로운 시각과 실증적인 자료가 뒷받침되는 명실공히 18세기 연구가 질적으로나 양적으로 모두 성장하였다.

결국 18세기사는 몇 가지 복합적인 복권復權이 이루어졌다. 먼저 실학운동을 통해 재야 지식인의 학문적 성취에 대한 평가가 선행되었고, 다음으로 자본주의 맹아론의 제기로 사회경제적 성장이 주목되었다. 마지막으로 정조를 주목하고 탕평정치 자체에 대한 재평가가 이루어지면서 왕정 주도의 각종 사업이 '봉건 체제'로 인식되지 않고 전통시대의 '개혁 사업'으로 재규정되었다. 이로써 국가정책, 사회경제, 학술사상 등 모든 흐름이 새로운 근대적인 국가상을 향해 발전해나가고 있었다는 주장이 힘을 얻었다. 이제 조선 후기사 중 18세기는 완전한 의미에서 복권을 이루었다. 아마도

1990년대 군사독재가 종식되고 민주화로 이행되는 시기의 사회적 분위기가 크게 반영된 것이 아닌가 한다. 개혁이라는 담론이 역으로 전통 사회를 긍정적으로 평가하는 데 주요한 영향력을 미쳤다.

게다가 2000년대 이후에는 사회적 분위기가 상대적으로 자유로워져서 이분법적인 논쟁보다는 사실 자체에 입각한 보다 정교한 정치사 연구가 가능해졌다. 특히 『정조어찰첩』과 같은 새로운 자료가 발굴되면서 정조시대를 보는 다양한 관점이 만들어질 수 있었다. 그동안 식민사관의 극복에서 시작된 조선시대상의 재발굴은 본래 역사의 모습을 비추어 보는 복권의 경지를 넘어서서 때로는 일방적으로 미화하고자 하는 국수주의 경향마저 감지되었다. 그러나 우리 사회의 정치적 민주화가 안정 궤도에 진입하자 학계도 질적으로 눈부시게 성장하여 전통시대의 의미를 있는 그대로의 모습 속에서 찾아보고자 하는 노력이 지속되었다. 역사를 바라보는 시야가 넓어졌으며 보다 큰 틀에서 18세기 역사상을 재조명하게 되었다. 곧 정조에 대해서는 문예군주나 개혁군주의 이미지 외에도 탁월한 정치 능력을 발휘한 정치가로서 면모가 적극적으로 부각되었다. 이제 우리 사회의 학문적 역량이 극단적인 비판이나 미화를 넘어서 역사상을 있는 그대로 조망하면서 그 속에서 의미 있는 평가를 내릴 수 있을 만큼 성장하였다.

16장 근대 개념어의 혼란

1. 민족이란 무엇인가?

'민족'은 유럽의 나시옹nation 등이 근대에 번역된 개념어이다. 이는 동시에 국민people·민족ethnic group·국가state 등으로 제각각 번역되어 사용되었다. 그래서 국민국가·민족국가·근대국가 등의 용어가 난립하게 된 것이다. 이는 공통적으로 신·구교 간 종교전쟁을 통한 분열상을 극복하고 새로운 국가 단위의 단일한 '정치·언어·문화·역사·혈연'을 공유하는 공동체(민족)를 의미한다. 당시에는 게르만족의 전통법인 가산국가 개념의 해체도 같이 진행되었다.[1] 이제 왕실의 종교나 혼인 관계보다는 영토·신민 등이 새로운 국가 단위로 중시되었다. 곧 종교의 선택에 따라 국가 단위가 합종연횡하거나 혼인을 따라 국가의 영토·영지가 왕실 재산처럼 거래되던 상황이 종식된 것이다. 이때 14세기부터 19세기까지 지역별로 차이가 생겼다. 영국과 프랑스의 분리, 스페인과 신성로마제국의 분리, 네덜란드와 스페인의 분리, 독일과 오스트리아의 분리, 프랑스와 벨기에의 분리 등 지역별 국가 단위의 형성이 가속화하면서 현재 유럽이 탄생했다.

14세기 르네상스기부터 19세기 낭만주의시대까지 장장 500여 년에 걸쳐 유럽 사회는 이른바 근대국가의 요소를 하나둘씩 갖추어 나갔다. 이에 서구에서는 나시옹의 형성에 주목한 것이다. 그러나 이는 봉건사회의 해체와 절대왕정으로 이어지는 과도기적 현상으로서 동북아시아에서는 이미 수천 년 전에 지나간 현상이었다. 따라서 종교와 왕실의 상속 단위를 벗어난 나시옹을 국가체의 형성에 중요한 단위로 삼는 것에 의의를 둔다고 하더라도 이것이 반드시 '근대'의 소산이라고 하기에는 타 지역의 역사에 비해 유럽사가 지나치게 후진적이다.

그런데도 제국주의시대 성공담에 이입해 역사를 해석하면서 후진 지역의 역사를 선진적인 잣대로 보고 그보다 발달된 지역을 후진 문명으로 재설정함으로써 역사 해석에 중대한 오류가 발생했다. 심지어 서구에서조차 17-18세기 계몽주의시대까지 유럽을 후진 지역으로 이해했다. 이 같이 경도된 역사관은 모두 19세기 제국주의 국가가 스스로를 최고로 여기던 낭만주의시대의 산물이다.

하지만 광복 이후 우리 학계는 마르크스주의 열풍과 서구 학계에 대한 절대적 권위 아래서 서구의 이론 자체에 대한 타당성은 논외로 하였고, 끊임없이 시대사 구분론에 입각해 자국 역사를 끌어올리거나 순방향에 위치 짓기 위해 분주하게 움직였다. 이 같은 논쟁은 동북아시아 한·중·일 3국에서 모두 치열하게 전개되었다.

놀랍게도 2000년대 초반 이후 그러한 경향은 자취를 감추었다. 이것은 역설적으로 가난한 피식민지 국가가 왜 제국주의 국가로 변신하지 못했는가 혹은 왜 근대화에 실패했는가에 대한 의문이었고, 여전히 선진국이 되지 못했던 현실을 반영하였다. 그러나 21세기에 피식민지 국가가 양적으로나 질적으로 선진국의 반열에 올라서면서 더 이상 시대사 구분론에 집착하지 않게 되었다. 경제적으로 부유해진 중국과 한국은 이제 '중세 봉건사회 결여설'에 찬반 논쟁을 벌이거나 억지로 '중세'를 설정하거나 '아시아적 생산양식' 따위에 구애되지 않았다. 오히려 서구의 경험으로 세계사의 기준을 만드는 것에 의문을 제기하고, 수많은 연구 실적을 토대로 자국의 역사를 체계화하여 '귀납적' 이론틀을 만들어내는 작업을 벌이고 있다. 이와 함께 과거에 동북아시아에 강요된 서구 이론의 무조건적이고 폭력적 형태의 '연역식' 적용은 이제 많이 사라져가고 있다.

하지만 여전히 사회과학의 영역은 이 같은 인식에서 벗어나지 못하고 있다. 이제는 오히려 영미권의 학자들 스스로가 서구 중심의 역사 인식에 문제를 제기하고 있는 상황인데도 과거에 영향을 받은 이론틀에서는 별반 변화가 보이지 않는다. 이러한 경향 때문에 1990년대에는 과거 동북아시아의 국가 체제 탄생과 그와 함께 만들어진 민족 개념을 '전근대 민족' 혹은 '준민족(체)' 등으로 근대 민족과 구분 지어서 서양사 전공자나 사회과학도의 공격에서 벗어나고자 하는 타협안이 한국사 연구에서 제기되기도 했다.[2]

그러나 최근에는 영미 학계를 비롯하여 국내에서도 굳이 이렇게 서구와 동북아시아를 구분할 필요가 있는지 의문이 제기되고 있다. 그래서 단일한 잣대의 적용 기준점에 대한 논의가 폭넓게 이루어지고 있다. 이미 미국에서는 임진왜란의 총력전 양상을 국민·민족의 탄생으로 설정하는 흐름이 나타났다.[3] 이는 그동안 모든 국민·민족 개념을 19-20세기에 위치 짓고자 했던 사고방식에서 크게 벗어난다.

물론 국내 연구는 실록 등 광범위한 사료에서 '국민'의 용례가 그전부터 확인되고 국가와 국민의 개념이 현저히 나타나고 있음을 논증하였다. 이는 조선왕조의 특별한 현상도 아니었다. 대몽항쟁기 고려에 이와 유사한 개념이 없었다고 단정 짓기도 어렵다. 또한 남북국시대 '발해인' 의식이나 '신라인' 의식 역시 국가와 국민의 개념과 별로 다르지 않으며 삼국시대 백제인·고구려인·신라인 각각의 국가별 의식 역시 마찬가지이다. 동북아시아 왕조에서는 이른 시기부터 제후 간 영토와 신민의 상속은 별로 이루어지지 않았다. 중국은 춘추전국시대에 이러한 이야기가 나오고, 한국은 고조선 관련 사료에 나오는 조선상朝鮮相 역계경歷谿卿(기원전 2세기) 등의 무리(2,000호) 정도가 비슷한 유형으로 보인다. 이미 진·한제국이나 삼국시대 이후 국가를 가문의 상속 대상으로 여기는 게르만족의 가산국가 같은 의식은 거의 없어졌다.

유럽에서도 왕정 국가에서 왕실(왕가)이 왕위를 계승한다는 것과 가산국가에서 혼인을 통해 영토와 신민을 상속하는 것은 전혀 다른 개념이다. 그런데도 가산국가에 대한 제대로 된 이해가 없는 상태에서 아무 경우에나 조선을 가산국가로 설명하는 게 뉴라이트이다. 그러한 개념이라면 19세기 중반 가산국가 관련 법이 폐지된 이후의 유럽의 왕실도 여전히 가산국가로 볼 수 있을 것이다.

따라서 중앙집권 국가의 탄생과 국민·국가의 탄생은 하나로 이해된다. 삼국시대 국학·국사의 성립도 동일한 연장선상에 있다. 일종의 역사 공동체가 출현한 것이다. 고조선은 사료가 적으므로 어떤 단계인지 알 수 없으나 삼국의 역사 기록은 충분히 설명 가능하다. 앞서 살펴보았듯이 나시옹의 중의적 개념은 번역 과정에서 민족, 국가, 국민으로 분리되었으나 실상은 중첩된 하나의 개념이었다. 이를 바탕으로 살펴보면 우리나라는 최소한 삼국 이후에는 그 개념을 모두 충족한다. 고조선과 삼국 사이에 위치한 부여국 역시 왕좌가 오랫동안 영위되었으므로 그 개념에 해당하지 않을까 한다.

물론 이것을 유럽처럼 '근대 국민국가'의 탄생으로 설명하는 데는 동의하지 않는다. 개념이 모자라서가 아니라 이것은 근대에만 나타나는 현상이 아니며, 국민국가라는 번역어의 함정에 빠지기 쉽기 때문이다. 그보다 '국가의 탄생'이 더 적절한 설명으로 보인다.[4]

근대사나 서양사 혹은 사회과학 전공자들은 종종 특정한 환상을 갖고 있는데, 이른바 '근대'에 모든 것이 평등해졌다는 상상이다. 그래서 국민국가는 신분적 한계가 해소되었다고 전제한다. 그러나 그들이 쓰는 국민국가의 개념은 14-20세기에 걸쳐 혼재되어 있으며 모두 제각각이다. 백번 양보하여 20세기 신분제 해방 이후만을 들더라도 여성의 선거권이 급격히 증가한 시점이 불과 1-2차 세계대전 전후라는 사실을 감안한다면,[5] 서구에서도 평등한 사회가 정말 존재했는지 의문이다. 또한 19-20세기까지 노예무역을 합법적으로 활발하게 주도했던 나라들이 평등한 사회였다고 한다면 이것이야말로 전형적인 '자기기만적 서술'에 불과하다.

이 같은 서구 중심주의의 배태 과정을 살펴보려면 고대 로마제국이나 중세 프랑크왕국의 유산에 대해서 살펴볼 필요가 있다. 본래 그리스나 로마를 기준으로 해가 뜨던 문명 지역이나 부유한 나라를 '오리엔트Orient'라고 불렀다. 그러나 아테네 등 그리스 연합이 초강대국 페르시아를 상대로 승리를 거두자 소아시아(레반트/서아시아) 일대는 미개한 전제군주의 지역으로 재규정되었다. 이른바 옥시덴탈리즘Occidentalism(왜곡된 서양관)에서 오리엔탈리즘으로의 전환이 이루어진 것이다. 지중해를 '우리 바다'로 부르던 3대륙(유럽·아프리카·소아시아)에 걸친 로마제국의 탄생은 그들의 자만심을 한껏 높여주었다.

그러나 훈족Huns(흉노)의 침공으로 게르만족의 탈주가 시작되었고 이들이 로마 국경 일대에 국가를 세워 침공하자 서로마 역시 멸망하였다. 하지만 군사 방어 거점은 붕괴되었어도 가톨릭 교구는 살아 있었다. 성직자들은 무지한 게르만족을 대신해 행정 관료로서 프랑크왕국을 보좌하는 대신 십일조를 받을 권리를 부여받았다. 중세 가톨릭의 팽창은 이를 기반으로 한다. 하지만 얼마 가지 못해서 프랑크왕국은 삼분되었으며 다시 수많은 영지가 쪼개졌다. 특히 바이킹족(노르만족)의 침공으로 사회는 고립되었고 장원 경제로 후퇴했다. 이로써 봉건제는 강화되고 영지에 대한 불가침성도 견고해졌다. 이 와중에 각 왕실을 비롯한 제후들은 본래 유럽에서 가장 큰 영역을 차지했던 프랑크왕국을 중심으로 자유롭게 혼인을 맺었다. 이것이 이후 왕국이 분열하면서 국가를 초월하는 혼인으로 보였고, 이를 계급 수평적 혼인으로 받아들이는 인식이 팽배해졌다.

국가 간 경계가 명확하지 않던 시기 프랑스와 영국이 전쟁을 벌여서 영토 정리에 나섰고, 이베리아반도의 왕실 간 합종연횡으로 스페인과 포르투갈이 탄생하였으며, 독일 지역의 패권을 놓고 '신성로마제국'의 명분, 합스부르크 가문의 등장, 프로이센의 성장 등이 맞물려 다양한 국경선이 맺어졌다. 합스부르크가와 프로이센의 경쟁에서 합스부르크가는 오스트리아와 헝가리를 연결시켰고, 부르봉가는 스페인을 합스부르크가에게서 빼앗았다. 이 같은 국경선의 정리는 19세기까지 계속되었고, 세계대전은 식민지 쟁탈전을 포함한 이러한 흐름의 최종 귀결이었다.

서구의 가산국가의 종식과 근대국가의 창출은 연결된 문제였으며, 여기에는 민족주의 개념이 주요하게 작동하였다. 일반 대중의 인식과 달리 민족주의 개념은 너무나 다양하다. 그것이 의미하는 것도 천차만별이다. 미국 학자들은 한국 연구자들을 '내셔널리스트nationalist'라고 비판하는데 긍정적인 민족주의가 아니라 대체로 국수주의 경향을 의미하는 것이다. 이는 일본의 역사 왜곡을 객관적 사실로 전제하고 식민사학 비판을 감성적인 민족주의로 본 것이다. 반면에 국내에서 동일한 표현은 저항 정신에서 출발하여 독립운동-민주화 운동의 역사로 이어지는 자주적이고 주체적인 시각을 의미한다. 곧 같은 '민족주의'라는 표현이라도 지칭하는 것이 전혀 다를 정도로 스펙트럼이 다양하다. 분류에 따라서 10여 개 이상의 의미가 확인된다. 그러나 여기서는 가장 눈에 띄는 몇 가지 사례만 소개하고자 한다.

첫째, 협의狹義의 민족주의이다. 가장 기본적인 개념으로 구성원이 자기 정체성을 인식하면서 등장한다. 시대를 초월하여 정치체가 일정한 중앙집권 국가형태에 도달하면 구성원이 자기 정체성을 규정하는 운동이 일어난다. 이른바 '국학'을 연구하는 단계는 자국과 타국을 구분하는 정도의 초보적 형태로서 건전한 사회공동체를 형성하는 수준에 불과하다. 우리나라 역사에서는 4-6세기 삼국이 고대국가 체계를 구축하고 교육기관을 설치하며 역사서를 편찬하던 사례에 해당한다. 유럽에서는 19세기에 적극적으로 전개된 민족 정체성 찾기 운동을 근대적인 요소로 간주하고 있으나 시간성을 부여할 만큼 독창적이지는 못하다. 광복 이후 한국사 연구자들의 민족주의는 이러한 기본적인 정체성 찾기에 초점이 맞추어져 있었다고 볼 수 있다. 그런데도 미국 학자들이 한결같이 비판했던 것은 다음의 국수주의와 착각했기 때문이다.

둘째, 국수주의國粹主義이다. '국수國粹'는 본래 전통문화를 긍정하는 용어이지만 점차 자기 문화만을 우월하게 여긴다는 의미로 바뀌었다. 이는 국내에 일정한 부의 축적이 이루어지면서 자기 우월감이 임계치를 넘기면 나타난다. 서유럽의 제국주의시대 '낭만주의'가 전형적인 경우이다. 아울러 역대 중국의 '중화中華 의식' 역시 유사하다. 현대에는 중화인민공화국이 부유해지면서 '신新중화민족'으로 재등장하고 있다.

셋째, 전체주의全體主義이다. 국가와 국민의 일체화를 강조하면서 공동체를 재조직하는 논리이다. 국수주의적 민족주의와 유사한데도 굳이 구분하는 이유는 대체로 경제적 위기 상황 속에서 국내 문제의 해법을 찾지 못할 때 외국인이나 외국 문화를 혐오의 대상으로 삼아서 감정을 배출하는 형태로 등장하기 때문이다. 더 나아가서는 어려운 경제적 상황을 타개하기 위해서 해외로 침략 전쟁을 일으키는 형태로도 나타난다. 대체로 인종주의와 침략주의가 가미된다.

이는 제2차 세계대전 당시 주축국에서 특화되었는데, 이탈리아의 파시즘fascism, 독일의 나치즘Nazism, 일본의 군국주의軍國主義 militarism 등이 대표적이다. 독일이 제1차 세계대전에서 패하여 막대한 전쟁배상금에 신음하자 나치당이 집권하여 또다시 전쟁을 일으켰다. 일본의 경우 이미 16세기 임진왜란은 물론이거니와 19세기 메이지 연간까지 정한론征韓論을 내세우며 자국 내 불안감을 해소하기 위해 조선을 침략하고 아시아를 위기에 빠뜨렸다. 현대에는 경제적 위기에 봉착한 나라에서 자국보다 경제가 발전해버린 이웃 나라에 대한 혐오 방송이나 증오 연설hate speech 등을 통해 현실을 부정함으로써 정서적 안정을 추구하는 형태로 부활하고 있다.

넷째, 저항적 민족주의이다. 우리나라에서는 이미 고려 중기 삼한유민의식(삼한일통의 잔재)에서 벗어나 삼국을 초월하는 고조선이 다시 부각된 것도 몽골과 수십 년간의 항쟁으로 인하여 민족·국민·국가의 각성이 커졌기 때문이라고 평가하고 있다. 또한 일제강점기 침략에 맞선 독립운동은 저항적 민족주의가 정점에 달한 사

례이다. 아울러 남아메리카·서남아시아·아프리카 등 제3세계에서
는 제국주의 침탈의 역사가 아직 제대로 청산되지 못하여 민족주
의가 저항운동으로 존속되고 있다.

2. 재야사학인가? 사이비역사인가?

그렇다면 지금 한국에서 일어나고 있는 현상은 무엇인가? 현재
국내 고대사 연구자를 재야에서는 강단사학자 내지 심지어 식민
사학자로 매도한다. 반면에 미국 학자들은 한국의 역사학자를 국
수주의자라고 비판한다. 민족주의 과잉을 지적하는 것이다. 도대
체 동일한 학자 집단이 한쪽에서는 매국노 취급을 받고 다른 한쪽
에서는 국수주의자로 지적당하는 모순된 현실은 어떻게 생긴 것일
까? 이는 우리가 일본 제국의 침탈에 맞서 싸운 역사가 있었기 때
문이다. '저항적 민족주의'라는 미명하에 각종 학설이 난립하였고,
그 과정에서 제국주의를 비판하면서 오히려 제국주의를 닮아가는
폐단마저 나타났다.

역사 속 단군(혹은 고조선)은 이미 삼국시대부터 확인되며, 구체
적인 계승 인식은 고려 초기부터 나타난다. 대몽항쟁 이후 급격히
고조선(단군·기자)의 인식이 부각되었고, 조선왕조는 고조선 계승
을 천명하였으므로 조선시대 단군 제사는 국조로서 당연시되었다.
대한제국 역시 마찬가지였으며, 한말 외세의 침탈을 경험하면서
민간신앙에서도 단군은 중요하게 인식되었다.

특히 서구 세력이 기독교를 중심으로 대외 팽창에 나서는 양상
을 보고 대응 논리로서 유교(유교 개신론)나 단군(단군교·대종교)을
재정립하려는 운동이 일어났다. 이러한 흐름은 강제병합 이후에도
마찬가지였다. 일본 제국의 탄압이 거세지고 국내 무장세력이 일

본 제국의 남한대토벌 작전으로 괴멸되자 만주 일대에 무장 독립군 기지 건설이 추진되었다. 당시 무장투쟁에 나선 이들은 대종교가 되었고, 국내에 남아 일본 제국에 협력한 세력은 단군교로 칭해졌다. 이러한 구분이 아주 정확한 것은 아니지만 대체적인 정황은 비슷하다. 특히 대종교는 일본 제국이 불령선인不逞鮮人(후레이센진)으로 칭하며 종교를 가장한 독립군으로 분류하였다. 조선어학회사건을 필두로 많은 독립지사가 대종교의 연결망 속에서 국내외에서 독립운동에 가담하였다. 당시 개신교·가톨릭·불교·유교 등의 다양한 종교 내지 신념을 지닌 이들도 한결같이 대종교에 가입했다. 이는 독립운동의 수단이자 민족체 구심점으로서 단군을 이해했기 때문이다. 그래서 임시정부 때부터 개천절이 국경일로 지정되었고, 제1공화국(이승만 정부)부터 단기檀紀를 사용했으며, '홍익인간弘益人間'이 전 교육과정에 도입되었다.

다만 이 과정에는 크게 다른 두 계통이 있었다. 단군을 믿는 이들은 대종교 계통 무장 독립 투쟁 세력만이 아니었고, 국내에서 조선총독부에 협력한 친일파 역시 존재했다. 고대사 연구자들은 화려한 고대사 인식 자체를 모두 문제로 보고 있긴 하지만 양자는 같은 고조선에 대한 향수를 다루어도 그 계통이 전혀 달랐다. 물론 양자의 구분이 명확하지는 않다. 왜냐하면 일정한 시점에서 이들이 이합집산했기 때문이다. 특히 『환단고기』 신봉론자들은 무장 독립운동가(대종교 및 신채호 등)의 이름을 팔아서 자신들의 학설을 정당화하려는 경향이 있다.

그러나 주지하다시피 대종교는 국내 무장 독립운동이 좌절되자 만주에 무장기지를 건설하여 국내(한반도) 진공 작전을 추진하였고, 한 걸음 더 나아가 만주(본거지)-한반도(탈환) 국가체 형성을 기획하였다. 이에 만주 지역에 널리 퍼져 있는 여러 민족(조선족·한족·여진족·몽골족 등)을 아우르는 역사 공동체를 만들고자 『신단실기』, 『신단민사』, 『단조사고』 등과 같은 정신무장교재를 편찬한 것이다.

그러나 이 역시 일본 제국의 만주사변(1931)과 괴뢰 만주국(1932-1945)의 성립으로 좌절되었고, 우파 계열은 상해 임시정부로 잔여세력이 재결집할 수밖에 없었다. 이제 일본 제국은 괴뢰 만주국을 세워서 만선사관을 체계화하여 일본 제국의 한반도-만주 지배를 합리화하고자 했다.[6] 곧 황국사관皇國史觀(일본열도) → 일선동조론日鮮同祖論(한반도) → 만선사관滿鮮史觀(만주) → 만몽문화론滿蒙文化論(내몽골) → 아시아 연대론(중국 연안) → 대동아공영권(동남아) 등이 일본 제국을 구성하는 새로운 '동양'이었다.[7] 대종교에서 제작한 정신교육 교재는 무장 독립운동의 일환이었으나, 친일 관료들이 제작한 위서僞書들은 일본 제국 대동아공영권의 부역 활동이었으므로 구분할 필요가 있다.

이보다 앞서 19세기에는 청에서 점유한 만주의 영고권을 확고히 하고자 만주-한반도 역사를 하나로 연결하는 『만주원류고滿洲源流考』(1778)를 편찬하였다. 이른바 청나라판 동북 공정이었다. 여기에 비분강개했던 실학자들(정약용 등)은 만주와 한반도 역사·지리의 분리를 강하게 주장했다.[8] 곧 대종교의 역사 인식은 사실 청의 역사 작업에서 그 주체가 바뀐 것이다. 일본 역시 마찬가지였다. 청-조선-일본이 각기 만주를 향유하던 시기에 한반도와 만주를 연결하는 역사 체계를 만들었고, 그 주체만을 만주족, 조선 민족, 일본 민족으로 바꾸었을 뿐이다. 이 역시 제국주의적 관념의 변용에 지나지 않았다.

따라서 무장 독립운동이라는 당시의 절체절명의 과제가 해소된 광복 이후에도 이 같은 주장을 이어나가야 하는지에 대해서는 의문이 아닐 수 없다. 재야사학(유사역사학/사이비역사학)에서 좋아하는 신채호는 만년에 무정부주의자anarchist가 되어 이전의 역사관을 스스로 부정하였다. 그럼에도 1920년대 만주 무장 독립운동 시대의 주장만을 발췌하여 이용하는 것은 어폐가 있다.

앞서 살펴보았듯이 제국주의시대 왜곡된 관점에는 두 가지 쌍생아가 나란히 존재한다. 하나는 조선 망국론이고, 다른 하나는 화려한 고대사이다. 조선은 일본 제국에 패했지만 고대에는 일본 제국보다 더 강력한 국가상을 가지고 있었다고 위로하면서 19-20세기 제국주의시대 관념을 무리하게 고대에 투영하여 대제국을 설정하는 역사 해석 방식이다. 물론 국가의 발전 단계가 일본열도보다 한반도가 앞섰음은 부인하기 어렵다. 하지만 이러한 사실관계를 따지는 방식이 아니라 대제국을 설정하여 일본 제국의 역사 조작에 동일한 방식으로 맞서려고 했던 점이 문제였다. 재야사학은 고조선에 무리하게 로마제국의 개념을 투영해서 대제국을 만들고 싶어한다. 그리고 이것을 비판하면 고조선을 부정한다고 주장한다. 고조선의 실체를 밝히는 일과 대제국으로 조작하는 것은 전혀 다른 문제이다. 또한 삼국시대조차 초기 소국(성읍/폴리스/도시국가) 단위와 중앙집권화에 성공한 시기는 구분된다. 그런데도 처음부터 강력한 국가상을 이입해서 삼국의 정치체제를 설명하는 것은 사료와 전혀 맞지 않는 해석이다. 그러나 재야사학은 망한 조선이 부끄러울수록 고대사를 더욱더 화려하게 치장하고자 노력하였다.

광복 이후 고대사는 본래의 모습으로 균형을 찾아갔고, 민주화 이후 조선시대상도 제 모습을 회복해갔다. 이는 마치 조선왕조에 빗대어 군부독재를 비판할 수밖에 없었던 민중사학론이 1990년대에 최소한의 민주화가 이루어지기 시작하자 위기를 겪은 것과 비슷했다.

문제는 독립운동의 과업이 해소된 광복 이후에도 화려한 고대사를 그대로 맹신하려는 이들이 남아 있었다는 점이다. 보수와 진보 모두 화려한 고대사에 집착하는 사람들이 역사학 이외의 분야에서 심심찮게 등장하고 있다. 대부분 청소년 시절 교과서 밖의 개념을 잘못 접하였거나, 자신의 분야에서 일가를 이룬 뒤 역사에 취미 삼아서 접근하는 이들에게서 나타난다. 비전공자임에도 자기 분야의 박사 학위나 교수 직위를 내세워 전문가를 자처하지만, 실상은 역사학에 대해서는 문외한에 불과하여 사료 해석에 문제가 많다. 이것은 시각이 다른 문제가 아니라 사료 해석 능력에 심대한 문제가 있기 때문이다. 가장 문제가 되는 경우가 신념을 가지고 주장하는 경우이다. 현재 학계의 이론이나 학설이 모두 옳다는 보장은 없으므로 다른 목소리는 늘 환영한다. 그러나 주장에 대한 입증 과정이 합리적이고 다른 사람들이 납득 가능해야 하는데, 그러한 과정 없이 주장만을 일삼는 경우가 대부분이다.

특히 1920년대 일제강점기 신채호·최남선 등을 공부하면서 그 시대의 화려한 고대사를 맹종하는 분위기에 도취되어 대제국을 주장하는 근대사 전공의 역사학도·사회과학도마저 나타나고 있다. 그들은 마치 취미 생활로 새로운 종교에 눈을 뜬 사람들처럼 변화한 경우가 많다. 그들이 좋아하는 것은 음모론이다. 숨겨진 진실을 찾는다는 문구가 그들의 단골 표현이다. 그러나 그러한 허황된 주장은 근거로 든 사료를 오독한 경우가 대부분이다. 그리고 일반 대중은 그마저도 하지 않기 때문에 과도한 애국심의 발로에서 주장을 그대로 받아들인다.

이것은 역사학 연구가 박사나 교수만 가능하다는 의미는 아니다. 우리 역사학에서 그러한 학위나 지위가 없어도 존중받는 재야학자(고故 이이화 등)가 적지 않다. 그러한 분들은 하나같이 각주를 밝히면서 선행 학설과 자기 주장을 구분해서 설명한다. 학설이 다른 것은 전혀 문제가 되지 않는다. 오직 사료 해석 시 적절한 방법을 쓰고 있는가만이 문제의 핵심이다. 물론 남의 것을 표절하지 않는 것은 상식에 속한다. 이 같은 상식이 재야사학이나 대중 서적에서는 전혀 지켜지지 않고 있다. 재야에서 신선한 학설을 내는 일은 드물고 실상은 사료를 오독하는 경우가 대부분이므로 자신이 잘 모르는 분야라면 해당 시대 전공자의 견해를 먼저 경청하는 것이 낫다. 전공자의 견해를 비판하는 일이 문제가 되지는 않지만 초보자가 평생 해당 시기만 공부해온 사람과 경쟁해서 이기기는 쉽지 않다.

적어도 대종교 계열에서는 광복절이나 개천절의 독립군 추념 행사에 참여하는 것 이외에는 수익 사업을 거의 벌이지 않는 것으로 알고 있다. 그러나 너무나 많은 이들이 신채호나 대종교의 행적을 팔아서 수익 사업을 벌이고 있다. 공상과학SiFi이나 판타지fantasy에 가까운 역사소설이 대체 역사처럼 민간에 유통되고 있는 것이다. 목숨을 걸고 일본 제국에 맞서고 독립운동에 유용하다면 무엇이든 했던 분들에게 오늘날 평화로운 시절의 잣대를 들이대어서는 안 된다. 그러나 이미 광복이 되어 훨씬 좋은 연구 환경을 누리면서도 과거와 동일한 논리를 가지고 역사에 임한다면 오히려 호국영령護國英靈이 통탄할 노릇이다. 더욱이 고귀한 목숨을 바쳤던 분들을 수익 사업에 이용하는 행태는 비난받아 마땅하다.

온라인상에서는 과거 재야사학이 사이비역사학 내지 유사역사학으로 재명명되고 있다. 이는 앞서 밝힌 재야에서 열심히 연구하는 정상적인 학자들도 있기 때문이다. 이에 온건한 표현으로 '강단사학' 대對 '재야사학', 맹렬한 표현으로 '식민사학' 대 '사이비역사학(유사역사학)'이 쓰이고 있는 상황이다. 식민사관은 극복되어야 하는 것이나, 아무나 식민사학자로 몰아서 마녀사냥을 하는 것이 허용되어서는 안 된다.

3. 제국과 제국주의

'제국'과 '제국주의'는 연관된 개념이기는 하지만 동일한 것은 아니다. 지금까지 근대 '제국주의' 개념 연구가 폭넓게 이루어진 반면에 '제국'의 개념은 정치하게 연구되지 못하고 있다. 근자에 독일 등에서 제국과 제국주의 개념의 용례 추적이 이루어졌으나 개념 연구에는 미치지 못하고 있다.

엄밀히 말하면 동북아시아에 제국이라는 단어는 존재하지 않았다. 흔히들 생각하는 것처럼 황제가 있다고 해서 곧바로 제국으로 불리는 것은 아니다. 이는 19세기 영국 등 많은 국가에서 제국이라는 단어를 선호하면서도 황제 개념을 사용한 경우는 극소수임을 보면 알 수 있다.

'제국' 개념 자체는 로마에서 유래했다. 이후 이 개념을 얼마나 확대 적용할지가 논란거리였다. 로마의 제국은 이른바 공화정시대의 '절대권(임페리움imperium)'을 집정관이 전시에 행사한 것을 의미하는데, 이는 평화 시에 다시 해제되는 것이었다. 그런데 가이우스 율리우스 카이사르Gaius Julius Caesar(기원전 100-기원전 44)가 이 권한을 반환하지 않으면서 '임페리움'은 제국을 의미하는 형태로 진화하였고, 카이사르(시저/카이저/차르)는 황제를 지칭하는 단어로 굳어졌다. 두 가지 어원이 결부되어 제국empire/황제emperor/제국주의imperialism 등으로 이어진 것이다.[9]

그렇다면 로마제국은 어떻게 규정되었을까? 로마제국의 개념은 중층적 지배 구조가 핵심이었다. 이는 군사적 영토 팽창, 경제적 예속, 문화적·이념적 지배 등이 모두 포괄되는 종합적인 개념이었다. 양자가 질적으로 동일한지에 대해서는 이견이 많지만 근대 제국주의 국가의 모델 역시 로마제국이었다. 아주 단순하게 구분하면 로마 시민권이 있는 직할 지역, 총독이 다스리는 속주provincia, 국경 밖에서 영향력을 행사하는 동맹국(혹은 보호국) 등이 있었다. 이는 마치 중국에 황제 직할지(왕기王畿), 제후가 다스리는 지역(새내塞內), 만리장성 밖(새외塞外) 책봉국(번국藩國)이 있었던 것과 유사하다. 그래서 역사가들은 로마의 정치체제와 진秦·한漢의 정치체제를 비교하면서 각각을 로마제국과 진·한제국으로 부른다.

로마제국과 제국주의 국가의 연관성을 상정하는 설명은 제국주의 연구에서 일반적으로 나타난다. 중세 유럽에서는 로마의 권위가 막대했으므로 실질적으로 동로마 이외에 황제를 칭한 경우는 거의 없었다. 영국·프랑스·스페인·스웨덴·프로이센 등이 아무리 강성해져도 왕을 사용할 뿐이었다. 명목상 로마 계승을 주장하는 신성로마제국의 탄생은 중요했다. 신성로마제국의 관할이던 독일·오스트리아 지역 이외에는 19세기 중반 나폴레옹 가문이 잠시 황제를 칭했을 뿐이다. 그조차 유럽 상당수를 통일한 이후의 칭호였다. 이는 동북아시아에서 천자에 동반되는 후광 효과와 비슷한 의미가 유럽의 황제에게도 있었기 때문이다.

그런데 현대 유럽의 역사가들은 고대사 혹은 중세사 연구에서 '제국' 혹은 '제국적 규모'라는 표현을 자주 사용한다. 이때 제국은 무엇을 뜻하는가? 이는 정확한 제국 개념을 상정한 것이 아니라 일정 규모 이상의 통일 지역이 탄생하면 '-제국'으로 표현하는 방식이 관행으로 굳어진 것이다. 이에 영토가 크면 제국이라는 명칭을 붙이기 좋아하는 사람들이 동북아시아에도 과도하게 '제국'을 붙이면서 문제가 생겼다. 이 경우는 로마제국이나 근대 제국주의 국가와 같은 군사·경제·문화의 복합적인 통치 체계를 상정한 것이 아니라 단지 광대한 영토 하나만을 근거로 한 것이다.

로마제국은 아프리카 북부 곡창지대를 속주로 만들어 식량 생산에 활용하였다. 이는 19세기 제국주의 국가가 아프리카·아메리카에 플랜테이션 농업을 일으켜 필요한 특정 농산물을 생산한 것과 유사하다. 이를 위해 유럽-아프리카-아메리카 대서양 항로 삼각지대에서 노예무역이 극성했음은 주지의 사실이다. 이것은 지중해 외곽을 울타리로 하는 3대륙(유럽·아프리카·소아시아)에 걸친 로마제국의 노예무역과 별반 다르지 않다고 생각된다. 그렇기에 양자는 시대를 초월하여 비교 대상으로 인식되는 것이다. 그렇다면 과연 양자의 차이점은 무엇이었을까? 관점에 따라서 비교 대상 사이의 동질성과 이질성은 달라질 테지만, 여기에 대해서는 동서양을 막론하고 아직 충분한 정리가 되어 있지 않은 듯하다.

이처럼 제국주의 개념은 시공간을 초월하여 확대 적용되었다. 위로는 고대 아테네 제국, 아래로는 중세 신성로마제국, 근대 제국주의 개념 등으로 나타났다. 아테네가 페르시아전쟁에서 승리하면서 인근 그리스 도시국가를 경제·군사·정치적으로 간접 통치했던 체제를 아테네 제국으로 설명하는 경우도 있다.[10] 이러한 설명은 아테네의 패권주의를 설명하는 데는 적합하지만 아테네는 영토의 크기나 경제적인 면에서 로마제국과 비교가 되지 않는다. 만일 아테네를 제국이라 칭할 수 있다면 진·한제국 이전의 서주西周 역시 비슷한 규모이므로 같은 개념을 적용할 수 있을 것이다. 이러한 사례를 통해 현재 전 세계 역사학계에서 '제국'의 용례는 모두 제각각임을 알 수 있다.

유럽에서는 주로 광대한 단일 영토가 탄생하면 '제국'·'제국적 규모'로 지칭한다. 한편 동북아시아에서는 황제를 칭했는지 여부만으로 가늠하려는 경향이 강하다. 그래서 국가 운영 체제나 영토를 따지지 않고 명칭만을 따지기 일쑤다. 이에 고려 전기 황제국 체제를 쓴 것을 너무나 자랑스럽게 생각하여 10-12세기 동북아시아의 송·요·금·서하·토번·대리·베트남 등이 모두 황제국 체제를 사용했다는 사실은 간과한다. 이때 황제국이란 대개 7-9세기 당이 만들어낸 국가 운영 체제를 의미한다. 당시에는 황제국 체제를 쓰는 것이 국제적 표준으로 자리 잡았으나 실질적으로 이는 독립국 내지 보통 국가를 의미했다.

일반 대중이 믿는 바와 같이 고려가 유일한 황제국 내지 희소한 황제국이었다면 조공·책봉 관계를 맺은 제후가 더 많았겠지만 사실 고려는 중국의 여러 왕조(송·요·금)에 의해 책봉을 받는 입장이었다. 그렇게 비난받는 조선왕조와 같은 사대를 맺은 것이 고려였다. 곧 고려의 국제 관계는 대내적으로는 황제국 체제를 쓰지만 대외적으로는 다른 황제국으로부터 책봉을 받는 중층적 관계였다.

앞에서도 언급하였듯이 이러한 관계가 모순이라는 주장은 일본 제국이 설정해둔 사대주의에 의해 생긴 잘못된 관념이다. 사대 자체가 조공·책봉의 외교 관계이므로 이는 비난할 바가 아니었다. 여기에 거의 편입되지 못했던 일본인이 치기稚氣 어린 관점에서 대륙의 역사를 사대주의로 매도했을 뿐이다. 이는 재야에서 얼마나 황제국 체제에 목을 매면서 일반 대중을 기만하고 있는지 잘 보여주는 예다.

고구려나 발해의 체제는 유럽사 전공자의 관점을 차용하면 분명 제국적 규모에 해당한다. 그러나 이들을 곧바로 제국으로 볼 것인가는 별도의 검토가 필요하다. 우리는 역사상 광대한 영토를 가진 고조선·고구려·발해를 자랑으로 여기지만, 동시대 혹은 전후 시기 당·요·금·원에 비하면 영토상 차이가 현저하다는 사실은 전혀 감안하지 않는다. 더욱이 중국의 대분열기에 동북방 강국이 성장했다는 사실도 간과한다. 한이 들어서자 고조선을 공략했고, 수·당은 고구려를 공격했다. 거란(요)이 서북방 몽골 초원에서 일어나자 발해를 멸망시켰고 고려까지 침공했으며, 여진(금)이 동북방에서 일어나자 고려를 압박했다. 몽골이 일어나자 유라시아가 함락되었고 고려까지 침공했다. 따라서 중국 내지 몽골 초원의 통일 제국 등장을 고려하지 않고 사대주의를 운운하는 것은 어불성설이다. 물론 이처럼 전적으로 영토만을 기준으로 삼는 관점이 제국을 규정하는 절대 기준이 될 수도 없다.

적어도 남북국시대 발해와 신라는 당에서 책봉을 받는 입장에 있었다고 할지라도 국가 통치 면에서 보면 '제국적 규모' 내지 '제국체제'로 보아도 손색이 없을 듯하다. 그 이유는 중앙과 지방의 정교한 통치 체제에 있다. 이러한 통치는 한나라보다도 훨씬 발달된 것으로 추정된다.

과거에는 제국주의 발달 단계를 구분하는 이론도 여러 갈래로 나왔다. 첫째, 가장 원초적인 유형으로 군사적 제국주의를 들 수 있다. 이른바 앞서 살핀 것처럼 제국적 규모라고 불리는 광대한 영토에 집착하는 관점이다. 이 경우 모든 만주 내지 몽골 초원의 국가는 제국적 규모 내지 제국으로 지칭할 수 있다. 하지만 이들 국가의 공통점은 경제적 관계가 취약하다는 점이다. 이러한 유형은 약탈적 형태로만 경제구조를 이끌어간다. 유럽사에서는 대개 스페인·포르투갈의 아메리카 식민지 운영 방식을 예로 들 수 있다.

둘째, 경제적 제국주의가 있다. 대체로 제국주의시대 약탈적 자본주의와 결합한 방식이다. 곧 식민지에 플랜테이션 농업 체제를 구축하여 지속적인 원료 생산과 상품 시장의 역할을 강요하는 형태를 의미한다. 물론 군사적 제국주의와 무관하지 않으며 양자는 결합된 형태이다.

셋째, 이념적 제국주의이다. 제2차 세계대전 이후에는 미소 냉전이 이어지면서 이른바 이데올로기의 대립이 심화되었다. 자본주의와 공산주의 양자의 이념적 대결 구도 속에 군사·경제가 녹아든 형태이다. 당시 레드 콤플렉스red complex(극단적 반공주의)는 전 사회를 규정하는 잣대처럼 사용되었다.

넷째, 문화적 제국주의이다.[11] 냉전 종식 이후 혹은 그 이전부터 문명의 오지로 인식되던 미국이 오늘날 새로운 할리우드 문화를 통해서 전 세계 청년들을 미국화하여 문화적으로 종속시키는 방식이다. 물론 여기에도 다양한 기제가 결합되어 있다. ① 전 세계에 주둔하는 미군이 군사적 지배를 뒷받침하고 있다. ② 달러가 세계 기축통화로 쓰이고 있다. 곧 브레턴우즈체제Bretton Woods system(1944)하에 달러가 유일한 기축 화폐로서 기능하는 점, 외환 거래 시 무조건 달러를 기준으로 삼는 점, 원유 거래 시 달러 기준으로만 표시하는 점 등을 보면 미국이 경제적으로 전 세계를 지배하고 있다. ③ 이념적으로도 신자유주의를 전파하고 있다. 이러한 요소가 미국 대중문화와 결합되어 작용하고 있다. 오늘날 세계 체제는 미국이 만들어가고 있는 상황이다.

여기에 반대하는 제3세계 흐름을 저항적 민족주의의 한 갈래로 설명할 수 있다. 남미 공동체나 중동 공동체, 아프리카 공동체 등이 모두 여기에 대항하는 흐름이었다. 물론 때때로 미국은 식민지 쟁탈전에 뒤늦게 참여하여 고립주의(먼로주의나 민족자결주의)를 제창하기도 했다. 최근까지 미국의 공화당 정권은 고립주의로 회귀하는 상황이었으므로 그 흐름은 공화당·민주당 집권에 따라 바뀌고 있다고 할 수 있다.

4. 선진국 진입과 정체성 혼돈

오늘날 선진국은 대부분 과거 식민지를 보유했던 제국주의 열강이다. 제국주의시대 유산이 지난 100여 년간 유지되고 있었다. 본래 신자유주의와 세계 체제에서 가장 혜택을 보는 나라는 과거의 유산을 향유한 나라이다.

특히 미국은 두 차례의 세계대전을 통해 유럽을 지원하면서 가장 번영한 나라로 발돋움하였다. 국제연합(1945), 세계은행(1946), 국제통화기금(1961), 세계무역기구(1995) 등을 통해서 제2차 세계대전 이후 국제 질서를 주도하고 있다. 별도로 동맹(5개의 눈eyes, 8개의 동맹국allies, 6개의 우방국friends: 총 19국)을 분류하고 있으며, 한국은 두 번째 동맹 그룹에 속한다.

영국은 1947-1949년 영연방 국가Commonwealth of Nations(53국), 영연방 왕국Commonwealth Realm(16국), 영국United Kingdom of Great Britain and Northern Ireland(4개 연합체) 등을 재편하여 과거 식민지 지역에 영향력을 행사하면서 여전히 제2차 세계대전 이전의 향수를 누리고 있다.[12]

프랑스 역시 1986년부터 국제프랑스어문화권기구Organisation internationale de la Francophonie(88개 도시 및 나라)에 정회원국, 준회원국, 참관국 등의 지위를 부여하며 과거 식민지와 우방국 등을 가입시키고 있다.[13] 심지어 우리나라도 참관국이다.

그런데 대한민국은 식민지를 겪고도 선진국 대열에 합류한 이례적인 국가이다. 이른바 과거 민족주의나 제국주의 담론으로 해소할 수 없는 단계에 진입한 것이다. 더 이상 '지배-저항'이나 '야만-문명'의 틀도 작동하지 못한다. 우리나라는 원조국에서 공여국으로 지위가 바뀐 유일한 국가이며(2009),[14] 심지어 6.25전쟁 참전용사예우법(2020)까지 제정하여 참전국(전투부대 16국, 비전투부대 6국: 22국)을 중심으로 동맹을 재구축해나가고 있다.[15]

미국은 이렇다 할 식민지를 보유하지 못해서 국제기구를 장악하는 방법을 사용했고 영국과 프랑스는 과거 식민지 지역을 동맹으로 연결하였으나, 한국은 전쟁의 기억을 활용하여 명분과 실리를 모두 취하고 있다. 이에 우리 사회는 개발도상국에서 선진국으로 급격히 전환하는 과정에서 자기 정체성을 찾는 데 혼돈을 느끼고 있다.

뉴라이트 역시 이러한 맥락에서 출현한 것으로 이해된다. 이들은 한편으로는 100년의 간극은 메우기 어려우니 제국주의 국가가 현재의 선진국인 현실을 인정하라며, 일본 극우의 시각을 합리적인 주장이나 세련된 학설인 양 포장한다. 지난 30여 년 동안 한일 간 경제지표의 격차가 극단적으로 벌어졌는데도 불구하고 1980년대 일본 버블시대의 환영을 토대로 식민지시기를 평가하고 광복 이후 한국 사회까지 재단한다. 지난해(2019) 일본의 경제 보복 시에도 한결같이 일본의 입장만을 옹호하면서 한국 경제의 몰락을 예언했다. 하지만 그 결과는 정반대였다.

다른 한편으로는 현재 세계 체제에 성공적으로 진입한 한국 사회의 모습조차 식민지 근대화의 결과라고 호도한다. 하지만 태평양전쟁과 6.25전쟁으로 우리나라에는 대부분의 산업 시설이 붕괴되었다.[16] 일본 제국은 제2차 세계대전 동안 전시 동원 체제를 통해 우리나라를 수탈했을 뿐만 아니라 패전 직후에도 평안한 귀국 생활을 위해 불법 화폐를 유통시켜서 수많은 귀중품과 바꾸어갔다. 광복 직후부터 미군이 진주하기 직전까지 권력 공백기에 1원짜리 동판으로 1,000원을 찍어서 사실상 종이나 다름없는 조선은행권 140억 원을 화폐로 유통시켜 막대한 철수 자금을 마련하였고, 그로 인해 한국인은 쌀값 2,400배 폭등이라는 경제 파탄을 경험하였다.[17] 광복 이후 우리 정부의 조사에 따르면 일본 제국 식민지배로 인한 각종 피해액은 3,317억 달러에 달하였다. 이는 실제 수치로 환산 가능하고 규모가 큰 사안만을 다루었을 뿐이었다. 그럼에도 「대일배상요구조서」(1949)에는 당초의 2% 수준(약 73억 달러)으로 최종 산출함으로써 징벌적 배상을 포기하고 명분을 취하고자 하였으나,[18] 이마저도 「샌프란시스코 평화조약」 당시 한국의 요구는 관철되지 못했다.[19] 일본 측에서는 공산화 자금으로 전용될 우려가 있다는 주장을 펼쳐 일부 지역(필리핀)을 제외하고는 배상 자체를 무위로 돌렸고 대륙의 승전국 다수는 서명에도 참여하지 못했다. 「대한민국과 일본국 간의 재산 및 청구권에 관한 문제의 해결과 경제협력에 관한 협정(한일청구권협정)」(1965)에 공시된 액수는 10년간 무상 공여 3억 달러, 유상 차관 2억 달러에 불과하다. 실제 제공한 액수조차 현물이 상당수 포함되어 있었고 원리금을 상환해야 했으므로 이를 '배상금'으로 보기도 어렵다.[20] 더욱이 이 금액은 이승만 정부가 조사한 총피해액의 0.1%였고 최종 요구한 배상액의 6%에 불과하였다.[21] 이 협정 이외에 별도로 논의된 상업 차관 3억 달러를 포함해도 누적 원조액은 미국의 약 5%에 불과하다.[22] 그럼에도 불구하고 한국의 경제 발전이 일본 덕분이라고 칭송하는 이들이 적지 않다. 하지만 국교 재개 이후 대일 무역 적자는 한 번도 개선된 적이 없으며 최근(2018)까지 누적 적자액은 약 6,046억 달러(708조 원)에 달한다.[23] 과연 그동안 누가 경제적 이득을 얻고 있었을까? 이 때문에 일본은 한국을 '가마우지 경제'라고 조롱하기도 하였다.[24] 이러한 배경을 보면 식민지 근대화론은 더 이상 상식적인 주장이 아니라 마치 종교나 이념 같기만 하다.

또한 우리나라가 전 세계에 부유한 나라로 알려지자 해외에서 국민들이 간헐적으로 납치되고 있는 현재의 불행한 현실을 악용하여, 일본 제국 관료나 군인에 맞섰던 무장 독립 투쟁을 마치 불특정 다수 시민에 대한 무차별 테러와 같은 것처럼 날조하는 주장도 있다. 그러나 안중근安重根(1879-1910)이 거사 후 도망가지 않고 스스로 체포된 것은 당시 그의 행위를 테러라고 비판하던 제국주의자의 논리에 일침을 가하기 위해서였다.[25] 중국인도 미처 시도하지 못하던 무장 독립운동을 한국인들이 수행하였기에 비로소 광복군 창설(1940)이 가능해졌고 「카이로선언」(1943)과 「포츠담선언」(1945)에서 한국의 독립을 보장받을 수 있었다. 우리의 외교적 성과는 피의 대가로 얻어진 것이다. 이 같은 무장 독립운동을 테러리즘으로 왜곡하는 뉴라이트의 주장에 정면으로 맞서는 영화로 〈아나키스트〉(유영식 감독, 2000)나 〈암살〉(최동훈 감독, 2015)이 있고, 뮤지컬은 〈영웅〉(윤호진 감독, 2009년 초연)이 있다.

뉴라이트는 과거 제국주의 열강의 입장에 서서 식민지배를 정당화하는 데 이용할 수 있는 소재라면 무엇이든 동원한다. 그들은 김구金九(1876-1949)를 테러리스트로 묘사하면서 비하하는 발언을 서슴지 않으며, 우파의 독립운동조차 인정하기를 꺼리면서 전 세계에 유례가 없는 자국의 임시정부를 부정하기 위해 '광복절'을 '건국절'로 바꾸는 행사를 추진한다. 그들은 형식논리상 국가의 3요소 중 영토가 없는 나라를 인정할 수 없다고 주장하지만 이러한 논리대로라면 미국 독립전쟁 당시 연방정부나 프랑스의 망명정부 역시 인정될 수 없다. 그럼에도 그들은 오직 한국의 역사에만 엄정한 기계론적 원칙론을 적용한다. 세계의 역사에서 임시정부는 자국의 역사 인식에 따라 인정되는 것이지, 평화 시에 완벽한 원칙을 기준으로 인정되는 것이 아니다. 이는 마치 일본 제국주의가 황국사관을 바탕으로 일본은 하늘의 신이 만들었다고 주장하면서 조선의 단군 설화는 망상이라는 이중 잣대를 들이대는 것과 마찬가지이다.

그 목적은 다름 아닌 국체와 연동되어 있다. 건국절을 주장하는 것은 단순히 제1공화국을 과도하게 찬양하는 데 그치는 것이 아니라 한반도를 점유한 조선총독부의 권력을 정통으로 인정하는 것이다. 이는 2000년대 급진전된 강제병합 불법성 논쟁의 결과[26]를 뒤집는 세련된 기법이다. 이전까지 일본 측은 가혹한 식민지 통치에 유감을 표하면서도 그것이 합법이었다는 주장을 일관되게 펼쳐왔다. 한국 내에도 강제병합의 합법성을 따지는 게 무엇이 중요하냐고 묻는 목소리가 있었다.

그러나 이것은 매우 중요한 문제이다. 일본 측이 불법성을 인정하기 시작하자 일본과 한국 사법부의 재판 결과가 실제로 달라졌다. 총독부의 권력이 부정되어야 총독부가 행한 강제 동원도 모두 국가정책이 아닌 불법 조치로 인정받게 된다. 그래야 비로소 강제 노동, 강제징병, 근로정신대 및 위안부 강제 동원 등이 모두 불법행위로 규정되며 배상 대상이 되는 것이다. 일본이 가장 두려워한 부분이 이 대목이다. 사과는 할 수 있지만 금전적 손해를 볼 수 없다는 것이 일본의 합법성 주장의 골자였다.

결국에는 일본 내에서도 조선총독부 권력의 부정이 이루어졌다.[27] 그럼에도 뉴라이트는 정작 임시정부의 법통을 강력히 주장했던 이승만李承晚(1875-1965)[28]을 내세워 정반대로 임시정부를 우리 역사에서 삭제하고자 한다. 우파의 독립운동도 인정하지 못하면서 보수를 자임하는 것은 언어도단이다. 게다가 광복절뿐만 아니라 강제 동원도 부정하고자 집요하게 논리를 재생산해내고 있다. 이러한 노력은 과연 누구를 위한 것일까? 이토 히로부미伊藤博文(1841-1909)가 저격당하자 국내 친일 인사들이 대규모로 일본 제국에 사과하고 모금 운동을 전개했던 일이 떠오르는 것은 결코 우

연의 소치가 아니다.[29]

지금 이들이 누리는 자유로운 발언을 할 수 있는 권리는 모두 독립지사의 헌신을 통해 얻은 것이다. 그런데도 학문의 자유·다양성·새로움 등을 추구한다는 명분하에 역사의 왜곡이 자행되고 있다. 이러한 주장은 전후 프랑스나 현재 독일에서는 학문의 영역이 아니라 범죄행위로 규정될 만큼 그릇된 것이다.

17장 제국주의시대의 잔영

1. 식민지 근대화론의 다양한 기제

조선의 역사상의 여러 가지 부정적 묘사는 일본 제국의 문명화가 정당하다는 논리를 펼치기 위한 보조 장치로 활용되었다. 19세기 말부터 발달한 만국박람회는 영국과 프랑스 등 제국주의 국가의 선진 기술을 과시하고 식민지의 야만성을 홍보하는 모순된 공간이었다. 제국주의 침탈을 정당화하는 약육강식론은 사회진화론이라는 학문으로 포장되었고, 문명·야만의 담론은 만국박람회라는 공간을 통해서 대중에게 효과적으로 전달되었다. 일본 제국은 이를 빠르게 습득해나갔다.

그러나 조선인이 야만시하던 왜구(일본)가 문명국을 주장하여도 국내에서는 쉽게 받아들여지지 않았다. 심지어 19세기 후반 유럽에서조차 일본의 야만적 이미지는 쉽게 탈피되지 않았다.[1] 이에 일본 제국은 영국·독일·프랑스·미국의 각종 이미지를 차용하여 급격한 이미지 변신에 나섰고, 서구 세계는 청일전쟁(1894-1895)·러일전쟁(1904-1905)·영일동맹(1차 1902, 2차 1905)을 지나고 나서야 비로소 그들을 아시아의 열강으로 재인식하였다. 이후 일본 제국은 아시아 국가들에게 근대화의 창구이자 서구 문명을 번안하는 창으로서 자국을 이미지화하였다. 이것이 중국의 지식인에게도 그대로 전이되었다. 당시 일본 제국이 창출해낸 '동양학'은 단순히 동양을 서양에 소개하는 데 그치지 않았고, '일본 민족' 중심의 세계관이 가미된 황국사관을 전 세계에 퍼뜨려나갔다. 특히 왜곡된 한반도의 고대사 체계[2]는 과거 대륙 침략기 중국을 필두로 현재까지 영미권에 퍼져나가고 있다.

일본 제국이 문명국임을 강조하기 위해서는 개항기 조선 사람들에게 서구를 받아들여 근대화된 일본인의 모습을 보여주어야 했다. 하지만 실상은 일본의 공업 기술이나 경제 상황은 서구권과 커다란 격차를 보이고 있었고, 국력의 총량은 중국은 물론이거니와 조선을 온전히 넘어섰다고 말하기도 곤란한 지경이었다. 단지 유럽에서 수입한 무기를 바탕으로 얼마간 군사적 성과를 거두었을 뿐이다. 그리고 다양한 행운을 바탕으로 조선·청·러시아와 싸워 이기자 약탈한 식민지를 바탕으로 점차 경제력을 성장시켜나갔다. 국가재정은 끊임없는 전쟁을 통해서 적자를 흑자로 바꾸는 방식으로 꾸려졌다.[3] 당시 주변국과 비교해서 일본의 전력이 압도적으로 우위에 있었던 적은 거의 없었다. 전쟁은 모두 선전포고 없이 기습으로 시작되었으며, 상대국의 내부 사정에 따른 많은 우연이 겹치면서 조기에 승전을 거두는 일이 반복되었다. 예컨대 침략 시기가 조선에서 동학농민운동과 겹치지 않았거나, 청에서 서태후의 무술정변이 일어나지 않았거나, 러시아에서 1차 혁명(1905)이 일어나지 않았다면 일본 제국이 쉽게 이길 수는 없었을 것이다. 이른바 '초심자의 행운'은 일본 군부의 욕심을 키워 급기야 진주만 기습(1941)

까지 감행하게 만들었다.

일본 제국은 강제병합에 성공하자 보다 적극적으로 조선시대를 비하하고 깎아내리는 데 열의를 보였다. 그 대표적인 방법이 정체된 사회를 자신들이 문명화해주었다는 논리였다. 그래야 조선총독부의 1920-1930년대 식민지 근대화론이 효과를 발할 수 있었기 때문이다. 일본 제국은 처음에는 채색판화(우키요에)를 이용하여 상징 조작에 나섰다.[4] 그리고 사진 기술이 발달하자 이 역시 같은 형태로 이용하였다. 그 외에도 다양한 상징 조작에 나섰는데, 고종 후반 만들어진 많은 서구식 근대 건축물을 총독부의 업적으로 둔갑시키고 서울의 도시 개발 전후를 대비시켜 국내외에 홍보하기 일쑤였다. 대한제국이 직간접적으로 추진하거나 후원한 사업은 조선총독부 혹은 외국인 선교사 사업으로 바뀌었다.[5] 앞서 살폈듯이 여성 모델까지 고용하여 실내 사진관에서 상반신을 드러낸 사진을 찍어서 조선의 야만성을 강조하려고 했다. 이는 아프리카나 태평양 제도의 흑인 여성을 반라로 묘사한 유럽의 그림이나 사진을 모방하여 연출한 것이었다.

강제병합 이전부터 일본 제국 내에서는 만국박람회를 본뜬 각종 전시회가 열렸고, 인근 지역의 다양한 인종(대만 고산족·오키나와인·홋카이도인·조선인 등)을 전시했다. 모두 취업 사기 형태로 데려온 살아 있는 사람들이었다. 조선인(선비나 기생 등)이 일자리 소개에 속아서 배를 탔다가 귀국할 여비가 없어서 동물원의 원숭이처럼 전시당하고 있었다. 그래도 대한제국이 존재했던 시기에는 국가적 차원으로 항의가 이루어졌을 뿐만 아니라 그들을 지원하고 귀환시킬 수 있었다. 그러나 일본 제국은 서구 열강에 우키요에와 사진 자료를 대량으로 배포하면서 '야만의 조선'을 상징화하는 데 총력을 기울였다. 이를 통해 유럽 사회에 "조선은 독립을 잃는 대신에 일본이 문명화시켜줄 것이다"라는 황당한 주장을 세뇌시켜나갔다.

광복 직후에는 조선총독부가 해체되었으므로 이러한 시각이 적어도 노골적인 형태로는 재현될 수 없었다. 친일 청산이 제대로 이루어지지 못하여 해방 공간의 혼란을 이용해 권력을 획득한 친일파라고 할지라도 감히 이러한 상징 조작을 지지하는 용기를 낼 수는 없었다.

그러나 일본에서는 마르크스주의 광풍이 1960-1970년대 극한에 이르자 대학생 무장 조직인 적군파赤軍派가 등장하여 혁명을 꿈꾸며 각종 테러를 일으켰다. 심지어 집단 내 살상까지 일어남으로써 사회주의혁명은 지식인과 대중의 외면을 받게 되었다. 현재까지 도쿄 시내의 매우 값비싼 건물이 공산당 소유라고 알려져 있는데, 이는 모두 전후戰後 일본의 지식인 사회를 지탱했던 공산주의(혹은 사회주의)세력이 향유한 과거의 화려한 유산이다. 당시의 커다란 실망감이 오늘날까지 우경화와 정치적 무관심으로 이어지고 있는 듯하다.

국내 뉴라이트는 마치 일본 내 적군파 사건(1969-1972)에서 비롯된 좌경화에 대한 경계심에서 스스로가 탄생한 것처럼 인식하고 있는 듯하다. 하지만 실제로는 1980년대 광주 대학살(광주민주화운동) 이후 무자비한 신군부 치하에서 오히려 삼저호황三低好況6을 누리자 사상적 전향이 가속화된 결과로 보인다. 곧 이는 정치적 자유와 경제적 풍요가 불일치하던 시기에 탄생한 비상식적 사고 체계였다.

그들은 1991년 소비에트연방이 몰락하고 일본 자본이 세계화 정책에 힘입어 우리 사회에 급격히 침투하자, 민주화 과정 속에서 얻은 '자유'를 식민지 근대화론을 펼치는 데 사용하였다. 이에 국제통화기금의 구제금융 직전까지 일본 자본의 강한 영향을 받고 있던 한국 상황을 과거 식민지 조선에 투영시켜 이해하는 놀라운 사고가 등장하였다. 그렇게 광복 후 한국인의 피와 땀으로 일군 고도성장을 역으로 일본 제국을 찬양하는 근거로 쓰고 있다.

이러한 엉터리 논리가 형식적으로라도 합리성을 얻으려면 광복 이후부터 1990년대 전반까지 국내에서 각광받았던 '내재적 발전론'에 대해서 설명할 수 있어야 한다. 일본은 후발 공업 국가로서 식민지 약탈이 전제되지 않고서는 경제적 성장을 스스로 이룩할 수 없었다. 조선은 식민지 근대화의 과실을 제대로 누려본 적이 없었기 때문에 외세 침탈에 격렬히 저항했고, 이를 뒷받침하는 자생적 발전 담론이 탄생한 것이다.[7]

일본의 경제적 풍요는 실제로는 1980년대에 나타난다. 미군정은 일본의 재벌 기업을 전범 기업으로 분류하여 대거 해체하였고 기존 경영자 상당수를 경영진에서 물러나게 했다. 그러나 대륙의 공산화 및 한반도 6.25전쟁(1950-1953)의 발발 등으로 미군에 후방 기지가 필요해졌기에 해체한 일본의 군수산업을 다시 일으켜서 활용했고, 유감스럽게도 이것이 일본 경제 발전의 토대가 되었다. 그럼에도 일본은 1965년 「한일청구권협정」 체결 당시까지만 해도 고도성장기에 있었으므로 최소한의 금액(10년간 3억 달러)[8]으로 협상할 수밖에 없을 정도로 경제적 형편이 넉넉하지 못한 나라였다. 그래서 차관의 형태가 추가될 수밖에 없었다. 일각에서는 유상 차관과 상업 차관이 기본적으로 이자와 원금을 받는 형태이므로 무상 공여를 충분히 상쇄할 수 있을 정도였다고 평한다. 더욱이 일본은 이를 '독립 축하금'으로 구분하여 배상금의 성격을 부정하였다. 그리고 최근 보도에 따르면 당시 단기 고리의 상업 차관 비중이 높아서 국내 기업의 부실이 가중되었고, 일본이 선전한 무상 공여 역시 포항제철 등에 현물이나 용역으로 제공되었다고 한다. 실제 협정문에도 현물과 용역으로 대체 가능하도록 명시하였다. 또한 일본은 차관을 자국의 돈벌이 수단으로 삼아서 우리나라의 지하철 사업이나 다목적댐 건설 등에 일본 기업이 참여하는 방식으로 투자금을 회수하였다. 심지어 그 입찰 대금은 터무니없을 정도로 일본 기업의 폭리를 보장하는 액수였다.[9] 그래서 1980년대에 이르러 대일 무역 적자는 이미 300억 달러에 이르렀다.[10] 불과 십수 년 만에 일본은 이미 100배의 무역 이익을 얻은 것이다. 이것이 뉴라이트와 일본 외무성이 선전해온 경제원조의 실상이다.

이는 지금도 동남아시아와 아프리카에서 일본이 진행하고 있는 방식이다. 일본 정부가 차관을 제공하고 일본 기업이 공사를 수주하고, 추후 정부 차원에서 차관의 원리금을 돌려받고 민간 기업도 사업 수주를 통해 이익을 남기는 전형적인 방식이다. 일본의 식민지 근대화론이 성립하려면 우리나라보다 더 많은 공적 자금을 투자한 동남아시아 및 아프리카 등 다른 지역에서는 왜 경제가 발전하지 못했는지 설명할 수 있어야 한다. 이는 대부분의 지역에서는 투자금 회수에 사활을 걸어서 지역에 막대한 빚만 남겼기 때문이다.

더욱이 일본의 논리를 그대로 적용한다면 원조량은 미국이 훨씬 막대했다.[11] 앞에서 살펴보았듯이 같은 기간 누적액의 경우 일본은 미국의 5%에 불과했다. 그럼에도 일반적으로 미국이 한국을 공업화시켰다고 설명하지는 않는다. 그런데 미국과 비교할 수 없을 만큼 원조량이 훨씬 적었던 일본에게 공업화의 공로를 돌리는 것이 돌리는 것은 논리적으로 전혀 타당하지 않다. 원조 액수만을 보면 과연 어느 쪽의 후원하에 반공 블럭의 일원으로 참여하게 되었는지는 명약관화하다. 과연 경제 발전 계획의 주도적 역할을 누가 맡았는지는 논란이 있으나,[12] 한국의 경제 관료와 민간 기업이 제3세계 국가와 같이 경공업을 주력으로 삼지 않고 중화학공업을 집중 육성하였기 때문에 한강의 기적이 가능했다.

미국은 1960-1970년대에 한-일·중-일 관계를 차례로 정상화시켜 동북아시아 평화 체제를 구축하였을 뿐 아니라 일본에게 전쟁 배상은 거의 하지 않고 자본을 축적할 수 있도록 지원하였다.[13] 이를 바탕으로 일본은 1980년대 버블경제로 대호황기를 맞이하였고, 전쟁 패전의 책임론을 거론해오던 좌파도 상당수 위축되었다. 비로소 부유해진 일본은 박정희 정부보다 전두환 정부에 훨씬 더 많은 돈을 뿌렸다.[14] 여기에는 동북아시아 안보 문제가 명분으로 내세워졌지만 실제로는 과도한 대일 적자가 주요 원인이었다. 흥미롭게도 공업화의 초석이 이미 구축된 1980년대는 일본 자금의 효과를 강조하는 경우가 거의 없다. 이는 이때 한국이 삼저호황을 맞이하고 있었기 때문이다.

일본 역시 자국에 불리한 「플라자합의」(1985)를 미국과 맺게 될 만큼 경이로운 무역 흑자를 기록하고 있었다. 1970년대 중반부터 외국인 유학생을 정책적으로 모집하여 자국 이미지 제고에 나섰고 민간 기업(전범 기업)들도 학술 재단을 설립하여 미국과 아시아 등 과거에 전쟁을 치렀던 지역에 많은 연구비를 뿌리기 시작했다. 2000년대에 이르러 미국 지역만 전담하는 일본 민·관 펀드는 약 10여 개 이상에 이르렀다. 곧 20세기 초반 일본의 극단적 황국사관이 군사적 침공을 통해 전파되었고,[15] 20세기 중반 반공 체제 구축 계획에 따라 미국은 일본을 선한 이미지로 만드는 작업을 추진하였으며,[16] 20세기 후반에는 일본의 왜곡된 역사관이 자본의 힘으로 전 세계에 퍼져나갔다.[17] 이러한 지원의 최대 향유자들이 뉴라이트인 것은 결코 우연이 아니다.

본래 국내 역사학계의 경제사 연구는 대단히 탄탄하여 감히 뉴라이트 사관으로는 도전할 수 없었다. 그러나 1980년대 말부터 공산권이 붕괴하여 경제사가 주목받지 못하였고 1990년대에는 문화사가 각광을 받으면서 점차 추세가 바뀌었다. 2000년대 역사학계에 경제사 전공자가 거의 사라져갔는데 뉴라이트에서 검증되지 않은 사료, 엉터리 분석과 통계로 무장한 '수량경제학'을 들고 나왔다. 그 내용을 검증해보면 수식이나 통계 자체에 오류가 있을 뿐 아니라 사료 분석력 자체도 의심하지 않을 수 없을 정도였다. 뉴라이트는 마치 학계가 무주공산無主空山인 양 마음대로 자기주장을 발표해댔다. 그로부터 십수 년이 흐른 지금 역사학계는 다시 경제사 전공자를 육성해냈으나, 그동안의 엉터리 경제사 연구는 지금까지도 너무 큰 해악을 미치고 있다.

연구 시각이 다른 것과 사료 분석 훈련이 안 된 것은 전혀 다른 문제이다. 사료의 왜곡뿐 아니라 스스로 세운 가설이나 이론 모델조차도 자신의 논문에서 위배하는 경우가 비일비재하므로 학문적 정합성을 논하기 곤란하다.[18] 그럼에도 그들은 화려한 경제 수식을 동원하여 숫자에 둔감한 일반 대중과 인문학도를 희롱하고 있다. 자신들이 민족주의를 경계하고 실증적인 연구를 한다고 주장하지만 정작 수량경제사의 연구 모델은 내용과 결론이 충돌하는 비논리적인 주장을 펼치고 있다.[19] 마치 제국주의시대 사회과학에서 명분으로 내세운 '객관성'이 가장 '주관적 주장'을 대변했던 것과 같은 양상이다. 이후 21세기에 접어들면서 조선 사회의 정체성을 주장하기 위한 다양한 보조 장치가 더욱 확대되었다.

첫째, 사대주의 강조이다. 조선의 피동성을 강조하여 식민지 상태를 인정하게 만들려고 했다. 둘째, 고립된 농업경제라는 설이다. 식민지 근대화론을 위한 전제로서 조선은 경제가 낙후되었다고 주장했다. 일본 제국주의는 식민지 조선의 경제가 '일본의 고대'와 같은 수준이라고 폄하하였다. 셋째, 노예제사회설이다. 이는 미국의 설익은 학설을 원용하는 것인데, 역설적이게도 과거에 이 학설을 비판해온 뉴라이트 계열이 지금은 이러한 주장을 전파하는 데 가 담하고 있어 놀랍기만 하다. 넷째, 조선 군주(세종·정조)에 대한 집 중적인 폄하이다.[20] 물론 여기에는 고종 암군설高宗暗君說(및 명성황후 사치설)도 포함된다.[21] 일본 제국주의는 고종 암군설만 퍼뜨렸으나 뉴라이트는 이를 세종·정조에 대한 폄하로 확대시켰다. 다섯째, 공화주의 찬양과 무능한 가산국가설이다. 일본 제국은 공화주의 사상을 확산시켜 왕정에 맞서고자 했고, 이에 뉴라이트는 왕정의 무능력함을 가산국가설로 뒷받침하고자 했다. 여섯째, 지배 집단 단일설을 수용하였다. 조선이 정체된 사회라는 일본의 주장이 미국에 퍼지자, 미국에서는 족보를 분석하여 신라하대 지배 집단부터 조선 말까지 단일한 가문에서 정치권력이 재생산되었다고 평가했다. 이것을 뉴라이트가 받아들여 조선을 지배층의 교체가 없는 정체된 사회로 묘사했다. 그럼, 이상의 논리 구조들을 다음에서 하나씩 살펴보고자 한다.

2. 사대주의 담론의 실체

20세기 초반에 이미 안확·이상백李相佰(1904-1966)을 위시하여 신왕조 개창을 사회경제적 혁명 과정으로 풀어낸 수준 높은 연구가 나왔다.[22] 그러나 국망 직후 왕정에 대한 원망 때문에 왕조 교체는 단순한 권력욕에 의한 것으로 치부되기 일쑤였다. 얼마 전 드라마 〈정도전〉(50부작, KBS, 2014), 〈육룡이 나르샤〉(50부작, SBS, 2015-2016) 등을 통해 100여 년 만에 대중매체에 연구 성과가 반영되었으나, 다시 영화 〈순수의 시대〉(안상훈 감독, 2015), 드라마 〈나의 나라〉(16부작, JTBC, 2019) 등에서는 권력욕만을 강조하는 묘사로 퇴보하였다.

오늘날 민주정치하에서 권력투쟁은 정당의 합당한 목표 중 하나이고, 이것이 정권 획득으로 귀결된다. 그런데 어떤 이유에서인지 권력 장악 자체를 비난하는 무위자연無爲自然의 도가적 사고방식이 대중 일반에 퍼져 있는 듯하다. 그러나 사실 『도덕경』의 사상은 오히려 독재 권력에 가깝다. 유가의 대척점에 있으면서 '겸애兼愛'를 주장한 묵가墨家 역시 마찬가지였다.[23] 오히려 유가의 정치적 이상은 학문을 연마하여 과거에 급제해서 현실 정치에 임하는 것이었고, 권력 획득 자체를 비하하지도 않았다.

아주 이상한 도덕 기준이 일제강점기 이후 더욱 심화된 듯하다. 마치 식민지 백성에게 정치 참여의 기회가 주어지지 않은 현실을 합리화하려는 듯이 이전의 역사를 보면서도 권력 획득 자체를 절대악으로 규정하여 설명한다. 일본이 사무라이의 무력이 일상화된 자신의 역사보다 문치주의하 논리와 논거를 통한 설전으로 경쟁한 조선의 정치체제가 더 낙후되었다고 혹평한 것을 그대로 받아들인다. 더욱이 19세기 중앙 정계 진출이 막히면서 낙향한 이들의 세도 가문 비판도 한몫하여 '정치 혐오'가 노골적으로 드러나는 듯하다.

어떤 기준으로 보더라도 일상적으로 암살이 이루어지던 근대까지의 일본이 훨씬 더 뒤떨어진 정치체제를 가졌다. 그런데도 강제병합을 기점으로 일본의 모든 것을 성공담으로 포장하여 결과론적으로 해석하곤 한다. 제국주의 국가들이 국가 간 약속을 지키지 않고 눈앞의 이익을 탐하기 위해 침략과 협약 파기를 일삼는 것을 오히려 부국강병의 모범적인 사례로 보고 배워야 한다고 주장한다. 그리고 조선시대 외교정책을 현실감각이 결여된 도덕주의라고 비난한다. 이는 일본 제국의 잘못을 합리화하기 위한 극단적인 설명 방식일 뿐이다. 조선은 전통시대에도 현실감각을 잃었던 적이 없었으며, 단지 상대를 하루아침에 배신하는 외교 행태나 상대를 무력으로 제거하는 정치 방식을 경계해 마지않았을 뿐이다.

불행히도 미국 학계는 일본의 연구사에 직간접적으로 영향을 받은 시각을 가지고 있었다. 아직도 전 세계에 영문으로 작성된 한국사 서적의 약 90% 이상은 일본 제국이 메이지 이래 생산한 황국사관의 산물로 추정된다. 2000년대가 넘어서야 비로소 한국어로 된 서적을 통한 학술 연구가 본격적으로 진행되고 있고 한국인 연구자의 학설이 존중받고 있는 실정이다. 이로 인해 서구 세계에서 1990년대까지 공부한 학자들의 글에서는 오리엔탈리즘에 매우 가까운 사상을 찾아볼 수 있다.

그럼에도 고무적인 것은 최근 영미권 연구자들이 한국인보다도 한국인의 관점에 서서 전통시대를 재해석하고 있다는 점이다.[24] 그동안 한국인 연구자의 희망은 일방적인 찬양이나 미화가 아니었다. 비판을 하더라도 최소한 동일한 조건이나 잣대하에서 서양사와 한국사를 비교할 것을 희망했을 뿐이다. 다행히 이제는 과도한 유럽사 찬양과 극단적인 동양사 비하는 거의 없어져가는 추세이다.

오히려 국내 뉴라이트를 비롯하여 진보를 자처하는 근대 지상주의자들이 서구나 일본 그 어느 나라에도 실존하지 않았던 척도를 내세워 한국사를 평가하려고 한다. 가장 문제가 큰 것은 '사대주의' 담론이다. 그중 하나는 조선왕조를 고려와 대비되는 사대주의로 묘사하는 것이고, 다른 하나는 정묘·병자호란을 친명배금 정책으로 설명하는 것이다. 둘 다 명에 대한 모화사상 때문에 조선에서 뒤틀린 관계가 형성된 것처럼 해석하는데, 이는 식민사관의 직접적 계승이나 다름없다.

최근 세종에 대한 다양한 발언이 나오고 있다. 각각의 시각 자체는 존중받아야 하고 다양한 매체에서 역사를 되새겨보는 것은 권장할 만한 일이다. 영화나 드라마를 역사로 치부하여 사실관계를 하나하나 따질 필요도 없다. 다만 이 경우도 시각이 매우 중요하다. 사대주의와 일대 격돌이라는 관점이 만들어져 있어 문제이다. 이러한 시각을 근대 지식인들이 여과 없이 받아들였고, 소설 『왕비열전』(김영곤, 1973)부터 영화 〈신기전〉(김유진 감독, 2008), 드라마 〈대왕세종〉(86부작, KBS, 2008), 영화 〈천문〉(허진호 감독, 2019)까지 각종 매체에서 명의 과도한 간섭과 조선의 자주성을 대비시켜왔다.

그러나 일반인이 알면 가장 큰 충격을 느낄 만한 사실은 명을 포함한 중국 왕조는 조선의 내정에 별로 관심이 없었다는 사실이다. 설령 황제국 체제를 원용하더라도 내정 문제로 치부하였다. 물론 그 전제 조건은 중국 왕조에 반기를 들지 않는다는 것이었다. 사극에서 다루어지는 내정간섭은 주로 원대의 산물이다. 몽골제국 내에 독립국은 없었다. 몽골제국 내 황위 계승 전쟁이 벌어지고 쿠빌라이의 원이 들어서는 시기에 고려의 원종이 적극 협조하여 국가 체제가 유지됨으로써 고려는 원과 다른 국가 제도를 유지할 수 있었다. 따라서 고려 외에 독립국은 없었고, 이러한 방식은 이전에도 이후에도 없었다. 이후 고려는 부마국으로 다른 한국汗國과 같이 몽골 황실의 일원으로 취급받은 듯하다. 다만 황제와 동일한 직제를 쓰게 할 수는 없었다. 이 밖에 희귀한 사례로는 신라에서 당태종의 묘호와 중첩되게 태종무열왕太宗武烈王을 칭하자 당에서 항의한 사건이 있을 뿐이다. 그러나 신라는 요구를 들어주지 않았다.

또한 오늘날 드라마나 영화에서 볼 수 있는, 조선에서 천문 기구를 만든 것이 천자국에 대한 대단한 도전 행위로 여겨졌다는 묘사는 일제강점기를 거쳐 증폭된 사대주의의 환상이자 언제부턴가 현대인이 만들어낸 망상에 불과하다. 명은 이른바 기술 격차를 유지하기 위하여 천문의기에 대한 최첨단 기술은 보여주지 않았지만 관련 기술의 기초 습득에는 협조해주었다. 이러한 망상은 제국주의시대의 식민지나 보호국에 대한 직접 개입이나 통치 개념을 전통시대 조공·책봉 관계에 무리하게 대입시켜서 생겨난 일본열도의 편협한 사고방식이다. 일본 제국주의 관학자들은 자국에서 경험해보지 못한 책봉 개념을 이해하지 못해서 다방면에서 무리한 해석을 하였다. 정작 현재는 그러한 견해에 동조하는 일본 학자조차 거의 없는 실정이다. 그런데도 그 영향력은 우리나라에 여전히 미치고 있다.

물론 이러한 해석의 계기가 된 사료가 전혀 없지는 않다. 조선 초부터 천자국과 제후국에 대한 예제 논쟁을 벌였는데, 이를 조선 지식인이 명을 두려워하거나 배후에서 조종을 받은 것으로 해석한 것이다. 그러나 앞서 누차 설명했듯이 당시 사람들은 '중화'를 오늘날 국제 표준처럼 생각했다. 중화에 대한 해석은 조선의 몫이었다. 곧 그 중화는 조선이 생각하기에 옳다고 여겨지는 것이어야 했다. 그래서 혹자는 이를 '중국 없는 중화'라고 부르기도 한다.[25] 이것은 명의 다양한 요구에 대한 무조건적 수용이 아니었다. 심지어 조선은 중화를 외치면서 명의 요구를 들어주지 않는 것으로 유명했다. 중화를 명만의 고유한 산물로 보지 않은 것인데, 이는 르네상스기 유럽인 전체가 그리스·로마의 고전을 자신들의 전범으로 이해한 것과 유사한 관점으로 보인다. 하·은·주 삼대(또는 서주 이상사회)가 그리스·로마 고전처럼 조선의 전범으로 인식된 것이다.

더욱이 조선 역사상 가장 '사대事大'를 부르짖은 인물은 놀랍게도 세종이었다. 그래서 명이 가장 좋아하는 군주도 세종이었다. 그는 사대의 예를 극진하게 행하기로 유명했다. 이것이 일제강점기에 만들어진 '사대주의'를 의미하지는 않는다. 세종은 명에 대해서 인근 국가 어느 나라도 하지 않을 정도의 극진한 예로 사신을 대했고, 사신이 없어도 자체적으로 신료들을 이끌고 국내에서 중국 황제에 대한 의례를 행했다. 이것을 '중화 보편'으로 생각하고 신료들에게도 자신을 본받아서 충성할 것을 요구하였으며, 이에 명에게는 흠이 없는 완벽한 군주로 인식되었다.

이렇게 세종이 극진한 사대의 예를 행한 이유는 따로 있었다. 태조는 홍무제와 급격한 외교 마찰을 겪어서 책봉조차 받지 못했고, 영락제는 무리한 공물을 지속적으로 요구해왔기 때문이다. 더욱이 신왕조가 들어선 지 수십 년밖에 되지 않아서 내정이 여전히 불안한 상황이었다. 이에 세종은 대내외 정세를 안정시키기 위한 수단으로 '국가 의례'를 십분 활용하였다. 그러면서도 명이 꺼리거나 동의하지 않는 북진정책을 지속적으로 펼쳤고, 명이 요구하는 과도한 공물을 설득을 통해서 인삼으로 바꾸어냈다. 두 차례의 대규모 여진 정벌전은 작전이 거의 종료된 시점에 명에 통보했다. 항상 다양한 명분 내지 변명거리를 제공하여 명을 설득시켰다. 세종은 명에게서 역대 가장 많은 실리를 얻어낸 국왕이지만 역설적으로 의례로는 가장 철저한 사대를 행한 군주였다.

그럼 왜 세종은 사대에 거부감이 없었는가? 이것은 『맹자』에서 "작은 나라가 큰 나라를 섬긴다(이소사대以小事大)"는 것이 냉혹한 국제 현실 외교를 의미했기 때문이다. 이것이 굴종적인 외교를 의미하지는 않는다.

우리가 자랑스럽게 생각하는 고조선·고구려·발해의 광대한 영토 영유는 중국이나 몽골 초원에 통일 제국이 들어서기 전에 가능하였다. 고조선은 한이 흉노를 몰아낸 이후 침공을 받아 붕괴되었고, 고구려는 당이 돌궐을 격파한 후 3차 침공에 성공하여 사라졌으며, 발해는 몽골 초원에 거란이 일어나 동진하면서 멸망하였다.

이웃에 강력한 통일 제국이 등장하면 대적하기 쉽지 않았다. 우리가 넓은 영토라고 생각하는 고조선·고구려·발해의 최대 강역조차 실제로는 요·금·원과 비교하면 극히 일부에 불과했다. 군주는 외침이 일어나면 마지막까지 군사적 방어를 해야 할 책무가 있었지만, 전쟁이 일어나기 전에는 외교적으로 평화를 모색하는 것이 급선무였다. 이에 조공·책봉은 대제국의 출현 시 한반도 국가의 생존 방법이었다. 심지어 자주성의 상징으로 거론되는 고구려·발해·고려는 모두 중국 왕조로부터 책봉을 받았다.

일본 제국은 우리나라와 대륙 국가의 연계성을 떼어놓기 위해서 청일전쟁과 러일전쟁을 일으켰다. 두 경우 모두 왕궁(경복궁·경운궁)을 점령하고 한반도 내에서 벌인 전쟁이다.[26] 따라서 일본 제국은 식민지 교육을 통해 대륙의 강대국과 조선이 합세하여 자신들에게 대항하는 상황을 막아야 했다. 이에 조선이 과도한 사대주의 사상에 물들어 일본인을 왜구로 배척하고 개화 모델을 받아들이지 않아서 근대화에 실패했다고 교육한 것이다. 일본식 개화 모델에 호의적인 『독립신문』이 외세 침탈을 비판하면서 유독 일본 제국에 대해서 아무런 비판을 하지 못했던 것도 이 때문이다. 특히 일본 제국이 명성황후를 제일 먼저 시해하고, 심지어 사후에도 국제 질서를 모르고 청에 기대어 나라를 망쳤다고 비난한 것도 모두 명성황후가 일본 제국에 대항하는 외교정책을 주도했기 때문이다. 고종을 강제 퇴위시키고 독살한 것 역시 러시아 등과 연대해서 대항했기 때문이다. 일본 제국주의는 이러한 저항을 '사대주의'라고 불렀다.

두 차례의 호란은 여진이 먼저 기습적으로 침공한 사건이었다. 먼저 침공한 후 외교 관계 변화를 요구했다. 아직 산해관도 넘지 못하고 요동 언저리를 장악한 형세에서 여진이 명을 이길 것이라고 예측하는 것은 거의 불가능했다. 국력의 격차는 수십 배가 넘었다. 명이 이자성의 난(1631-1644)으로 자멸하지 않았다면 여진의 중원 공략은 성공하지 못했을 가능성이 높다. 광해군·인조 정권은 모두 양측의 국력을 저울질하고 있었다.

정묘호란 때에도 기존의 외교 관계를 깬 것은 여진이었고, 병자호란 때에도 직전의 맹약을 깬 것은 여진이었다. 그런데도 조선의 무능함을 강조하기 위해 모두 조선의 책임으로 돌리는 것은 어불성설이다. 국내 과격론자의 발언만을 모아서 그것이 실상인 것처럼 이해하는 것은 문제가 있다.

일본 제국주의가 만선사관을 주장하는 것은 임진왜란 당시 조선-명 연합군에게 패전하였던 일본의 트라우마 때문이다. 그들은 대륙과 조선이 손잡는 것을 극도로 꺼렸기에 조선의 외교정책이 사대주의였다고 가르치며 스스로를 혐오하게끔 한 것이다. 앞에서도 언급하였듯이 일본은 한 번도 제대로 된 동북아시아 조공·책봉 관계에 포함된 적이 없었다. 일시적이거나 예외적 형태로 교역을 맺었을 뿐이다. 그래서 일본 제국주의는 자신이 경험해보지 못한 국제 질서에 혐오감을 표출하면서 이를 왜곡시킨 것이다.

명은 예수회를 받아들였기에 유럽에서는 예수회 보고서를 통해 중국 사회에 대한 인식이 매우 활발히 퍼져나갔다.27 그동안 교역은 동방무역을 통해 이슬람이나 이탈리아를 거쳐서 넘어왔으나 이제 유럽도 바닷길을 통한 직접 통교가 가능해졌다. 앞에서 살펴보았듯이 중앙집권화가 발달된 국가체는 유럽 각국에게 절대왕정의 모델로, 계몽주의자들에게는 근대국가상으로 이해되었다.28 프랑스 루이 14세가 중국풍 옷을 입고 친경례를 행하는 그림을 남긴 것이나 영국이 명예혁명 당시 명의 내각제를 주요한 모범으로 내세운 것이나 유럽 각국에서 중국을 모델로 삼은 것 등이 그러한 맥락에서 이루어졌다. 유럽의 절대왕정은 규모 면에서는 조선과 비슷했지만 정치체제 면에서는 중앙집권화의 정도가 미약했다.[29]

명·청과 조선을 비교하면 크기에는 매우 큰 차이가 있지만 지방에 대한 장악 정도는 조선이 훨씬 더 높았을 것으로 추정된다. 왜냐하면 전국에 외관을 파견하는 지방관의 숫자는 비슷한데,[30] 국토의 크기는 조선이 중국의 수십분의 일에 불과했기 때문이다. 다만 중앙의 경우 중국 황제와 조선 국왕이 행사하는 절대 권력의 정도는 전혀 달랐다고 평가된다.

중국은 사실 명과 청이 두 가지 이미지로 나뉜다. 그리고 명·청에서조차 모두 초기와 중·후기의 모습이 전혀 달랐다. 그럼에도 서구 사회에서는 명·청을 모두 '중국'으로 통칭하여 '보고 싶은 모습'만 보려고 하였다. 명은 조선에서 중화의 세계로 인식되었고 유럽에서도 문명국가로 인식되었다. 반면에 청은 조선에서 침략 전쟁을 일으킨 오랑캐로 각인되어 대명의리론·북벌론이 나타났고, 유럽에서는 폭력적인 법집행 사회로 묘사되었다. 이후 중화(문명)와 오랑캐(야만)는 두 개의 중국 이미지로 혼용되었다.

중국과 직접 교류했던 조선이나 예수회와 직간접적으로 연결된 서유럽 국가들은 명대 신사의 정치 참여를 지식인(철학자)의 정치체제로 이해하여 중국(명)을 근대국가상으로 받아들였다. 그러나 이러한 문명국이 처참하게 만주족(오랑캐)에게 붕괴되고 지식인(신사)마저 노비로 삼는 일이 벌어지자 유럽은 중국(청)을 폭압적인 전제정치로 묘사하기 시작했다.[31] 그리고 조선 역시 청이 가장 싫어하는 명에 대한 추억을 바탕으로 청의 지배에 저항하였다. 조선의 북벌론·대명의리론·대보단 건설·숭정 연호 사용 등은 하나같이 청이 극히 꺼리는 행위였다.

그럼에도 조선이 명시적으로 이반하지 않는 한 청은 애써 모른

척했다. 그런데 일본 제국 관학자들은 이처럼 현존하는 강력한 제국에 복종하지 않고 명에 대한 기억 담론으로 청에 저항하던 사대부를 사대주의자로 규정했다. 그러나 이러한 낙인찍기는 몇 가지 측면에서 재고되어야 한다.

첫째, 개념 자체에 문제가 있다. '사대'는 작은 나라가 큰 나라를 섬기고 큰 나라는 작은 나라를 예禮로 대하는 둥북아시아의 국제 질서였다. 여기에 제대로 편입되지 못했던 일본이 자신의 콤플렉스 때문에 사대주의를 굴종적인 외교 관계로 평가하였을 뿐이다. 더욱이 실존하는 제국(청)에 거역하면서 소멸한 국가(명)를 이용하는 것이 맹목적 사대주의라고 말할 수 있을지 의문이다. 정작 명이 실존했던 조선 전기에는 외교 관계가 평탄하지 않아 크고 작은 마찰이 있었음은 물론이거니와 명의 요구를 그렇게 잘 들어준 적도 없었다. 그런데도 훗날 망한 나라를 언급하는 것을 사대주의라고 부정적으로 평하는 것은 문제가 있다.

둘째, 19세기 말-20세기 초 국제 질서를 호도하는 데 악용하였다. 호란의 경우 여진의 '선의'를 멋대로 해석하여 후방의 안정만을 노렸을 것이라고 추정하고, 조선이 국제 정세에 무능하여 전쟁을 불러일으켰다고 주장한다. 일본 제국주의는 이러한 논리를 통해 청일전쟁과 러일전쟁 당시 조선이 신흥국인 일본을 따르지 않고 대륙 세력과 연대해서 저항한 것을 조롱하고, 한반도 침략 역시 불가피한 선의였다는 논리를 폈다. 곧 일본을 여진에 대입하고 청과 러시아를 명에 대입하여 비판함으로써 전쟁 책임을 외세가 아니라 조선 조정으로 돌리는 논법이다. 이것이 친명배금론의 실상이었다.

셋째, 실제 역사상 자체도 그 주장에 부합하지 않았다. 일본 제국주의는 친명배금 정책을 펼친 인조 정권이 새롭게 일어나는 여진 세력에 주목하지 않고 명에 대한 사대를 고집했기 때문에 두 차례 호란을 겪었다고 조선의 무능을 비판한다. 그러나 당시의 국력은 요동을 상실했음에도 불구하고 명이 여진(후금/청)보다 압도적이었다. 광해군·인조 정권 모두 이와 비슷하게 세력을 평가했기에 명에 방점을 두면서 신흥세력인 여진에도 균형을 맞추고 있었다.[32]

최근 국내 중국사 연구자들의 성과를 보면, 누구도 명의 붕괴를 예상하기 어려운 실정이었다. 이자성의 농민 반란군이 도성 북경을 함락하지 못했다면, 혹은 숭정제崇禎帝(의종毅宗)가 끝까지 도성 사수론을 펼치지 않고 선조나 이승만이나 장제스蔣介石(1887-1975)처럼 도망갔다면 명이 붕괴되지 않았을 것이다. 명의 붕괴는 내치에 실패하여 농민 반란이 야기되었고, 순진하게도 '선한 군주 콤플렉스'에 빠진 황제가 냉철하게 상황을 인식하지 못하고 백성을 지키겠다는 망상에 사로잡혀 도성 사수론을 펼쳐 일어난 문제였다. 숭정제는 정예부대가 오면 북경을 지킬 수 있을 것이라 생각했으나 그들은 여진을 상대하느라 산해관에 묶여 있었기에 북경을 구원하러 남하할 수 없었다. 숭정제가 이 같은 선택을 한 이유는 이전에 만리장성을 우회하여 여진이 기습하자 산해관 병력이 남하하여 북경을 구원했던 전력이 있었기 때문이다. 하지만 그때는 농민 반란이 없었고, 산해관의 원숭환袁崇煥(1584-1630)이 제거되지 않았던 때였다. 명은 내부로부터 붕괴되었다. 객관적인 전력만 보면 청의 단독 군사력만으로는 명을 깰 수 없었다. 심지어 이때 청의 북경 함락전에 나선 군사는 산해관의 오삼계 부대였다. 청은 항복한 명의 정예부대에 최대한 손실을 입히고 자국군을 무혈입성시키려고 했다.

한족 중심의 역사관에서는 그동안 오삼계에게 모든 책임을 미루었지만 실제 북경은 이자성이 함락시켰다. 오삼계는 주인을 잃은 부대를 이끌고 이자성과 여진에 모두 투항 의사를 보냈으나 오합

지졸 농민군만을 상대했던 이자성은 오만불손했고, 평생 명의 최정예군을 상대했던 여진은 극진한 대우를 약속하였기에 부득이하게 여진에 귀부한 것이다. 이는 군주를 잃고 적에게 투항할 수밖에 없던 장수의 불행한 선택이었다. 역설적으로 오삼계는 이후 숭정제의 복수를 명분으로 북경을 점령했다. 최근 중국의 '신新중화민족' 역사교육하에서는 오삼계 역시 반역자가 아니라 불운한 인물로 그려지고 있다. 침공한 청을 오랑캐로 그릴 수 없기 때문이다.

하지만 일본 제국주의는 만선사 연구를 확대하면서 이러한 국제 정세의 변동 과정을 무시하고 조선의 국제 관계를 광해군-인조의 이분법 도식으로 바꾸어버렸다. 광해군을 영웅으로 만들고 인조의 무능을 극대화하였다. 하지만 양자에 외교정책상 차이는 전혀 없었고, 사림의 극단적인 발언은 두 정권 모두에서 보였다.

더욱이 실제 정책을 비교해보면 광해군은 심하전투深河戰鬪(사르후전투, 1619)에 조선군 수만 명을 파병했는데 명군이 각개격파당하여 조선군 홀로 분전하다가 절반이 전사하였고, 김응하金應河(1580-1619) 부대는 중과부적인데도 적의 중앙으로 돌진하여 전멸당하였다. 야사(『연려실기술燃藜室記述』)와 달리 실상은 부득이하게 항복한 것이다. 광해군은 이 사실을 명에 적극적으로 홍보하여 추가 파병이나 지원을 거절하였다.

반면에 인조는 청의 수군 파병 요구에 응하였으나 현장의 조선군이 명나라와 교전에 불응하였다.[33] 게다가 요동에서 본대를 잃은 명의 모문룡毛文龍(1576-1629) 부대가 압록강을 넘어 도망쳐오자 광해군은 이들을 받아들여 정착시키고 주둔 비용을 지원했다.[34] 그러나 인조는 이들의 주둔비 요구가 과도하다고 여겼고, 명 조정과 산해관의 원숭환 등에게 모문룡이 조선에 가혹한 요구를 하고 있다는 사실을 알려서 명군이 스스로 모문룡을 제거하도록 공작을 펼

쳤다.[35]

명의 입장에서 광해군은 임진왜란에서 함께 싸운 혈맹이었다. 그는 심하전투에도 원병을 파견하였는데 그중 상당수가 전사하였고(1619), 모문룡 부대의 피신처까지 마련해주었다(1621). 반면에 인조는 명이 책봉한 왕을 끌어내렸고(1623), 명 조정의 승인 없이 변방 장수(원숭환)를 사주하여 모문룡 부대를 제거하였다(1629). 심지어 명 정벌전에 수군을 파병하였고(1640), 북경 함락전에는 조선의 왕세자까지 동행했다(1644).[36] 왕세자 역시 호위 병력을 동원하였으므로[37] 중원 공략전에 공식적으로 참전한 셈이다.

이 때문에 조선이 약 1세기 가량 청을 오랑캐로 여기고 혐오했음에도 오히려 청은 산해관 입관전에 협력한 몽골과 조선을 특별한 우호국으로 분류하고 대우했다.[38] 이는 사신 파견 시 환관이 아니라 팔기군八旗軍이 내려온 것으로 증명된다. 양자는 뇌물 요구 면에서 현격한 차이를 보였는데, 명 환관은 욕심이 끝도 없었으나 청의 팔기군은 조선이 준비한 인정채人情債(뇌물)조차 거듭 거부하다가 조선이 외교적 관행이라고 수차례 청해야 간신히 받아가곤 했다. 이는 조선이 이반하지 않기를 청이 얼마나 간절히 바랐는지 알 수 있는 대목이다.

중국이라는 개념 속에 두 왕조의 서로 모순되는 이미지가 내재해 있는 것이 사실이지만, 더 미시적으로 살펴보면 각각의 왕조 내에도 중층적인 이미지가 있다. 이는 제국의 흥망성쇠에서 보편적으로 나타나는 현상이다. 한·당·요·금·원·명·청 등은 한결같이 만주·한반도에 군사적 침공을 감행한 왕조이다. 한이 고조선을 멸망시키고 당이 백제·고구려를 멸망시킨 것은 충격적인 사건이었다. 그러나 한은 발해만(요서군·요동군)-압록강(현도군)-황해 연안(낙랑군)으로 이어지는 삼각무역에 군사적·경제적 교두보를 장악한 후에는 주변 부족이나 소국을 책봉하여 다스렸다. 이른바 조공·책봉관계의 초기 형태가 등장하였다.

이후 위진남북조의 중원 국가들을 비롯하여 수나라가 고구려 침공에 실패했고, 당은 백제와 고구려를 멸망시키는 데 신라의 도움을 받았음에도 이내 신라까지 욕심을 내어 나당전쟁이 발발했다. 당시 최강의 수군과 육군을 보유한 당군이 신라의 게릴라전에서 모두 패배하여 한반도 중남부에서 철수했고, 얼마 뒤 발해가 일어나자 요동에서도 쫓겨났다. 7세기 전쟁의 시대가 끝나고 8세기에 접어들어 다시 당·발해·신라·일본의 4국이 평화로운 국제 관계를 맺는 시기가 도래했다. 이때 조공·책봉 관계의 전형적인 모습이 탄생하였다. 동북아시아에 명실공히 각각의 통일 제국이 출현했기 때문이다.

이러한 사례는 요·금·원·명·청의 관계에서도 동일하게 반복되었다. 초기 왕조가 일어나면 어김없이 군사적 충돌이 발생하고 이를 기점으로 영토가 재획정되었다. 그리고 일단 국경선이 정해지면 평화로운 관계로 바뀌었다. 곧 제국의 출현기에는 군사적 충돌이 일어나고, 제국의 안정기에는 경제 공동체로의 전환이 나타난다. 따라서 명과는 평화로운 외교 관계만 맺었다고 보고, 청과는 시종일관 적대 관계였다고 보는 것은 문제가 있다.

명과 고려 말-조선 초에는 극도의 긴장 관계가 없지 않았으나 호전적인 황제들이 죽자 다시 평화의 시대로 넘어갔다. 청 역시 17세기 후반 강희제가 대내외 전쟁의 시기를 극복해냈다. 18세기부터 청과 조선은 혈맹 관계로 빠르게 바뀌었다. 숙종-강희제의 동맹 관계는 영조·정조대에도 이어졌고, 특히 정조는 북학파의 창시자로서 처음으로 청 황제를 존중하는 발언을 하고 청을 문명국으로 받아들였다. 마치 원간섭기를 지나면서 몽골을 야만족에서 중화로 재인식하여 세종대까지 명뿐 아니라 원까지 중화로 인식한 것과 유사하다.

그리고 조선이 청을 오랑캐에서 중화로 재인식하였듯이 유럽에서도 케네는 청 황제의 정치체제를 애민군주의 상징이자 이상국가의 통치 모델로 인식하였다.[39] 특히 프랑스나 미국과 같이 농업을 주요 산업으로 생각하던 대륙 국가들은 계몽주의시대 중농학파가 등장하면서 중국을 모델로 인식하고 유교 정치 이념을 국가 체제에 상당 부분 원용했다. 물론 그 토대가 예수회 보고서였음은 주지의 사실이다. 그래서 17-18세기까지 아직 중국보다 정치·경제적으로 뒤쳐져 있던 영국, 프랑스, 네덜란드 등 서유럽 국가들에는 중국 배우기 열풍이 불고 있었다. 이른바 '중국풍'과 '중국 애호벽'이라는 단어도 이때의 산물이다.

그러나 19세기 서유럽이 혁명을 거쳐서 제국주의 국가로 발돋움하고 산업 기술로 중국을 따라잡게 되자 중국에 대한 경외심은 급격히 떨어졌다. 또한 19세기 말 통일국가를 만들어가던 독일 지역은 당시 군사·경제 침탈에 기반한 해외 식민지 경영으로 화려한 제국주의시대를 연 영국·프랑스를 모델로 삼았고, 이들에게 침탈을 당하던 중국은 반면교사로 삼고자 하였다. 그래서 영국·프랑스는 실제보다 더 이상화된 모델로 그려지고, 중국은 실제보다 훨씬 더 야만적인 세계로 인식되었다. 앞에서도 설명하였듯이 이것은 범汎독일 지역의 부조리한 현실을 중국에 빗대어서 비판하고 서유럽의 선진국처럼 되고자 했던 독일 학자들의 열망이었다. 이러한 가설은 19-20세기 약 200여 년간 제국주의가 전성기를 맞자 현실이자 역사로서 재인식되었다. 이 같은 제국주의적 시선은 2000년대 중국의 경제적 부상과 세계 금융 위기를 배경으로 영미 학계에서 르네상스·계몽주의시대에 대한 중국 문헌의 재검토가 집중적으로 이루어지면서 비판받고 있다.

3. 무본억말의 역설 대 고립된 농업경제

"조선은 농업 사회였는가?" 이러한 질문 자체는 문제가 없다. 그러나 이것을 어떠한 맥락에서 사용하는지에 따라 일정한 의도가 담긴다. 뉴라이트는 정체된 경제나 고립된 농업 사회로 조선을 묘사한다. 이것은 일제강점기 일본 경제학자들이 설정한 '일본 고대=식민지 조선'이라는 등식에서 기원한다. 이와 동시에 메이지시대 일본 경제학자들은 일본의 경제적 성장 내지 상업화를 과도하게 포장하려고 노력했다.

일본의 황국사관으로 무장한 국수주의자들이 일본의 근대 공업화를 과도하게 미화하고 그것을 전통시대까지 투영하는 설명 방식이 극단에 달했다. 물론 이 역시 영국 등을 따라한 것이다. 영국은 19세기 이래 공업 생산력이 발달한 시기를 18세기에서 17세기, 16세기, 15세기까지 점진적으로 올려 잡으면서 작은 변화의 요소도 침소봉대했다. 이것이 바로 현재 영국이 만들어낸 '세계사' 체계에서 '지리상의 발견'·'대항해' 등으로 포장된 서유럽 국가의 성공담이다. 메이지 연간 경제사학자들은 이것을 그대로 답습하여 일본사에 투영한 것이다.

서유럽 국가에 제대로 된 자원이 없었다는 것은 누구나 아는 사실이다. 그래서 아메리카의 금은을 약탈하였고, 아프리카에서 노예를 잡아 아메리카 농장의 노예로 쓰면서 노예무역으로 돈을 벌어들였다. 이는 19세기 중반까지 중국과 사치품 무역에서 발생하는 적자를 해소하기 위한 수단이었다.

중국은 도자기 등의 대규모 사치품을 전 세계로 수출하는 국가였다. 중국산이 명품이 되던 시기에 유럽 각국은 유사품을 만들기 위해 노력했고, 19세기에 들어서야 비로소 대등한 산물을 생산했다. 실제 제국주의 국가의 성공담은 19세기 중반을 전후해서 등장한다. 프랑스가 18세기까지 혁명을 겪을 정도로 비참했던 현실을 극복하고 영국과 대등한 경지로 올라선 시기는 제국을 선포하고 나폴레옹전쟁(1805-1815)을 치른 이후이다. 영국 역시 아편전쟁(1840) 이후에나 대對중국 무역에서 흑자국으로 전환되었다는 것은 주지의 사실이다.

그런데도 유럽은 성공의 기원을 모험을 시작한 15세기 말로 올려놓은 것이다. 이러한 방식은 일본에서도 동일하게 사용한다. 일본은 16세기에 은광 개발을 시작하고 17세기 전반에는 세계 은 생산량의 약 1/3을 점했다는 주장으로 당시의 일본을 상업 사회(국제무역)의 시대로 설정하려고 한다. 그러나 ① 그 은이 대체로 조선을 통해서 중국으로 흘러갔다는 것, ② 일본이 자국민까지 노예로 수출하는 국가였다는 것, ③ 쌀의 부족에 시달려서 조선에 원조를 지속적으로 요구하고 있었다는 것, ④ 17세기 후반부터 은이 부족해서 수출 금지령이 내려졌다는 것, ⑤ 그러한 상황에서도 조선의 인삼 구입을 위한 은(인삼대왕고은人蔘對往古銀)만은 특별 제작해서 수출했다는 것 등은 전혀 설명하지 않는다.

게다가 국내외 온라인상에는 일본의 상업 발달을 강조하기 위해 일본의 가장 부유한 지방(가가번加賀藩)의 석고石高(100만 석)와 조선의 중앙 재정을 비교함으로써 조선의 후진성을 드러내고자 하는 주장이 있다. 양국 재정의 변화치를 제대로 측정해보는 것은 매우 의미 있는 일이지만 동일한 잣대로 비교하지 않고 수치를 인위적으로 조정하려는 듯이 보이기에 문제가 된다. 비교 대상의 부세 단위(일본 1석石=10두斗 대 조선 결結=600-800두)가 서로 다르고, 도량형이 서로 불일치하며(일본 1홉슴=180.39㎖ 대 조선 1홉=57.27㎖),[40] 비교 액수의 구성(세전 일부 지방의 총생산량 대 세후 중앙의 순수입)이 서로 판이한데도,[41] 제대로 환산하지 않고 단순히 수치만 비교하는 경우가 발생하고 있다. 수량경제학 자체는 매우 필요한 학문이지만, 양국의 기초적인 자료에 대한 점검이 선행되어야 한다.

일본은 17세기 후반에 가서야 오늘날 관동평야를 적극적으로 개발하여 조선과 대등한 수준의 쌀 생산량(에도시대 석고 기준 약 3,000만 석 내외)을 기록하였고,[42] 18세기 중반에야 농민의 생활도 안정되었다.[43] 그리고 19세기 말 메이지 연간에 이르러서야 홋카이도를 개척하였다. 현재 일본열도의 면적은 한반도보다 상당히 넓어졌음에도 불구하고 농지 면적은 약간의 우위만을 점할 정도로 비슷한 규모를 이루고 있다.[44]

전통시대 한국의 인구 모형 연구는 다양한 학설이 제기되어 있는데,[45] 그중 최대치(1,600만 명)와 비교해도 동시대(1721-1841) 일본 인구수(2,600만 명)는 거의 대부분 한국보다 높은 곡선을 그리고 있다.[46] 현재 일본의 인구(1억 2,600만 명)는 한반도(남한 5,200만 명, 북한 2,500만 명) 인구의 대략 1.6배가 넘는데 그 추세는 전통시대부터 점진적으로 확인된다. 그동안 인구수를 국부로 간주하여 일본의 경제를 과대평가해왔다. 하지만 조선 후기에 일본이 조선과 비슷한 농업 생산량에 도달했다고 가정하더라도 일본의 인구수가 훨씬 많았음을 감안하면 실제로는 일본이 만성적인 쌀 부족에 시달리고 있었음을 추론할 수 있다. 이것이 바로 고종 후반에 일본이 쌀을 대거 수입해 가고 강제병합 후에도 산미 증산 계획 등으로 한반도 쌀을 대거 일본열도로 실어 나른 이유였다. 미국을 필두로 한 해외 연구자들이 일본의 역사에 매우 우호적인 시선으로 접근하면서[47] 전통시대부터 이미 풍부한 자원을 가졌다고 전제하였으나 실

상은 전혀 다른 것이다.[48]

17-19세기 조선과 일본의 대외 교역량은 정확한 수치로 집계하거나 비교하기 어렵다. 다만 양국 학계 모두 전통 사회의 성격을 농업경제로 규정하고 있어 농업 생산량만으로 양국의 경제 상황을 비교하면 거의 비슷한 규모로 보인다. 만일 곡물만으로 국민총생산량(GDP)을 계산한다면 총액은 비슷하며, 인구수는 일본이 1.6배 많았으므로 1인당 GDP는 대략 조선의 61% 수준으로 집계된다.

그런데 17세기 이래 에도시대 일본의 세금 징수는 '사공육민四公六民'으로 지방의 번藩에서 일괄적으로 40%를 공제하였다.[49] 조선에서 중앙세와 지방세를 모두 합쳐(조·용·조 포함) 최소 4.7%(풍년)-최대 10.3%(흉년) 내외의 세금을 거둔 것과는 차이가 크다.[50] 정약용의 잡세가 많다는 비판이나 북한 봉건사회론의 계산법, 경제사학자의 가장 보수적인 산출 방식을 모두 적용했을 때에도 조선의 최대 세율은 10% 내외에 불과했으며, 평년 기준 평균치는 약 5% 내외였다. 이사벨라 버드 비숍 등 일본에 경도된 서양인들은 조선을 착취하는 나라로 묘사했지만 이것이 실제 모습이었다.[51] 일견 일본은 고율의 단일세를, 조선은 저율의 종합세를 각기 부과한 것처럼 보이기도 한다. 하지만 실제로 일본의 연공 및 잡세 징수율은 지방마다 달랐으며, 조선은 19세기에 세제가 점차 일원화되었으므로 그러한 이분법적 구분은 적합하지 않다. 과연 어느 쪽이 공·사를 통틀어 국부國富가 축적되기에 용이했겠는가? 더욱이 조선통신사 접대나 참근교대參勤交代를 통해 다이묘의 부를 소모하도록 만들어진 일본의 통치 구조하에서 얼마나 많은 부가 축적될 수 있었을까?

최근 민간에서 조선시대의 상당한 식사량이 흥미로운 이야깃거리로 언급되고 있다.[52] 이러한 대식大食 관행은 조선 전기에는 일본

보다 조선의 곡물 생산량 자체가 더 많았고, 조선 후기에는 양국이 비슷한 생산량을 기록하였지만 적은 인구와 적은 세금 덕분에 조선인이 훨씬 더 풍족한 생활을 누릴 수 있었기에 형성된 것이 아니었을까?

일본의 우익화 성향은 어느 시대나 있었지만 ① 소위 국학이 나타난 시점, ② 청과 직접 교역이 가능해진 시점, ③ 관동평야의 개발로 더 이상 조선에 쌀을 구걸하지 않게 된 시점, ④ 통신사를 하대하던 시점 등이 겹치는 듯하다. 그러나 전통시대에 상업이 발달했기에 일본이 다른 아시아 국가와 차별적으로 발전했다는 그들의 주장은 그 근거를 찾기가 쉽지 않다. 일본과 조선의 경제지표는 아직 농업 생산량 및 징세율 정도를 가지고 비교할 수 있을 뿐이며, 특정한 상업 활동의 사례를 가지고는 일본이나 조선의 상업의 번성을 설명할 수는 있으나 양자를 비교할 수는 없다. 일본이 주장하는 활발한 교역도 중국과 비교하면 거의 미미한 수준이다.

더욱이 현재 일본 역사학자들이 일본의 전통시대를 상업 사회로 설정하는 데 동의하는 것도 아니다. 대다수의 일본 역사학자는 농업 사회로 설명한다.[53] 이것은 조선을 농업 사회로 설명하는 것이 곧 정체된 사회를 의미하는 것이 아님을 뜻한다. 양국을 농업 사회로 상정할 때 일본의 농업 생산량이 조선에 버금가게 된 시점은 17-19세기 에도시대이다. 전국시대에는 제대로 된 통계 기록이 없었고 석고의 개념도 에도시대와 달랐다. 에도시대부터 석고는 지방 영주의 순수한 재정수입이 아니라 총생산량을 의미했다.

일본은 17세기까지 조공·책봉 관계에서 벗어나 있었으며, 조선은 중계무역으로 막대한 부를 누리고 있었다. 동래의 왜관은 1641년에 설치된 데지마出島 네덜란드 상관보다 25배의 규모에 달하였다.[54] 일본의 네덜란드 상관은 유럽 교역보다 중국 무역에 더 비중을 두고 있었을 만큼 일본의 대對중국 직접 교역은 어려운 상황이었다. 한편 북경 조선관으로 가는 사신은 연 3회 이상 유지되었으며 이동 시간이 수개월인 점을 고려하면 실제 조선 사신은 북경에 거의 상주하였다. 일본은 17세기 막부가 한시적으로 동남아 무역을 허락한 적이 있으나 곧 금지하였으므로 사실상 태평양의 섬에 고립되어 네덜란드-조선을 통해서 세계무역에 연결될 수밖에 없었다. 통신사의 우대는 이러한 상황 속에서 탄생한 것이다. 그러다가 1683년 천계령遷界令(해금 정책)이 해제되자 일본은 청과 직접적인 무역망이 생기면서 조선에 대한 의존성도 점차 줄여나갔다. 하지만 경제적으로 부유한 중국과 낙후한 일본의 교역에서 무역 적자(은 유출)가 심화되자 막부는 18세기에 대對중국 무역량을 통제하였다. 이 때문에 통신사는 여전히 유지되었다. 그러나 직교역의 성공으로 일본에 중국 문화가 직접 수입되자 통신사의 가치는 점차 하락하였고, 19세기 초에 이르러 통신사는 결국 중단되었다. 다만 일본에게 경제적으로 안전한 완충지대 역할을 해주던 왜관은 19세기 말까지 여전히 운영되었다. 이는 경상도 재정의 약 1/5이 왜관에 투입되고 있었기 때문이다.[55]

여기서 주의해야 할 점은 농업 사회라고 해서 상업 활동이 없다는 뜻은 아니다. 이는 주류가 되는 산업 체계가 무엇인지의 문제일 뿐이다. 인구의 대다수가 농업에 종사하던 한·중·일 삼국뿐 아니라 유럽 사회까지 모두 포함하여 상업 사회라고 부르는 것은 사실에 부합하지 않는다. 사회 전반을 운영하는 데 필요했기에 상업의 영역이 지속적으로 성장하고 있었을 뿐, 전체 산업에서 상업은 소수에 속했다. 이는 동서양에서 동시에 나타난 현상으로 영국이나 프랑스뿐만 아니라 조선이나 청에서도 상인 계층은 성장하고 있었다. 조선에서는 영조 연간 이미 공인이나 시인을 전담하는 장관인

'공시당상'이 설치되었고 국왕이 직접 공인 및 시인과 정례적으로 면담을 가지는 '공시순문'이 행해졌다.[56] 이는 프랑스에서 상인 집단이 절대군주의 자문 기구Commerce Council가 된 것과 유사하다.[57]

19세기 중반까지 동서양은 별로 차이가 없었을 듯하다. 이른바 '대분기大分岐Great Divergence(서양의 동양 역전)'는 서구에서 자본주의의 성장으로 지배 계층 내 변화가 급격히 일어났기 때문이다. 그러나 그동안 훗날(19세기)의 현상을 과거(15세기)에까지 소급하여 해석해왔다.[58] 유럽에서 나타난 어떤 현상을 침소봉대하여 의미를 부여하였고, 동양에서 그보다 더 중요한 지표가 확인되더라도 그것은 큰 의미가 없었다고 축소하기 일쑤였다. 하지만 인류의 보편적인 역사는 비슷한 흐름 속에서 약간의 시공간상 차이가 있었을 뿐이다.

오히려 우리가 주목해야 할 점은 왜 조선과 명이 14세기 말-15세기 약 1세기간 그렇게 농업을 강조하고 상업을 억제하려고 노력했는가 하는 데 있다. 이는 국내외 많은 연구자가 이미 지적한 사항이자 앞에서도 설명한 바 있는데, 바로 직전에 몽골의 유라시아 단일경제망을 경험했기 때문이다. 이른바 20세기 후반부터 누리고 있는 신자유주의의 국경을 허무는 세계경제체제는 이미 몽골제국(팍스 몽골리카나) 속에서 구현된 적이 있었다. 그러나 1세기간 지속되던 이 경제망도 동서 무역의 교두보를 지키던 한국汗國이 붕괴되자 파탄에 이르렀다. 안전한 교역을 담보하던 군사력의 붕괴는 종이 화폐의 몰락으로 나타났고, 원의 보초는 더 이상 은태환을 보장하지 못했다. 특히 원에서는 동서 무역로의 재확보를 위한 군사 원정도 실패로 끝났고, 황위 계승 전쟁까지 발생하였다. 그리고 그동안 조정 수입의 대부분을 담당하던 교역세가 소멸되자 농민 수세가 강화되었고 이것이 농민 반란으로 이어져 홍건적의 난이 일어났다.

높은 수입을 보장해주던 대외 의존적 개방 경제가 일시에 붕괴되고 내전으로 이어진 상황이었다. 여기에 몽골의 경제망에 온전히 편입되어 있던 고려 역시 동일한 영향을 입었다.

조선과 명의 유학자들은 모두 원의 경제체계를 일제히 비판했다. 따라서 상업을 억누를 필요가 있었고, 그리하여 무본억말을 전면에 내세웠다. 이들의 발언은 오늘날 신자유주의 비판을 연상케 할 정도이다. 그들은 대외 변수에 영향을 받지 않는 자립적인 경제구조, 일반 백성이 굶주리지 않는 산업이 농업이라고 여겼다. 이에 해금령海禁令이 내려지고 대외무역에 대한 철저한 통제 정책이 시행되었다. 이러한 배경하에서 무본억말이 탄생한 것이다. 상업을 억제할 필요가 없을 때 이러한 구호는 등장하지 않는다. 사마천은 "농업은 수공업을 당하지 못하고 수공업은 상업을 당하지 못한다"고 하였다.[59] 통상 상업의 이익은 농업의 수십 배로 상정되었다.

15세기 조선과 명은 일단 전쟁으로 황폐해진 전국의 농토를 회복하고 자급자족이 가능한 경제구조를 만들어내는 데 온 역량을 기울였다.[60] 하지만 불과 반세기만에 양국의 농업 생산력이 회복되고 경제토대가 안정되자 다시금 상업 이익을 바라는 사람들이 늘어났고, 16세기 조선과 명은 아메리카까지 연결되는 세계 은銀 경제체계에 급속히 편입되어 그 중심 역할을 하였다. 상업이 급격히 부활하던 시기에 무본억말과 같은 구호가 나왔는데,[61] 17-18세기 실학자들이 이를 다시 언급한 것은 전란으로 피폐해진 경제가 재건되고 전국에 장시場市가 일어났기 때문이다.

뉴라이트는 농업 사회를 설명하는 장치로 조선 후기 소농사회설을 이용하였다. 소농 경영으로 가계 생활은 일정하게 안정될 수 있었지만 자본의 집약 단계로 넘어가기 어려웠다는 부정적 결과론을 강조하기 위함이다. 설령 이 가설을 인정한다고 해도 일본에서는 에도시대 소농의 출현을 자본주의의 예비 단계로 설정하여 높이 평가하고 있는데 왜 조선에 같은 이론을 적용하면 평가가 달라지는지 의문이다. 소농사회설 자체는 본래 일반적인 개념으로 두루 사용되는 것이나 이를 조선 사회가 정체되었다고 설명하기 위해 활용한 것이다. 특히 소농 자체가 현재 대한민국을 포함하여 한국사에서 통시대적으로 나타나고 있으므로 소농의 출현 시기를 역사적으로 구분하는 것 자체가 무리수이다. 그리고 이를 근거로 동시대 굶주리던 유럽, 아프리카, 아메리카 사회를 도외시한 채 조선의 시대상을 부정적으로 논하는 것은 언어도단이다.

4. 양인 확대책 대 노예제사회설

조선을 노예제로 보는 경우는 두 가지 부류로 나타난다. 하나는 사회주의 계열에서 마르크스주의를 창조적으로 재해석하는 특수한 경우에서 간혹 보인다. 이는 조선시대를 구체제로 상정하기 위해 고대 노예제와 중세 봉건제를 혼용하는 방식이다. 그러나 이론의 정치성이 떨어져서 더 이상 이러한 주장은 통용되지 않는 듯하다.

다른 하나는 미국의 제임스 버나드 팔레James Bernard Palais(1934-2006)가 주장한 노예제사회설이다. 팔레는 인권을 중시한 연구자이며, 1980년대 군부독재 시절 민주화 운동을 하다가 도미한 한국 유학생들에게 도움을 주었고, 한국 교포 차별 시정 운동 등도 벌였기 때문에 국내 현대사 전공자들에게 상당히 존경받는 학자이다.[62] 팔레의 사고방식은 단순 명료한데, 그는 노예가 인구의 30%이상이면 노예제사회라고 주장하였다.[63] 그리고 추후 논쟁 과정에서 사람이 매매되기만 하면 아무리 처우가 좋더라도 그 사회의 성격을 모두 노예제로 간주하였다. 이는 자국인 미국의 노예제를 비판하는 관점을 다른 역사에 투영한 것이다. 그의 삶을 고려해볼 때 순수하게 진보적 가치관을 실현하고자 했을 수 있으나 그 결과는 전혀 다르게 이용되었다. 그래서 조선시대 연구자는 모두 이러한 학설에 강력히 반대하여 노비를 단순히 로마시대의 노예로 보지 않고 농노 혹은 특수한 신분적 지위로 상정한다.

물론 노비제하에서 인신이 매매되는 사례를 애써 변호하거나 미화할 필요는 없다. 다만 문제가 되는 부분은 두 가지이다. 하나는 이를 현재 민주주의 인권 개념에서만 판단할 수 있는가이며, 다른 하나는 동시대 다른 나라의 실상은 어떠했는가이다.

뉴라이트에서는 애초에 팔레의 학설을 반대하였으나,[64] 오히려 최근 들어 추종하는 양상을 보인다.[65] 이는 경제학계의 전통시대 연구가 초기에는 비교적 순수하게 학술적인 '국수주의 비판'에서 시작되었으나 점차 정치 운동으로 변질되었기 때문이다. 현재 그들은 조선을 비판할 수 있는 이론은 모두 가져다 쓰고 있다.

역사를 비판하는 것 자체는 전혀 문제가 없다. 다만 어떻게 비판할 것인가? 혹은 어떤 이유로 비판할 것인가? 이 두 가지만 문제가 될 뿐이다. 조선시대를 최대한 비하해서 식민지 근대화론의 위상을 높이고자 하는 의도라면 상당히 문제가 있다. 동시에 전통 사회를 무조건 찬양하기만 해도 동일한 난점이 있다. 우리가 해야 할 일은 과거의 실상을 제대로 파악해서 전반적인 맥락을 이해하고, 그 속에서 장단점을 모두 검토하는 일이다. 모든 사건이나 제도가 장점만 있거나 단점만 있을 수는 없다.

역사는 반드시 진보하지는 않는다. 그럼에도 전반적인 방향은 과거보다 나아진다고 믿는다. 15세기와 18세기를 비교하면 같은 조선왕조하에서도 인권 의식이 전혀 다르다. 형정 개혁의 사례를 살펴보면 15세기에는 인명을 구제하는 것이 최대의 과제였으나 18세기에는 몸에 물리적인 구속을 가하거나 신체형을 가하는 것조차 문제로 인식하였다. 이것은 그 사이에 지대한 인권 신장이 있었음을 보여준다.

20세기 일본 제국주의는 백정을 신량역천으로 규정하면서 이를 차별의 상징으로 해석해왔다. 그러나 조선왕조의 신량역천은 천인의 신분을 양인화하고 그들이 하던 일은 그대로 하게 한 조치였다. 곧 왕정에서 일괄적으로 특정한 역의 천인을 양인으로 선포한 조치였고, 백정 역시 여진 등의 귀화인을 양인으로 전환하는 단계에서 부여된 양인의 명칭이었다. 그래서 관직에 출사하는 것이 가능했음은 물론이다. 조정에서는 이들이 모두 농민이 되기를 바랐으나 그중 마을 외곽에서 수렵 생활을 하던 이들이 19세기 말까지 소를 잡거나 가죽을 다듬는 일을 그대로 하는 형태로 남은 것이다.[66] 앞에서도 살펴보았듯이 조선왕조는 고려시대의 광범위한 천인 신분을 양인층에 대거 편입하여 이들을 '신양인'으로 불렀다. 이것이 역성혁명을 통해 탄생한 신왕조의 대의였다. 그런데 여기에 오늘날 민주 공화정의 엄격한 잣대를 적용해 조선을 '노예제사회'로 규정하는 것은 상당한 왜곡에 가깝다.

팔레 등은 자국민을 노예로 삼는 것은 전 세계에서 유례가 없는 일이라고 하는데, 사실 이러한 경우는 미국 이외의 대부분의 나라에 존재했다. 일본·중국이나 유럽·아프리카·서남아시아·인도 역시 자국민을 노예·노비로 삼았다. 일본은 심지어 16세기 자국민을 노예로 수출한 나라였다.[67] 노예제가 자랑스러운 제도는 아니나, 이것이 조선에만 있었다고 왜곡하는 것은 상당히 문제가 있다. 동시대 명에서는 없어지고 있었으나 청에서 부활하여 상당 기간 동안 지속되었고 점진적으로 소멸의 과정을 거쳤으나 노비·노예에서 확장된 천민은 대부분의 지역에서 여전히 존재했다. 노예와 천민의 경계는 명확하지 않았다.

특히 현대 일본에서 부라쿠민部落民 출신이 혼인 시 상대측 부모로부터 거부당하거나 취업 시 차별당하는 사례는 심심치 않게 보고되고 있다.[68] 이를 비관한 자살 사례 역시 적지 않았다. 일본의 천민은 호적등본에 원적지가 남아 있어 구분이 가능하고 패전 후에도 전국적인 명단이 작성되어 관공서나 민간 기업에서 차별에 사용했다. 최근 들어서야 부라쿠민을 차별하는 모든 관행에 대한 입법 조치가 취해졌으나 민간 인식이 완전히 개선된 것은 아니다.[69] 뉴라이트가 신봉하는 '일본 근대화'라는 허울 좋은 이상도 실상은 별로 아름답지 못했다. 조선의 불평등을 강조하는 백정의 형평사衡平社 운동은 같은 시기 일본 부라쿠민의 수평사水平社 운동과 연동되어 일어난 일이었다.[70] 그래서 백정을 근거로 전근대성을 비난한다면 현대 일본 역시 그 잣대에서 벗어날 수 없다.

이러한 일본의 사례는 오늘날 백정 자체가 소멸한 대한민국과는 비교조차 할 수 없는 것이다. 뉴라이트의 모범적인 근대국가인 일본은 여전히 신분제가 존재하는 왕정 국가 상태이고, 그들이 맹목적 비판을 가하는 조선은 오히려 신분제가 없는 민주 공화정으로 변모하였다. 민간에 떠도는 '천방지축마골피'를 천민 성씨로 분류했다는 설도 전혀 근거가 없는 것이다.[71] 성을 지닌다는 것 자체가 양인 이상을 의미한다. 이는 천민 중 직역을 나타내는 칭호와 성씨가 혼돈되어 나타난 현상이다. 일제강점기를 거치면서 직역의 용어를 성씨로 오인하여 잘못된 상식이 생겨난 것이다.

그들은 오히려 비교 준거가 되는 '선진국(제국주의 국가)'이 막대한 노예무역을 통해 성장했다는 사실에는 눈을 감는다. 전통 사회에 현대 민주 공화정의 잣대를 적용해 포폄하는 것은 대단히 편리한 방법이지만 그것이 옳다고 보기는 어렵다. 이는 동시대 선진국에도 실재하지 않았던 이상적 평등 사회의 기준으로 조선 사회를 재단하려는 것이다.

한편 이심원李深源(1454-1504)은 인구 중 노비가 십중팔구(80-90%)라고 하였고[72] 성현成俔(1439-1504)은 반(50%)으로 보았는데,[73] 이러한 말을 근거로 조선의 인구통계를 제시하는 것은 대단히 부적절하다. 왜냐하면 이러한 상소나 야담의 발언은 과장이 매우 심하기 때문이다. 다른 시기에 올린 상소와 여타 사료를 대조해보면 실제로 정확한 통계를 바탕으로 발언한 경우는 드물다. 예컨대 실록을 살펴보면 영조 연간 을해옥사 당시 피화자는 신료들이 사망자로 200여 명을 드는 사람도 있고 500여 명을 드는 사람도 있으나 실제 『승정원일기』와 등록류를 대조해보면 136여 명에 불과하다.[74] 따라서 이러한 일시적 발언을 통계의 근거처럼 제시하는 것은 부적절하다.

이와 마찬가지로 현전하는 일부 지역의 호적대장 등을 근거로 전국적인 신분의 비율을 추산하는 것도 쉽지 않다. 이러한 비율을 근거로 삼는다면 국초의 면천을 위한 정책과 신양인을 만들어내던 정책도 모두 통계로 잡아야 한다. 수만에 달하는 노비 소송은 모두 외면한 채[75] 단 두 건밖에 없는 사료상 대수大數를 통계처럼 맹신하는 것은 어불성설이다. 사료의 맥락을 무시한 대표적인 단장취의의 사례이다.

또한 팔레는 세계적으로 노예가 침략 전쟁의 산물이었다고 보고, 조선이 전쟁을 하지 않고 자국민을 노비로 만든 것이 잘못이라고 하는데 여기에는 몇 가지 의문점이 있다. 첫째, 침략 전쟁 자체가 제국주의의 산물인데 전쟁을 일으켜서 타국민을 노예로 삼아야 했을까? 이상적인 진보적 관점에서 노예제·노비제는 비판할 수 있다고 하더라도 비침략전에 대한 비판은 타당하지 못하다. 둘째, 노비가 실제로 자국민 내에서만 재생산된 것인가? 이는 조선 후기의 현상만을 일반화한 것이다. 국가 체제가 상대적으로 공고해지고 국토의 경계가 확립되어 대외 변동 폭이 제한되었기에 나타난 현상이다. 오히려 삼국시대나 고려시대까지 전쟁 포로가 존재했다. 그들이 받은 대우가 오늘날 하나의 영국이 만들어지기 전에 북부 아일랜드나 스코틀랜드의 전쟁 포로가 잉글랜드에 끌려와서 받은 대우와 달랐을까? 고려 역시 수많은 전쟁을 치렀고, 북방 영토(평안도·함경도) 개척 과정에서 많은 몽골·여진 등이 내투하였다. 이들 중 상당수는 수척水尺·화척火尺이 되었고 조선에서는 양인화의 일환으로 백정白丁·신백정新白丁이라 칭하였다. 조선 역시 천민 집단의 유래는 전쟁과 영토 확장이었다.

전쟁이 사라진 것은 조선왕조가 안정되었기 때문이다. 명·청에서 대외 전쟁이 줄어들면서 노비가 소멸되어간 현상과 유사하다. 조선 역시 노비가 줄어들고 처우가 개선되어 양인화의 길을 걸었다. 조선 후기에 양반이 폭발적으로 증가한 것은 서민에서 지위가 상승된 것이고, 그뿐만 아니라 그중에는 노비 신분에서 양인이 되고 다시 양반이 된 사례까지 확인된다.[76] 그 시기가 반드시 중국과 정확히 일치하지 않았을 뿐, 거시적 추세는 비슷하게 흘러갔다.

따라서 노비제가 조선에만 있는 악습이라는 설명은 사실과 다르다. 미국인 팔레가 생각하는 노예는 기본적으로 미국의 흑인 노예 개념을 적용한 것인데, 국내에서 그들과 조선시대 노비의 생활이 동일했다고 보는 경우는 거의 없다. 팔레는 자신의 조국에서 노예제를 비판하고 인권운동을 벌였기 때문에 그 개념을 한국사에 과도하게 적용한 것에 불과하다. 더욱이 이러한 설명에는 미국은 자국민을 노예로 삼지 않아서 조선보다 낫다는 이상한 환상뿐 아니라 제국주의시대 대규모 노예무역의 비도덕성은 은연중에 외면하는 논리가 전제되어 있다. 그렇게 도덕성을 따지고자 한다면 노예무역의 잔혹성부터 논해야 할 것이다. 오히려 그는 대외 침략을 전혀 하지 않으면서도 노예(노비)가 소멸되어갔던 조선에 이중 잣대를 들이댄 것이다.

더욱이 서구 사회에서 노예제가 전격적으로 폐지된 시기는 19세기에 불과하다(영국 1833년, 프랑스 1848년, 미국 1865년). 사실상 조선의 폐지 시점(1894년)과 불과 수십 년 정도의 차이만 날 뿐이다. 미국 학자들이 선진국의 잣대로 비판하는 조선은 이 문제에서 미국과 불과 29년의 격차만 있었을 뿐이며, 이조차 최종 폐지 시점을 계산한 것이다.

조선은 개국 당시부터 다양한 양인화 정책을 펼쳤고, 각종 주변인(경계인)을 일괄적으로 양인으로 선포하여 신양인·신백정(신량역천)을 탄생시켰다. 앞에서도 설명하였듯이 특히 국가가 노비 소송을 지원하여 천민의 양인 신분 획득을 도왔다. 소송에 패소하더라도 속공하여 공노비로 만들어 노비를 주인의 위협에서 보호하는 정책을 추진했다. 주인의 사노비 살상 역시 금지하였다. 이후 불교 사찰의 개혁을 통해서 전토와 노비가 국고·왕실로 몰수되었다. 전국의 농사를 짓는 사사노비가 중앙 각사의 공노비(시노비)로 재편되었다. 상당수의 공노비는 독자적으로 거주하면서 지방에서 신공身貢을 바침으로써 양인과 비슷한 생활을 영위하였다. 각종 천인 신분은 양인이 되거나 최소한 공노비로 바뀌었다. 이후에도 양인 확대 정책은 꾸준히 추진되었고, 시기별로 종모법-종부법 논쟁이 이어졌다.

고려시대 노비 제도에 대해서는 이견이 없지 않으나 통상 일천즉천一賤則賤으로 보는데, 조선 초기에 노비를 일괄 양인으로 선언하고 이후 양천교혼을 금지하면서 시대에 따라 종모-종부로 양인의 신분을 늘린 것이다. 그렇다면 노비 수는 감소되었다고 봐야지 증가할 수 없는 구조이다. 그런데도 이러한 역사적 사실을 너무나 무신경하게 다루고 있다.

특히 영조 연간에는 균역법 이후 공노비의 신공을 양인의 역가와 동일하게 만드는 조치가 취해졌다. 19세기에는 순조 원년(1801) 공노비를 폐지하였고, 고종 14년(1886) 노비의 세습을 금지하였으며, 갑오개혁(1894)으로 신분제를 해체하는 등 점진적인 폐지를 추진해왔다. 따라서 세계 최대 노예무역을 행하던 서양에서 오히려 조선을 노예제사회로 부르는 것은 언어도단이다.

그런데도 서구권에서는 정작 자신들도 19세기에나 신분제 해방을 이룩하였으면서 일방적인 기준을 15-18세기 조선에 마구잡이로 적용하여 비판하고 있다. 마치 문명과 야만의 경계를 가르는 듯한 이러한 일방적인 잣대는 서구 중심주의에 입각한 오리엔탈리즘에 불과하며, 앞에서 살펴보았듯이 실제 역사상과 전혀 부합하지 않는다. 오히려 조선과 같이 14세기부터 신분 해방을 조정에서 직접 추진한 국가는 세계적으로 존재하지 않을 것이다.

특히 뉴라이트는 양반 주인의 여노비 겁탈을 조선의 야만성을 증명하는 사례로 들고 있으나 이는 개별 사건을 일반화한 오류에 해당한다. 19-20세기 초 영국에 적용해보면 가정부(하녀)가 고용주 집안의 남자들로 인해 임신하여 해고당하는 사례가 상당수 보고되어 있다.[77] 특히 18-19세기 영국이나 프랑스에서 원치 않은 임신으로 버려진 아이들이 결국 성매매에 몰린 사례 등을 고려해볼 때,[78] 유럽 하층민 여성의 인권이 조선과 비교하여 대단히 우위를 점하였다고 보기는 어렵다. 뉴라이트가 조선시대 자료를 다루는 방식을 영국이나 프랑스에 그대로 적용하면 유럽이야말로 극도로 미개한 사회였다고 볼 수 있다.

더욱이 실록이나 기타 사법 자료에 성폭력 사건을 상세히 보고한 것은 조선이 야만적인 사회였기 때문이 아니라 재발 방지와 엄격한 처벌을 위해서였다. 현대 대한민국의 성폭력 사건 신고 수는 매년 폭증하는 경향을 보이고 있는데, 수치가 높은 것이 전혀 자랑스러운 일은 아니지만 성폭력 전문가의 의견은 주목할 만하다. 통계 수치의 증가를 실제 범죄의 자연 증가로 받아들이기는 어렵고, 이것은 우리를 포함한 선진국에서 공통으로 나타나는 현상으로 그동안 숨겨진 숫자가 비로소 드러나고 있다는 것이다. 곧 피해자가 신고하면 보호받을 수 있다는 신뢰가 형성되어 있고, 가해자에 대한 처벌이 보장되기 때문에 사건을 숨기지 않고 적극적으로 신고할 수 있는 것이다.

반면에 일본의 성폭력 신고 건수는 주요 선진국 내에서도 매우 낮은 순위를 점하는데, 여성 인권이나 성인지 감수성 자체가 보장되기 어렵기 때문이다.[79] 현대 일본 여성조차 한국이나 미국 기준으로는 전혀 보호받지 못하고 있는데 위안부(성노예)의 피해 상황을 이해할 수 있을 리 만무하다.[80]

통계의 함정은 최근에도 확인된다. 놀랍게도 2020년 세계에서 코로나19 전염병 확진자나 사망자의 폭발적 증가를 공개한 나라는 의료 체계가 상대적으로 발달한 나라에 속한다. 통계를 발표하지 못하는 나라들이 안전하다고 보기는 매우 어렵다. 전 세계 약 200여 개 국가 중 전염병을 제대로 검사할 능력조차 없는 곳이 태반이기 때문이다.

사실 조선의 기록에서 보이는 웬만큼 극단적인 사건도 현대 대한민국 사회에서 일어나는 범죄를 따라오지 못한다. 그런데도 뉴라이트는 실록의 기록을 야만 사회의 증거로 치부한다. 이는 식민사학자들이 좋아하던 문명화 담론이고 일본 제국이 조선을 문명화 시켜주었다는 식민지 근대화론에 불과하다.

뉴라이트는 종부법과 종모법을 이분법적으로 바라본다. 세종은 종모법을 만들어 노비를 늘린 나쁜 군주이고, 영조는 종부법을 만든 성군이라는 논리를 만들어냈다. 그러나 이러한 두 주장은 모두 옳지 않다.

세종이 노비를 늘리려고 했다는 주장은 가장 왜곡된 해석이다. 종부법은 절대선이고 종모법은 절대악이라는 전제 자체가 잘못된 것이다. 조선 초기는 양인 확보에 국력을 쏟아붓고 있던 때였다. 당시 조정에서는 양인 확대에 어떤 정책이 보다 적합할지를 놓고 열띤 논쟁이 벌어졌다. 양천교혼 양상을 보고 양인 아내(양녀良女)-천인 남편(천부賤夫)이 많은지 양인 남편(양부良夫)-천인 아내(천비賤婢)가 많은지를 끊임없이 검토하여 최종적으로 정책을 결정한 것이다. 14-18세기 양천교혼 소생의 신분은 종부법-종모법 사이를 계속해서 오가고 있었다. 세종이 종모법을 정해서 조선이 노비 왕국이 되었다는 주장은 거론할 가치도 없는 터무니없는 이야기이다. 종모법 자체도 양천교혼 시 어미가 양인인지 노비인지에 따라서 자식의 신분이 달라졌으므로 이 같은 일방적인 주장은 상식적으로 성립하기 어렵다.

영조의 노비 종부법설은 더욱 이해하기 어렵다. 뉴라이트는 실학을 좋아하고 정약용을 존경하여 정약용이 숭배한 영조까지 훌륭하게 보고 그 연장선상에서 정조를 싫어하는 경향이 있다. 이는 정조 연간에 출사한 정약용이 세종 연간의 황희黃喜(1363-1452)처럼 과로를 경험했기 때문이다. 그는 정조에게 극진한 우대를 받았으나 역설적으로 가장 가까이서 왕을 보필하여 단점도 잘 알고 있었다. 반대로 직접 보필한 경험이 없던 영조에 대해서는 찬양일색이었다. 그런데 개인차가 있긴 했지만 실제로 영조와 정조의 정책은 대체로 같은 흐름 속에 있었다. 경험해보지 못한 군주에 대한 환상이 더 컸을 뿐이다.

뉴라이트는 정약용이 좋아하는 영조가 종부법을 확립했다는 주장을 일삼는데 이는 사실이 아니다. 영조가 성군이긴 했지만 그렇다고 해서 정조가 암군이 되거나 정반대의 정책을 펼친 것은 아니다. 종모법과 종부법의 갈등은 이미 신왕조 개창 이후 300-400년간 지속된 문제였고 두 정책은 수차례 시행·폐지가 반복되었다. 그러나 뉴라이트는 특정 사료를 오독해서 주장하고 있으며, 이 같은 이분법적 관점은 역사를 이해하는 그들의 방식이 얼마나 편협한지를 보여주는 사례이다.

법전이나 연대기를 보면 긴 논의를 종식시키고 종모법을 확립한 군주가 바로 영조이다. 조선 후기사 전공자 중 그 누구도 영조의 종모법을 노비 확산 정책으로 보지 않는다. 오히려 이는 양인 확대 정책으로 이해된다. 종모법 시행은 당시 조정에서 양천교혼 사례를 검토해본 결과 양녀-천부의 비율이 높다고 판단했기 때문이다. 이 경우 종모법을 적용하면 양인이 느는 것은 당연하다. 따라서 종모법을 악의 축으로 이해하는 뉴라이트의 설명은 사실이 아니다. 뉴라이트의 전제가 성립하려면 여자 노비와 양인 남편의 혼인 비율이 양천교혼 사례 중 가장 많아야만 한다. 물론 그 비율을 확인하기는 어렵다. 그들은 검증이 불가능한 사례를 가지고 비판하는 것이다.

그렇다면 영조가 행한 종모법은 양인 확대 정책이고, 세종이 행한 종모법은 노비 확대 정책이었을까? 양천교혼의 비율을 정확히 알 수 없으므로 이에 명확히 답하기는 어렵다. 다만 연대기에 등장하는 논의 배경 등을 통해 유추해서 해석해볼 수는 있다. 노비는 정식으로 혼인하지 않고 일종의 자유연애에 해당하는 사통(간음)을 통해 아이를 출산하는 경우가 많았다. 종모법이 자주 거론되는 이유는 아이를 출산한 어미의 일방적 주장으로 아비가 가려졌기 때문이다. 특히 세종대 여자 노비가 자식을 양인으로 만들려고 여러 남자와 간음하여 정책을 악용한 사례가 적발되었다. 뉴라이트는 이를 확대 해석해서 '양인 인정 반대 → 노비 확산'으로 오독하는데, 이는 해당 불륜 사건을 지나치게 일반화한 것이다.

또한 세종대 이래 보충군(보충대)은 양인을 늘리는 정책인데 뉴라이트에서 정반대로 설명하는 것도 납득하기 어렵다. 이는 태조-세종대 연속된 양인 확대 정책의 사회적 흐름 속에서 이해해야 하는 대목이며, 특정 문구를 단장취의해서 해석하는 것은 옳지 않다. 더욱이 양인-노비 소생의 양인화 정책은 성종·중종대 수차례에 걸쳐 양반과 양인의 처첩 자손을 하나의 범주에서 검토하려는 '급양인及良人(급양민及良民)' 논쟁으로 이어졌다. 종모법의 성격이나 영향을 한 가지로 단정 짓기는 어렵다. 세종대 정책의 의미와 성종대 『경국대전』에 수록된 조문의 맥락, 중종대 『대전후속록』에 '급양인' 문구의 추가 취지가 모두 동일하다고 볼 수 없기 때문이다. 종모법이라는 조문은 『속대전』에서 다시 등장하지만 그 취지가 조선 전기와 같다고 보기도 어렵다.[81]

게다가 세종·성종·영조 연간 종모법은 단일한 원칙이 아니었다. 대원칙이 같았을 뿐이고, 양반 관료나 때로는 양인의 처첩 자손까지도 원칙이 적용되지 않는 경우가 많았다. 곧 이 정책은 중층적으로 운영되고 있었다. 18세기 종모법의 경우 양반가 서얼은 당연히 예외였고, 특수 직역에 종사하는 역리驛吏·역노驛奴도 예외로서 종부법이 적용되었다.[82] 그러므로 하나의 도식을 모든 혼인 사례에 대입하는 것은 역사적 맥락을 전혀 고려하지 않은 해석이다. 결국 종모법과 종부법은 해당 시기 남녀 신분 간 혼인 비율에 따라서 전혀 다른 결과를 도출하였다. 두 정책을 선과 악의 개념으로 구분 짓는 것 자체가 성립할 수 없는 논리인 것이다.

5. 고종-명성황후 비판과 세종-정조 폄하

일제강점기 조선총독부는 고종 암군설을 적극 부각한다. 심지어 근대사 전공자 역시 그러하다. 물론 망국의 군주에 대한 비판은 가능하다. 그러나 1920년대 조선총독부가 퍼뜨린 역사 공작(기억 조작)을 그대로 받아들이는 것은 곤란하다. 이는 대한제국이 일본 제국에게 패배했음에도 불구하고 백성들이 끝까지 고종의 장례식에서 만세 시위를 벌여 국체 보존을 꾀하고 독립운동을 전개했기 때문이다. 왕정의 신민은 황제에게만 만세를 부를 수 있었다. 곧 대한제국과 황제에 대한 추모가 독립운동의 발화점이었다.

그러나 이러한 역사적 배경은 우리의 기억에서 철저히 소거되었다. 일본 제국의 조선 왕실에 대한 공격이 고종 사후에 본격적으로 이루어졌기 때문이다. 조선총독부는 독립운동의 구심점이었던 왕정의 핵심 인물인 고종과 명성황후를 무능하고 부패하다는 명목으로 공격하고자 했다. 그런데 총독부의 일방적인 주장대로 고종이나 명성황후가 무능하거나 부패했다면 그들을 그토록 어렵게 제거할 필요가 없었을 것이다.[83] 여기서 우리는 백성의 원망을 망국의 군주에게 돌리고자 한 일본 제국의 의도를 읽어낼 수 있다.

우리가 국망의 책임을 물어 고종을 비판하는 것 자체는 전혀 문제가 없다. 그러나 적어도 비판의 방식은 우리가 선택한 것이어야 한다. 일본 제국주의가 그려준 식민지 교육의 청사진(도덕성 공격·무능력 비판)을 답습해서는 안 되는 것이다. 또한 구체적인 정부 정책에 대한 비판이 근거가 되어야 한다.

일본이 오늘날까지 한국에 취하고 있는 적반하장식 도덕성 공격은 용인해서는 안 된다. 콤플렉스에 시달리던 유럽이나 일본이 동양의 대륙 문화를 접할 때 자국의 불의한 현실을 이입해서 정반대로 설명하는 경우는 무수히 많았다(몽테스키외, 헤겔, 베버, 비트포겔 등). 심지어 최근 일본 온라인에서는 한국에 없는 엉터리 속담이 마치 한국의 것인 양 인용되고 있다. 예컨대 "거짓말도 100번 말하면 사실이 된다"[84]는 일본 사회의 단면을 보여주는 말인데, 자국 속담으로는 인정하기 싫었던 탓인지 한국에서 왔다고 설명하는 경우가 비일비재하다. 선진적인 것은 한반도 유래를 부정하여 중국 연원설로 변경하고, 부정적인 것은 자국 내 인습도 한반도 기원설로 둔갑시키는 것은 일본 우익의 흔한 관행이다. 최근에는 이 속담이 나치 괴벨스Paul Joseph Goebbels(1897-1945)의 발언을 번역했다거나 원문과 상당히 다르므로 기원이 다르다는 주장이 병존한다.[85] 어쨌든 나치 청산이 이루어진 독일에서 잘 쓰지 않는 발언을 현대 일본에서 속담으로 사용하고 있는 것이라면 이는 해당 사회의 병리 현상으로 보아야 할 것이다.

특히 일본 우익은 위안부 문제 등을 인정하고 싶지 않을 때 한국 측 주장을 오히려 거짓으로 몰고 가기 위해 이러한 괴상한 속담을 사용하는 듯하다.[86] 일본『아사히신문朝日新聞』의 위안부 보도는 증언의 신빙성 문제를 이유로 정권의 탄압을 받아 오보로 간주되었다. 일본 극우들은 이를 빌미로 위안부 자체를 부정하는 주장을 정당화해나갔다.[87] 이들은 한국이 거짓 역사를 만들어 일본의 이미지를 망치고 있다고 주장하며, 국내 뉴라이트까지 여기에 적극적으로 동참하고 있다.[88] 양측에서 '새로운 역사 교과서 운동'을 벌인 것은 결코 우연이 아니다.

무수한 거짓을 통해서 조선 침략을 정당화했던 일본 제국의 행태는 한결같기만 하다. 운요호사건(1875)[89]이나 경복궁 점령사건(1894)[90] 등은 우리가 기습을 당한 것인데 일본은 어쩔 수 없이 반격했다고 주장한다. 더욱이 한반도에 대한 열등감에서 비롯되어 기원을 올리려는 역사 조작도 적지 않다. 신공황후神功皇后 조작(8세기),[91] 고문서 위조(18-19세기),[92] 신대문자神代文字 한글 기원 조작(18-19세기),[93] 가짜 왜구설(20세기),[94] 후지무라 신이치藤村新一 구석기 유물 조작(2000),[95] 다니 슌제이谷俊成 청자 복원 사기(2000),[96] 야요이시대 청동창 조작(2002)[97] 등은 한결같이 일본에서 밝혀낸 사건이다. 이 외에 국내에서는 왜관점령 조작(1872),[98] 고려장高麗葬 사건(1882)도 제기되었다.[99] 극우의 준동에도 불구하고 다양한 분야에서 한국 기원설을 주장하는 상식적인 일본 연구자들도 적지 않다. 그러나 20세기 서양 세계는 일본의 거짓을 신뢰했고,[100] 21세기가 되었는데도 국내 극우들이 자발적으로 신친일파가 되어 동조하고 있다.

일본은 남한에 대해서는 국제법을 준수하지 않는 나라라고 지목하면서 거짓을 사실로 선전하고 있으며, 북한에 대해서는 납치 문제를 거론하면서 전후 배상 책임에서 벗어나는 카드로 사용하고 있다. 일본 뉴스에서는 이 두 가지를 이용하여 일본에 대한 국제사회의 비판을 숨긴 채 자국민에게 일본의 도덕적 우위를 세뇌시켜 전범국의 부채 의식을 잊어버리고 스스로를 선량한 일본인으로 인식하도록 조장하고 있다.

전자의 국제법 문제를 살펴보면 오히려 20세기 초부터 국제법을 위반하고 각종 불법 조약을 체결해온 국가는 일본이었다.[101] 그러나 일본은 대한민국 사법부의 판결에 대해 경제 보복을 취함으로써 민주국가의 삼권분립 자체를 부정하였다. 1999년 국제노동기구International Labour Organization는 일본 제국의 각종 조선인 동원을 강제 노동으로 판시하였고(협약 29호 위반) 지속적으로 일본 정부에 배상을 권고하고 있다.[102] 이를 받아들이지 않는 것은 일본 정부가 미국에 대한 원폭피해 개인 청구권을 인정하는 상황과 모순된다.[103] 또한 일본은 미군 포로 강제 노동에 대해서는 수차례 사과했을 뿐 아니라[104] 중국에게는 국가 차원 외에도 개인 청구권을 인정하여 강제 노동에 대해서 지속적으로 배상하였다.[105]

후자의 경우 최근 몇 년 동안 북한이 납치했다고 알려진 일본 사람들이 자국 내에서 발견되는 어처구니없는 사건이 심심찮게 보고되고 있다.[106] 이는 실종자를 일방적으로 납치 피해자 통계로 집계한 일본 정부의 행태 때문이다. 2019년 기준 일본 통계에서 해외 출국 기록이 있는 경우는 17명에 불과하며 출국 기록이 없는 경우는 883명(특정 실종자)에 달한다. 일부 인원이 납치되었을 가능성을 완전히 배제할 수 없다고 하더라도,[107] '국내 행방 불명자=납치 피해자'로 처리하는 것은 상식 밖의 일이다. 북한과 육지로 이어져 있는 남한에서조차 이렇게 통계를 잡지는 않는다. 게다가 과거 일본 제국의 조선인 강제 동원 기록은 약 782만 명에 달하는데 이는 당시 조선 인구의 1/4에 해당하는 숫자이다.[108] 사람의 생명을 숫자로 비교할 수는 없으나 십여 명의 납치 피해 추정자에 대한 문제를 제기한다면 그보다 수백만 배에 달하는 사람의 인권침해는 어떻게 없었던 사실로 치부할 수 있는지 의문이다.

나아가 일본은 무수한 기록이 남아 있는 제암리학살사건(1919), 강계학살사건(1919), 간도참변(1920), 관동대학살(1923), 731부대 생체 실험(1936-1945), 남경대학살(1937) 등은 모두 부정하고 있다. 최근에도 일본은 조선인 강제 노동 장소인 '군함도軍艦島'를 유네스코 근대산업시설(2015)로 등재하였고, 오히려 한국이 가짜 뉴스를 퍼뜨려 군함도를 지옥 섬으로 매도한다고 주장하고 있다.[109] 이러한 일관된 입장은 경이롭기까지 하다.

유럽에서는 매년 여름이면 제2차 세계대전 종전과 관련하여 전혀 상반되는 뉴스가 차례로 보도된다. 독일은 항상 전범국의 과거를 사죄하는 국가로 표현되며, 일본은 늘 히로시마 원폭의 피해자로 규정된다. 일본은 실제 히로시마를 방문하는 미국인들이 가해자로서 충분히 죄책감을 느낄 수 있도록 박물관 전시를 구성해놓았다. 물론 전 인류 차원에서 원폭을 정당화할 수는 없다. 그러나 전시를 보면 왜 연합국이 일본 제국을 상대로 전쟁을 치러야 했는지에 대해서는 아무런 설명이 없다. 일본 제국은 전쟁의 주축국이자 명백한 침략 국가였고, 세계는 연합국의 대반격을 통해서 평화를 맞이한 것이다. 그런데도 이러한 가해자-피해자 역할 바꾸기는 '반전주의'라는 미명하에 현재까지도 이어지고 있다. 우리나라가 「샌프란시스코 평화조약」의 초안을 작성하는 단계까지 연합국의 승전국 일원으로 인정받았던 사실을 아는 사람들은 많지 않다.[110] 이는 수많은 피를 흘린 무장 독립운동의 성과였다. 미국은 진주만 기습을 단죄하여 일본을 농업 국가로 되돌리려는 계획을 수립했다. 6.25전쟁 중에 조약이 체결되지 않았다면 외교적 농간이 끼어들 틈은 없었을 것이다. 이 전쟁의 최대 수혜자는 일본이었으며 이후 면죄부를 받고 서방세계의 일원으로 복귀하였다.

심지어 요코 가와시마 왓킨스Yoko Kawashima Watkins의 『요코 이야기竹林はるか遠く－日本人少女ヨーコの戦争体験記』(1986)가 전쟁 기억의 재검토를 내세우면서 다양한 시각을 보여준다는 명목하에 출간되었다. 그러나 실상은 가해자와 피해자를 바꾸어 묘사하였는데 미국 내 청소년 권장 도서로 채택되면서 역사 조작으로 인해 상당한 문제가 되었다.[111] 이 책은 일본의 위안부 문제는 외면한 채 역으로

식민지 조선인이 지배국이었던 일본인 부녀자를 성폭행했다고 주장한다. 심지어 미군 폭격이나 북한 민병대의 위험을 묘사하고 있는데, 사실 이는 모두 당시에는 존재하지도 않았다.[112] 더욱이 책에 나오는 위험천만한 귀국 과정은 생체 실험까지 자행한 731부대와 그 가족의 한반도 경유 철수 기록과 비교하면 경로가 유사한데, 소설과 달리 그들은 모두 일본군의 보호하에 안전하게 철수를 마쳤다.[113] 따라서 패망 후 도망하는 과정을 불행한 기억으로 묘사하면서 일본인을 전쟁 피해자로 둔갑시킨 행위는 소설이라는 틀 뒤에서 숨어서 역사를 왜곡한 것이다. 그런데도 이 책이 미국 사회에 폭넓게 전파된 것은 전쟁 반성이라는 일반론에 기반한 시민 의식을 자극했기 때문이다. 또한 미국이 혐오스러운 전범국을 냉전 체제하 반공의 동반자로 재규정하는 과정에서 행한 '일본의 선한 이미지 만들기'가 극단적으로 파생시킨 모순된 결과였다.[114]

최근에 국내에서도 해방 후 만주에서 곤경에 처한 일본인 위안부를 주인공으로 하는 희곡 대본이 만들어져 공연되었다.[115] 이 작품은 시민사회와 평단의 극찬을 받으며 광복을 기념하는 취지에서 연극과 오페라로 여러 차례 공연되었다. 우리 안의 혐오 정서를 극복하자는 대의명분을 내세우고 있는 작품이다. 작가의 진보적인 시각은 경탄해 마지 않는다. 그러나 일본어를 구사하는 여주인공이 연기나 노래를 잘하면 잘할수록 일본인은 더욱더 약자로 묘사된다. 정작 전쟁을 일으킨 나라의 사람을 전쟁과 전혀 무관한 존재로 그리고 모두가 다 같은 약자일 뿐이며, 오히려 일본인이 패전 후 적대국 사람들의 따가운 시선 때문에 더 불안한 삶을 겪을 수도 있으니 여기에 공감해보자는 것이다.

이른바 '역사 수정주의'가 도입된 것은 2000년 초반 뉴라이트를 중심으로 유럽의 '기억 담론'이 최신 이론으로 포장되어 수입된 탓이다. 이때는 무엇이든 새로운 관점이면 환호를 받는 상황이었다. 앞서 설명하였듯이 뉴라이트는 대체로 문제를 타자화하거나 상대화하면서 그것이 객관적 평가라고 주장한다. 그러한 주장은 19세기부터 제국주의 국가들의 사회과학에서 진보적 관점이라는 외피를 쓰고 등장하였고, 오늘날 제국주의 국가의 만행을 '근대의 보편적 현상'이라고 합리화해나가는 데 쓰이고 있다.[116]

아직도 전범국은 전쟁범죄에 대한 어떠한 반성이나 사죄도 하지 않고 있을 뿐 아니라[117] 역사 날조를 버젓이 자행하고 있다. 심지어 위안부 피해자는 여전히 일본 정치인들로부터 '매춘부'로 불리고 있다. 위안부는 강제 동원이나 성적 학대를 넘어서 학살되어 인육까지 일본군 식량으로 사용되었다.[118] 그런데도 앞서 언급한 공연의 경우처럼 우리나라에서는 만에 하나 있을지도 모르는 상황을 굳이 가정해서 일본인을 '사회적 약자'로 내세우고 누구나 피해자와 가해자가 될 수 있다고 묘사하면서 이제 전쟁기 혐오와 배제를 넘어서야 한다고 주장한다. 명제 자체는 옳지만 시대적 맥락을 전혀 고려하지 않은 적용이다. 아직 과거에 심판받지도 않은 '절대악'을 두고 미래에 일어날지도 모르는 '상대적 불의'까지 예상해서 지적하는 태도를 '진보적 가치'라고 하기는 어렵다. 새롭거나 다른 시선이기만 하면 높게 평가받을 수 있는 것일까? 이 관점에서는 침략전쟁의 발발과 식민지의 탄생에 대한 책임 소재는 전혀 고려되지 않는다.

이는 앞서 소개한 미국의 사건과 대단히 유사해 보인다. 당시 요코의 소설은 중국에서 금서였고 심지어 일본에서마저 출판이 거절되었음에도 불구하고 국내에서는 '다양한 시각'이라는 논리가 동원되어 번역 출간되었다.[119] 한쪽은 실제 일어난 역사적 사건조차 부정하고 있는데, 다른 한쪽은 가공의 희곡 인물에 감정이입까지 하여 우리 속에 내재한 혐오를 반성하려고 한다. 뉴라이트가 광범위한 역사 수정주의를 외치고 있는 상황에서 이것이 현재 우리가 보장해야 하는 '창작의 자유'인지는 알기 어렵다. 더욱이 전쟁범죄에 대한 단죄를 받고 수없이 사과를 하고 있는 독일에서조차 받아들여지지 않는 역사관이 왜 침략을 당한 우리나라에서만 '진보적 관점'으로서 허용되는 것일까? 이것은 바로 식민지 잔재에 대한 청산이 제대로 이루어지지 못하였기 때문이다. 우리나라의 극우와 진보는 서로 다른 방식으로 제국주의적 시각을 은연중에 대변하고 있는 듯하다.

타국의 왕궁을 두 차례(1894·1904)나 점령하고 왕후를 시해한 것(1895)은 일본 제국이었다. 두 차례(1882 임오군란·1884 갑신정변)나 분노한 조선 백성으로 인해 공사관이 화재로 소실되었다고 주장하면서 당당히 배상을 요구했다. 하지만 2차 방화는 일본 공사관 직원의 소행임이 목격되었기에 소기의 목적을 이루지 못했다.[120] 이 때문에 조선은 「제물포조약」(1882)에서 55만 원(민간 5만 원, 공사관 50만 원)을 배상하였으나, 「한성조약」(1884)에서는 실제 공사비만 인정받아 13만 원(민간 11만 원, 공사관 2만 원)을 배상하는 것으로 합의하였다. 하지만 『대한계년사大韓季年史』는 1차 방화 시에도 스스로 불을 지르고 도망갔다고 기록하였다.[121] 스스로 방화하고도 배상을 요구하는 파렴치한 일을 아무 거리낌 없이 자행한 것이다. 심지어 일본 제국이 사주하여 일으킨 갑신정변에 대해서도 조선에게 배상을 요구하며 스스로 피해자를 자처했다. 마치 제2차 세계대전 이후 일본이 전범국의 흔적을 지우고 원폭의 피해자를 자처하는 것과 동일한 양상이었다. 일본 제국은 고종 전반부터 제일은행을 통해서 소액의 차관을 제공하면서 그보다 몇십 배에 달하는 거액의 수입을 보장하는 관세 업무를 가져갔다. 자본주의가 발전하지 못했던 일본제국은 한국 관세권과 소액 대출로 자본을 축적해 나갔다. 곧 자국의 적자를 메꾸기 위해 이웃 나라를 약탈한 것이다. 고종 후반 국채보상운동의 시발이 되었던 채권조차 일본 제국 주도의 화폐개혁과 강제 차관으로 만들어진 적자재정이었다.[122] 이는 대한제국이 광무개혁을 통해 달성한 흑자재정을 단기간에 적자로 만들어버렸다. 국민적 열의를 보였던 국채보상운동은 지휘부를 횡령범으로 몰아 좌절시켰고, 일본 제국이 도입한 대규모 차관은 마치 무능한 조정과 왕실의 사치의 결과처럼 선전하는 데 쓰였다. 일본 제국은 오래전부터 '이익선利益線'이라는 관점에서 침략을 기획하고 국제 전쟁을 일으켰다.[123]

그런데도 일본 제국은 도리어 그 책임의 화살을 조선의 왕실이나 백성에게 돌렸다. 이것은 명백한 모순이다. 일본 제국이 설명한 대로 명성황후가 사치스럽고 부패한 왕후라면 굳이 왕궁까지 침탈하면서 시해할 필요가 있었겠는가? 그렇게 한 이유는 왕후의 외교 정책이 일본 제국에 가장 큰 걸림돌이 되었기 때문이다. 고종이 그토록 무능한 암군이었다면 어째서 강제병합까지 한 마당에 독살을 감행했겠는가? 이는 고종이 끝까지 일제에 저항했기 때문이다. 그토록 부패한 정권이었다면 일본 제국이 나서서 '재정 개혁'이라는 미명하에 재정을 약탈할 여력이 있었겠는가? 백성의 반일 감정이 두려웠으므로 분노의 방향을 왕실로 돌린 것이다.[124]

물론 왕정이 보다 유능했다면 망국에 이르지 않았겠으나, 적어도 일본 제국이 조선을 식민지화하는 데 가장 걸림돌이 된 인물이 국왕과 왕후였다는 사실에는 변함이 없다. 고종의 장례식을 계기로 3.1운동까지 일어나자 왕정의 이미지에 치명타를 입힐 목적으로 1920년대부터 도덕성 공격에 집중한 것이다.

그럼에도 뉴라이트는 이러한 총독부의 관점을 충실히 계승하여 고종과 개화관료의 무능을 '감성적'으로 드러내기 위한 다양한 장치를 만들어냈다. 하지만 이러한 비판은 메이지 일본에도 그대로 적용해볼 수 있다. 개항기 전통적 지식인이 신문물을 받아들이던 상황에서 그들은 항상 유교적 수사를 전반부에 내세우고 새로운 개화 정책은 후반부에 구체적으로 제시하여 발언하기 마련이었다. 그런데 고종대 국왕 및 관료의 그러한 발언은 앞부분만 잘라 와 시대에 뒤쳐진 '유교적 도덕 군주'였다고 평하였으나[125] 메이지 연간 천황 및 관료의 유사한 발언은 뒷부분만 따와서 근대성을 강조한다. 이것을 동일한 잣대를 적용한 비교라고 할 수 있을까? 양국에서 모두 유교적 수사를 썼는데 조선인만 미개하다거나 변화를 모르는 도덕주의자라고 평하는 것은 언어도단이다.

불행히도 많은 근대사 전공자가 '조선 망국론'의 기본 입장을 계승하고 있다. 일본의 근대사 전공자들이 메이지 일본을 강력히 비판하는 데 비해 오히려 한국의 근대사 전공자들은 조선 왕실을 '구체제'로 맹비난한다. 둘은 일견 공통적인 구체제론에 입각한 입장인 듯하지만 한국 학자들의 상세한 비판 내용이 일본 제국의 논거와 중첩되는 부분이 많기 때문에 현대 일본 역사학자들은 때때로 당황해한다. 이는 앞에서도 강조하였듯이 일제강점기 비판적 지식인들이 자성의 차원에서 왕정 체제를 비판적으로 바라보고, 일본 제국이 이러한 관점을 식민지 교육에 악용하면서 벌어진 현상이다. 양자는 악순환의 고리로 연결되고 말았다.

이러한 성토에서 가장 많이 언급되는 것은 조선 왕실의 예산에 대한 비난이다. 물론 원론적으로는 비판할 수 있다고 본다. 하지만 현대 일본이나 영국 왕실에 동일한 기준을 적용해도 같은 비판이 가능하다는 점을 상기해볼 필요가 있다. 왕정 체제에 대한 기본적인 이해가 없는 '비판을 위한 비판'이나 '공화정의 잣대로 왕정을 재단하는 방식'은 재고가 필요하다.

특히 가장 많이 언급되는 것은 황현黃炫(1855-1910)의 『매천야록梅泉野錄』에 실린 각종 악성 소문(명성황후 및 민씨 일가 비판)이다. 그런데 이는 정확한 정보에 기반한 서술이라기보다는 향촌 사족의 울분에 지나지 않으며 그 내용도 한두 줄에 그칠 정도로 소략하다. 정교鄭喬(1856-1925)의 『대한계년사』 역시 독립협회의 입장에서 서술함으로써 입헌군주제의 시각에서 반대 정파(보부상 및 이용익李容翊 등)를 가혹하게 묘사하고 있다. 오직 박은식의 『한국통사』 정도만 나름대로 가치중립적인 입장에서 시대상을 비판하고 일본 제국 침략사를 체계적으로 서술하였다. 그런데도 '구체제' 비판에는 특정한 서적만이 즐겨 인용되고 있다. 마치 『당의통략』은 소론의 시각에 불과하고 『연려실기술』은 서인의 시각을 반영하고 있는데도 그러한 정파성은 간과된 채 객관적인 역사서로 간주된 것과 유사하다.

그렇다고 해서 고종 연간을 일방적으로 미화하자는 것은 아니다. 망국에 대한 책임이 있는 것은 불변의 사실이다. 다만 이념에 따른 관념적인 '구체제' 비판을 넘어서, 최소한 정확한 사실에 기초하여 공정한 잣대를 가지고 우리 근대사를 포폄할 필요가 있다는 것이다. 일본 제국주의 사고 구조에서 벗어나 제대로 된 우리식의 성찰과 비판이 간절한 시점이다.[126]

다음으로 조선의 성군에 대한 집중적인 공격을 살펴볼 필요가 있다. 뉴라이트가 조선시대를 부정하는 데 가장 걸림돌이 되는 인물이 바로 조선 전기 세종과 조선 후기 정조이다. 그러한 만행은 일본 제국조차도 감히 시도하지 못했던 일이다. 일반적으로 대중매체는 두 군주를 성웅聖雄으로 떠받들며 개혁의 상징으로 기억하고자 하기 때문이다. 그런데 뉴라이트는 이러한 대표적인 개혁군

주를 끌어내려서 조선을 정체된 사회로 묘사하고 식민지 근대화론을 합리화하려고 한다.[127]

세종과 정조는 모두 신성한 인격자나 완벽한 영웅은 아니었으며, 잦은 실수와 실패를 거듭하였다. 그럼에도 전반적인 업적을 보면 매우 훌륭한 군주이다. 있는 그대로 그들을 보아도 평가는 나쁘지 않은데, 굳이 없는 사실까지 왜곡하여 평가를 높이거나 낮추려 하는 것은 문제이다. 양자는 대표적인 목적론적 역사학의 산물이다. 그나마 대중매체의 행동은 역사학의 성과를 바탕으로 한 창작의 영역으로 볼 수도 있으나, 사회과학을 참칭하는 이들의 해괴한 사료 읽기는 납득하기 어렵다.

군주의 장단점을 따지는 것 자체가 문제가 되지는 않는다. 그러나 문제는 뉴라이트가 발굴해낸 단점이 제대로 된 비평이나 비판이 아니라 아예 사실이 아니기 때문이다. 대개는 사료 해석을 잘못해서 발생하는 극히 초보적인 오류에 속한다. 수백 년어치의 사료를 통독하지도 않고 특정 문구를 일부만 발췌하여 맥락을 전혀 다르게 설명하는 식이다. 따라서 자연히 개념 이해도 완전히 틀린 경우가 대부분이다. 우리는 '다른 것[異]'과 '틀린 것[非]'을 구분해야 한다. 사료 읽기 훈련이 전혀 되어 있지 않은 상태에서 보고 싶은 것만 보거나 말하고 싶은 것만 말한다면 그것을 사회과학도가 주장하는 '객관적 학문'으로 볼 수 있을지 의문이다.

전술한 세종에 이어서 정조에 대한 공격도 다양하게 가해지고 있다. 정조를 복고주의자로 설정하여 그가 개혁에 철저하지 못했다거나 결국 망국으로 이어지는 계기를 제공했다고 평하는 것은 대단히 문제가 있다. 특히 '문체반정文體反正'에 대해서는 역사적 맥락을 거의 도외시한 해석이 행해지고 있다. 해당 사건은 남인이 서학으로 공격을 받고 있던 시절에 균형을 맞추기 위해서 노론 자제의 패관문학을 경계하도록 한 조치에 불과했다. 국왕 자신이 바로 북학파의 영수로서 신료들을 육성했는데, 정조를 수구주의자라고 비판하는 것은 역사적 사실에 전혀 부합하지 않는 주장이다. 유럽에서 그리스·로마 정신을 외치면 르네상스 인문주의자라고 높이 평가하면서 중국이나 조선에서 고전古典의 정신을 언급하면 수구주의자로 낙인찍는 것은 옳지 않다.

더욱이 기독교 박해의 원인도 검토가 필요하다. 16세기에 중국이나 일본에 들어온 초기 기독교가 현지 문화를 존중하고 친정부적 성향을 견지하는 태도를 보인 것과 달리, 18세기에 조선에 유입된 천주교(가톨릭)는 현지 문화를 배격하고 근본주의를 주창하고 있었다는 점도 간과되고 있다. 유럽에서 종교개혁으로 구파가 수세에 몰렸을 때는 예수회의 현지 적응을 장려했으나 유럽에서 종교전쟁이 일단락되고 명청 교체기에도 생존할 정도로 중국 내 예수회의 위상이 공고해지자 후발 선교 그룹의 경쟁의식과 교황의 견제로 인해 선교 정책이 원리주의로 전환되었다. 이에 천주교는 각국 정부로부터 탄압받기에 이르렀다. 불행히도 이러한 교리 전환 이후 조선에 천주교가 들어왔다.[128] 그래서 유럽에서도 절대왕정이 절정기에 달하여 왕권을 부정하기 어려운데도 동북아시아에서 극단적인 해석을 채택하여 조정의 배척을 받게 된 것이다. 실제로 고종 친정 이후 개신교는 왕실의 지원에 힘입어 적극적인 선교 활동을 펼쳤는데, 이는 조선의 야만성보다는 현지 적응에 임하는 외래 종교의 태도가 선교 활동에 더 큰 영향을 미쳤음을 보여준다.

아울러 18세기 대동-균역 등의 부세 개혁이 미진하여 19세기 삼정문란三政紊亂이 빚어졌다는 비판도 무리한 주장이다. 수세기에 걸친 세제 개혁은 백성의 부담을 덜어주고 국고를 부유하게 만들었다. 그뿐만 아니라 새로운 세제가 최소 1세기 이상 정상적으로 작동하였다면 후대에 일어나는 폐단은 후대 사람이 책임져야 할 몫이다. 어째서 모든 책임을 110년 전에 홍거한 정조에게 돌리고, 19세기를 살아간 사람들에게는 아무런 책임이 없다고 보는 것인가? 이 같은 주장은 탁상공론에 불과하다. 안확의 지적처럼 19세기 세도정치기의 문제는 위정자의 실책뿐 아니라 백성의 타락 역시 함께 비판받아야 한다.[129] 세상의 모든 왕조는 멸망한다. 일본 제국과 대적했던 러시아(1차 혁명 1905, 2차 혁명 1917), 대한제국(1910), 청(1911) 등이 모두 차례로 붕괴되었는데 유독 우리나라에만 가혹한 잣대를 들이댄다. 러시아·청과 차이는 외세 침탈의 정도에 따라 각국의 공화정 이행이 가능했다는 점이다. 따라서 이 같은 비이성적인 비판은 반드시 극복해야 한다.

6. 공화주의의 환상과 가산국가의 상상

더욱이 공화주의에 대한 환상이 존재한다. 이것은 유럽이 일본 제국에 끼친 영향이자 일본 공사관이 끊임없이 조선 지식인에게 불어넣고자 한 것이다. 하지만 정작 일본 제국은 공화정을 시행한 적이 없었으며, 19세기 말 기준 공화정이었던 나라는 세계적으로 몇 개국이 되지 않았다. 프랑스는 혁명을 강조했음에도 불구하고 19세기의 상당 기간 동안 제정(제1제정 1804-1815, 제2제정 1851-1870)으로 돌아가기를 반복했다. 프랑스는 역설적으로 제정 시기에 제국주의 열강으로 도약하였다. 실제로 고종 후반대 힘 있던 공화정은 미국이나 프랑스 정도에 불과하였고, 유럽은 대부분 군주제 국가였다.

그런데도 일본 공사관은 끊임없이 고종에게 반기를 들도록 청년 지식인들을 부추겼다. 갑신정변(1884)을 사주하고 만민공동회에 친일 분자(안경수)를 침투시켜 공화 운동을 전개하였는데, 이러한 분위기에 이용된 젊은이가 바로 이승만이었다. 보빙사(1883)로 미국에 간 인물들 중 절반은 유럽을 순방하였고 나머지 절반은 미국에 잔류했는데, 유럽의 군주제를 보지 못하고 미국의 공화정만 경험한 이들이 갑신정변을 일으켰다. 일본은 스스로도 실현하지 못한 공화 의식을 우리 지식인들에게 주입했다. 반면에 강제병합 이후로는 오히려 공화 의식을 박멸하기 위해 사상 탄압을 계속 옥죄어나갔다. 냉정히 현실을 바라보면 일본은 현재까지도 공화정을 세운 적이 없으며 왕국이라는 형태로 '정지된 시간' 속에 살고 있다.

우리는 그동안 일본을 통해서 '유럽'을 인식해왔다. 이러한 인식에서 서양은 전형적인 제국주의 국가로 미화해왔고, 동양은 오리엔탈리즘이라는 색안경을 끼고 평가절하해왔다. 물론 실제로는 동서 교역에서 소외되었던 가난한 대서양 연안 국가들이 지구를 반바퀴나 돈 모험 끝에 비로소 간신히 부를 축적한 이례적인 사례였을 뿐이다. 이러한 서유럽 국가의 성공담이 영국이 만든 '세계사' 체계이다. 그러나 영국조차 19세기 중반 아편전쟁을 일으키기 전까지 중국과 무역에서 적자를 해소할 수 없었다. 아프리카를 반분했던 프랑스와 영국은 자신들의 경험을 성공으로 포장하여 국내외에 세뇌시켜나갔고, 영일동맹을 체결한 일본은 스스로 이를 따라 할 수 있을 것으로 보았다. 서유럽이 아프리카나 아메리카를 대하듯 일본은 아시아 국가를 대하였다.

하지만 앞에서 언급했듯이 유럽 내에서 중국(아시아)의 이미지가 하락하게 된 대세 반전의 시기는 19세기 후반이다. 독일 지역에서 서유럽을 닮고 싶은 열망으로 얄궂게도 중국을 정반대 모델로 설정한 것이다. 불과 17-18세기까지 서유럽에서 동경하던 국가가 다름 아닌 '이성적인 중국(명)'이었다는 사실은 실소를 금치 못할 일이다.

앞서 살펴보았듯이 당시 유럽 각국은 게르만족의 상속법을 따르고 있었고, 여기에는 나라라는 개념보다는 가문과 그에 딸린 영토 및 신민이라는 개념이 일반적이었다. 이것을 '가산국가'라고 부른다. 유럽 왕실 간 혼인은 자연히 상속을 복잡하게 만들었고, 군사력이 있는 자는 누구라도 상속권을 주장할 수 있었다. 한두 사람을 건너면 대체로 모든 유럽 왕실이 혼인으로 연결되었기 때문이다. 이것이 수백 년간 영토 획득 전쟁이 벌어진 이유였고, 이에 가난한 유럽 왕실들을 상대로 군비를 빌려주는 민간 사채업자가 금융 산업을 발전시켜나갔다. 영국은 최근(2015) 제1차 세계대전의 국채를 갚았으나 아직도 나폴레옹전쟁(1797-1815)이나 크림전쟁(1853) 등의 국채를 남겨두고 있을 정도이다.[130]

문제는 이렇게 되면 상대적으로 국경이라는 개념이 설정되기 어렵다는 것이다. 이것이 유럽에서 민족·국민·국가의 개념이 근대(혹은 근세)에 등장한다고 보는 이유이다. 절대왕정 단위로 중앙집권화의 구심점이 만들어지긴 했으나 영국과 프랑스도 14세기 말에나 분리될 수 있었다. 스페인의 성립과 포르투갈의 분리도 비슷한 시기에 이루어졌으며 이후 분리와 통합이 반복되었다. 네덜란드의 독립은 17세기의 산물이었고, 독일이나 이탈리아의 통일국가 탄생은 19세기였으며, 아일랜드의 독립은 20세기 아일랜드독립전쟁(1919-1921)의 결과물이었다. 이는 왕실 간 제한전쟁의 개념이 지속되었다는 뜻이다. 즉 직업군인과 농민이 분리되어 들판에서는 농사를 짓고 있는데 성곽에서는 공성전이 일어날 수 있는 것이 유럽 전쟁 국가의 모습이었다. 그랬기에 유럽인에게 국민국가(민족국가)는 근대적인 것일 수밖에 없었다.

일본 역시 전국시대까지 이러한 일상이 지속되었다. 일본이 총력전에 나선 것은 아무리 빨리 잡아도 정유재란(1597)부터로 추정되고 실제로는 메이지 연간으로 보는 것이 일반적이다. 유럽은 지역에 따라 제1차 혹은 제2차 세계대전부터로 보인다. 물론 동북아시아 국가에서 총력전은 일상이었다. 부병제(국민개병제)가 실시되고 있는 나라에서 군민이 일체가 되어 싸우는 것은 상식이었다. 그래서 국민국가가 근대의 산물이라는 유럽 학자들의 발언을 가장 납득하지 못하는 나라도 아시아 국가들이다. 그러한 설명은 유럽에서나 성립 가능한 것이고, 세계사에 일괄적으로 적용하기에는 부적절하다.

어쨌든 게르만족의 가산국가는 영토와 신민이 혼인이나 사망 등을 통해서 상속되는 구조였다. 19세기 유럽 각국은 이것을 문제로 보았다. 국가의 영토를 일시에 변경시키기 때문이다. 합스부르크 가문은 오스트리아를 기점으로 신성로마제국을 지배했고, 스페인을 기점으로 네덜란드·부르고뉴 일대를 포함하여 아메리카까지 장악했다. 그러나 상속 문제로 신성로마제국(오스트리아)과 스페인이 분리되었다. 또 스페인은 혼인과 상속으로 인해 오스트리아 가문에서 프랑스 부르봉 가문으로 주인이 바뀌어버렸다. 스페인-독일에서 스페인-프랑스로 통치 지역이 급격히 바뀐 것이다. 물론 국가별 군주(왕위)는 별도의 문제였다. 이른바 왕실 간 상속 전쟁은 한 해도 끊이지 않았다. 이에 각 왕실은 게르만 전통법을 폐지하기에 이르렀는데, 그것이 바로 19세기 중반의 산물이었다. 비로소 근대에 '국가'다운 형태의 체제가 유럽에 들어선 것이다.

그런데 문제는 앞에서 여러 번 언급하였듯이 낙후한 독일 지역의 학자들이 애꿎은 중국을 자국의 비참한 현실과 비교하여 성토의 대상으로 삼았다는 사실이다. 헤겔은 '폭압적인 중국(청)'을 반면교사로 묘사하면서 자유의지가 있는 통일국가, 정의로운 법치국가를 제창했고, 베버는 중국 황제가 권력을 행사해 국가와 관료를 사적인 재산처럼 치부했다고 주장하면서 이를 가산관료제라고 칭했다. 하지만 실상은 게르만 전통법에 기반한 유럽 왕실의 가산국가를 가리키는 것이었다. 곧 독일은 근대국가를 만드는 과정에서 자국의 악습을 모두 중국의 것처럼 묘사한 것이다. 실제로 베버는 칼럼에서 독일 제1제국의 관료들이 구귀족에게 희롱당하는 모습을 비판하면서 그것이 근대국가의 통치 체계에 맞지 않는다고 평했다. 이는 그가 설정한 중국 모델이 사실 독일제국을 가리키는 것임을 알 수 있다. 17세기 명예혁명 당시 몽테스키외는 프랑스 왕정의 무능력함을 중국을 끌어와서 비판했다. 현실 정치를 아시아의 먼 나라에 빗댄 것이다. 비트포겔 역시 베버를 이어받아 거란의 정복 왕조 개념을 중국의 기본 성격으로 제시하여 폭압적인 전제정치로 묘사했다. 그가 나치를 피해서 미국으로 탈출한 자유주의의 대표적인 인물이라는 점을 감안하면 그의 오리엔탈리즘은 독일에서 벌어진 현실을 반영한 듯하다.

이렇듯 가산국가라는 개념 자체가 유럽 게르만족의 고유문화인데, 베버가 미국 사회과학의 아버지로 자리매김하자 그가 중국을 가산관료제로 설명한 방식이 국내에서도 금과옥조로 쓰이고 있다. 마치 가산국가·가산관료제가 중국·조선의 전통인 것처럼 사실이 왜곡된 것이다.

특히 뉴라이트는 이러한 개념을 이용하여 조선을 가산국가로 설명한다. 이것은 베버의 가산관료제가 무엇 때문에 도출됐는지 그 연원을 전혀 모르기 때문이다. 그러나 중국이나 한국은 유럽 왕실처럼 혼인과 상속을 통해 영토나 신민을 양도한 적이 전혀 없다. 근본적인 개념의 고찰 없이 왕정사회를 비판하기 위해 굴절된 근대 독일-미국 이론을 들여와서 오용하고 있는 것이다.

더욱이 영국은 소유권 절대의 원칙을 의회가 보장하는 법치주의 사회였다고 전제하면서, 동양은 이러한 의회나 법 규정이 없으므로 야만 사회로 규정했다. 하지만 이것은 서구 절대왕정의 폭력성과 무법성 때문에 빚어진 것이다. 이에 왕권을 제약하고 사적 소유권을 보호하는 데 의회가 앞장서게 된 것이다. 불합리한 왕정의 전횡에서 생긴 왕권의 제약이나 민법 규정을 마치 세계 표준처럼 제시하는 것은 이상한 주장이다. 이 같은 주장은 제왕이 법을 무시하고 재산을 강탈하거나 세금을 함부로 거두어야 가능한데, 동양 사회에서 과연 그러한 군주가 얼마나 있었는가? 그러한 폭군은 역성혁명의 대상이었다.

오히려 게르만족의 가산국가 전통 속에서 끊임없이 영토와 신민을 놓고 전쟁을 벌여야 왕실이 유지되었고, 그것을 위해서 세금을 걷으며 사유재산을 제한하던 야만적인 왕실을 경험한 유럽의 현실이 비정상적이었다. 서양은 법치주의 전통이 일천하여 17세기 영국이나 19세기 독일이 비로소 규정을 만들어보고자 했다. 따라서 수천 년의 법치 전통을 지닌 동양 사회에 같은 기준을 들이대는 것 자체가 부당한 일이다. 그런데도 제국주의 열강이 결과적으로는 승자였기에 그들의 기준으로 동양 사회를 마음대로 재단하는 일이 지난 1세기 이상 횡행하였다. 우리는 오랫동안 유럽이 걸어온 길이 아니면 모두 잘못되었다는 이상한 전제를 놓고 전통 사회를 재단하려고 했다.

이 같은 비판은 왕실 재정과 국가재정의 경계에 대한 문제 제기와 연동되어 있다. 하지만 조선시대 왕실 예산과 국가 예산의 구분 사례를 살펴보면 이러한 논쟁 자체가 무의미하다.[131] 이것은 메이지 연간 일본 내 궁중宮中-내각內閣 구분 문제를 그대로 조선에 전이시켜,[132] 조선의 군주권을 제한하고 친일 내각을 꾸려서 조정을 장악하려던 시도에서 비롯된 것이다.[133] 현대 민주 공화정과 같은 기준을 적용해서 맞지 않으면 모두 잘못되었다고 보는 것은 타당하지 않다. 동일한 잣대를 영국 왕실에 들이댄다면 충족시킬 수 있을지 의문이다. 현존하는 20여 개 왕정 국가 역시 뉴라이트의 철두철미한 미래 사회의 기준을 만족시킬 수는 없을 것이다.

오히려 대한제국기에 친일 내각의 청산과 군주권 강화 과정에서 황실 직속 궁내부宮內府에 국가재정이 점차 집중되었다. 이는 궁궐이 점령당하여 아관파천을 행한 뒤 간신히 국가 체제를 수습하고 있던 비상 상황에서 벌어진 일이다. 애초에 군주를 보위하던 독립협회조차 점차 일본 제국의 교란 책동에 넘어가서 비상수단을 동원해야 했던 상황이었다. 불행히도 일본 제국은 다시 궁궐을 점령하고 을사늑약을 체결하면서 국권 전반을 장악하였다. 이러한 배경을 감안하면 대한제국 초기의 최소한의 저항마저 평화로운 시대의 기준으로 비판하는 것은 재고해볼 필요가 있다.

7. 누가 신왕조를 개창했는가?: 문벌주의 시각의 문제점

미국의 존 던컨John Duncan 등은 신라하대부터 조선 말까지 단일한 지배계급이었다고 평가한다.[134] 족보에 나오는 일상적인 서술을 거의 그대로 믿은 것에 가깝다. 가문을 분석하면서도 신라-고려-조선의 연속성만을 강조한다. 설령 던컨의 분석을 그대로 수용한다고 하더라도 여기에는 치명적인 약점이 있다.

미국 학계에서는 왕조 교체기에 사회가 변화했다는 한국 연구자들의 설명을 '왕조사관'이라고 폄하한다. 그러나 왕조의 변화는 중앙 권력 일부의 교체만으로 이루어지지 않는다. 새로운 사회계층을 적극적으로 포섭했을 때 비로소 왕조의 변화가 가능하다.

신라는 골품제 사회였다. 왕경(경주) 사람 이외는 지위가 아무리 높다고 하더라도 지방민일 뿐이었다. 따라서 신라 말 호족의 등장은 지배 세력의 전면적인 교체를 의미했고, 고려왕조의 개창으로 왕경이 경주에서 개경으로 바뀜으로써 중앙의 의미도 완전히 바뀌었다. 고려가 본관제를 실시하고 성을 하사하면서 지방 군벌에 불과하던 호족을 문벌 귀족 사회의 일원으로 전환시켰음은 주지의 사실이다. 그런데도 이들을 연속된 지배 집단으로 보는 것은 상당히 문제가 있다.

더욱이 조선왕조에서는 대대적인 양인 확보 정책이 추진되었을 뿐 아니라 사족의 범주도 크게 확대되었다. 기실 이미 공민왕대 이후 지방에서 군공을 세운 품관·한량·첨설직 등이 그 외연을 넓힌 상태였다. 공민왕을 지지하는 지방세력을 중심으로 20만 명이 홍건적 토벌에 자원하여 개경을 탈환하였고, 신왕조 개창 이후에도 이들에 대해서는 적극적인 출사가 권장되었다. 수십 개의 권문세족[135] 가문(약 46가家)뿐 아니라 지방의 많은 토호가 사족의 집단에 들어왔다. 결국 신왕조는 양인과 사족을 늘려서 새로운 국가의 토대로 삼은 것이다.

이는 미국 학자들이 고려와 조선을 하나의 사회로 보는 것[136]과 아주 다른 해석이다. 양자를 완전히 분리해서 이해하는 것도 문제지만 동일한 성격으로 보는 것 역시 문제이다. 역사가 발전하기만 하는지는 확신할 수 없다고 할지라도 끊임없이 변화하는 것만은 사실이다. 따라서 이 같은 극단적인 이분법 논리에서 벗어나야 한다. 조선은 고려의 역사적 전통 위에서 당시의 문제점을 개선하여 건국되었을 뿐이다.

그동안 국내외 학계에서는 개인의 '자유의지'를 지나치게 도외시하는 경향이 있어왔다. 이는 일종의 '전근대'라는 환상이 존재하기 때문이다. 그래서 '가문=학파=정파=지역'이라는 도식을 상시적으로 적용하려고 한다.

족보는 대부분 19세기에 만들어진 것이다.[137] 개별 가문을 넘어 동성동본同姓同本의 계파를 아우르는 『대동보大同譜』가 출현하였고, 세상의 모든 가문의 성씨를 집대성한 『만성보萬姓譜』마저 출현하였다.[138] 이른바 문벌 내지 가문의 시대가 개막한 것이다. 그러나 허구가 많다는 것을 감안하면 단지 본관과 성씨가 같다는 사실을 전제로 정치세력의 성격을 규정하는 주장이 얼마나 설득력을 가질 수 있을지 의문이다. 특히 19세기부터 중앙 정계 진출이 어려워져 일제강점기까지 지방에서 양반 행세를 하던 이들의 고립적이고 고정된 가문 의식을 전통시대 수천 년에 적용하는 것이 적절한지도 의문이다. 미국 학자들은 권문세족 집안에서 신진사류가 등장하고, 훈구 가문에서 사림이 등장하므로 지배 권력의 교체는 없었다고 주장한다. 이는 학파·정파·가문·지역이 모두 일치한다고 전제해야만 옳은 설명이다.

그러나 오늘날에도 아버지와 아들의 지지 정당이 동일한 경우는 정치가 집안 외에는 거의 없을 것이다. 중앙 정계에서 정치색은 대체로 빠르게 변화한다. 과거에도 젊은 관료들은 자신의 이상을 실현하기 위해서 가문과 다른 선택을 했고, 노쇠한 관료들 역시 개인의 영달을 위해서 가문이나 학파를 버리고 다른 선택을 했다.

예컨대 14세기 권문세족 가문에서 신진사류가 등장하였고,[139] 15세기 훈구 가문에서 사림이 등장하였으며,[140] 17세기 인조반정 이후 소북은 남인으로 편입되었다.[141] 18세기에는 남인과 소론이 연대하거나[142] 소론이 노론으로 전향하거나[143] 남인이 노론으로 변신하였다.[144] 또한 영남에 노론 서원이 들어섰고,[145] 사촌 간에도 노론과 소론이 갈려 당색이 달랐다.[146] 영조-정조 연간에는 기존 당색을 넘나들며 각자의 개혁 의지나 이권을 위해서 청류와 반청류로 결집했다.

이러한 변화는 모두 학파나 가문을 고려하지 않고 개인의 신념에 따라 정치 활동을 선택한 결과였다. 중앙 정계의 출사와 재편이 자유로운 시절에 개인의 자유는 중요하게 작동되었다. 심지어 일제강점기에도 제국대학에서 수학한 기득권층 자제들 중 상당수가 사회주의자가 되어 월북하였다.147 현대 정치에서 대부분 '개인의 자유의지'에 따라 정치 이념을 선택하듯 전통시대에도 마찬가지였다.

그럼에도 고금을 막론하고 대를 이은 견고한 정치 성향을 보존하는 가문도 없지는 않다. 19세기 세도정치기 경화사족京華士族을 중심으로 조정이 운영되자 향촌 사회에서는 양반의 지위를 유지할 방법을 찾아야 했다. 이에 향촌양반은 족보·문집·당색보黨色譜·당론서黨論書 등을 제작하여 과거의 영광을 추억하면서 가문의 정통성을 내세웠다. 점차 지방에서는 자신들의 학파·정파·가문·지역을 동일시해나갔다.

3대 이상 관료를 배출하지 못하거나 과거에 합격하지 못하면 양반으로 인정받기 어려웠던 풍토를 족보 등을 통해서 타개하고자 한 것이다. 현존하는 대다수의 족보가 19세기에 편찬된 것은 결코 우연이 아니다. 또한 내용상 별반 가치를 찾기 어려운 문집을 후학이나 문도가 편찬한 것이 아니라 대체로 해당 가문에서 거액을 투자하여 자비로 만든 것 역시 비슷한 현상이다.

더욱이 18세기 탕평정국에서 해체된 당색을 강조하는 주장 역시 19세기에 두드러졌다. 중앙 정계에 가장 많은 인사가 출사했던 붕당-탕평정치기의 당색이 더 중요해졌다. 이미 붕당정치가 소멸한 지 수백 년이 지난 시점에 가문이 가장 화려하게 영향력을 행사했던 시기를 기록하여 자신들이 그 후예임을 주장하는 행태이다.

　이처럼 19세기부터 당론서의 편찬이 급격히 늘어났다는 것은 주지의 사실이다. 이때 당색의 이동이 가능했다는 역사적 사실보다 당색이 고정되었을 것이라는 강렬한 믿음이 더 중시되었다. 심지어 20세기 일제강점기에는 16세기 말-17세기 초 북인과 남인으로 분화된 동인의 계보(동인보東人譜)가 편찬되었을 정도였다. 마치 족보에서 본관이 다른 집안이 서로 합종연횡하여 합쳐지는 현상과도 유사하다. 이 역시 향촌 사회에서 불안정해진 양반의 지위를 보존하기 위한 명분 찾기에 지나지 않았다.

　17-18세기에는 다른 당색 간에 혼인이 이루어졌고, 같은 본관 성씨라 할지라도 집안별로 당색이 서로 달랐으며, 심지어 집안 내 구성원의 당색조차 개인의 선택에 따라 바뀌었다. 그런데도 20세기 사람들은 가문의 특정 당색을 내세우면서 해체된 지 200년이 지난 붕당정치의 실제 모습이 아니라 당시에도 없던 인습을 창출해 내고 그것이 '전통'적인 양반 인식이라고 주장했다. 일본 제국주의는 이러한 폐습을 악용하여 붕당정치를 '당파싸움(당쟁)'으로 왜곡하고 조선 망국의 원인으로 내놓았다. 그러므로 당파성론은 19세기 말-20세기 초 향촌 사회에서 양반의 지위를 유지하고자 했던 불우한 시절의 잔상殘像을 조선시대 전체에 투영하려고 했던 데에서 비롯된 왜곡된 인식이다.

　더욱이 일본 제국주의 주장대로 붕당정치로 망하려고 해도 중앙 정계에서 이미 없어졌는데 어떻게 그것으로 망할 수 있었겠는가? 실제로 조선은 외세 침략으로 붕괴되었는데도 일본 제국은 그 책임 소재를 가해자(외부 요인)가 아니라 피해자(내부 요인)에게로 돌리려 했기에 향촌 사회의 당색 인식을 활용하여 당파성론을 보급한 것이다.

이 같은 당쟁사관은 이미 1920년대 안확의 붕당정치론을 통해 비판되었으나 1980년대 붕당정치론이 재부각되고 나서야 1990년대부터 비로소 교육과정의 개선이 이루어질 수 있었다. 당파성론은 소멸되고 붕당정치나 붕당으로 용어가 바뀌었으나 아직 일제강점기 용어인 '당파'가 『국어사전』에 등재되어 있고, 학계에서도 '당쟁'이라는 비역사적 용어를 활용하고 있다. 앞에서도 언급하였듯이 '당쟁'은 500년간의 기록에서 한 차례 정도밖에 등장하지 않으며 '당습黨習' 정도가 일반적인 용어였다. 일본 제국주의가 호전적인 무사의 시각에서 묘사한 표현과는 확연한 차이가 있다. 조선에서 문치주의의 풍토하에서 "무리를 짓는 습관(이 있다)"로 칭하는 것과 일본 제국의 군국주의 시각에서 "무리를 지어 싸운다"고 개념화하는 것은 시대를 바라보는 관점 자체가 완전히 다르다고 하겠다. 이러한 인식 전반이 문벌주의 시각의 병폐와 연동되어 나타난 것이다.

결론

1. 조선시대 역사상의 접근법

지금까지 이 책에서 다룬 다양한 사고실험은 몇 가지의 목표하에 기획되었다. 첫째, 역사학의 시각(사관) 자체에 대한 근원적인 의문을 해소시키려는 의도로 진행해보았다. 둘째, 보편적인 왕정의 조건에 대한 이론 모델을 추출해보는 기회로 삼고자 했다. 셋째, 조선시대의 역사상을 시간과 공간을 초월하여 총체적으로 살펴보고자 하였다.

우리가 떠올리는 조선시대 역사상은 과연 어떤 것일까? 지금까지 살펴본 바와 같이 전통 사회의 이미지 형성은 일제강점기에 이루어졌다. 왕정사회에서 조선시대 역사는 현대사였으므로 공식 기록은 엄격히 관리되었고, 재야 기록은 신뢰성이 매우 떨어졌다. 대한제국 학부에서 조선시대 역사 서술을 시도하였으나 불행히도 일본인 학자의 영향력하에 있었다. 일본 제국은 우리 조정의 재정을 전용하여 향후 식민지배를 꿈꾸며 조선학을 연구했다. 그래서 철저히 식민통치에 필요한 기초 자료 수집과 일본 제국 침략의 정당화에 연구의 초점이 맞추어졌다. 조선은 개혁해야 할 야만으로 상징화하고 일본 제국은 문명화의 구세주로 대비시켜나갔다. 그러면서 비참한 식민지 현실의 책임을 침략자인 일본 제국이 아니라 무능한 왕정 탓으로 돌리게 했다. 이 같은 작업은 초기부터 시작되어 갈수록 더욱 정교해졌으며, 현재까지도 조선시대 역사상 구축에 많은 악영향을 끼치고 있다.

물론 포폄은 역사학에서 필수적이다. 일방적으로 전통시대를 미화할 필요는 없다. 그럼에도 그동안 제기된 극단적인 구체제론의 상당수는 일본 제국주의 논리였다. 따라서 우리가 직접 판단하여 역사상을 분석할 필요가 있으며, 그 속에서 장점과 단점을 논하는 것이 바람직하다. 일본 제국주의 시각은 우리 사회에만 남아 있지 않고 미국을 비롯한 서구 사회에도 만연하다. 우리 역사를 자국에서 먼저 바로잡지 않으면 해외 학자들은 일본의 식민사관을 앞으로도 맹종할 것이다.

2. 역사교육의 미래

역사교육에는 사관에 대한 정교한 학습이 반드시 포함되어야 한다. 이를 위해서는 한국의 역사 모델 역시 체계적이어야 한다. 현행(2019년 검정) 우리나라 교과서 중 고등학교『한국사』는 근현대사 위주로 구성되어 있고, 중학교『역사』는 전통시대 비중이 훨씬 높다. 후자를 살펴보면 고대사와 조선시대사는 두 단원으로 이루어져 있는 반면에 고려시대사는 하나의 단원으로 구성되어 있다. 이는 한국 고대사와 조선시대사에 연구자가 압도적으로 많이 분포되어 있기 때문이다.

그러나 교육의 관점에서 볼 때 과연 남북국시대·조선 전기·조선 후기 등의 200-300여 년에 불과한 시간과 500년 고려시대를 동일한 분량으로 두는 것이 적절할지는 의문이다. 교과서는 연구 성과를 자랑하는 공간인가? 아니면 균형 잡힌 역사 인식을 만들어주는 공간인가? 이것은 근현대사가 시간이 짧지만 독립된 단원을 가지는 것과는 다소 다른 층위의 문제이다. 후자의 경우 우리는 식민지와 독재 체제를 경험한 불우한 역사를 지니고 있기에 동시대사를 인식할 필요가 있다는 당위성을 부여할 수 있다. 하지만 전자의 경우 전통시대라는 단일한 범위 안에서 고무줄처럼 잣대가 적용되고 있다. 물론 이러한 상황의 현실적인 원인은 문헌 사료가 제한적이고 개성을 포함한 다수의 고려 유적지가 북한에 있기 때문이다. 그럼에도 자료가 부족한 고대사 연구가 활발함을 감안한다면, 현재 고려시대 연구자가 부족한 상황은 교과서나 개설서의 배분 부족과 더불어 악순환이 되풀이되고 있는 것처럼 보인다.

물론 고려시대 연구자들은 두 단원으로 분량을 늘리기에는 축적된 연구가 부족하다고 말한다. 연간 산출되는 한국사 연구 논저는 고려에 비해 조선이 두 배에 달한다. 각기 500년을 지낸 왕조로는 균형이 지나치게 맞지 않은 편이다. 이는 체계적인 비교사 검토가 충분히 이루어지지 못하고 선험적인 이분법만 횡행했기 때문이다. 각 시대사의 이론 체계에 대한 연구가 활발히 이루어져야 비로소 다양한 시대에 대한 비교도 가능할 것이다. 최근 들어 두 왕조의 지속성과 연속성 논쟁이 벌어지고 있다. 이는 고려 후기 사회 성격에 대한 진전된 인식을 바탕으로 하고 있다. 결국 이론 체계에 대한 논의는 각 시대사 연구의 기초 성과가 축적되어야 비로소 가능한 것이다.

다른 한편으로는 일종의 '순환사관循環史觀' 내지 '일치일란설一治

一亂說'을 경계하는 목소리도 있다. 두 시대를 단순히 두 왕조라는 틀로 바라보는 것에 반대하고, 근현대사의 비중이 늘어난 것처럼 시대의 흐름에 따라 분량을 늘려서 사회가 진전됨을 보여주어야 한다는 것이다. 현재 중학교 교과서는 지구 탄생-삼국시대(1개 단원), 남북국시대(1개 단원), 고려(1개 단원), 조선 전기(1개 단원), 조선 후기(1개 단원), 근대(1개 단원), 현대(1개 단원) 등으로 구성되어 있는데, 이러한 주장에 따르면 시간의 흐름에 따라 점진적으로 분량이 늘어나 더 짧은 시간 단위에 훨씬 더 많은 분량이 배분되고 있다. 그러나 이는 지나치게 결과론적인 해석이 아닐까 싶다. 여기서도 고려만은 여전히 예외이다.

학생들이 역사에서 배워야 하는 것은 막대한 학습량이 아니라 사고 능력이다. 역사적 맥락을 이해하고 스스로 판단하는 능력을 기를 수 있게 도와야 한다. 이것은 타인의 평가를 암기한다고 길러지는 것이 아니다. 학생들이 역사에 흥미를 갖게 하려면 학습 분량을 과감히 줄여야 한다. 다만 1차 검정(2009) 당시 다수의 고등학교 『한국사』가 그랬던 것처럼 기계적으로 분량을 줄이기 위해서 임진왜란을 조선시대의 끝으로 잡아서는 안 된다. 여기에는 일정한 시각이 필요하다. 모든 연구 분야를 교과서에 넣을 필요는 없으나 분량을 축소하는 과정에서 은연중에 임진왜란 후 조선은 300년간 망해갔다는 일본 제국주의 연구 시각이 부활하는 모순이 발생해서는 안 된다. 게다가 수차례 이어진 중고등학교 검정 과정 속에서 자유로운 역사 서술이라는 미명하에 연구사를 도외시한 경우가 적지 않았다. 붕당정치나 탕평정치는 당파성론이나 전제정치로 부활하였으며, 대동법이나 균역법은 삼정문란의 원인으로 간주되어 평가 절하되었다. 광복 이후 식민사관을 극복하기 위한 큰 틀이 한꺼번에 붕괴되었다. 간신히 2차 검정에서 붕당정치론이나 대동법의 개혁성만을 바로잡았고, 3차 검정에서 최소한의 교정을 진행했을 뿐이다.

이를 개선하기 위해서는 연구자들이 이론 모델 개발에 먼저 신경을 기울여야 하며, 교육과정 설계자들도 연구사 변화의 원인에 대한 충분한 검토 과정을 거쳐야 한다. 식민사관 극복과 조선 후기사 연구는 궤를 같이해왔다. 이를 간과하여 교육 현장에 혼란을 가중시킨 것은 잘못이다. 지난 서너 차례의 검정 과정에서 초창기의 문제점이 많이 개선되었으나 오랫동안 소망해오던 보다 자유로운 검정 체제를 누릴 만큼의 준비는 여전히 부족한 듯하다.

한국사를 체계적으로 이해하기 위해서는 고려 부분의 확대와 조선 부분의 축소가 같이 논의되어야 한다. 그리고 이를 위해서는 보다 거시적인 이론 모델 구축과 비교사가 함께 이루어져야 한다. 고려만을 화려한 제국의 시대로 미화하거나 조선만을 문명의 진보로 그리는 것은 모두 잘못이다. 고려와 조선을 양극단에서 이분법으로 이해하는 것은 지양되어야 한다. 양자는 완전히 다른 사회도 아니었으며 완전히 동일한 사회도 아니었다. 변화와 계승을 모두 감안해야만 고려와 조선을 제대로 인식할 수 있다. 고려나 조선 모두 왕조 내의 계승성과 변화상을 아울러 살펴야 실제 역사상에 다가갈 수 있는 것이다.

양자에 대한 비교사적 접근은 매우 중요하며, 더 나아가 이것은 교육과정에 반영되어야 한다. 현재와 같이 방대한 연구 성과를 자랑하는 방식의 교과서(혹은 개설서) 서술은 지양될 필요가 있다. 현재 중·고교 교과서는 일부 단점도 있지만 양질의 풍부한 해설이 많이 실려 있는 편이다. 그래서 대학의 교양 강의에서 쓰기에 매우 적합한 내용도 많다. 하지만 중·고교생이 입시를 앞두고 있다면 상황은 전혀 달라진다. 많은 역사 교사의 지적처럼 학생들이 아무리 역사를 재미있게 학습하고자 해도 지나치게 자세한 내용이 기재된다면 교과서에 실린 흥미로운 자료는 모두 시험을 위한 부담스러운 학습 대상으로 바뀌어 인식된다.

따라서 지엽적인 서술을 줄이고 이론 모델에 입각한 학습이 가능해지도록 체제를 바꿀 필요가 있다. 이에 현실적으로 비교 가능한 사례로서 조선시대사 연구에서 이루어지고 있는 5시기 구분법을 고려시대사에 시험적으로 적용해보는 것을 제안해볼까 한다. 조선시대는 현재 집권세력에 따라서 구분하여 정치·사회·경제·사상 등을 함께 논의해보고 있다(국가 체제 형성기-훈구·사림 경쟁기-붕당정치기-탕평정치기-세도정치기). 물론 이미 고려시대 연구자들 중에서도 이처럼 5대 정치세력(호족-문벌 귀족-무신-권문세족-신진사류·신흥무장세력)을 중심으로 구분을 시도하는 데 동의하는 소장학자가 등장하고 있다. 동시에 고려 사회의 동질성을 더욱 강조하면서 반대하는 연구자도 있다. 여기에 특정한 정답이 있지는 않을 것이다. 다양한 방식의 논쟁을 거쳐서 가장 설득력 있는 방법을 모색하는 것이 우리의 목표일 뿐이다. 이러한 시도가 우리나라의 역사를 보다 체계적으로 이해하는 데 도움이 되기를 바란다.

3. 천년왕정의 조건

처음 집필을 시작할 때는 고려-조선 천 년간 변화 발전된 왕정의 공통적인 요소를 직접 제시해보고자 했다. 그러나 이 또한 그동안의 변화무쌍한 연구사를 감안한다면 얼마나 통시대적인 호응을 얻을 수 있을지 알기 어려웠다. 특히 주관적 시선이 독자의 자유로운 사고에 방해가 되지 않을까 저어되었다. 이 때문에 왕정의 특징을 다양하게 보여주는 형태로만 구성하였다. 모두가 동일한 결론에 도달할 필요는 전혀 없다고 생각했기 때문이다.

그럼에도 초기에 구상한 청사진을 말미에 덧붙여 독자들의 생각과 비교해보는 것은 나쁘지 않을 듯하다. 가장 큰 틀은 무른모(소프트웨어)와 굳은모(하드웨어)로 나누어보는 방식이다. 전자(제1부 조선왕조 탄생의 성격)는 왕정을 추동해나가는 이념 체계를 근간으로 하며, 후자(제2부 국가 체제)는 국가의 실제 운영에 주목하였다. 그래서 사고와 실상이 하나로 융합되면서 왕정을 이루는 형태로 접근해보았다. 양자를 살피는 과정에서 고려의 계승과 조선의 특징을 아울러 살피려고 노력했으며, 더욱이 세계사 속에서 한국사의 위상을 비정해보려고 하였다. 총체적으로 우리 역사를 살펴보지 않는다면 왕정의 성격을 제대로 짚어보기는 어렵기 때문이다.

그렇다면 왕정의 필수적인 요소는 무엇이었을까? 첫째, 사회집단을 이끌 수 있는 새로운 이념의 추구와 지지 기반의 확보이다. 이른바 공감할 수 있는 대의가 필요했다. 단군-기자로 대변되는 우리 역사의 공간인 고조선의 부활이 개혁의 실현 가능성에 대한 확신을 높여주었으며, 동시에 요순-서주 이상사회라는 신유학의 구호는 공감대를 넓혀나갔다. 이를 기반으로 지지 세력을 확충할 수 있었다. 아무리 좋은 정책이라도 지지 기반이 뒷받침되지 못하면 성공하기 어렵다. 고려 말 신진사류는 신왕조의 지지 세력으로 탈바꿈하였다. 심지어 권문세족이나 훈구의 자제마저도 개혁의 대의에 동의하여 가문의 이익보다 개인의 이상을 선택해 신진사류나 사림으로 변모하였다. 후기로 갈수록 탕평 정책과 서얼허통을 통해서 양반에서 서얼까지 끌어들였고, 대동-균역을 통해서 세제경감이 이루어지자 양민에서 공노비까지 지지 세력이 되었으며, 균역순문과 공시순문을 통해서 농민에서 상민까지 모두 국가정책을 누리게 하는 등 다양한 방식으로 왕정의 신민으로 포섭해냈다.

둘째, 사회변동기 능동적 대처와 경제적 토대 확보이다. 소민의 생계를 안정시키지 못하는 한 개혁은 탁상공론에 불과하였다. 일각에서는 과전법을 재평가하면서 불완전한 개혁으로 비판하고 있으나 당시 수준을 보면 그만큼의 재편만으로도 백성의 안정이 이루어져 신왕조의 지지 기반을 확보하는 데 충분하였다. 개혁이 가장 이상적인 형태로 달성되지 못했다고 해서 그 의미가 퇴색되는 것은 아니다. 이 같은 비판은 현실을 도외시한 채 지나치게 절대적인 상상 속의 기준으로 평가한 결과에 불과하다. 이후 왕정은 사회변동에 유연하게 대처하면서 부세의 금납화, 대동-균역법 등의 개혁을 단행하며 민의 안정에 최선을 다하였다. 이것이 장기간 왕조가 유지된 비결 중 하나였다.

셋째, 안정적 국방력 건설과 절대 평화의 확립이다. 야경국가론을 들지 않더라도 외부 세력으로부터 물리적 보호는 국가의 1차적 책임이다. 현재 대한민국이 운영하는 형태에 가장 근접한 전 국토 방어가 조선시대부터 이루어졌다. 고려는 이른바 북방 국경인 양계 지역을 방어하는 데 초점이 맞추어졌으며 해안선은 상황이 발생하면 내륙에서 기선군이 출동하는 형태였다. 그러나 조선은 초기부터 왜구를 해안 지대에서 몰아내고 삼면에 모두 수군진을 설치하는 막대한 국방예산을 집행했다. 이것은 근대 국민국가의 방어 개념에 가장 근접하는 형태이다. 수백 년간 전란이 있었던 고려시대와 달리 조선시대는 양란만이 전란으로 기억되는 이유가 바로 여기에 있다. 거란이나 여진과 싸워 이긴 고려는 웅장한 시대로 인식되지만 실상은 수백 년간 무수한 패전과 침공을 받았다. 반면에 조선시대에도 무수한 침탈이 있었으나 대체로 방어에 성공하였을 뿐 아니라 조선 전기까지 수세기 동안 북방정벌이 단행되기도 했다. 조선의 평화는 우연의 소치가 아니라 수많은 공을 들여서 쟁취

한 것이었다. 북방의 여진 정벌과 남방의 왜구 토벌은 같은 선상에서 이루어진 정책이었다. 물론 이는 고려시대부터 점진적으로 추진된 정책이 조선시대에 완성되었다고 보는 것이 적합하다. 고려역시 규모는 작으나 당시 국력에 맞는 형태의 방어가 이루어졌으며, 단지 조선이 더 많은 영토와 백성을 지녔기 때문에 훨씬 더 강한 군사력을 행사했을 뿐이다.

넷째, 법치주의 확립을 통한 정교한 통치 체제의 마련이다. 중국의 정치체제는 이미 고려시대에 적극적으로 도입되었다. 단지 국내 현실과 맞지 않는 부분이 변화되거나 무신란과 같은 정치세력의 급격한 교체로 제도가 와해되거나 몽골과 같은 외세의 영향으로 국가 체제가 인위적으로 개편되는 문제가 발생했을 뿐이다. 조선은 이 같은 고려의 경험을 타산지석으로 활용했다. 그래서 중국제도와 자국 현실을 조화롭게 운영하는 방안을 모색하였고, 정치세력의 교체나 외세의 간섭으로 제도가 파괴되지 않도록 심혈을 기울였다. 조선은 모든 국가 운영에서 법치주의를 실현시킴으로써 제도를 중심으로 안정성을 확보하여 다른 변화 요소를 최소화하고자 노력했다. 더욱이 법제도뿐 아니라 법 운영에서도 공론정치의 기치하에 상관과 하관이 상호 견제하는 형태가 이루어져 고려 말만연했던 부정부패를 일소하는 데 효과를 보았다.

다섯째, 의사소통을 통한 왕정의 신뢰 확보이다. 태조가 즉위하자 어가로 사람들이 몰려들어서 양인 신분 회복을 호소하였고, 태종이 출궁할 때도 어김없이 사람들이 모여들어 인산인해人山人海를 이루며 노비 소송의 해결을 간청하였다. 또 영조가 즉위하자 수많은 서얼이 궁궐을 찾아와 허통을 간청했으며 만년에 궐 밖에서 순문을 열면 백성이 구름처럼 몰려와 천세를 연호하였다. 국왕은 백성의 마지막 희망이었다. 태종이나 영조처럼 신료들에게 엄격한 군주도 백성에게는 한없이 자애로운 자세를 취하였다. 태종이 개설한 신문고(격고)는 선입견과 달리 수많은 노비가 양인 신분을 회복하는 데 이용하였고, 영조의 순문은 각종 폐단을 아뢰는 백성으로 가득했다. 상언이나 격쟁은 정조뿐 아니라 대다수의 국왕이 특별 법정으로서 장기간 시행했다. '사건사四件事'나 '신사건사新四件事'처럼 백성은 억울한 일을 정규 사법절차에서 구제받지 못할 경우 별도로 국왕에게 호소하는 일이 가능했다.[1] 이것이 왕정의 소통 능력을 배가시켜 백성의 신뢰를 얻는 기반으로 작용했음은 물론이다.

결론적으로 보면 왕정의 조건으로 살펴보았던 크고 작은 세부 주제들은 대체로 ① 정치 이념(지지 기반 확보), ② 경제구조(사회변동 대처), ③ 국방력(평화 유지), ④ 통치 체제(법치주의), ⑤ 백성 신뢰(왕정 소통) 등으로 귀결되는 듯하다. 이중 한 가지만 없어도 왕정의 장기 존속은 심각한 위협을 받았다. 실제로 12-13세기 무신정권기나 14세기 원간섭기, 16세기 후반 척신 정치나 19세기 세도정치 등이 출현하자 왕정은 파행으로 치달을 수밖에 없었다. 고려의 경험은 조선의 발전에 직접적인 영향을 미쳤고, 고려가 꿈꾼 이상은 조선에서 비로소 실현되었다. 두 왕조는 왕정의 조건에 끊임없이 질문을 가하면서 시대의 물음에 답하기 위해 새로운 정책을 제시하고자 노력하였다. 이것이 왕정을 천여 년간 유지시킨 비결이 아닐까 한다.

미주

서론

1 에드워드 핼릿 카, 『역사란 무엇인가』, 편집국 옮김, 시사영어사, 1989.

2 J. B. Mason, "Nazi Concept of History", *The Review of Politics, Vol. 2 No. 2,* 1940.

3 東京帝國大學 編, 『國史眼』, 東京: 目黑書店, 1905.

4 김육훈 외, 『거리에서 국정교과서를 묻다』, 민족문제연구소, 2016; 김한종, 『역사교과서 국정화, 왜 문제인가』, 책과함께, 2015.

5 조갑제, 『거짓과 왜곡』, 조갑제닷컴, 2008; 조갑제닷컴 편집실, 『고등학교 한국사의 거짓과 왜곡 바로잡기』, 2011; 정경희, 『한국사 교과서 무엇이 문제인가』, 비봉출판사, 2013; 조갑제 외, 『증거를 잡았다!』, 조갑제닷컴, 2015.

6 교과서포럼, 『대안교과서 한국근현대사』, 기파랑, 2008; 역사교육연대회의, 『뉴라이트 위험한 교과서, 바로 읽기』, 서해문집, 2009.

7 예컨대 뉴라이트전국연합, 뉴라이트교과서포럼, 뉴라이트네트워크, 뉴라이트재단, 뉴라이트포항연합, 뉴라이트제주연합, 뉴라이트고양연합, 뉴라이트화순연합, 뉴라이트호주지부, 뉴라이트일본지부, 뉴라이트의사연합, 뉴라이트학부모연합, 불교뉴라이트연합, 뉴라이트교사연합, 뉴라이트신노동연합, 뉴라이트안보연합, 뉴라이트문화체육연합 등이다.

8 권희영 외, 『고등학교 한국사』, 교학사, 2013.

9 「교학사 교과서 논란: 중요한 잘못만 298군데… 일제강점기 오류가 40% 넘게 차지」, 『한국일보』 2013. 9. 10.; 「교육부, 교학사 교과서 왜곡·오류 축소

했다」, 『한국일보』 2013. 10. 23.

10 「1974년 국정교과서 저자(한영우) "국정화? 절대 반대"」, 『경향신문』 2015. 10. 12.; 「정옥자 "국정교과서 박근혜 정부 최대 실책 될 것"」, 『TBS뉴스』 2015. 10. 26. 〈퇴근길 이철희입니다〉와의 인터뷰 내용; 「이태진 전 국편위원장, 한국사 교과서 국정화, 현명하지 못하다」, 『매일경제』 2015. 10. 30.

11 「전국역사학대회 한국사 국정교과서 반대 공동성명서 전문」, 전국역사학대회, 2015년 10월 30일.

12 면접 시 국정교과서 찬반 입장을 물어보다가 사회적 논란이 되자 토론 능력 검증을 위해서였다고 해명한 사건이 있었다. 「아모레퍼시픽 면접서 국정교과서 찬반 질문… 이념 보고 채용?」, 『동아일보』, 2015. 11. 2.; 「"국정교과서 찬성해요?"… 아모레퍼시픽 황당 면접에 네티즌 '부글'」, 『국민일보』 2015. 11. 12.

13 로널드 프리츠, 『사이비역사의 탄생: 거짓 역사, 가짜 과학, 사이비종교』, 이광일 옮김, 이론과실천, 2010.

14 만주 일대 독립군 기지를 만든 무장 독립 투쟁 계열은 사상을 통합할 필요가 있어 신채호의 『조선상고사』, 『조선상고문화사』, 대종교의 『신단민사』, 『신단실기』, 『단조사고』 등을 편찬했다. 반면에 친일파 계열은 일본 제국 대동아공영권에 부용附庸하는 취지에서 최남선의 『불함문화론』, 『만몽문화』, 위서류인 『단기고사』, 『규원사화』, 『환단고기』 등을 활용했다. '화려한 고대사'라는 인식은 유사해 보이지만 구분이 필요하다.

15 이문영, 『만들어진 한국사』, 파란미디어, 2010; 정요근, 「청산되어야 할 적폐, 국수주의 유사역사학」, 『역사와현실』 105, 한국역사연구회, 2017; 젊은 역사학자모임 편, 『한국 고대사와 사이비역사학』, 역사비평사, 2017; 젊은 역사학자모임 편, 『욕망 너머의 한국 고대사: 왜곡과 날조로 뒤엉킨 사이비역사학의 욕망을 파헤치다』, 서해문집, 2018; 이문영, 「1960-1970년대 유사역사학의 식민사학 프레임 창조와 그 확산」, 『역사문제연구』 39, 역사문제연구소, 2018; 이문영, 『유사역사학 비판』, 역사비평, 2018; 기경량, 「한국 유사역사학의 특성과 역사 왜곡의 방식」, 『강원사학』 30, 강원사학회, 2018.

16 정약용, 『아방강역고』, 이민수 옮김, 범우사, 2004.

17 林泰輔, 『朝鮮史』, 東京: 吉川半七, 1892.

18 정인보, 『조선사연구』 상·하, 문성재 옮김, 우리역사연구재단, 2012; 신채호, 『조선상고사』, 박기봉 옮김, 비봉출판사, 2006; 김교헌, 『신단실기』, 이민수 옮김, 한뿌리, 1987.

19 박한민, 「稲葉岩吉(1876-1940)의 조선사 인식」, 한국교원대학교 역사교육전

공 석사 학위논문, 2010; 정상우, 「조선총독부의 『朝鮮史』 편찬 사업」, 서울대학교 국사학과 박사 학위논문, 2011.

20 이태진, 『조선시대 정치사의 재조명』, 범조사, 1986; 이태진·김백철, 『조선 후기 탕평정치의 재조명』 상·하, 태학사, 2011; 박명림 외, 『역사용어 바로 쓰기』, 역사비평사, 2006; 서울대학교 역사연구소 편, 『역사용어사전』, 서울대학교출판문화원, 2015.

21 서울대학교 한국학장기기초연구사업(2000-2010); 한영우 외, 『한국학 발전 방안에 관한 연구』, 교육부, 2002; 고석규 외, 『21세기 한국학 어떻게 할 것 인가?』, 푸른역사, 2005; 전성운, 「한국학의 개념과 세계화의 방안」, 『한국 학연구』 32, 고려대학교 한국학연구소, 2010; 임형택, 『한국학의 동아시아 적 지평』, 창비, 2014.

22 신현승, 『제국 지식인의 패러독스와 역사철학』, 태학사, 2016.

23 니지시마 사다오, 이성시 엮음, 『일본의 고대사 인식: '동아시아세계론'과 일본』, 송완범 옮김, 역사비평사, 2008.

24 박광용, 「역비논단 대종교 관련 문헌에 위작 많다: 『규원사화』와 『환단고 기』의 성격에 대한 재검토」, 『역사비평』 12, 역사비평사, 1990; 박광용, 「역 비논단 대종교 관련 문헌에 위작 많다 2: 『신단실기』와 『단기고사』의 성격 에 대한 재검토」, 『역사비평』 18, 역사비평사, 1992; 조인성, 「『규원사화』, 『단기고사』, 『환단고기』 위서론의 성과와 과제」, 『동북아역사논총』 55, 동 북아역사재단, 2017.

25 송충기, 「역사 속의 반면교사: 나치 시대의 사법부」, 『내일을여는역사』 38, 내일을여는역사재단, 2010; 이용우, 「레지스탕스 역사 쓰기: 신화화와 망각 을 넘어서(1946-2013)」, 『프랑스사연구』 34, 한국프랑스사학회, 2016.

26 이영훈, 『세종은 과연 성군인가』, 백년동안, 2018.

27 「박현모의 세종이 펼친 '진짜 정치': 노비 부부에 출산휴가, 80세 넘으면 免 賤… 백성 삶의 질 향상 善政」, 『문화일보』 2018. 5. 16.; 「박현모의 세종이 펼친 '진짜 정치': "노비도 하늘의 백성"… 신하들 반대에도 '노비구살금지 법' 관철」, 『문화일보』 2018. 5. 23.; 「박현모의 세종이 펼친 '진짜 정치': '노 비 從母法' 시행은 부모-자식 人倫 바로세우기 일환」, 『문화일보』 2018. 5. 30.; 「세종은 정말 노비 폭증의 원흉인가?」, 『주간조선』 2018. 6. 4.; 「세종은 사대주의자가 아니다 그는 사대전략가다」, 『주간조선』 2018. 7. 16.

28 "A complex feeling tugs at Koreans", *Los Angeles Times*, 2011. 1. 5.; "5 examples of 'Han' in Korean pop culture", CBC Radio, 2019. 5. 24.

29 유봉학, 『한국문화와 역사의식』, 신구문화사, 2005.

30 각종 매체에서는 침략당한 횟수를 90회, 714회, 931회, 960회, 993회 등으로 다양하게 언급하고 있으나 문헌적 근거가 제시되는 경우는 극소수이다. 육사사학과, 『한민족전쟁사총론』, 교학연구사, 1988.

31 이문영, 『유사역사학 비판』.

32 마르티나 도이힐러, 『한국 사회의 유교적 변환』, 이훈상 옮김, 아카넷, 2003; 마르티나 도이힐러, 『조상의 눈 아래에서』, 김우영·문옥표 옮김, 너머북스, 2018.

33 다카하시 도루, 『조선의 유학』, 조남호 옮김, 소나무, 1999.

34 한자경, 「다카하시 도루의 조선유학 이해의 공과 과: 주리·주기 분류를 중심으로」, 『철학사상』 49, 서울대학교 철학사상연구소, 2013; 이동희, 「다카하시 도루(高橋亨)의 조선조 주자학 연구의 허와 실: 오늘날 철학적 관점에서의 비판적 고찰」, 『한국학논집』 60, 계명대학교 한국학연구원, 2015.

35 장지연, 『조선유교연원』, 회동서관, 1922; 이동희, 「장지연의 『조선유교연원』의 특징에 대하여: 다카하시의 「조선유학대관」과의 비교」, 『한국학논집』 35, 계명대학교 한국학연구원, 2007; 노관범, 「근대 한국유학사의 형성: 장지연의 『조선유교연원』을 중심으로」, 『한국문화』 74, 서울대학교 규장각한국학연구원, 2016.

36 玄采, 『東國史略』, 普成館, 1906.

37 이신철, 「대한제국기 역사교과서 편찬과 근대역사학: 『동국사략』(현채)의 당대사 서술을 통한 '국민 만들기'를 중심으로」, 『역사교육』 126, 역사교육연구회, 2013.

38 전목, 『주자학의 세계』, 백도근·이완재 옮김, 이문출판사, 1997.

39 이태훈, 「실학담론에 대한 지식사회학적 고찰: 근대성 개념을 중심으로」, 전남대 사회학과 박사 학위논문, 2004; 신항수, 「비판적 시각으로 살펴본 실학 연구」, 『내일을여는역사』 21, 내일을여는역사재단, 2005; 김치완, 「茶山學으로 본 實學과 近代 개념에 대한 비판적 접근」, 『역사와 실학』 52, 역사실학회, 2013; 노관범, 「근대 초기 실학의 존재론: 실학 인식의 방향 전환을 위하여」, 『역사비평』 122, 역사비평사, 2018.

40 「깜짝쇼라도 보고 싶다」, 『부산일보』 2009. 6. 5.; 「DJ가 YS와 손을 맞잡았더라면」, 『부산일보』 2009. 8. 21.; 「이념갈등 들여다보면 가족사의 한풀이」, 『데일리안』 2013. 3. 18.; 「자유시장 경제가 더 나은 사회통합 이룬다」, 『데일리안』 2013. 4. 25.

41 「신복룡 교수의 한국사 새로 보기: 훈요십조와 지역감정」, 『동아일보』 2001. 6. 22.; 신복룡, 『한국사 새로 보기』, 풀빛, 2001; 「훈요십조 8조 근거로 현

종 측근 위작설 주장」,『중앙SUNDAY』 2013. 5. 5.; 박종기,『고려사의 재발견』, 휴머니스트, 2015.

42 한홍구,「한국민주주의와 지역감정: 남북분단과 동서분열」,『역사연구』 37, 역사학연구소, 2019.

43 에드워드 와그너,『조선왕조 사회의 성취와 귀속』, 이훈상 옮김, 일조각, 2007.

44 한국학중앙연구원 한국역대인물정보 종합정보시스템(http://people.aks.ac.kr/index.aks).

45 역대 대통령 및 고향은 이승만(서울), 윤보선(충남), 박정희(경북), 최규하(강원), 전두환(경남), 노태우(경북), 김영삼(경남), 김대중(전남), 노무현(경남), 이명박(경북), 박근혜(경북/대구), 문재인(경남) 등인데, 12명 중 4명을 제외하면 8명(66%)이 모두 경상도 출신이다. 윤보선과 최규하는 짧은 시간 자리에 있었으므로 재임 기간까지 고려하면 비율은 훨씬 더 올라간다.

46 2019년 기준 서울 970만, 경기 1,330만, 인천 300만 등이다.

47 2019년 기준 대구 243만, 경북 226만, 부산 340만, 경남 336만, 울산 114만 등이다.

48 카,『역사란 무엇인가』.

49 Matthew Calbraith Perry, *Narrative of the expedition of an American squadron to the China Seas and Japan*, D. Appleton and company, 1857; 시미즈 이사오,『메이지 일본의 알몸을 훔쳐보다』 1·2, 한일비교문화연구센터 옮김, 어문학사, 2008; 에른스트 폰 헤세-바르텍,『조선 1894년 여름』, 정현규 옮김, 책과함께, 2012.

50 이경민,『경성, 사진에 박히다』, 산책자, 2008; 마츠다 쿄코,『제국의 시선: 박람회와 이문화 표상』, 최석영·권혁희 옮김, 민속원, 2014; 동아대학교 역사인문이미지연구소,『일제침략기 사진그림엽서로 본 제국주의의 프로파간다와 식민지 표상』, 민속원, 2019;〈일제의 사진, 그 비밀과 거짓말〉.≪SBS스페셜≫, SBS, 2007. 8. 19.;〈조선 사람은 왜 일본 박람회에 전시됐나〉.≪역사스페셜≫, KBS, 2011. 12. 8.

51 다만 회화나 사진을 통해서 서민 여성의 노출이 확인되기도 한다. 그러나 이러한 경우도 사진 촬영을 거부하는 것이 일반적이었으므로 하층 서민에 국한되며 다른 문화권에서도 확인되는 현상이다. 문제는 굳이 일본 제국주의가 스튜디오에서 모델을 고용하여 노출 사진을 찍고 사진첩을 만들어 조선의 성적 이미지를 유럽에 배포했다는 점이다. 전자의 특수한 현상과 후자의 고의적인 목적은 구분될 필요가 있다. 이돈수,「서양인의 눈에 비친

한국인의 초상」,『동아시아 근대 한국인론의 지형』, 소명출판, 2012.

52 레오폴트 폰 랑케,『근세사의 여러 시기들에 관하여』, 이상신 옮김, 신서원,
2011; 레오폴트 폰 랑케,『강대세력들 정치대담 자서전』, 이상신 옮김, 신서
원, 2014.

53 G. W. F. 헤겔,『역사철학강의』, 권기철 옮김, 동서문화사, 2008.

54 오스발트 슈펭글러,『서구의 몰락』1, 박광순 옮김, 범우사, 1995.

55 마르크 블로크,『역사를 위한 변명』, 정남기 옮김, 한길사, 1990.

56 김자현,『왕이라는 유산』, 김백철·김기연 옮김, 너머북스, 2017.

57 카,『역사란 무엇인가』.

58 김백철,「1990년대 한국사회의 정조신드롬 대두와 배경」,『국학연구』18,
한국국학진흥원, 2011.

59 김백철,「조선시대 역사상과 공시성의 재검토」,『한국사상사학』44, 한국사
상사학회, 2013.

60 무하마드 깐수(정수일),『신라·서역교류사』, 단국대학교출판부, 1994; 김
호동,『동방 기독교와 동서문명』, 까치, 2002; 우광훈·데이빗 레드먼 감독,
〈직지코드〉, 아우라픽처스, 2017.

61 나가사와 카즈토시,『동서문화의 교류』, 민병훈 옮김, 민족문화사, 1993; 무
하마드 깐수(정수일), 앞의 책; 한국돈황학회 편,『동서문화교류연구』, 국
학자료원, 1997; 小林多加士,『海のアジア史: 諸文明の'世界=經濟'』, 藤原書店,
1997; 정수일,『고대문명교류사』, 사계절, 2001; 김호동, 앞의 책; 정수일,
『문명교류사 연구』, 사계절, 2002; 최소자,『동서문화교류사연구: 명청시대
서학수용』, 삼영사, 2002; 정수일,『문명의 루트 실크로드』, 효형출판, 2002;
양승윤 외,『바다의 실크로드』, 청아출판사, 2003; 안드레 군더 프랑크,『리
오리엔트』, 이희재 옮김, 이산, 2003; 신웬어우,『중국의 대항해자 정화의
배와 항해』, 허일 외 옮김, 심산, 2005; 정은주 외,『비단길에서 만난 세계
사』, 창비, 2005; 재닛 아부-루고드,『유럽 패권 이전: 13세기 세계 체제』,
박흥식·이은정 옮김, 까치, 2006; 정수일,『문명담론과 문명교류』, 살림,
2009; 주경철,『문명과 바다』, 산처럼, 2009; 조흥국,『한국과 동남아시아의
교류사』, 소나무, 2009; 편일평,『페이퍼로드 기행』, MBC프로덕션, 2009; 정
수일,『초원 실크로드를 가다』, 창비, 2010; 마르셀 그라네,『중국사유』, 유
병태 옮김, 한길사, 2010; 나가사와 카즈토시,『돈황의 역사와 문화: 동서문
화 교류의 십자로, 실크로드의 요충, 돈황의 역사지리학적 통사』, 민병훈
옮김, 사계절, 2010; 가와구찌 가즈히꼬,『경교, 아시아교회』, 정학봉 옮김,
동서남북, 2010; 엔리케 두셀,『1492년 타자의 은폐: '근대성 신화'의 기원을

찾아서』, 박병규 옮김, 그린비, 2011.

제1부 조선왕조 탄생의 성격

1장 왕조의 이미지

1 정요근 외, 『고려에서 조선으로: 여말선초, 단절인가? 계승인가?』, 역사비
   평사, 2019.

2 토마스 S. 쿤, 『과학혁명의 구조』, 김명자 옮김, 두산동아, 1992.

3 ① 하남성河南省 상구현商丘縣(商丘市 梁園區), ② 산동성山東省 조현曹縣(荷澤
   市 曹縣 鄭庄鄉 王場村), ③ 산서성山西省 능천현陵川縣(長治市 潞城區 微子鎭 北
   村) 등이다. 『百度百科』(電子版).

4 조선朝鮮의 본뜻은 '고운 아침'인데, 19-20세기 선교사들은 이를 '고요한 아
   침morning calm'으로 이해하고 쇄국정책의 이미지를 극대화시켜 조선을 '은
   자의 나라'로 설명하는 데 사용하였다.

5 중국에서 쌍성 자체는 복수의 지명으로 쓰이고 있다. 그중 근대 '쌍성보 전
   투'로 유명한 흑룡강성(黑龍江省 哈爾濱市 雙城區, 民國時代 雙城市)이 쌍성
   으로 비정되기도 하나 고려 후기에 언급된 쌍성(金金의 합주로咸州路 부근 심
   주瀋州의 쌍성현雙城縣, 심양시瀋陽市 요녕성遼寧省 추정)과는 다소 다른 지역으
   로 보인다.

6 『高麗史』卷137, 列傳50, 辛禑5, 禑王 14年 2月 庚申; 『(明)太祖高皇帝實錄』卷190,
   洪武 21年 4月 壬戌(18日).

7 『太宗實錄』卷7, 太宗 4年 5月 己未(19日); 『太宗實錄』卷9, 太宗 5年 5月 庚戌
   (16日); 『太宗實錄』卷10, 太宗 5年 9月 壬子(20日).

8 『世宗實錄』卷59, 世宗 15年 3月 癸酉(20日); 『世宗實錄』卷84, 世宗 21年 3月 甲
   寅(6日).

9 『世宗實錄』卷77, 世宗 19年 5月 丁酉(8日); 『世宗實錄』卷86, 世宗 21年 8月 壬午
   (6日); 『世宗實錄』卷87, 世宗 21年 10月 壬午(7日); 『世宗實錄』卷90, 世宗 22年
   7月 辛丑(1日); 『世宗實錄』卷92, 世宗 23年 正月 丙午(8日); 『世宗實錄』卷155, 地
   理志, 咸吉道.

10 김백철, 「조선시대 함경도 지역사 시론」, 『규장각』 51, 서울대학교 규장각
   한국학연구원, 2017.

11 【명】『太祖實錄』卷5, 太祖 3年 2月 己丑(19日); 【류큐】『太祖實錄』卷12, 太祖 6年
   8月 乙酉(6日); 【일본】『世宗實錄』卷28, 世宗 7年 4月 辛亥(12日); 【청】『正祖實

錄』卷2, 正祖 卽位年 10月 乙丑(27日).

12 『高宗實錄』卷13, 高宗 13年 2月 乙丑(3日).

13 황태연, 『대한민국 국호의 유래와 민국의 의미』, 청계, 2016.

14 『다음백과』(전자판).

15 박진희, 「전후 한일관계와 샌프란시스코 평화조약」, 『한국사연구』 31, 한국 사연구회, 2005.

16 메이지 정부는 1869년 홋카이도 8만 3,424km^2, 1875년 오키나와 1,208km^2 등을 온전히 편입하였다.

17 규슈 4만 4,436km^2+혼슈 22만 7,962km^2+시코쿠 1만 8,297km^2=29만 685km^{2}이다.

18 【1986】 아시안게임 개최, 【1988】 하계 올림픽 개최, 【1991】 UN 가입, 【1993】 EXPO 개최, 메모리 반도체 세계 1위, 【1996】 OECD 진입, 【1999】 G20 진입, 세계 조선업 1위, 【2002】 월드컵 개최, 세계 디스플레이 수출 1위, 【2005】 세계 GDP 10위, 【2008】 세계 공작기계 생산 5위, 【2009】 세계 6대 원전 수출, 【2010】 세계 7대 기상위성 보유, 세계 철강업 경쟁력 1위, 【2013】 세계 스마트폰 판매량 1위, 【2015】 세계 수출 5위, 세계 석유 수출 6위, 【2016】 세계 국력 6위, IMF 세계 10대 선진국, 【2017】 IMF/OECD PPP 1인당 GDP 4만 달러, 【2018】 동계 올림픽 개최, 【2019】 WTO 선진국 진입, 30-50클럽 7개국 진입, 세계 군사력 7위, 세계 방산 수출 6위, 세계 가전 판매 1위, 세계 게임 점유율 4위, 세계 화장품 수출 4위, 세계 특허출원 4위, 【2020】 세계 10대 군사위성 보유, 코로나19 세계 방역 모델, 세계 자동 차 생산 4위, 세계 5대 가스터빈 기술 보유 등. (단 통계에 따라 최초 진입 시점 은 차이가 있다.)

19 이만열(임마누엘 페스트라이쉬), 『한국인만 모르는 다른 대한민국: 하버드대 박사가 본 한국의 가능성』, 21세기북스, 2013; 이만열(임마누엘 페스트라이 쉬), 『한국인만 몰랐던 더 큰 대한민국』, 레드우드, 2017.

20 2012년 8월 Moodys(한국AA, 일본A+), 2012년 9월 Fitch(한국AA-, 일본A+), 2015년 9월 S&P(한국AA-, 일본A); 2019년 10월 Moodys(한국AA/Aa2, 일 본A+/A1: 2등급 차이), S&P(한국AA/Aa2, 일본A+/A1: 2등급 차이), Fitch(한 국AA-/Aa3, 일본A/A1: 2등급 차이).

21 「한국 제조업 생산성, 일본 앞질렀다」, 『서울신문』 2016. 3. 24.

22 2017년 OECD PPP기준 1인당 GDP(한국 4만 1,000달러, 일본 4만 827달러), 2018년 OECD PPP기준 1인당 GDP(한국 4만 2,135달러, 일본 4만 1,501달러); 2018년 IMF PPP기준 1인당 GDP(한국 4만 3,290달러, 일본 4만 4,246달러). 「韓

구매력 기준 1인당 GDP 일본 추월한 의미는」, 『연합인포맥스』 2020. 3. 3.; 「OECD "한국 1인당 GDP, 일본 추월했다… 2017년 PPP기준부터"」, 『연합인포맥스』 2020. 3. 3.

23 히구치 나오토, 『폭주하는 일본의 극우주의』, 김영숙 옮김, 미래를소유한사람들, 2015.

24 거란 전쟁(성종 12/993, 현종 1/1010, 현종 9/1019, 고종 4/1216), 여진 전쟁(문종 34/1084, 숙종 9/1104, 예종 2/1107), 몽골 전쟁(고종 12/1225-고종 46/1259, 원종 11/1270 개경 환도), 원간섭기(원종 1/1259-공민왕 3/1354), 홍건적 침입(공민왕 8/1539/서경 함락, 공민왕 10/1361/개경 함락), 왜구 침입(고종 10/1223/김해 침공-세종 1/1419/대마도 정벌).

25 최종석, 「조선시기 城隍祠 입지를 둘러싼 양상과 그 배경: 高麗 이래 질서와 '時王之制' 사이의 길항의 관점에서」, 『한국사연구』 143, 한국사연구회, 2008; 최종석, 「조선전기 淫祀的 城隍祭의 양상과 그 성격: 중화 보편 수용의 일 양상」, 『역사학보』 204, 역사학회, 2009; 정다함, 「'事大'와 '交隣'과 '小中華'라는 틀의 초시간적인 그리고 초공간적인 맥락」, 『한국사학보』 42, 고려사학회, 2011; 인하대학교 한국학연구소, 『중국 없는 중화』, 인하대학교출판부, 2009; 허태용, 『조선후기 중화론과 역사 인식』, 아카넷, 2009; 우경섭, 『조선중화주의의 성립과 동아시아』, 유니스토리, 2013; 배우성, 『조선과 중화』, 돌베개, 2014.

26 윤한택, 『다산의 고려서북계 인식』, 경인문화사, 2018; '조선시대 실학자들의 역사 인식과 조선총독부 편수회의 『조선사』', 서울흥사단본부강당, 2018. 9. 7.

27 이문영, 『만들어진 한국사』; 이문영, 『유사역사학 비판』.

28 津田左右吉, 『津田左右吉歷史論集』, 今井修 編, 東京: 巖波書店, 2006; 大井健輔, 『津田左右吉, 大日本帝國との對決: 天皇の軍服を脱がせた男』, 東京: 勉誠出版, 2015.

29 윤한택 외, 『고구려의 평양과 그 여운』, 주류성, 2017; 윤한택 외, 『압록과 고려의 북계』, 주류성, 2017; 윤한택, 『고려 국경에서 평화의 시대를 묻는다』, 더플랜, 2018; 윤한택, 「역사학의 소생을 위하여: 정요근 '유사역사학'에 답함」, 『내일을여는역사』, 내일을여는역사재단, 2018.

30 민현구, 『高麗政治史論: 統一國家의 확립과 獨立王國의 시련』, 고려대학교출판부, 2004.

31 김백철, 『법치국가 조선의 탄생』, 이학사, 2016.

32 홍영의, 『고려말 정치사 연구』, 혜안, 2005.

2장 사고의 출발점

1 李建昌, 『黨議通略』(필사본, 연대 미상)(신활자본 『黨議通略』, 朝鮮光文會, 1910); 이건창, 『당의통략』, 이근호 옮김, 지만지고전천줄, 2008.

2 교과서포럼, 앞의 책; 박지향 외, 『해방전후사의 재인식』 1, 2, 책세상, 2006; 이영훈 외, 『수량경제사로 다시 본 조선후기』, 서울대출판문화원, 2013; 이영훈, 『대한민국 이야기』, 기파랑, 2016; 이영훈 외, 『반일 종족주의』, 미래사, 2019.

3 역사교육연대회의, 앞의 책; 황태연 외, 『일제종족주의』, 넥센미디어, 2019; 강성연, 『탈진실의 시대, 역사부정을 묻는다』, 푸른역사, 2020.

4 H. G. 크릴, 『공자: 인간과 신화』, 이성규 옮김, 지식산업사, 1988; 정진농, 『오리엔탈리즘의 역사』, 살림, 2003; 프랑크, 앞의 책; 존 M. 홉슨, 『서구 문명은 동양에서 시작되었다』, 정경옥 옮김, 에코리브로, 2005; J. J. 클라크, 『동양은 어떻게 서양을 계몽했는가』, 장세룡 옮김, 우물이있는집, 2004; 아부-루고드, 앞의 책; 티머시 브룩, 『베르메르의 모자: 베르메르의 그림을 통해 본 17세기 동서문명교류사』, 박인균 옮김, 추수밭, 2008; 데이비드 문젤로, 『동양과 서양의 위대한 만남 1500-1800』, 김성규 옮김, 휴머니스트, 2009; 주겸지, 『중국이 만든 유럽의 근대』, 전홍석 옮김, 청계, 2010; 잭 웨더포드, 『칭기스칸 잠든 유럽을 깨우다』, 정영목 옮김, 사계절, 2013.

5 폴 존슨, 『폴 존슨 근대의 탄생』 1, 2, 명병훈 옮김, 살림, 2014.

6 이만열, 「日帝 官學者들의 韓國史 敍述」, 『한국사론』 6, 국사편찬위원회, 1979; 이만열, 「한국사연구」, 『한국사 45: 신문화운동 I』, 국사편찬위원회, 2000.

7 이태진, 「개요」, 『한국사』 30, 국사편찬위원회, 1998; 김성우, 「연속된 두 시기로서의 16·17세기: "조선중기론"의 입장에서」, 『내일을여는역사』 24, 내일을여는역사, 2006; 김성우, 「'조선 중기'를 바라보는 두 개의 시선: 한국과 미국의 역사학계 비교」, 『한국사연구』 143, 한국사연구회, 2008.

8 김백철, 「탕평을 어떻게 볼 것인가」, 이태진·김백철, 『조선후기 탕평정치의 재조명』 상, 2011.

9 아놀드 토인비, 『역사의 연구』 I, 김규태 외 옮김, 더스타일, 2012.

10 오수창, 「세도정치의 성립과 전개」, 『한국사』 32, 국사편찬위원회, 1998.

3장 이념의 지향: 르네상스기 조선왕조

1 장 보댕,『국가에 관한 6권의 책』1-6, 나정원 옮김, 아카넷, 2013.

2 플라톤,『국가론』, 최현 옮김, 집문당, 1990; 아리스토텔레스,『정치학』, 이 병길 옮김, 박영사, 2006.

3 황종희,『명이대방록』, 정병철 옮김, 홍익출판사, 1999.

4 토마스 홉스,『리바이어던』, 최공웅 옮김, 동서문화사, 2016.

5 안확,『조선문명사』, 회동서관, 1923.

6 천추절千秋節, 장녕절長寧節, 응천절應天節, 장령절長齡節, 성평절成平節, 천원 절天元節, 대원절大元節, 함녕절咸寧節, 경룡절慶龍節, 하청절河淸節, 건흥절乾興 節, 함성절咸成節, 수성절壽成節, 광천절光天節, 경운절慶雲節, 수원절壽元節 등.

7 선지宣旨 → 왕지王旨/짐朕 → 고孤/사赦 → 유宥/주奏 → 정문呈文/종宗 → 왕王 /폐하 → 전하殿下/태후 → 대비大妃/왕후王后 → 왕비王妃/태자 → 세자世 子/궁주宮主 → 옹주翁主/절일 → 생일生日 · 생신生辰/제制 · 조詔 · 칙勅 → 지旨 · 교敎/표表 → 전箋/지제고知制誥 → 지제교知制敎.

8 중국의 조정을 성조聖朝라 하고, 황제는 성감聖鑑, 성신聖神, 성심聖心, 성 명聖明 등으로 칭했다. 이 밖에도 성인聖人, 열성列聖, 성경聖敬, 성대聖代, 성 수聖壽, 성정聖情, 성재聖裁, 성절聖節, 성지聖旨, 성총聖聰, 성택聖澤, 성화聖化, 성후聖后, 성훈聖訓, 자성慈聖 등 다양한 표현을 사용했다. 아울러 '천' 자 계 열로 천사天使, 천의天意, 천총天聰 등도 확인된다.

9 군주에 대해 '성상聖上', '성총聖聰', '성명聖明', '성유聖諭', '성궁聖躬', '천총天 聰', '천안天顔' 등으로 칭하고, 조종에 대해 '열성列聖', '성조聖祖', '조성祖聖', '성군聖君', '성왕聖王', '대성인大聖人' 등으로 한결같이 높여 칭했다. '자성慈 聖'과 같이 전형적인 조선화의 길을 걷는 경우도 있다. 본래 '자성'은 중국 에서는 황제의 모후母后에 대한 존어尊語로 사용되었다. 조선에서는 단종端 宗이 어린 나이에 즉위하고 숙부 수양대군首陽大君(세조世祖)이 정국을 주 도하자 그 부인 윤씨尹氏(정희왕후貞熹王后)까지 위엄을 높이기 위한 존호로 '자성'이 도입되었다. 이후 세조가 왕위를 차지하면서 왕대비에 대한 일반 존칭으로 굳어져버렸다.

10 성감聖鑑, 성경聖敬, 성고聖考, 성교聖敎, 성군聖君, 성궁聖躬, 성념聖念, 성대聖 代, 성덕聖德, 성려聖慮, 성단聖斷, 성명聖明, 성비聖批, 성상聖上, 성세聖世, 성 성聖性, 성수聖壽, 성신聖神, 성심聖心, 성왕聖王, 성유聖諭, 성은聖恩, 성의聖 意, 성자聖慈, 성자聖子, 성자聖姿, 성재聖裁, 성정聖情, 성조聖朝, 성조聖祖, 성 주聖主, 성지聖旨, 성청聖聽, 성체聖體, 성총聖聰, 성충聖衷, 성학聖學, 성한聖翰,

성효聖孝, 성화聖化, 성후聖后, 성후聖候, 성훈聖訓, 성택聖澤, 대성인大聖人, 양성兩聖, 열성列聖, 자성慈聖, 조성祖聖, 천감天鑑, 천덕天德, 천안天顏, 천의天意, 천총天聰, 천혼天闇, 회천回天 등.

11 『成宗實錄』卷219, 成宗 19年 8月 乙卯(24日).

12 『成宗實錄』卷214, 成宗 19年 3月 辛巳(17日).

13 "屈一人下 , 伸万人上 , 惟聖人能行之."(『六韜』(『意林』)); "夫能詘於一人之下, 而信於万乘之上者, 湯武是也."(『漢書』「蕭何傳」); "夫屈一人之下 , 必伸万人之上." (『吳越春秋』)

14 【京畿】『經國大典』(1485?); 『大典會通』(1865); 『朝鮮地圖』「京畿」(1592?)〈古 4709-38〉; 『東國輿地勝覽』「京畿」(연대 미상)〈古4700-45〉; 『地圖』「京畿」(연대 미상)〈가람古912.5-J561〉; 『東國地圖』「京畿」(일사古912.51-D717); 勅令36號「전국 23府를 13道로 개정하고 각도에 관찰사를 설치함」(1896).

15 【京畿左右道】『太祖實錄』卷2, 太祖 元年 9月 己丑(11日).

16 【京畿道】『八道地圖』「京畿道」(연대 미상)〈古4709-73〉; 『輿地圖』「京畿道」(연대 미상)〈古4709-58〉; 『東國輿地圖』「京畿道」(연대 미상)〈古4709-96〉; 『東國輿地圖』「京畿道」(연대 미상)〈想白古 912.51-D717〉; 『光武三年五月日京畿道始興郡邑誌地圖』(1899)〈奎 10711〉; 『光武三年五月日京畿道振威郡邑誌輿地圖成冊』(1899)〈奎 10714〉; 『大韓新地志附地圖』「大韓全圖」(1907); 「大韓帝國地圖」(1908).

4장 영토론

1 오병한, 「1910-1920년대 일본과 중국의 압록강 국경문제 인식과 대응」, 『한국근현대사연구』 84, 한국근현대사연구회, 2018.

2 이철우, 『서양의 세습가산제』, 경인문화사, 2010.

3 David C. Kang, *East Asia Before the West: Five Centuries of Trade and Tribute*, Columbia University Press, 2012.

4 피터 C. 퍼듀, 『중국의 서진』, 공원국 옮김, 길, 2012.

5 민덕기, 「조선의 대명 관계와 의주 사람들」, 『한국관계사연구』 49, 한일관계사학회, 2014; 김선민, 「19세기 압록강 유역의 환경과 개발」, 『사총』 91, 고려사학회, 2017.

6 김영미, 「두만/토문에 대한 지명언어학적 고찰」, 『어문논총』 32, 전남대학교 한국어문학연구소, 2018.

7 압록강 유역은 고조선, 고구려, 발해 등을 모두 포함하며, 두만강 유역은 고

구려, 발해에 국한된다. 고구려에서는 '압록강鴨綠江', 발해에서는 '서경압록부西京鴨綠府' 등의 명칭이 확인된다. 윤명철, 「국내성의 압록강 방어 체계 연구」, 『고구려발해연구』 15, 고구려발해학회, 2003; 강성산, 「발해 5경 명칭 출현 시기에 관한 사료적 검토」, 『고구려발해연구』 55, 고구려발해학회, 2016.

8 김순자, 「10-11세기 고려와 요의 영토 정책」, 『동북아역사논총』 11, 동북아역사재단, 2006; 송용덕, 「고려후기 변경지역 변동과 압록강 연변인식의 형성」, 『역사학보』 201, 역사학회, 2009.

9 마오쩌둥의 발언은 소수민족의 역사에 국한될 뿐이다. 전형적인 아전인수 격 해석이다. 『TV조선』, 「마오쩌둥 "요동은 조선 땅"」, 2014. 2. 28.; 정반대로 마오쩌둥이 반환을 거부하는 기록도 존재한다. 『논객닷컴』, 「김일성과 모택동의 대화」, 2019. 7. 10.

10 남중국해 4개 군도가 영토 분쟁이 진행 중이다. 일본 제국 패전 후 「샌프란시스코 평화조약」에는 영토 귀속에 대한 명시가 없어서 주변국이 실력으로 영유권을 획득해나가고 있다. 파라셀 군도(서사군도西沙群島/호앙사 군도, 베트남과 갈등), 스프래틀리 군도(남사군도南沙群島/쯔엉사 군도, 베트남-필리핀과 갈등), 프라타스 군도Pratas Islands(동사군도東沙群島, 대만과 갈등), 매클스필드Macclesfield Bank(중사군도中沙群島, 중국 실효 지배).

11 『에듀윌 시사상식』(전자판).

12 【별다른 설명 없이 對馬島가 있는 지도】「東國輿地勝覽」, 八道總圖〈古4700-45〉; 「八道地圖」, 慶尙道〈古4709-73〉; 「八道地圖」, 慶尙道〈奎10331〉; 「八道地圖」, 慶尙道〈古4709-23〉; 「八道地圖」, 1冊, 慶尙道〈古4709-14〉; 「左海地圖」, 慶尙道〈奎12229〉; 「朝鮮地圖」, 慶尙道〈古4709-38〉; 「朝鮮地圖」, 慶尙道〈古4709-32〉; 「朝鮮地圖」, 慶尙道〈古4709-77〉; 「朝鮮地圖帖」, 慶尙道〈古4709-11〉; 「東國輿地圖」, 慶尙道〈古4709-96〉; 「東國輿地圖」, 慶尙道〈想白古912.51-D717〉; 「輿地圖」, 慶尙道, 東萊府〈古4709-68〉; 「輿地圖」, 慶尙道〈古4709-58〉; 「地圖」, 慶尙道〈가람古912.5-J561〉; 「海東地圖」, 慶尙道, 東萊府〈古大4709-41〉; 「1872年方地圖」, 慶尙道, 東萊府; 「地乘」, 慶尙道, 東萊府〈奎15423〉; 「靑丘八域圖」, 慶尙道〈一簑古912.51-C422c〉; 「大東輿地圖」〈奎10333〉.

13 【日本(國)-對馬島/對馬州】『高麗史』卷7, 世家7, 文宗, 文宗 3年 11月 戊午; 『高麗史』卷7, 世家7, 文宗, 文宗 5年 7月 己未; 『高麗史』卷9, 世家9, 文宗, 文宗 36年 11月 丙戌; 『高麗史』卷10, 世家10, 宣宗, 宣宗 4年 7月 庚午; 『太祖實錄』卷11, 太祖 6年 5月 丁巳(6日); 『定宗實錄』卷2, 定宗 元年 7月 己巳(1日); 『太宗實錄』卷2, 太宗 元年 9月 乙卯(29日); 『世宗實錄』卷3, 世宗 元年 正月 戊申(3日); 『端宗實

錄』卷4, 端宗 即位년 11滅 庚申(2日);『世祖實錄』卷4, 世祖 2年 6月 己酉(11日);
『睿宗實錄』卷5, 睿宗 元年 5月 辛亥(28日);『中宗實錄』卷62, 中宗 23년 7月 甲戌
(5日);『宣祖實錄』卷160, 宣祖 36年 3月 庚辰(24日);『仁祖實錄』卷16, 仁祖 5年
7月 癸酉(9日);『正祖實錄』卷40, 正祖 18年 8月 辛巳(27日);『純祖實錄』卷8, 純
祖 6年 3月 乙亥(27日);『高宗實錄』卷3, 高宗 3年 10月 庚子(15日);『東萊府誌』,
島嶼〈想白古 915.15-D717〉(광무3/1899);『東萊府邑誌』, 島嶼〈奎 10877〉(광무
3/1899).

14 【설명이 부기된 對馬島】「地圖」, 慶尙道〈古4709-92〉;「東國輿圖」〈古大 4790-
50〉;「青丘要覽」, 對馬島〈古 4709-21A〉;「海東地圖」, 慶尙道〈古4709-61〉;「朝
鮮八道地圖」, 慶尙道〈奎 12419〉.

15 【對馬島가 없는 지도】「東國地圖」, 慶尙道〈일사古912.51-D717〉;「廣輿圖」, 慶
尙道, 東萊〈古4790-58〉;「朝鮮地圖」, 慶尙道, 東萊〈奎16030〉;「備邊司印方眼地
圖」, 嶺南地圖, 東萊〈奎12154〉;「東輿圖」〈奎 10340〉;「青丘圖」〈古 4709-21〉;
「東域圖」, 慶尙道〈古 4709-27〉;「朝鮮八道地圖」, 慶尙道〈古 4709-54〉;「朝鮮八
道地圖」, 2冊〈古屛 912.51-J773〉;「八道分度」, 嶺南(古 915.1-p173);「大東方輿全
圖」〈奎 10341〉.

16 「地圖」, 慶尙道〈古4709-92〉.

17 「東國輿圖」〈古大 4790-50〉.

18 【日本界】「海東地圖」〈古4709-61〉;「朝鮮八道地圖」, 慶尙道〈奎 12419〉;「輿地
圖」, 2冊, 慶尙道〈古4709-78〉;【日本地】「八道地圖」, 慶尙道〈古軸 4709-48〉.

19 김문길 외,『독도는 한국 땅: 대마도는 조선 부속 섬』, 대양미디어, 2020.

20 「青丘要覽」, 對馬島〈古 4709-21A〉.

21 박유하,『제국의 위안부』, 뿌리와이파리, 2015; 시라이 사토시,『영속패전
론』, 정선태 옮김, 이숲, 2017.

22 신용하,『한국과 일본의 독도영유권 논쟁』, 한양대학교출판부, 2003; 신용
하,『한국의 독도영유권 연구』, 경인문화사, 2006; 신용하,『독도영유권에
대한 일본주장 비판』, 서울대학교출판부, 2011; 김명기,『독도의 영유권과
국제재판』, 한국학술정보, 2012; 김명기,『독도의 영유권과 국제해양법』, 선
인, 2014; 최장근,『일본의 독도 영유권 조작의 계보』, 제이앤씨, 2011; 최
장근,『한국영토 독도, 일본의 영유권 조작 방식』, 제이앤씨, 2017; 최장근,
『한국의 고유영토 독도의 영유권』, 제이앤씨, 2019.

23 김희영,「오리엔탈리즘과 19세기 말 서양인의 조선 인식: 이사벨라 버드
비숍의『조선과 그 이웃나라들』을 중심으로」,『경주사학』26, 경주사학회,
2007; 이용재,「이사벨라 버드 비숍(Isabella Bird Bishop)의 중국여행기와 제

국주의적 글쓰기」, 『중국어문논역총간』 30, 중국어문논역학회, 2012; 정희선, 「『이사벨라 버드 비숍의 황금 반도(The Golden Chersonese and the Way Thither)』에 나타난 제국주의적 시선과 여성 여행자로서의 정체성」, 『대한지리학회지』 53-1, 대한지리학회, 2018.

24 실례로 외국인의 기록이라고 하더라도 모두 객관적이지 않았다. 비숍·그리피스·커즌·위그램·런던 등은 일본의 제국주의 논리를 정당화해나갔던 반면에 맥켄지·헐버트·게일·테일러 등은 일본의 침략 행위를 고발하였다. 【일본 논리 정당화】 W. E. 그리피스, 『은자의 나라 한국』, 신복룡 옮김, 집문당, 1999; 이사벨라 버드 비숍, 『한국과 그 이웃 나라들』, 이인화 옮김, 살림, 1994; G. N. 커즌, 『100년 전의 여행 100년 후의 교훈』, 나종일 옮김 비봉출판사, 1996; 잭 런던, 『잭 런던의 조선사람 엿보기: 러일전쟁 종군기』, 윤미기 옮김, 한울, 2011; 헨리 위그램, 『(영국인 기자의 눈으로 본) 근대 만주와 대한제국』, 이영옥 옮김, 살림, 2009; 【일본 침략 고발】 F. A. 맥켄지, 『대한제국의 비극』, 신복룡 옮김, 집문당, 1999; 호머 헐버트, 『대한제국멸망사』, 신복룡 옮김, 집문당, 1999; 제임스 S. 게일, 『조선, 그 마지막 10년의 기록(1888-1897)』, 최재형 옮김, 책비, 2018; 메리 린리 테일러, 『호박 목걸이』, 송영달 옮김, 책과함께, 2014.

25 이영훈 외, 『반일 종족주의』; 이영훈 외, 『반일 종족주의와의 투쟁』, 미래사, 2020.

26 이용우, 「프랑스 초기 레지스탕스의 비시-페탱 인식(1940-1942)」, 『프랑스사연구』 25, 한국프랑스사학회, 2011; 이용우, 「레지스탕스 역사 쓰기: 신화화와 망각을 넘어서(1946-2013)」, 『프랑스사연구』 34, 한국프랑스사학회, 2016.

27 곧 발해 유민이 세운 10세기 후발해, 정안국定安國, 올야, 11세기 흥요국興遼國, 12세기 대발해국 등은 고려와 구분되었고, 얼마 뒤 사라졌다. 거란(요)에 반기를 든 흥요국(1029-1030)의 등장 시에도 고려는 협조를 거부하였다.

28 1세기 『논형』 '탁리국槖離國'/3세기 『삼국지』 인용 『위략』-『한원』 '고리국高離國'/4세기 『수신기』-5세기 『후한서』-7세기 『북사』-7세기 『양서』-9세기 『통전』 '색리국索離國'/9세기 『新撰姓氏錄』 '탁근국卓斤國'/7세기 『수서』 '고려국高麗國'; 槖/索/高 → 槖.

29 왕우량·이언군, 「북이 색리국 및 부여 초기 왕성에 대한 새로운 고찰」, 『고구려발해연구』 14, 고구려발해학회, 2002.

30 장병진, 「초기 고구려의 주도세력과 현도군」, 『한국고대사연구』 77, 한국고대사학회, 2015.

31 박용운,「국호 고구려·고려에 대한 일고찰」,『동북아역사논총』1, 동북아역 사재단, 2004; 박용운,「왜 왕건은 고려를 국호로 했을까」,『내일을여는역 사』21, 내일을여는역사재단, 2005.

32 박재우,「고려전기 영토관념과 邊境」,『한국중세사연구』35, 한국중세사학 회, 2013.

33 김순자, 앞의 논문, 2006; 송용덕, 앞의 논문, 2009.

34 『高麗史』卷39, 世家39, 恭愍王2, 恭愍王 5年 4月 戊子.

35 『高麗史』卷39, 世家39, 恭愍王2, 恭愍王 5年 7月 丁酉.

36 『高麗史』卷39, 世家39, 恭愍王2, 恭愍王 5年 6月 癸丑.

37 『高麗史』卷39, 世家39, 恭愍王2, 恭愍王 5年 7月 乙酉.

38 『高麗史』卷39, 世家39, 恭愍王2, 恭愍王 5年 10月 戊午.

39 공민왕대 동북 9성을 북청까지 보는 것은『고려사』「세가」기준이다.

40 공민왕대 동북 9성을 길주까지 보는 것은『고려사』「지리지」기준이다.

41 ①『고려사절요』·『고려사』「세가」의 예종대 기사, ②『고려사』「세가」공민 왕대 기사, ③『고려사』「열전」우왕대 기사, ④『고려사』「세가」공양왕대 기사, ⑤『세종실록』세종대 기사, ⑥『고려사』「지리지」공민왕대 기사, ⑦ 『세종실록』「지리지」등의 기록이 모두 상이하다.

42 김백철,「조선시대 함경도 지역사 시론」.

43 『世宗實錄』卷59, 世宗 15年 3月 癸酉(20日).

44 김백철,「조선시대 함경도 지역사 시론」.

45 여기서 만주·간도·연해주는 별도로 구분해볼 필요가 있다. 대한제국기 편 찬된 지도(『大韓新地志附地圖』「大韓全圖」(1907),『大韓帝國地圖』「咸鏡南北道」 (1908),「大韓帝國地圖」(1908),「大韓帝國全圖」(1908),「大韓全國地圖」(연대 미 상))에는 '청국 만주'와 '함경북도 북간도'가 명확히 구분되어 있으며, '러시 아 연해주'도 제외되어 있다. 이 외에도 정확도에 다소 의구심이 들지만 로 마교황청의『카톨리시즘 앙 코레Catholicisme en Corée』(1924)에도 조선 교구 로서 함경도-간도 지구가 극히 팽창되어 표현되어 있는데, 만주와 간도는 일부 중첩되어 있으나 러시아령(연해주)은 엄격히 구분되어 있다. 현존하는 1930년대 괴뢰 만주국의 지도(「滿洲國地圖」,「滿洲經濟交通圖」,「間島省」)에도 약간 범위가 달라졌으나 대한제국의 북간도北間島 영역이 간도성間島省으로 표시되었고 연해주는 물론 제외되어 있다.「대한제국지도」(1908)에는 서간 도西間島가 표기되어 있으나 영역 밖으로 보인다.
고종 연간 수차례 청과 국경선 재협상 과정(1885, 1886, 1887, 1888)에서 간도 영유권을 주장하였고, 협상이 결렬되자 1902년 간도 시찰원, 1903년 간도 관리사 등을 파견하여 실효적인 지배권을 행사하였다. 대한제국의 '북간도' 및 괴뢰 만주국의 '간도성' 일대는 현재 중화인민공화국中華人民共和國 길림 성吉林省 '연변조선족자치주延邊朝鮮族自治州'로 확대 개편되었다. 대한제국의 공식 지도만으로 평가해보면 기존 조선의 국경 정책(압록강-두만강)을 변경 했다기보다는 '토문강-두만강'의 재해석을 통해서 두만강 유역을 보다 확 장했다고 볼 수 있다. 이성환,『간도는 누구의 땅인가』, 살림, 2004; 김명기, 『간도의 영유권과 국제법』, 한국학술정보, 2013; 김영미, 앞의 논문, 2018.

46 윤락현,『간도는 왜 우리 땅인가?』, 백산자료원, 2013.

47 서간도에는 자치 조직이 경학사耕學社 → 부민단扶民團 → 한족회韓族會로 개 편되었고, 신흥무관학교新興武官學校와 군정부軍政府가 조직되었다. 이를 대 한민국임시정부는 '서로군정서西路軍政署'로 개칭하였다.

48 '대한정의단大韓正義團'과 '대한군정서大韓軍政署'는 '대한군정부大韓軍政府'로 통합되고 다시 '대한군정서'로 바뀌었다. 이를 대한민국임시정부는 '북로군 정서北路軍政署'로 칭하였다.

49 대한독립군大韓獨立軍(1919), 대한독립단大韓獨立團(1919), 대한독립군단大韓獨 立軍團(1920), 대한국민회군大韓國民會軍(1920), 대한군북로독군부大韓軍北路督 軍府(1920), 육군주만참의부陸軍駐滿參議府(1923), 정의부正義府(1924), 조선혁명 군朝鮮革命軍(1925), 광복군光復軍(1940) 등이다.

50 김교헌,『신단민사』, 고동영 옮김, 한뿌리, 2006; 김교헌,『신단실기』; 김교 헌 외,『단조사고』, 김동환 옮김, 한뿌리, 2006.

51 우왕 14년 4월 초 4불가론이 나왔으나, 같은 해 5-6월 위화도회군 전후에 는 정작 공민왕의 외교정책이 강조되었다.『高麗史』卷137, 列傳50, 辛禑5, 禑 王 14年 4月 乙巳;『高麗史』卷137, 列傳50, 辛禑5, 昌王 卽位年 5月 丙戌·6月 癸 卯.

52 『明史』卷3, 本紀3, 太祖3, 洪武 21年 4月 丙辰;『明史』卷132, 列傳20, 藍玉, 洪武 21年 3月.

53 『(明)太祖高皇帝實錄』卷189, 洪武 21年 3月 甲辰(30日).

54 『高麗史』卷137, 列傳50, 辛禑5, 禑王 14年 4月 丁未.

55 안확,『조선문명사』.

56 『高麗史』卷137, 列傳50, 辛禑5, 昌王 卽位年 5月 丙戌·6月 癸卯; 김백철,『법치 국가 조선의 탄생』.

57 【요심 공략】공민왕 5년(1356)(파사부/?), 공민왕 19년(1370) 1월(요양-오녀 산 성/1만 5,000명), 공민왕 19년(1370) 11월(요양/3,000명 이상 추정), 공민왕 20년 (1371) 9월(요양-오녀 산성/?),【왜구 토벌】창왕 1년(1389)(대마도/1만 명), 태

조 5년(1396)(대마도/?), 세종 1년(1419)(대마도/?),【여진 토벌】세종 15년 (1433)(파저강/1만 5,000명), 세종 19년(1437)(파저강/8,000명), 세조 6년(1460)(건 주여진/1만 명), 세조 13년 (1467)(건주여진/1만 5,000명), 성종 10년(1479)(건주 여진/4,000명), 성종 22년(1491)(여진/2만 명), 선조 21년(1588)(여진/2,500명), 선 조 33년(1600)(여진/3,000명).

58 금金의 요동 함주로咸州路 부근에 심주瀋州 쌍성현雙城縣 있는데, 고려에도 함주咸州 근처인 화주에 성城이 두 개가 있어 쌍성이라는 당치 않은 이름을 빌려 와서 붙였다고 설명한다.『高麗史』卷137, 列傳50, 辛禑5, 禑王 14年 2月.

제2부 국가 체제

5장 중앙관제

1 『太祖實錄』「總序」;『太宗實錄』「總序」.

2 권문세족과 신흥무장세력의 구분에는 논란의 여지가 있으나, 최영崔瑩·이 인임李仁任 등은 이미 유력 가문의 후예였고 공민왕대 군사적 재능까지 뽐 내며 가문과 능력을 출세에 두루 활용하였다. 이형우,「변신과 처세에 능했 던 권신 이인임」,『역사비평』48, 역사비평사, 1999.

3 조준趙浚은 권문세족의 자제로 전제 개혁을 주장했다.

4 물론 동시에 '성계탕'이나 '성계육'이라는 비판적 표현도 병존한다.

5 홍영의,『고려말 정치사 연구』; 김백철,『법치국가 조선의 탄생』.

6 단 과전법이 만들어진 뒤에 신왕조에서는 서경 대상이 5품 이하 관리로 재 조정되었다.

7 이재철,『조선후기 비변사 연구』, 집문당, 2001; 반윤홍,『조선시대 비변사 연구』, 경인문화사, 2003.

8 변태섭,『고려정치제도사연구』, 일조각, 1971.

9 "여태까지 내린 지시를 너희들은 대부분 순순히 따르지 않았다. 밤새도록 대궐 문에서 떠들면서 큰길에 장애물을 설치해 막았다. 제멋대로 행동하고 사납게 굴면서 다른 사람의 집과 재산을 파괴했다. 이것이 어찌 왕이 다스 리는 5백년 전제국가에 있었던 일이겠는가? … 이같이 잘 타일렀는데도 후 에 만약 혹 쓸데없이 고집부리며 깨닫지 못하여, 독립의 기초를 튼튼하게 하지 못하게 하고 전제정치에 손해를 끼친다면 이것은 결코 너희들의 충군 애국하려는 본뜻이 아닐 것이다."(정교,『대한계년사』4, 조광 외 옮김, 소명출판, 2004)

10 『경국대전』은 성종 2년(1471: 신묘대전), 성종 5년(1474: 갑오대전), 성종 15년 (1484: 을사대전), 『대전속록』은 성종 5년(1474), 성종 23년(1493), 『동국통감』 은 성종 15년(1484), 성종 16년(1486)에 각기 편찬되었다.

6장 지방통치

1 박한제, 『대당제국과 그 유산: 호한통합과 다민족국가의 형성』, 세창미디어, 2015.

2 최종석, 『한국 중세의 읍치와 성』, 신구문화사, 2014.

3 정요근, 「고려시대 전통 대읍 읍치 공간의 실증적 검토와 산성읍치설 비판: 충청도와 경기도, 강원도 대읍의 분석을 중심으로」, 『한국중세고고학』 6, 한국중세고고학회, 2019.

4 『經國大典』 「吏典」 '京官職'·'外官職'.

5 전기는 부윤·대도호부사·도호부사 등이고, 후기는 유수·부윤·대도호부 사·도호부사 등이다.

6 『大典會通』 「吏典」 '外官職'.

7 훈련도감訓鍊都監·금위영禁衛營·어영청御營廳 → 도성都城 방어.

8 관리영管理營 → 대흥산성大興山城.

9 진무영鎭撫營 → 수로 방어.

10 총리영總理營 → 華城.

11 수어청守禦廳 → 南漢山城.

12 북한산성北漢山城.

13 『畿甸營誌』〈奎 12187〉.

14 청대에 군정은 비록 만주족 팔기군(주방팔기駐防八旗)의 등장으로 한족 군 대와 이원화되는 경향이 있었으나 민정은 포정사가, 형정은 안찰사가 각 기 담당하였다. 여기에 총독總督(1-3성省 관할)-순무巡撫(무대撫臺/도독都督/독 군督軍: 1성 관할) 등이 중앙과 지방을 중간에서 관할하는 방식이 이루어지면 서 지방 지배가 한층 강화되었다.

7장 군사제도

1 육군본부 군사연구소 편, 『한국군사사』 5, 경인문화사, 2012.

2 중종 5년(1510) 삼포왜란, 중종 39년(1544) 사량진왜변, 명종 10년(1555) 을 묘왜란 등이다.

3 부산전투·동래전투·김해전투·경주전투 등이다.

4 밀양전투·상주전투·문경전투 등이다.

5 1592년 4월 부산진 함락-1993년 1월 평양성 탈환, 1593년 10월 한양 환도.

6 1597년 1월 재침-1597년 9월 직산전투, 1598년 8월 철수.

7 『宣祖實錄』卷34, 宣祖 26年 正月 丙寅(11日). 단 연구서에 따라 정유재란기(선조 31)에는 2만 5,000-3만으로 표현되는데 사료를 살펴보면 전군의 숫자가 아니고 특정 지역이나 해당 작전의 군사이므로 변동 규모는 확인하기 어렵다.

8 자료에 따라 정유재란기(선조 31) 병력(6-14만)의 차이가 큰데 실록과 검증 가능한 경우만 밝혀둔다. 1차(선조 25) 조승훈祖承訓 3,000-5,000, 2차(선조 26) 이여송李如松 4만 4,000-5만 1,500, 3차(선조 31) 마귀麻貴 5만 5,000-6만으로 확인된다.『宣祖修正實錄』卷26, 宣祖 25年 7月 戊午(1日);『宣祖實錄』卷34, 宣祖 26年 正月 丙寅(11日);『宣祖實錄』卷99, 宣祖 31年 4月 己巳(15日);『懲毖錄』, 壬辰(선조 25) 7月;『明史』卷320, 列傳208, 外國1, 朝鮮, 萬曆 26年(선조 31) 正月;『중국정사 조선전』「명사 조선전」, 만력 26년 정월, 註771 및 註775(국사편찬위원회, 전자판);『亂中雜錄』卷3, 戊戌(선조 31) 3月 3日;『再造藩邦志』, 戊戌(선조 31) 7月; 최영희,「임진왜란의 재조명」,『국사관논총』30, 국사편찬위원회, 1991; 한명기,「임진왜란기 明·日의 협상에 관한 연구」,『국사관논총』98, 국사편찬위원회, 2002; 장학근,「임진왜란」『한국사』29, 국사편찬위원회, 1995; 김경록,「정유재란기 파병의 구성과 조명연합군」,『한일관계사연구』57, 한일관계사학회, 2017.

9 병마절도사는 종2품이고, 수군절도사는 정3품 당상관이다.

10 『經國大典』「兵典」'外官職'.

11 정3품 순영중군巡營中軍, 종3품 병마우후兵馬虞候, 정4품 수군우후水軍虞候, 정6품 북평사北評事 등이다.

12 이태진,「소빙기(1500-1750) 천변재이 연구와『조선왕조실록』: global history 의 한 장」,『역사학보』149, 역사학회, 1996; 김성우,「17세기의 위기와 숙종대 사회상」,『역사와 현실』25, 한국역사연구회, 1997; 이태진,「외계 충격 대재난설(Neo-Catastrophism)과 인류 역사의 새로운 해석」,『역사학회』164, 역사학회, 1999; 김문기,「17세기 江南의 氣候變動과 明淸交替」, 부경대학교 사학과 박사 학위논문, 2008; 김문기,「17세기 中國과 朝鮮의 小氷期 氣候變動」,『역사와 경계』77, 부산경남사학회, 2010.

13 Geoffrey Parker & Lesley M. Smith, co. ed., *The General Crisis of the Seventeenth Century*, Routledge & Kegan Paul, 1978; 나종일,「17세기 위기론과 한국사」,

『역사학보』 94·95, 역사학회, 1982; Peter Clark ed., *The European crisis of the 1590s: essays in comparative history,* Allen & Unwin, 1985;Geoffrey Parker, *Europe in Crisis 1598-1648,* Blackwell, 2001.

14 이태진, 「인구의 감소」, 『한국사』 30, 국사편찬위원회, 1998.

15 단 세종대 기준 약 29만 명, 선조대 27만 명이다.

8장 법치국가의 구현

1 황태연, 「공자의 분권적 제한군주정과 영국 내각제의 기원 (1): 윌리엄 템플의 중국 내각제 분석과 찰스 2세의 헌정개혁」, 『한국학』 37-2, 한국학중앙연구원, 2014; 황태연, 「윌리엄 템플의 중국 내각제 분석과 영국 내각제의 기획·추진: 공자의 분권적 제한군주정과 영국 내각제의 기원 (2)」, 『한국학』 38-2, 한국학중앙연구원, 2015; 황태연, 「찰스 2세의 내각위원회와 영국 내각제의 확립: 공자의 분권적 제한군주정과 영국 내각제의 기원 (3)」, 『한국학』 38-3, 한국학중앙연구원, 2015.

2 "The King rules but does not govern."

3 "舜禹之有天下也而不與焉."

4 물론 영국에 헌법이 없거나 법문이 없는 것은 아니다. 이는 한국이나 미국과 같은 단일한 성문헌법이 없다는 의미이다. 영국은 자국 역사에서 중요한 의미가 있는 복수의 법규를 묶어서 영국헌법Constitution of the United Kingdom으로 지칭한다. 그 대상은 「대헌장Magna Carta」(1215), 「권리청원petition of Right」(1628), 「권리장전Bill of Rights」(1689), 「왕위계승법Act of Settlement」(1701), 「의회법Parliament Act」(1891), 「웨스트민스터헌장Statute of Westminster」(1931) 등이다.

5 아이스킬로스, 『에우메니데스』, 김종환 옮김, 지식을만드는지식, 2013.

6 신병식, 「제1공화국 토지개혁의 정치경제」, 『한국정치학회회보』 31-3, 한국정치학회, 1997; 성기중, 「전후 대일점령 개혁조처와 일본보수주의」, 『한국동북아논총』 22, 한국동북아학회, 2002; 유용태 편, 『동아시아의 농지개혁과 토지혁명』, 서울대학교출판문화원, 2014; 황병주, 「해방 공간 한민당의 냉전 자유주의와 사유재산 담론: 토지개혁 구상을 중심으로」, 『동북아역사논총』 59, 동북아역사재단, 2018.

7 김백철, 『법치국가 조선의 탄생』.

9장 정치구조의 변화

1 존 킹 페어뱅크, 『신중국사』, 중국사연구회 옮김, 까치, 1994; 김백철, 「17-18세기 대동·균역의 위상: 조선시대 재정 개혁 모델의 모색」, 『국학연구』 28, 한국국학진흥원, 2015.

2 명에서 보초 1관貫은 홍무 8년(1375)에 동전 1,000문文을 시작으로, 홍무 20년(1387)에 동전 250문, 홍무 27년(1394)에 동전 160문까지 하락하였다. 심지어 성화成化 연간에는 동전 2문에 비정되었다. 보초는 최대 1/500까지 폭락하였다. 또한 조선에서는 속전贖錢 납부 시 명 보초 1관貫에 대해서 저화는 태종 6년(1406)에는 10장을 기준으로 하였으나, 세종 4년(1422)에는 30장까지 높아져 역으로 가치가 그만큼 하락하였다. 심지어 세종 7년(1425)에는 125장에 이르렀다가 세종 27년(1445)에 가서야 60장 수준으로 안정되었다. 저화는 처음에 비해서 약 1/12까지 폭락하였다.

3 이중환, 『택리지』, 이익성 옮김, 을유문화사, 2002.

4 고위 관료가 존중받지 못하는 상황을 이중환은 부정부패가 없는 이유로 보고 긍정했던 반면에, 성현은 중국과 비교하여 관료 사회의 기강이 제대로 잡혀 있지 않다고 보았다. 성현, 『용재총화』, 이대형 옮김, 서해문집, 2012.

5 김자현, 앞의 책; 이종호, 『영조를 만든 경종의 그늘』, 글항아리, 2009; 김백철, 『영조: 민국을 꿈꾼 탕평군주』, 태학사, 2011; 김백철, 『두 얼굴의 영조: 18세기 탕평군주상의 재검토』, 태학사, 2014.

10장 사회신분의 재구조화

1 김동진, 「조선전기 백정에 대한 제민화 정책의 성과」, 『역사민속학』 29, 한국역사민속학회, 2009.

2 『明宗實錄』卷15, 明宗 8年 10月 甲申(11日).

3 숙종 3년(1677)에는 노비 신공 일부를 경감하였으며, 다시 노비 신공을 1필 반에서 1필로 경감하는 조치까지 수반되었다. 숙종 7년(1681) 삼색三色의 노비 신공 전부를 감하였고, 숙종 13년(1687) 노비 신공이 탕감되었으며, 숙종 23년(1697)에는 노비 신공 전부가 면제되었다. 숙종 39년(1713) 아직 받지 못한 신공도 정지되었으며 새로 받는 신공은 1/3로 경감되었다. 숙종 44년(1718)에도 미납분은 정지되고 새해 납부액은 1/3로 경감되었다. 영조 5년(1729) 노비 1구口마다 후목後木이 20척에서 10척으로 경감되었고, 영조 20년(1744)에는 노비 신공이 1/3로 경감되었다. 영조 22년(1746)에는 제주

노비 신공을 1/2로 줄였다.

11장 경제구조의 변환

1 몽골제국 4신분제 학설에서 종래에는 이슬람인을 제2신분의 색목인色目人으로 이해했으나 최근에는 '색목인'이란 말이 몽골어로 존재하지 않으므로 이것이 한인 관료의 비공식적 용어였다는 반론이 제기되었다(『역사용어사전』 전자판). 특히 논자에 따라 고려인의 분류를 편의적으로 제3신분 화북인이나 제4신분 남송인에 넣었으나 고려인 역시 다루가치를 맡았으므로 몽골인과 색목인의 경계에 해당하여 기존 학설로는 설명하기 어렵다.

2 동아시아 은 유통 추이는 다음 참조. 한명기, 「17세기초 은의 유통과 그 영향」, 『규장각』 15, 서울대학교 규장각, 1992; 한명기, 「16, 17세기 명청교체와 한반도: 재조지은, 은, 그리고 쿠데타의 변주곡」, 『명청사연구』 22, 명청사학회, 2004; 정성일, 「조선의 동전과 일본의 은화: 화폐의 유통을 통해 본 15-17세기 한일관계」, 『한일관계사연구』 20, 한일관계사학회, 2004; 정성일, 「조선과 일본의 은 유통 교섭」, 『한일관계사연구』 42, 한일관계사학회, 2012; 야마구치 게이지, 『일본근세의 쇄국과 개국』, 김현영 옮김, 혜안, 2001; 조영헌, 「동아시아사 교과서의 '은 유통과 교역망': 주제의 설정과 그 의미」, 『동북아역사논총』 39, 동북아역사재단, 2013; 산본진, 「조선후기 은 유통」, 『명청사연구』 39, 명청사학회. 2013; 양동휴, 「16-19세기 귀금속의 이동과 동아시아 화폐제도의 변화」, 『경제사학』 54, 경제사학회, 2013; 권내현, 「17세기 후반 18세기 전반 조선의 은 유통」, 『역사학보』 221, 역사학회, 2014.

13장 국가재정의 재편: 대동법

1 이하 본 장은 주로 다음 연구를 토대로 작성하였다. 김백철, 「17-18세기 대동·균역의 위상: 조선시대 재정 개혁 모델의 모색」.
2 한영국, 「대동법의 시행」, 『한국사』 30, 국사편찬위원회, 1998.
3 이정철, 『대동법, 조선 최고의 개혁』, 역사비평사, 2012.
4 유현재, 「조선 후기 鑄錢정책과 財政활용」, 서울대학교 국사학과 박사 학위논문, 2014.
5 양진석, 「17, 18세기 환곡제도의 운영과 기능 변화」, 서울대학교 국사학과 박사 학위논문, 2003.

14장 왕정의 위기 대응: 균역법

1   물론 양입위출量入爲出은 조선 전기부터 천명된 대원칙으로 예산을 미리 설계하고 지출하는 뜻으로 사용되었다. 그러나 16세기 후반-17세기 초반 중앙 재정이 자연재해와 외세 침략으로 큰 손실을 입은 상황에서 예산을 세워 집행하기는 어려웠다. 국력을 회복하는 데 상당한 세월이 필요했다. 조선 후기의 재정 원칙이 전기와 일치하지는 않으나 그렇다고 해서 완전히 새로운 정책도 아니었다. 국부가 융성하던 시기의 보편적 특징과 시대적 변화상이 맞물려 나타났을 뿐이다.

2   『承政院日記』, 崇禎 11年(인조16) 11月 6日(甲子); 『承政院日記』, 康熙 52年(숙종 39) 5月 6日(壬午).

3   김백철, 『조선후기 영조의 탕평정치: 『속대전』의 편찬과 백성의 재인식』, 태학사, 2010.

4   『列聖御製』卷27, 英宗大王, 文, 社壇祈年夜坐涵仁庭書錄御製以勉後王.

5   『列聖御製』卷30, 英宗大王, 文, 恤私民綸音仍示元良 .

6   『御製夙夜勤』(영조 49)〈K4-2838〉.

7   『承政院日記』, 乾隆 30年(영조 41) 12月 27日(戊辰); 『承政院日記』, 乾隆 34年(영조 45) 11月 23日(辛丑).

8   김백철, 『두 얼굴의 영조』.

9   『承政院日記』, 乾隆 26年(영조37) 4月 8日(辛未)·12月 5日(己巳).

제3부 타자의 시선

15장 동북아시아 역사상의 변화

1   프랑수와 케네, 『중국의 계몽 군주정』, 나정원 옮김, 엠애드, 2014.

2   에드워드 사이드, 『오리엔탈리즘』, 박홍규 옮김, 교보문고, 1991; 프랑크, 앞의 책; 제임스 M. 블라우트, 『식민주의자의 세계 모델: 지리적 확산론과 유럽 중심적 역사』, 김동택 옮김, 성균관대학교출판부, 2008; 주재홍, 『우리 안의 만들어진 동양』, 아카넷, 2009.

3   이 절은 본래 대학원 수업 시 「'黨爭史' 연구의 역사」로 발표하였는데, 현재 온라인 사이트 등에 별다른 저자 표시 없이 게재되어 있다.

4   南夏正, 『桐巢漫錄』(필사본, 1779)[신활자본, 匯東書館, 1925]; 남하정, 『동소만록』, 원재린 옮김, 혜안, 2017.

5 南紀濟, 『我我錄』(필사본, 1849)[신활자본, 我我錄出版社, 1927; 신활자본, 普文社, 1928].

6 『동국붕당원류고』, 이민수 옮김, 을유문화사, 1974.

7 『肅宗實錄補闕正誤』卷63, 肅宗 45年 2月 甲子(21日).

8 이성무는 '당쟁黨爭'이란 용어의 기원을 『당의통략』의 "붕당지쟁朋黨之爭"에서 찾고, 일반명사로서 '당쟁'을 사용할 수 있을 것이라고 보았다. 이성무, 「조선후기 당쟁연구의 방향」, 『조선후기 당쟁의 종합적 검토』, 한국정신문화연구원, 1992.

9 細井肇, 「序」, 『朋黨士禍の檢討』, 自由討究社, 1921.

10 "붕당은 싸움에서 생기고, 그 싸움은 이해관계에서 생긴다. 이해가 절실할수록 당파는 심해지고, 이해가 오래될수록 당파는 굳어진다. … 이제 열 사람이 모두 굶주리다가 한 사발 밥을 함께 먹게 되었다고 하자. 그릇을 채비우기도 전에 싸움이 일어난다. 말이 불손하다고 꾸짖는 것을 보고 사람들은 모두 말이 불손하기 때문에 일어났다고 믿는다. 다른 날에 … 태도가 공손치 못하다고 꾸짖는 것을 보고 사람들은 모두 싸움이 태도 때문에 일어났다고 믿는다. 다른 날에는 … 밥 먹는 동작에 방해를 받는 자가 부르짖고 여럿이 이에 응하여 화답한다. 시작은 대수롭지 않으나 끝은 크게 된다. 그 말할 때에 입에 거품을 물고 노하여 눈을 부릅뜨니, 어찌 그다지도 과격한가 … 이를 보면 싸움이 밥 때문에 일어난 것이지 말이나 태도나 동작 때문에 일어나는 것이 아님을 알 수 있다. … 이해利害의 연원이 있음을 알지 못하고는 그 그릇됨을 장차 구할 수가 없는 법이다." 李瀷, 『藿憂錄』「朋黨論」; 『星湖集』卷25, 雜著, 朋黨論.

11 "당론이란 사류가 스스로 다투는 것이니 같은 사류끼리 왜 다투겠는가? 거기에는 반드시 다투는 자료가 있을 것이니 도학과 관직이 그것이다." 李建昌, 『黨議通略』「原論」.

12 다만 대원군에 대한 평가는 독보적이다. 그의 서원 철폐를 붕당정치의 종결로 이해하고 있다. 일반적인 당론서에서 붕당의 종식을 영조대로 보는 것과 사뭇 다르다. 마치 대원군을 영웅시하는 듯하다. 물론 이러한 대원군의 긍정적 이미지는 일본 제국이 명성황후시해사건 때 대원군을 강제로 동원하여 사건을 내란으로 조작하려 했던 사실과 무관하지 않을 것이다.

13 이 절 역시 대학원 수업 시 「'黨爭史' 연구의 역사」로 발표하였다.

14 조광, 「개항기의 역사 인식과 역사서술」, 『한국사』 23, 한길사, 1994.

15 김택영, 『김택영의 조선시대사 한사경』, 조남권 외 옮김, 태학사, 2001.

16 그럼에도 훗날 이승만과 함께 외교 독립운동을 전개하여 2018년 건국훈장

애국장에 추서되었다.

17 한영우, 「한말 신채호의 민족주의사론」, 『한국민족주의역사학』, 일조각, 1994, '〈표 1〉 한말 국사 교과서 일람표(1895-1910)' 참조.

18 박은식, 『韓國痛史』, 초판본, 1915[『한국통사』, 독립기념관·한국독립운동사연구소 편, 국학자료원, 영인본, 1998]; 박은식, 『한국통사』, 김태웅 옮김, 아카넷, 2012.

19 이태진은 박은식의 평가에 대해서 좀 더 신중을 기하고 있다. 민족주의 사학자의 자기반성을 위한 비판 의식이었다고 평가하고, "진화를 위해 벗겨져야 할 구각이지만 문화 발전의 선상에서는 긍정될 수 있다"는 박은식의 표현에 주목하였다. 이태진, 「사화·당쟁의 연구사적 검토」, 『조선후기 정치와 군영제 변천』, 한국연구원, 1985; 박은식, 「謹於微와 無我라는 演論」, 『서북학회월보』 1-5, 1908 재인용.

20 한영우, 「한말 신채호의 민족주의사론」.

21 한영우, 「1940년대 손진태의 신민족주의 사학」, 『한국민족주의역사학』, 일조각, 1994.

22 김덕현, 「고종 친정 초기 지방관 임용과 당파 정치: 함경도 지방관 임용에 대한 사례 연구」, 『한국문화』 85, 서울대학교 규장각한국학연구원, 2019; 김덕현, 「19세기 후반 당파 정치와 당파 기록물의 이중성: 승정원일기(초)와 조보(초)의 사례 분석을 중심으로」, 『대동문화연구』 105, 성균관대학교 대동문화연구원, 2019.

23 강주진, 『李朝黨爭史研究』, 서울대학교출판부, 1971; 이태진, 「조선 성리학의 역사적 기능」, 『창작과비평』 33, 창작과비평사, 1974.

24 이태진, 「안확의 생애와 국학 세계」, 『역사와 인간의 대응』, 고병익선생 회갑기념 사학논총간행위원회, 1994; 이태진, 『조선시대 정치사의 재조명』.

25 당파성론이 부활한 서술은 2010년 1차 검정 『고등학교 한국사』(미래엔), 2013년 2차 검정 『고등학교 한국사』(교학사/리베르스쿨/미래엔/금성), 2011년 1차 검정 『중학교 역사』 하(대교), 2012년 2차 검정 『중학교 역사』 1(교학사) 등이 해당한다.

26 김자현, 『왕이라는 유산』.

16장 근대 개념어의 혼란

1 칸트, 『영구 평화론』, 이한구 옮김, 서광사, 2008; 이철우, 『서양의 세습가산제』.

2 노태돈, 「한국민족은 어떻게 형성되었나」, 『역사비평』 21, 역사비평사, 1992; 노태돈, 「한국민족형성시기론」, 『한국사시민강좌』 20, 일조각, 1997.

3 김자현, 『임진전쟁과 민족의 탄생』, 주채영 옮김, 너머북스, 2019.

4 리베르만, 강, 후쿠야마, 가트, 야콥슨 등은 국민국가 개념이 타 지역에서 먼저 출현했음을 논증하면서 유럽 중심주의 '근대성'을 가장 체계적으로 비판하였다. Victor B. Lieberman, *Strange Parallels, Vol. 1-2*, Cambridge Uni. Press, 2003; David C. Kang, *op. cit.*, 2012; 프랜시스 후쿠야마, 『정치질서의 기원』, 함규진 옮김, 웅진지식하우스, 2012; 아자 가트·알렉산더 야콥슨, 『민족: 정치적 종족성과 민족주의, 그 오랜 역사와 깊은 뿌리』, 유나영 옮김, 교유서가, 2020.

5 여성의 보통선거권은 인구가 부족한 지역에서 시작되어 전쟁을 거치면서 노동력 수요와 맞물려 가속화되었다. 1893년 뉴질랜드(피선거권 없음), 1902년 오스트레일리아, 1906년 핀란드, 1913년 노르웨이, 【제1차 세계대전 1914-1918년】 1915년 덴마크, 1917년 소련, 1918년 독일·오스트리아·폴란드·캐나다, 1919년 네덜란드, 1920년 미국, 1922년 미얀마, 1926년 터키, 1928년 영국, 1929년 에콰도르, 【제2차 세계대전 1939-1945년】 1945년 일본, 1946년 프랑스·중국·북한, 1949년 남한·인도, 【현대】 1971년 스위스, 1999년 카타르, 2003년 오만, 2005년 쿠웨이트, 2006년 아랍에미리트, 2008년 부탄, 2015년 사우디아라비아.

6 일본 제국은 만주 침략 전인 1906년 남만주철도주식회사를 세웠고, 1908년부터 산하에 '만선역사지리조사부'를 설치하였으며, 괴뢰 만주국를 세운 후에는 실제 발해 유적 조사에 박차를 가하였다. 도리야마 키이치 외, 『일제강점기 간도 발해유적 조사』, 김진광 옮김, 한국학중앙연구원출판부, 2017.

7 황국사관(일본 제국) → 일선동조론(조선총독부) → 만선사관(괴뢰 만주국) → 만몽문화론(괴뢰 몽강국) → 아시아 연대론(괴뢰 남경국민정부南京國民政府) → 대동아공영권(미얀마, 필리핀, 베트남, 캄보디아, 라오스, 인도, 태국 등 괴뢰정권).

8 한영우, 『조선후기 사학사 연구』, 일지사, 1989.

9 라인하르트 코젤렉 외 편, 『코젤렉의 개념사 사전 3: 제국주의』, 황승환 옮김, 푸른역사, 2010.

10 민석홍, 『서양사개론』, 삼영사, 1984.

11 존 톰린슨, 『문화 제국주의』, 강대인 옮김, 나남, 1994.

12 https://thecommonwealth.org/member-countries(검색일 2020. 5. 29).

13 이종호, 「국제 프랑스어문화권 기구(OIF)의 구성과 주요 대중매체 연구」, 『국제지역연구』 12-3, 한국외국어대학교 국제지역연구센터, 2008.

14 2009년 경제협력개발기구(OECD) 개발원조위원회(DAC)에 24번째 회원국으로 가입했다.

15 【참전국】「6.25 참전국, 경제개발 비법 전수 1순위로」,『노컷뉴스』 2010. 3. 25.;「6.25전쟁 참전국에 감사」,『국방일보』 2013. 1. 21.;「6.25 참전국 학생 유엔군초전기념관 방문」,『오산인터넷뉴스』 2013. 11. 20.;「6.25 참전국 부대와 우호 증진」,『국방일보』 2018. 6. 22.;「6.25 참전용사들의 한국 문화 체험」,『연합뉴스』 2018. 7. 24.;「6.25 유엔 참전용사예우법 국회 통과… 유엔 참전국과 우호 증진」,『헤럴드경제』 2020. 3. 6.;「丁 "공적 마스크 구매 3매로 확대, 6.25 참전국에 100만 장 공급"」,『머니투데이』 2020. 4. 20.;「정부, 6.25전쟁 유엔 참전 22개국에 마스크 100만 장 지원」,『헤럴드경제』 2020. 5. 7.;【터키】「6.25전쟁 참전국 터키 "판문점 선언, 세계의 전쟁공포 완전히 없앴다"」,『매일일보』 2018. 5. 2.;【독일】「국방부, 6.25전쟁 의료지원국에 독일 포함시켜 예우키로」,『이데일리』 2018. 6. 22.;【에티오피아】「'6.25 참전국' 에티오피아에 참전용사 위한 복지 회관 건립」,『이데일리』 2019. 11. 12.;「산림청장, 에티오피아 대통령과 P4G 파트너십 사업 논의」,『서울경제』 2020. 2. 3.;「칠곡군 백선기 郡守, 에티오피아 6.25 참전용사회장 코로나 克服 응원하는 '편지 외교' 감동」,『경북중앙신문』 2020. 4. 26.;【뉴질랜드】「국가보훈처, 뉴질랜드에서 참전용사 후손 비전캠프 열어」,『월드코리안』 2020. 2. 12.;【콜롬비아】「정부, 6.25 참전국 콜롬비아에 '코로나19 대응책' 긴급 공유」,『머니투데이』 2020. 4. 22.;「박원순, 라미레스 콜롬비아 부통령에 코로나19 노하우 공유」,『뉴시스』 2020. 5. 7.;【남아프리카공화국】「문 대통령 "6.25 참전국에 마스크 지원 검토"… 남아공 대통령과 통화」,『SBS뉴스』 2020. 4. 24.;【아일랜드】「문 대통령, "마스크 지원 적극 검토" 바라드카 아일랜드 총리와 통화」,『SBS뉴스』 2020. 5. 4.;【미국】국가보훈처,「미국 6.25 참전용사 보이드 왓츠, 유엔기념공원 안장식 개최」,『대한민국정책브리핑』 2020. 4. 6.;「미 6.25 참전용사에 마스크 50만장 전달… 폼페이오 "다정한 기부"」,『미디어펜』 2020. 5. 13.;「'6.25전쟁 숨은 영웅' 美나바호족 참전용사에 마스크 지원」,『이데일리』 2020. 5. 18.;【벨기에】「주벨기에대사관서 6.25전쟁 참전용사 마스크 전달식」,『연합뉴스』 2020. 5. 13.;【필리핀】「현대중공업, 마스크 싣고 필리핀 호위함 납품」,『아시아경제』 2020. 5. 19.;【프랑스】「"한국은 잊지 않았습니다"… 프랑스 노병 울린 마스크」,『KBS뉴스』 2020. 5. 28.;【호주】「호주, 6.25 참전용사에 마스크 8,000장 전달」,『데일리굿뉴스』 2020. 5. 28.;【캐나다】「토론토총영사관, 캐나다 참전용사들에게 마스크 전해」,『월드코리안』 2020. 5. 28.

16 허수열,『개발 없는 개발』.

17 조선은행 화폐발행고는 총 47억 원인데 광복 이후 미군이 진주하기 직전까지 91억 원을 추가 발행하였고 기타(구권+일본 공수)까지 합쳐서 140억 원을 한꺼번에 유통시켰다. 〈조선총독부 최후의 25일〉, KBS, 2013. 8. 15.

18 이는 제1차 세계대전 이후 과도한 전쟁배상금 요구가 제2차 세계대전 발발로 이어졌다고 평가한 영국 측(케인즈)의 전후 처리 입장이 반영된 것으로 보인다. 이에 우리 정부도 「대일배상요구조서」에서 상징적인 금액만을 최종적으로 요구했으나 이 같은 요구는 「샌프란시스코 평화조약」이나 「한일청구권협정」에서 수용되지 못했다.

19 언론 매체 기사에 의하면 1948년 1월 1조 4,267억 엔(3,317억 달러), 8월 410억 엔(95억 달러), 1949년 314억 엔(73억 달러) 등으로 차츰 조정되었다. 환율은 1달러=4.3엔 기준이다. 「해방후 한국정부 대일對日배상요구액 당시 가로 73억弗」,『연합뉴스』1993. 8. 19.; 박진희, 앞의 논문, 2005.

20 『국가법령정보센터』(전자판).

21 협정문의 액수는 우리 정부가 산출한 피해액의 0.1%, 곧 5억 달러/3,317억 달러 수준이었고 최종 요구한 배상액의 6%, 곧 5억 달러/73억 달러에 불과하였다. 이는 일본이 「샌프란시스코 평화조약」 당시 미군정 지역이던 필리핀에는 3년간 피해액 5억 5,000만 달러를 배상한 것과 대조적이다.

22 1970년대 기준 총액은 일본 8억 달러 대對 미국 146억 달러이다.

23 한국무역협회, 관세청 기준 1965-2018년 누적 적자액이다. 「한일수교 후 대일교역 적자만 54년째… 누적적자 700조원 넘어」,『연합뉴스』2019. 7. 7.

24 『다음백과』(전자판); 小室直樹,『韓國の崩壞: 太平洋經濟戰爭のゆくえ』, 光文社, 1989.

25 이태진 외,『영원히 타오르는 불꽃』, 지식산업사, 2010.

26 이태진 편,『한국병합, 성립하지 않았다』, 태학사, 2001; 이태진 외,『한국병합의 불법성 연구』, 서울대학교출판부, 2003; 이태진,『일본의 한국병합강제 연구』, 태학사, 2016; 이태진,『끝나지 않은 역사: 식민지배 청산을 위한 역사 인식』, 태학사, 2017.

27 「'韓日병합조약 무효' 한일 지식인 공동선언」,『연합뉴스』2010. 5. 10.; 「"한일 강제병합 원천무효" 한일지식인 공동성명」,『한국일보』2010. 7. 8.

28 「지평선: 이승만의 건국절 인식」,『한국일보』2018. 8. 31.

29 정교,『대한계년사』9, 조광 외 옮김, 소명출판, 2004.

1 시미즈 이사오, 『메이지 일본의 알몸을 훔쳐보다』 1 · 2.

2 하야시 다이스케의 『조선사』는 '한사군-임나일본부'로 한국 역사의 시초를 설명하는데, 미국 학계에서는 마르티나 도이힐러의 두 저작 모두 그중 '한사군'설을 채택하여 중국 유교 문화의 수용을 설명한다. 이는 전통시대 우리 역사의 시원을 단군 혹은 기자의 고조선으로 제시하는 방식과 정반대이다.

3 가토 요코, 『근대 일본의 전쟁원리』, 박영준 옮김, 태학사, 2003; 가토 요코, 『왜 전쟁까지』, 양지연 옮김, 사계절, 2018.

4 강덕상, 『우키요에 속의 조선과 중국: 다색판화에 투영된 근대 일본의 시선』, 박순애 외 옮김, 일조각, 2010.

5 이태진, 『동경대생에게 들려주는 한국사: 메이지 일본의 한국 침략사』, 태학사, 2005.

6 1986년 이후의 저유가, 저달러, 저금리 등으로 인한 경제 호황이다. 『한국민족문화대백과사전』(전자판).

7 신용하 외, 『일제 식민지 근대화론에 대한 비판론적 성찰』, 나남, 2009; 신용하, 『식민지 근대화론 비판』, 문학과지성사, 1998; 신용하, 『일제 식민지 정책과 식민지 근대화론』, 문학과지성사, 2006; 허수열, 『개발 없는 개발』; 『일제초기 조선의 농업』, 한길사, 2011; 도리우미 유타카, 『일본인 학자가 본 식민지 근대화론』, 지식산업사, 2019.

8 본서 16장 4절 참조.

9 「'원조' 둔갑 8억 달러 추적해보니… 그 뒤엔 '전범 기업'」, 『JTBC뉴스』 2019. 8. 5.; 「8억 달러 내세우며 일본 이익 대변… '한일협력위' 실체」, 『JTBC뉴스』 2019. 8. 6.

10 『한국민족문화대백과사전』(전자판).

11 1946-1979년 경제 원조가 146억 810만 달러였다. 1980년 미국 국제개발처(AID) 발표 기준. 신종수, 「한마당: 사상 첫 '대미 원조'」, 『국민일보』 2020. 3. 26.

12 중화학공업 정책에 대해서 「프레이저 보고서」는 미국의 주도적 역할을 강조하고 있으나 당시 한국 정부는 독자적인 역할을 홍보하였다. 『한국민족문화대백과사전』(전자판).

13 일본은 1960년대까지 아직 성장기에 있었으며, 1965년 한일 외교 정상화(경제 지원금 5억 달러), 1972년 중일 외교 정상화(배상 포기) 등을 통해 적대 관

계 해소라는 명목으로 미국의 동북아시아 평화 체제 구축에 적극적으로 동참하였다. 그 결과 막대한 전쟁배상금을 거의 면제받고 축적한 자본을 바탕으로【협정 이전】1964년 도쿄 하계 올림픽,【협정 이후】1969년 GDP 세계 3위(2.63%), 1970년 오사카 EXPO, 1972년 삿포로 동계 올림픽 등의 성과를 내며 선진국 대열에 진입하였다.

반면에 독일은 패전 후부터 과거사 반성을 바탕으로 세계 시장에 진입하였고, 1990년대 초반 통일을 지지받기 위해 분단 이전 영토 포기 등을 선언하였으며, 1990년대 후반 유대인이 장악한 미국 시장의 자동차 수출을 유지하기 위해서 전범 기업의 강제 노동 배상도 모두 해결하였다. 독일은 이를 통해서 평화 체제를 구축하고 경제력을 향상시킬 수 있었다. 그러나 일본은 독일과 달리 분단된 적이 없었으므로 과거사 청산, 영토주의, 경제적 배상 등이 간절하지 않았으며, 미국의 옹호 속에서 시장 진출도 용인받았다.

14 1983년 7년간 경협 차관이 40억 달러이다.

15 김희영, 「오리엔탈리즘과 19세기 말 서양인의 조선 인식」; 홍준화, 「이사벨라 버드 비숍의 대한정치관」, 『한국인물사연구』 21, 한국인물사연구회, 2014;【일제의 조선내정 개혁 논리 투영 사례】비숍, 『한국과 그 이웃 나라들』.

16 패트릭 스미스, 『일본의 재구성』, 노시내 옮김, 마티, 2008; 장세진, 「라이샤워(Edwin O. Reischauer), 동아시아, '권력/지식'의 테크놀로지: 전후 미국의 지역연구와 한국학의 배치」, 『상허학보』 36, 상허학회, 2012;【일본 역사 및 근대화과정 미화사례】존 킹 페어뱅크 외, 『동양문화사』 상·하, 김한규 옮김, 을유문화사, 1989; 헨리 키신저, 『헨리 키신저의 중국 이야기』, 권기대 옮김, 민음사, 2012.

17 【하야시 다이스케의 '한사군' 인식 투영 사례】도이힐러, 『한국 사회의 유교적 변환』; 도이힐러, 『조상의 눈 아래에서』.

18 이영훈 외, 『수량경제사로 다시 본 조선후기』.

19 수량경제사 자체는 필요한 방법론이지만 현재까지 연구는 그 시도가 성공했다고 보기 어렵다(이영훈 외, 『수량경제사로 다시 본 조선후기』). ① 논지의 일관성이 부족하다. 4장을 보면 평균 논 가격의 회귀분석은 엄격한 제한 요소를 둔 결과 대부분 0과 다르지 않았음에도 본래 계산식을 바꾸어 유의미한 결과를 도출했다. 더욱이 전국 논 가격의 하락이 도별로 상이하게 나타남에도 전국 평균치를 경상북도·전라남도 두 지역만으로 분석하는 것은 합리적이라고 보기 어렵다. 이러한 방식은 가공의 편의를 만들어내 원하는 결론으로 유도하기 위해 선택한 것이다. 5장은 누락 연도가 많아서 여러 자

료를 대상으로 가격을 통합하여 평균 처리하였는데 사료상 한계를 극복하기 위함이라고 할지라도 이처럼 가공된 자료는 대표성을 띠기 어렵다. 특히 경주·영암의 벼 가격 추이는 거의 유사한 궤적을 그리는데도 오차 범위 내로 보이는 이격 구간을 바탕으로 가격 변동의 절대 수준 차이를 지나치게 강조한다. 이를 통해 지역 간 가격 통합이 이루어지지 않았으며 조선이 자율적 경제 영역으로 성장하지 못했다고 주장한다. 이는 오히려 19세기 위기론으로 귀결시키기 위한 결과론적 해석으로 보인다.

② 자료를 통한 귀납적 추적보다 선호하는 각종 이론 틀을 활용하여 자료의 공백을 대신 설명하는 경우가 많다. 타국의 역사적 경험 혹은 이론 모델을 아무런 검증 없이 조선시대에 무차별로 적용하는 일이 비일비재하다. 1장·2장은 인구학 모델 혹은 가설을 비판하고 있으나, 1장은 가설을 수정하였고 5장은 1장에서 비판한 모델을 오히려 원용하였다. 소농사회론이나 근면혁명론은 에도시대에 의미 있는 현상일 뿐이다(하야미 아키라, 『근세 일본의 경제발전과 근면혁명』, 조성원 외 옮김, 혜안, 2006). 한국사에서는 고대부터 독립적인 농업경영이 존재했는데(김기섭, 『한국 고대·중세 호등제 연구』, 혜안, 2007) 조선 후기만을 특정해서 소농 경제로 설명하기는 어려우며, 일본에서 산업혁명이 일어나지 못하여 노동 집약적인 근면혁명을 통해 달성한 농업생산력조차 조선의 곡물 생산량을 따라잡는 데 지나지 않았다(본서 17장 3절 참조). 2장은 포겔 모형에서 높은 생산성은 높은 소비를 불러온다는 가설을 원용함으로써 정부 통제가 근면성을 높여 생산성을 향상시켰다고 주장한다. 그러나 포겔의 가설은 20세기 미국 사회의 경제를 대상으로 한다. 그런데도 전통시대 윤리 의식과 현대 경제학 논리를 인위적으로 재조합하여 19세기 국가 질서의 해체를 설명하는 데 이용하고 있다. 그러나 국가 강압을 주장하는 18세기에는 난전亂廛이 전면적으로 확대되고 도고都賈가 등장하는 등 상업계의 사회변동이 활발히 일어났으므로(김성윤, 『조선후기 탕평정치 연구』, 지식산업사, 1997) 당시를 국가 강압의 시기로 규정하는 것은 그간의 연구 성과와 정면으로 배치된다. 9장에서 그동안 '부흥기'로 평가해온 18세기사를 소농 경제나 국가 재분배를 통한 소극적 '안정기'로 평가하는 것도 학계 평가와는 전혀 상반된 인용이다. 이는 18세기 국가 강압기(근면성 강조)와 19세기 국가 질서 해체기(근면성 약화기)로 대비시킴으로써 일제 강점기에 근면성이 다시 강조되어 경제가 발전했다는 주장을 펴기 위한 결과론적 해석에 가깝다(허수열, 『개발 없는 개발』, 은행나무, 2005).

③ 통계의 작성과 해석 시 자료의 맥락을 전혀 다르게 적용하는 문제도 있다. 2장은 본론에서 장인과 임금노동자의 급여 및 성과급 이중 임금체계를

거론하면서도 통계 처리의 어려움 때문에 저임금노동자만을 도표화하였는데, 그럼에도 결론에서는 자료에 성과급제가 없었으며 국가의 강압으로 임금이 고정되었다고 주장하면서 갑자기 갑오개혁기부터 성과급이 등장했다고 강조한다. 이것은 연구 방법의 한계와 결과를 혼동한 것일 뿐 아니라 변화 기점 역시 일본제국의 영향을 받은 갑오개혁 이후로 인위적으로 수정한 것이다. 또한 5장·6장·9장은 국가 재분배론을 적용해서 정치 상황이나 도덕적 윤리 문제가 있었다고 설명하는데, 이것도 인용한 본래 연구 성과뿐 아니라(문용식, 『조선후기 진정과 환곡운영』, 경인문화사, 2000) 당시의 사회경제적 동향과 전혀 무관한 해석이다(양진석, 「17, 18세기 환곡제도의 운영과 기능 변화」; 염정섭, 「과잉해석의 성긴 틈새를 빠져나오지 못한 수량 자료」, 『한국문화연구』 8, 이화여자대학교 한국문화연구원, 2005). 이상의 방식은 모두 분석한 자료에서 얻을 수 없는 해석을 다른 요인에서 억지로 가져와서 결론을 만든 것이므로 이념에 기초한 연구라고 할 수 있을지언정 민족주의를 비판하는 실증적 연구라고 보기는 어렵다.

20 이영훈, 『세종은 과연 성군인가』.

21 이태진, 『고종시대의 재조명』, 태학사, 2000; 이태진, 「역사소설 속의 명성황후 이미지」, 『한국사시민강좌』 41, 일조각, 2007; 장영숙, 「서양인의 견문기를 통해 본 명성황후의 정치적 위상과 역할」, 『한국근현대사연구』 35, 한국근현대사학회, 2005; 장영숙, 「한성신보의 명성황후시해ㄹ사건 보도 태도와 사후 조치」, 『한국근현대사연구』 82, 한국근현대사학회, 2017.

22 안확, 『조선문명사』; 이상백, 「이조건국의 연구」, 『진단학보』 4·5·7, 1936·1937.

23 풍우란, 『중국철학사』 상, 박성규 옮김, 까치, 1999.

24 Christopher Lovins, *King Chǒngjo: An Enlightened Despot in Early Modern Korea*, State University of New York Press, 2019.

25 인하대학교 한국학연구소 편, 『중국 없는 중화』.

26 이태진, 『동경대생에게 들려주는 한국사』; 나카즈카 아키라, 『1894년 경복궁을 점령하라』, 박맹수 옮김, 푸른역사, 2002; 하라 아키라, 『청일·러일전쟁 어떻게 볼 것인가』, 김연옥 옮김, 살림, 2015.

27 데이비드 문젤로, 『진기한 나라 중국: 예수회의 적응주의와 중국학의 기원』, 이향만 외 옮김, 나남, 2009.

28 황태연, 『17-18세기 영국의 공자 숭배와 모럴리스트』 상·하, 넥센미디어, 2020; 황태연, 『근대 독일과 스위스의 유교적 계몽주의』, 넥센미디어, 2020; 황태연, 『근대 프랑스의 공자 열광과 계몽철학』, 넥센미디어, 2020.

29 Christopher Lovins, *op. cit.*

30 명은 2경(북경/남경), 13도道 승선포정사사承宣布政使司(절강/강서/호광/하남/복건/산동/산서/섬서/사천/광동/광서/운남/귀주) 등으로 나누었다. 그중 실제 백성을 접하는 관원에 해당하는 부/주/현은 1,555읍이므로 조선 360읍에 비하면 약 4배 정도에 불과하다(부 145, 주 245, 현 1,165). 명은 국토 면적이 약 6,500,000km²(1415년)이고 한반도는 220,903km²이므로 약 29배에 달한다. 더욱이 목민관에 한정하여 관원을 비교하면 명은 최소 1,555명인 데 반해 조선은 약 1,293명(겸직 제외 시 900명 내외)에 해당하므로 비슷하다. 물론 이는 명의 각종 군소 직군은 제외한 극단적인 비교이다. 즉 양국은 29배의 면적 차이에도 불구하고 고을 숫자는 4배 차이에 그쳤으며 외관직 숫자는 심지어 비슷한 규모를 이루었다.

31 조혜인, 『공민사회의 동과 서』, 나남, 2009; 조혜인, 『동에서 서로 퍼진 근대 공민사회』, 집문당, 2012.

32 한명기, 『광해군』, 역사비평사, 2000.

33 『仁祖實錄』卷41, 仁祖 18年 7月 庚寅(11日); 『顯宗改修實錄』卷26, 顯宗 13年 12月 辛未(30日).

34 『光海君日記』卷167, 光海君 13年 7月 辛酉(22日), 乙丑(26日)[中草]; 『光海君日記』卷173, 光海君 14年 正月 庚子(4日)[中草].

35 『仁祖實錄』卷3, 仁祖 元年 閏10月 辛亥(25日); 『仁祖實錄』卷20, 仁祖 7年 2月 乙未(9日), 6月 癸未(30日).

36 『仁祖實錄』卷45, 仁祖 22年 5月 甲午(7日), 6月 戊午(2日), 己巳(13日), 辛巳(25日).

37 『仁祖實錄』卷45, 仁祖 22年 8月 戊午(3日).

38 『仁祖實錄』卷45, 仁祖 22年 12月 戊午(4日).

39 케네, 『중국의 계몽 군주정』.

40 조선의 1홉은 57.2657mℓ 혹은 57.27mℓ로 표기되는데 후자의 값을 취하였다. 양국의 서로 다른 도량형은 대한제국기 강압에 의해 일본식으로 통일되었다. 이종봉, 『한국중세도량형제연구』, 혜안, 2001; 이종봉, 『한국 도량형사』, 소명출판, 2016.

41 조선과 일본의 도량형 단위는 비슷해 보이지만 다소 다르다. 일본은 부세 행정 전반에서 단일 석石을 기준으로 하는 데 비해 조선은 대석大石·소석小石이 있고 부세·소출 기준도 각각 다르다. 따라서 그동안 일본 학자들이 석을 기준으로 조선의 경제지표를 환산한 경우 오류가 많았다. 오히려 양국에서 공통 기준으로 활용된 두斗 이하 단위를 가지고 비교하면 동일한 잣

대를 사용할 수 있다. 여기에 양국에서 각기 도출해낸 최신 계량 결과를 활용하면 보다 정확한 비교가 가능할 것이다.

게다가 조선은 1결에서 생산되는 소출량도 시대별로 달랐다. 조선 후기 『목민심서牧民心書』(戶典六條, 田政, 稅法下)에는 상년 800두, 하년 600두, 최하 400두로 설명하였다. 경제사학자들은 최하값에 주목하고 있으나 조선 전기 세종대 400두였고 조선 후기는 농업 생산량이 비약적으로 향상된 상황이었으므로 최하치는 정약용의 본의本意대로 이례적인 경우로 보아 비교에서 제외해야 적절하다. 따라서 일본과 조선을 비교하려면 각기 석石과 결結을 비교해야 적절한 환산값을 찾을 수 있다.

【일본】 1石=10斗=100升=1000合 (1合=180.39㎖, 1石=180.39ℓ)

　　　 1斗=10升=100合 (1合=180.39㎖, 1斗=18.039ℓ)

【조선】 小石 1石=15斗=150升=1500合 (1合=57.27㎖, 1石=85.905ℓ)

　　　 大石 1石=20斗=200升=2000合 (1合=57.27㎖, 1石=114.54ℓ)

　　　 1斗=10升=100合 (1合=57.27㎖, 1斗=5.727ℓ)

42 일본에서는 "慶長 3年(1598) 18,509,043石, 慶長(1604-1610) 22,171,689石, 寬永(1633) 22,426,836石, 正保(1644-1651) 23,617,594石, 元禄(1697-1702) 25,910,641石, 天保(1831-1834) 30,558,917石, 明治 5年(1872) 32,373,825石" 등으로 나타났다. 다만 지조개정地租改訂 직후 메이지明治 7년(1874) 전국 쌀 생산량은 2,591만 석에 불과하여 부세 기준이 실제보다 높았다. 일본의 각종 수치는 웹 자료를 참조했다(https://ja.wikipedia.org/wiki/石高#慶長郷帳·國繪図; https://www.weblio.jp/wkpja/content/旧國郡別石高の変遷_旧國郡別石高の変遷の概要)(검색일 2020. 5. 29).

조선에서는 태종 4년(1404) 931,835결(『증보문헌비고』), 세종 32년(1450) 1,709,136결(『세종실록』「지리지」), 선조 34년(1601) 300,000결(『선조실록』), 광해군 3년(1611) 542,000결(『증보문헌비고』), 인조 13년(1635) 895,491결 (『인조실록』), 숙종 45년(1719) 1,395,333결(『증보문헌비고』), 영조 2년(1726) 1,220,366결(『증보문헌비고』), 순조 7년(1807) 1,456,592결(『만기요람』) 등으로 확인된다.

18-19세기 양국 기록을 바탕으로 각기 3개의 값을 비교해볼 수 있다. 양자는 모두 약간 현실과 불일치할 수 있으나 양국의 조정이 파악한 전국 총농업 생산량이다. 양자를 비교해보면(만萬 이하 절삭), 일본은 46억-58억 리터, 조선은 41억-66억 리터로 수치상 차이가 있어 보이지만 매년 풍흉을 감안하면 허용 가능한 오차 범위 안에 들어가므로 양국의 농업 생산량은 비슷한 규모이다.

【일본】25,910,000石×10斗=259,100,000斗, ×18.039ℓ=4,673,904,900ℓ

30,550,000石×10斗=305,500,000斗, ×18.039ℓ=5,510,914,500ℓ

32,370,000石×10斗=323,700,000斗, ×18.039ℓ=5,839,224,300ℓ

【조선】上年 1結=600斗=3436.2ℓ, 下年 1結=800斗=4581.6ℓ

1,220,000結×600斗=732,000,000斗, ×5.727ℓ=4,192,164,000ℓ

1,220,000結×800斗=976,000,000斗, ×5.727ℓ=5,589,552,000ℓ

1,390,000結×600斗=834,000,000斗, ×5.727ℓ=4,776,318,000ℓ

1,390,000結×800斗=1,112,000,000斗, ×5.727ℓ=6,368,424,000ℓ

1,450,000結×600斗=870,000,000斗, ×5.727ℓ=4,982,490,000ℓ

1,450,000結×800斗=1,160,000,000斗, ×5.727ℓ=6,643,320,000ℓ

43 하야미 아키라, 『근세 일본의 경제 발전과 근면 혁명』, 조성원 외 옮김, 혜안, 2006.

44 한반도(43,790km²), 일본열도(45,560km²)

【남한】agricultural land: 18.1%(2011)×land: 96,920=〉17,542km²

【북한】agricultural land: 21.8%(2011)×land: 120,408=〉26,248km²

【일본】agricultural land: 12.5%(2011)×land: 364,485=〉45,560km²

2019 CIA World Factbook(https://www.cia.gov/library/publications/resources/the-world-factbook/)(검색일 2020. 5. 29).

45 【태조 원년(1392)】권태환·신용하(554만 명), 토니 미셸(480만 명), 이영구·이호철(750만 명), 【선조 24년(1591)】권태환·신용하(1,409만 명), 토니 미셸(1,000만 명), 이영구·이호철(1,012만 명), 【현종 10년(1669)】방동인(500만 명), 권태환·신용하(1,319만 명), 토니 미셸(1,020만 명), 이영구·이호철(993만 명), 【경종 원년(1721)】권태환·신용하(1,653만 명), 【현종 6년(1840)】권태환·신용하(1,650만 명), 【철종 12년(1861)】권태환·신용하(1,676만 명) 등이다. 권태환·신용하, 「조선왕조시대 인구추정에 관한 일시론」, 『동아문화』 14, 서울대학교 동아문화연구소, 1977; Tony Michell, 「조선시대의 인구 변동과 경제사: 인구통계학적 측면을 중심으로」, 김혜정 옮김, 『부산사학』 17, 부산사학회, 1989; 이태진, 「인구의 감소」; 미야지마 히로시, 「한국 인구사연구의 현황과 과제」, 『대동문화연구』 46, 성균관대학교 대동문화연구원, 2004; 손병규, 「시카타 히로시의 조선시대 '인구·가족'에 대한 재검토」, 『한국사학보』 52, 고려사학회, 2013.

46 【1600년】요시다 추계(1,800만 명 → 키토 비판 1,000만 명), 하야미 추계(1,227만 명 → 키토 비판 1,432만-1,547만 명), 【1721년】2,605만 명, 【1841년】2,684만 명 등이 확인된다. 키토 히로시, 『인구로 읽는 일본사』, 최혜주 옮김, 어문학사,

2009; 하야미 아키라, 앞의 책.

47 페어뱅크 외, 『동양문화사』 상·하; 아놀드 토인비, 『토인비의 역사기행』, 송운하 옮김, 백암, 1994.

48 재레드 다이아몬드, 『총, 균, 쇠』, 김진준 옮김, 문학과 사상사, 1998; 프랑크, 『리오리엔트』.

49 루스 베네딕트, 『국화와 칼』, 김윤식 외 옮김, 을유문화사, 2008.

50 경제사학계의 산출 방식을 참고하면 조선의 세율은 1결당 38.2-41.2두에 해당한다(박시형·이헌창). 이는 국납(국세) 22-24두, 선급(운송비/수수료) 2.2두, 읍징(지방세) 14-15두를 합산한 것이다. 그런데 1결당 생산량은 풍흉에 따라 400두(최저), 600두(하년), 800두(상년)가 생산된다(정약용). 단 상년과 하년을 기준으로 평균량을 계산하면 700두이다. 따라서 다양한 경우를 상정해 세율을 계산하면 최소 4.7%-최대 10.3%(잡세 포함)로 집계된다. 그중 극단적인 경우를 제외하고 평균량을 집계하면 최소 5.4%-최대 5.8%에 불과하다.

38.2두(최저 세율)/400두(최저 생산량)=9.5%
38.2두(최저 세율)/600두(하년 생산량)=6.3%
38.2두(최저 세율)/700두(평균 생산량)=5.4%
38.2두(최저 세율)/800두(상년 생산량)=4.7%
41.2두(최대 세율)/400두(최저 생산량)=10.3%
41.2두(최대 세율)/600두(하년 생산량)=6.8%
41.2두(최대 세율)/700두(평균 생산량)=5.8%
41.2두(최대 세율)/800두(상년 생산량)=5.1%

정약용, 『목민심서』; 박시형, 『조선토지제도사』 상·중, 신서원, 1994; 이헌창, 『조선 후기 재정과 시장』, 서울대학교출판문화원, 2010.

51 비숍, 앞의 책.

52 오희문의 『쇄미록瑣尾錄』, 영암 남평 문씨의 「족계용하기族契用下記」, 의성 김씨의 「양용기糧用記」는 한 끼를 7-8홉(현대 성인의 3배)으로 규정했다. 17-18세기의 이익이나 19세기 말의 달레Claude Charles Dallet, 그리피스William Elliot Griffis, 비숍Isabella Bird Bishop, 헤세바르텍Ernst von Hesse-Wartegg 등도 조선인의 대식大食 습관(일본인의 2-3배)을 기록하였다. 한국고문서학회 편, 『조선시대 생활사 3: 의식주, 살아 있는 조선의 풍경』, 역사비평사, 2006.

53 하야미 아키라, 앞의 책.

54 다시로 가즈이, 『왜관』, 정성일 옮김, 논형, 2005; 동북아역사재단 편, 『한일관계 속의 왜관』, 경인문화사, 2012; 최차호, 『초량왜관』, 어드북스, 2014.

55 문광균, 『조선후기 경상도 재정 연구』, 민속원, 2019; 김강일, 『조선후기 왜 관의 운영실태 연구』, 경인문화사, 2020.

56 이근호, 『조선후기 탕평파와 국정 운영』, 민속원, 2016; 김백철, 『두 얼굴의 영조』.

57 Christopher Lovins, *King Chŏngjo: An Enlightened Despot in Early Modern Korea*.

58 케네스 포메란츠, 『대분기』, 김규태 외 옮김, 에코리브르, 2016.

59 司馬遷, 『史記』「貨殖列傳」.

60 존 킹 페어뱅크, 『신중국사』; 김백철, 「17-18세기 대동·균역의 위상: 조선 시대 재정 개혁 모델의 모색」.

61 松丸道雄 外, 『中國史 4: 明·清』, 東京: 山川出版社, 1997; 박평식, 「조선정부의 상업인식과 억말책」, 『조선전기 상업사 연구』, 지식산업사, 1999; 백승철, 「무본보말론의 대두와 전개」, 『조선후기 상업사 연구』, 혜안, 2000; 김백철, 「17-18세기 대동·균역의 위상: 조선시대 재정 개혁 모델의 모색」.

62 한홍구, 「제임스 팔레의 학문과 삶」, 『역사비평』 77, 역사비평사, 2006.

63 제임스 B. 팔레, 『유교적 경세론과 조선의 제도들』 1-2, 김범 옮김, 산처럼, 2008; 김성우, 「미국의 한국사연구: 제임스 팔레의 조선왕조사 인식」, 『역사 비평』 59, 역사비평사, 2002.

64 이영훈, 「제임스 팔레의 노예제사회설 검토」, 『한국문화』 52, 서울대학교 규 장각한국학연구원, 2010.

65 「이영훈의 한국경제史 3000년: 朝鮮은 '동의와 계약' 원리 작동 안 해… 넓 은 의미에서 노예제사회」, 『한국경제』 2018. 10. 19.

66 김동진, 「조선전기 백정에 대한 제민화 정책의 성과」.

67 Thomas Nelson, "Slavery in Medieval Japan", Monumenta Nipponica, Vol. 59-4, Sophia University, 2004; 박태석, 『일본의 노예』, 월드헤리티지, 2021.

68 友永健三, 「全國各地のあいつぐ差別事件」, 『部落解放·人權研究所』(https://blhrri. org/index_top.php).

69 홍성흡, 「일본사회의 인권 및 차별문제의 역사와 사회문화적 특성」, 『민주 주의와 인권』 11-1, 전남대학교 5.18연구소, 2011.

70 스미스, 앞의 책.

71 박홍갑, 『우리 성씨와 족보 이야기』, 산처럼, 2014.

72 "지금 백성 가운데 사천私賤이 십중팔구가 되고 양민良民은 겨우 한둘뿐인 데, 편하고 부유富裕한 자는 모두 사천이고 빈곤한 자는 모두 공천公賤과 양 민입니다."(『成宗實錄』卷91, 成宗 9年 4月 己亥(8日))

73 "우리는 노비가 반이라서 큰 마을이라 하더라도 군졸이 대단히 적다. 중국

은 노비가 없어서 집집마다 우수한 군사가 나온다. 자잘한 시골 마을이라도 순식간에 수만 명의 군사를 모을 수 있다."(성현, 앞의 책)

74 김백철, 『두 얼굴의 영조』.

75 박진훈, 「여말선초 노비정책 연구」, 연세대학교 사학과 박사 학위논문, 2005; 김백철, 『법치국가 조선의 탄생』.

76 권내현, 『노비에서 양반으로, 그 머나먼 여정』, 역사비평사, 2014.

77 무라카미 리코, 『영국 메이드의 일상』, 조아라 옮김, AK, 2017; 에멀린 팽크허스트, 『싸우는 여자가 이긴다』, 김진아 외 옮김, 현실문화, 2016.

78 "The Victorian women forced to give up their babies," *The Guardian*, 2015. 9. 19; 이주은, 『은밀한 세계사』, 파피에, 2016.

79 정지혜, 「성범죄의 엄벌화와 관련한 비교법적 연구: 일본의 성범죄 관련 형사입법 개정을 중심으로」, 『동북아법연구』 12-1, 동북아법연구소, 2018; 양아람, 「일본의 이토 시오리(伊藤詩織)와 미투 운동」, 『대동문화연구』 106, 성균관대학교 대동문화연구원, 2019.

80 특히 일본은 1957년까지 국가가 나서서 공창제도를 운영하였기에 구세대는 자신들의 성문화 속에서 위안부를 이해하고 있어 문제의식 자체가 희박하다. 김경옥, 「일본의 국가권력과 매춘방지법」, 『일본사상』 37, 한국일본사상사학회, 2019.

81 김백철, 『법치국가 조선의 탄생』; 김백철, 『탕평시대 법치주의 유산』, 경인문화사, 2016.

82 김백철, 「조선후기 숙종대 『수교집록』 편찬과 그 성격」, 『동방학지』 140, 연세대학교 국학연구원, 2007.

83 맥켄지, 『대한제국의 비극』; 이태진, 『끝나지 않은 역사』.

84 "嘘も100回言えば本当[眞實]になる."

85 Leo Reynolds, 「「嘘も100回言えば眞實になる」は本当なのか？」, 『GIGAZINE』 2016. 10. 31(https://gigazine.net/news/20161031-illusion-of-truth-effect); 「「嘘も百回言えば本当になる」と言ったのは誰なのか？」(http://regestry.blog.fc2.com/blog-entry-61.html(검색일 2020. 5. 29).

86 「「嘘も100回言うと本当になる」こんなことわざは韓國にはありません.」(https://togetter.com/li/1223510(검색일 2020. 5. 29).

87 「일 〈아사히신문〉 "위안부 실태 알리겠다": '오보 파문'에 궁지 몰린 〈아사히〉… 위안부 전담 특별취재팀 편성」, 『오마이뉴스』 2014. 12. 27.

88 이영훈 외, 『반일 종족주의와의 투쟁』.

89 이태진, 『동경대생에게 들려준 한국사: 메이지 일본의 한국침략사』.

90 나카즈카 아키라, 『1894년 경복궁을 점령하라』.

91 津田左右吉, 『古事記及び日本書紀の研究: 建國の事情と萬世一系の思想』, 毎日ワ ンズ, 2012.

92 馬部隆弘, 『椿井文: 日本最大級の偽文書書』, 中央公論新社, 2020.

93 김건우, 「일본 신대문자의 형태 변화 연구」, 『기초조형학연구』 11-6, 한국 기초조형학회, 2010.

94 이영, 『황국사관과 고려 말 왜구』, 에피스테메, 2015.

95 「舊石器發掘ねつ造」, 『毎日新聞』 2000. 11. 5; 「일 '70만 년 전 유물'은 조작」, 『조선일보』 2000. 11. 6.

96 「高麗青瓷復元はうそ」, 『東京新聞』 2000. 11. 27; 「"고려청자 복원성공" 일본 도예가 사기파문」, 『동아일보』 2000. 11. 27.

97 「일 '가짜 청동창' 국제 망신」, 『한국일보』 2002. 5. 6.

98 현명철, 「1872년 일본 화륜선의 왜관 입항」, 『동북아역사논총』 49, 동북아 역사재단, 2015.

99 최근 국내에서는 일본 제국의 고려장高麗葬 유포설을 제기하였다. 고려장은 최초 일본의 자문을 토대로 작성한 그리피스의 『은자의 나라 한국』(1882)을 통해 대중화되었고, 미와 다마키三輪環의 『전설의 조선傳說の朝鮮』(1919), 나 카무라 료헤이中村亮平의 『조선동화집朝鮮童話集』(1924-1926) 등에 차례로 언 급되었다. 이러한 수순은 일본의 현재 행태와도 유사하다. 일본 자본이 소 유한 서양 매체를 통해서 먼저 일본 정부의 입장을 공론화하고 이를 다시 일본에서 인용하여 국제적 지지를 받는 듯이 보이게 만들고 있다. 더욱이 고려장은 우리나라에는 문헌적 근거가 없으며, 불경 『잡보장경雜寶 藏經』의 기로국棄老國 설화나 중국 『효자전』의 원곡原穀 이야기가 원사료로 확인되고 있다. 반면에 일본에는 「우바스테야마姥捨山/姨捨山(노인을 버리는 산)」라는 기로棄老 설화가 실제로 존재한다. 일본이 고려장을 유포한 것은 자신들의 부끄러운 전통을 오히려 조선에 이입하고, 고려 무덤의 도굴을 용이하게 하려는 의도로 추정된다. 『高麗圖經』, 雜俗; 『世宗實錄』卷44, 世宗 11年 4月 己卯(4日); 『國朝人物考』卷41, 士子, 李廷元; 그리피스, 앞의 책; 〈고 려장은 있었는가?〉, 충주 MBC, 1998. 8. 23; 『두산백과』(전자판).

100 비숍, 『한국과 그 이웃 나라들』; 그리피스, 『은자의 나라 한국』; 존 킹 페어뱅 크 외, 『동양문화사』; 도이힐러, 『한국사회의 유교적 변환』; 『조상의 눈 아래 에서』; 헨리 키신저, 『헨리 키신저의 중국 이야기』.

101 1963년 유엔 국제법위원회 보고서는 을사조약(1905)을 무효 사례로 적시 하고 있으며, 을사조약이 무효이므로 강제병합도 무효가 된다. 이태진 편,

『한국병합, 성립하지 않았다』; 이태진 외, 『한국병합의 불법성 연구』; 이태진, 『일본의 한국병합강제 연구』; 『끝나지 않은 역사』; 「국제인권법 권위자 도쓰카 에쓰로(상): 일 외무성 원본에도 을사조약 제목 없어… 날조 반박 못해」, 『세계일보』 2014. 8. 28.

102 「日 활동가 "일본이 국제법 위반… 강제징용, ILO 협약 어긴 것"」, 『중앙일보』 2019. 8. 1.

103 「日 정부, 자국민 美원폭 소송 땐 개인 청구권 인정하더니 위안부 보상은…」, 『동아일보』 2012. 10. 17.

104 「일본 미쓰비시, 미군 포로에 '강제징용 첫 사과'」, 『KBS뉴스』 2015. 7. 16.

105 2000년 가지마鹿島건설, 2004년 닛폰야킨코규日本冶金工業, 2009년 니시마츠西松건설, 2015년 미쓰비시三菱광업(머티어리얼) 등이다.

106 「日이 '北납치 가능성' 주장한 행불자, 44년 만에 자국서 발견」, 『연합뉴스』 2019. 8. 7.

107 2002년 고이즈미 총리 방북 당시 일본 측은 납치 피해자를 17명으로 규정하였고 그중 5명은 함께 귀국하였다. 북한은 8명은 사망했으며, 4명은 북한과 무관하다고 확인하였다. 설령 일본 보도를 그대로 따른다고 하더라도 최대 피해자는 13명으로 집계된다. 일본 정부가 집계한 특정 실종자 883명과는 상당히 다른 숫자이다. 「교도통신, "김정은, 日에 납치 문제 조사 결과 재설명 지시"」, 『아시아경제』 2018. 7. 12.

108 『한국민족문화대백과사전』(전자판); 「광복 75주년, 일제 강제 동원 희생자의 '넋' '기억의 터'에 안식」, 『다이내믹부산』 2020. 7. 28(http://www.busan.go.kr/news/totalnews01/view?dataNo=64537)(검색일 2020. 5. 29)

109 「日 언론 "한국이 군함도 '지옥 섬'이라 날조" 주장」, 『국민일보』 2020. 5. 8.

110 박진희, 「전후 한일관계와 샌프란시스코 평화조약」.

111 2006-2010년 뉴욕·보스턴에서 '요코 이야기 교재 퇴출 운동'이 전개되었다. 『한국민족문화대백과사전』(전자판)

112 〈요코 이야기의 진실〉, VANK, 2009. 1. 15.

113 「'요코 이야기' 허구 시사 기록 발견」, 『연합뉴스』 2007. 1. 18.

114 스미스, 『일본의 재구성』.

115 배삼식, 『1945』, 민음사, 2019; 연극 〈1945〉, 국립극단, 2017 초연; 오페라 〈1945〉, 국립오페라단, 2019 초연.

116 박유하, 『제국의 위안부』; 시라이 사토시, 『영속패전론』.

117 일본 정부는 외교상 위기에 봉착할 때마다 간헐적으로만 사과하고 있다(1993년 고노 요헤이河野洋平 내각관방대신內閣關防大臣 담화, 1995년 무라야마 도

미이치村山富市 내각총리대신內閣總理大臣 담화). 반면에 일본 정치인 및 관료들은 일관되게 전쟁범죄를 부인하고 식민지 정당화 논리를 펼치고 있다. 일본 내에서는 전자만 인용하여 이미 사과를 했다고 보도하고 있으며, 극우가 일상적으로 행하는 후자의 혐오 연설hate speech을 비롯한 역사 부정은 거의 묵인되고 있다. 오히려 한국 측의 재발 방지 요구 및 항의는 과도한 요구라고 비난한다. 일본 내 대형 서점마다 마련된 '혐한嫌韓' 코너를 일상적으로 받아들이고, 그것이 여타 다른 나라에서 법적으로 금지된 명백한 '차별'이라고 자각조차 못할 정도로 혐오 정서가 만연하다.

118 「일본군 문서 폭로, 위안부 2,000명 징용… 살해 후 인육 먹기도」, 『아시아경제』 2015. 8. 17.

119 「문학동네 "'요코 이야기' 다양한 시각 보여줘 출간"」, 『연합뉴스』 2007. 1. 17.

120 「전우용의 서울탐사: 충정로, 일본세력의 서울 침투 제1루트」, 『한겨레21』, 2012. 6. 21.

121 정교, 『대한계년사』 1, 조광 외 옮김, 소명출판, 2004.

122 김대준, 『고종시대의 국가재정 연구』, 태학사, 2004.

123 가토 요코, 『근대 일본의 전쟁논리』.

124 황태연, 『백성의 나라 대한제국』, 청계, 2017.

125 교수신문 편, 『고종황제 역사 청문회』, 푸른역사, 2005.

126 서영희, 『일제 침략과 대한제국의 종말: 러일전쟁에서 한일병합까지』, 역사문제연구소, 2012.

127 이영훈, 『세종은 과연 성군인가』.

128 물론 이보다 앞서 발해-신라의 동방 기독교, 고려 후기 가톨릭의 유입 기록이 없지 않으나 한동안 기독교는 잊혀진 종교였다. 김호동, 『동방 기독교와 동서문명』; 다큐멘터리 〈직지코드〉(우광훈·데이빗 레드먼 감독, 2017).

129 안확, 『조선문명사』; 김백철, 「오래된 미래 교과서: 안확의 『조선문명사』」, 『동아시아고대』 50, 동아시아고대학회, 2018.

130 박준형, 「CNN통역실: 英, 백 년 만에 1차 대전 채권 상환」, 『OBSNEWS』 2015. 1. 5.

131 조선 초기부터 내수사가 운영되면서 왕실 재정이 분리되었다. 특히 영조-정조 연간에는 『탁지정례』, 『탁지지』 등을 편찬하여 재정 개혁을 추진하였고, 이념적으로는 제갈량의 궁부일체론宮府一體論을 채택하여 왕실 재정의 공공성 확보를 위해 노력하였다. 여기서 일체론은 오히려 제왕의 사적 소유를 제한하여 점차 국가재정으로 돌리는 방식을 의미한다. 『經國

大典』「吏典」, 京官職; 최주희, 「조선후기 선혜청의 운영과 중앙 재정구조의 변화: 재정 기구의 합설과 지출정비 과정을 중심으로」, 고려대학교 한국사학과 박사 학위논문, 2014; 송양섭, 『18세기 조선의 공공성과 민본이념』, 태학사, 2015.

132 坂本一登, 『伊藤博文と明治國家形成』, 吉川弘文館, 1991.

133 교수신문 편, 『고종황제 역사 청문회』.

134 존 B. 던컨, 『조선왕조의 기원』, 김범 옮김, 너머북스, 2013; 도이힐러, 『조상의 눈 아래에서』.

135 박천식, 「권문세족과 신진사대부」, 『신편 한국사』 19, 국사편찬위원회, 2002.

136 정두희, 『유교·전통·변용: 미국의 역사학자들이 보는 한국사의 흐름』, 국학자료원, 2005.

137 권기석, 『족보와 조선 사회: 15-17세기 계보 의식의 변화와 사회관계망』, 태학사, 2011.

138 도이힐러, 『조상의 눈 아래에서』.

139 조준趙浚이 대표적이다.

140 조광조趙光祖가 대표적이다.

141 근기남인近畿南人이 이에 해당한다.

142 신임옥사와 무신란 때 많이 발생했다.

143 김간金榦이 해당한다.

144 안연석安鍊石의 사례가 있다.

145 상주 흥암서원이 해당한다.

146 조태채趙泰采와 조태구趙泰耉가 유명하다.

147 김석형·박시형·전석담 등이 대표적이다.

결론

1 【四件事】 "擊登聞鼓上言, 刑戮及身, 父子分揀, 嫡妾分揀, 良賤分揀事外, 勿許捧入." 『受敎輯錄』 「刑典」 告訴, 嘉靖 丁巳(명종 12); 【新四件事】 "孫爲祖父母, 妻爲夫, 弟爲兄者, 及至寃極痛者, 勿爲嚴刑……." 『新補受敎輯錄』 「刑典」 訴寃, 康熙 甲申(숙종 30).

참고 문헌

1. 연구 논저

강성산, 「발해 5경 명칭 출현 시기에 관한 사료적 검토」, 『고구려발해연구』 55, 고구려발해학회, 2016.

강성연, 『탈진실의 시대, 역사부정을 묻는다』, 푸른역사, 2020.

강은경, 「고려후기 신돈의 정치 개혁과 이상국가」, 『한국사학보』 9, 고려사학회, 2000.

강주진, 『李朝黨爭史研究』, 서울대학교출판부, 1971.

강철구 외, 『서양사학과 유럽 중심주의』, 용의숲, 2011.

강철구, 『역사와 이데올로기: 서양 역사학의 유럽 중심주의에 대한 비판적 검토』, 용의숲, 2012.

고문현, 『세계각국의 헌법재판소』, 울산대출판부, 2005.

고병익, 「고려 충선왕의 원무종 옹립」, 『역사학보』 17·18, 역사학회, 1962.

고병익, 「여대 정동행성의 연구」 상·하, 『역사학보』 14·19, 역사학회, 1965.

고상현, 『정도전의 불교 비판을 비판한다』, 푸른역사, 2014.

고석규 외, 『21세기 한국학 어떻게 할 것인가?』, 푸른역사, 2005.

고석규, 「상품유통과 공납제의 모순」, 『한국사』 28, 국사편찬위원회, 1996.

고석규, 『19세기 조선의 향촌 사회 연구』, 서울대학교출판부, 1998.

교수신문 편, 『고종황제 역사 청문회』, 푸른역사, 2005.

구덕회, 「법전으로 역사읽기: 집록류 법전의 성격」, 『역사와 현실』 46, 한국 역사연구회, 2002.

구덕회, 「대명률과 조선중기 형률상의 신분 차별」, 『역사와 현실』 65, 한국역 사연구회, 2007.

구도영, 『16세기 한중무역 연구』, 태학사, 2018.

구범진, 『조선시대 외교문서』, 한국고전번역원, 2013.

구범진, 『병자호란, 홍타이지의 전쟁』, 까치, 2019.

국립고궁박물관 편, 『왕권을 상징하는 공간, 궁궐』, 국립고궁박물관, 2017.

국사편찬위원회 편, 『신편 한국사』 22-42, 국사편찬위원회, 2002.

권기석, 『족보와 조선 사회: 15-17세기 계보 의식의 변화와 사회관계망』, 태 학사, 2011.

권내현, 「17세기 후반 18세기 전반 조선의 은 유통」, 『역사학보』 221, 역사학 회, 2014.

권내현, 『노비에서 양반으로, 그 머나먼 여정』, 역사비평사, 2014.

권오중 외, 『낙랑군 호구부 연구』, 동북아역사재단, 2010.

권인혁, 「朝鮮初期 貨幣流通 研究: 特히 太宗代 楮貨를 中心으로」, 『역사교육』 32, 역사교육연구회, 1982.

권태환·신용하, 「조선왕조시대 인구추정에 관한 일시론」, 『동아문화』 14, 서 울대학교 동아문화연구소, 1977.

규장각한국학연구원 편, 『조선 사람의 세계여행』, 글항아리, 2011.

규장각한국학연구원 편, 『세상 사람의 조선여행』, 글항아리, 2012.

기경량, 「한국 유사역사학의 특성과 역사 왜곡의 방식」, 『강원사학』 30, 강원 사학회, 2018.

기수연, 「현도군과 고구려의 건국에 관한 연구」, 『고구려발해연구』 29, 고구 려발해학회, 2007.

김강일, 『조선후기 왜관의 운영실태 연구』, 경인문화사, 2020.

김건우, 「일본 신대문자의 형태 변화 연구」, 『기초조형학연구』 11-6, 한국기 초조형학회, 2010.

김경록, 「공민왕대 국제 정세와 대외관계의 전개 양상」, 『역사와현실』 64, 한국역사연구회, 2007.

김경록, 「여말선초 홍무제의 고려·조선 인식과 외교 관계」, 『명청사연구』 35, 명청사학회, 2011.

김경록, 「정유재란기 파병의 구성과 조명연합군」, 『한일관계사학』 57, 한일관계사학회, 2017.

김경숙, 「조선후기 산송과 사회갈등 연구」, 서울대학교 국사학과 박사 학위 논문, 2002.

김경숙, 『조선의 묘지 소송: 산송, 옛사람들의 시시비비』, 문학동네, 2012.

김경옥, 「일본의 국가권력과 매춘방지법」, 『일본사상』 37, 한국일본사상사학회, 2019.

김경호 외, 『하상주 단대공정』, 동북아역사재단, 2008.

김경희, 『근대 국가개념의 탄생: 레스 푸블리카에서 스타토로』, 까치, 2018.

김기섭, 『한국 고대·중세 호등제 연구』, 혜안, 2007.

김당택, 「고려 공민왕초의 무장세력」, 『한국사연구』 93, 한국사연구회, 1996.

김당택, 「도당을 통해 본 고려 우왕대의 정치적 상황」, 『역사학보』 180, 역사학회, 2003.

김당택, 「고려말 이성계의 정적」, 『한국중세사연구』 31, 한국중세사학회, 2011.

김대웅, 「고려 공민왕대 경군의 재건 시도」, 『군사』 21, 국방부 군사편찬연구소, 1990.

김대준, 『고종시대의 국가재정 연구』, 태학사, 2004.

김덕현, 「19세기 후반 당파 정치와 당파 기록물의 이중성: 승정원일기(초)와 조보(초)의 사례 분석을 중심으로」, 『대동문화연구』 105, 성균관대학교 대동문화연구원, 2019.

김덕현, 「고종 친정 초기 지방관 임용과 당파 정치: 함경도 지방관 임용에 대한 사례 연구」, 『한국문화』 85, 서울대학교 규장각한국학연구원, 2019.

김동진, 「조선전기 백정에 대한 제민화 정책의 성과」, 『역사민속학』 29, 한국역사민속학회, 2009.

김동진, 『파란눈의 한국혼 헐버트』, 참좋은친구, 2010.

김동철, 「국제 교역의 발달과 마찰」, 『한국사』 28, 국사편찬위원회, 1996.

김명기, 『독도의 영유권과 국제재판』, 한국학술정보, 2012.

김명기, 『간도의 영유권과 국제법』, 한국학술정보, 2013.

김명기, 『독도의 영유권과 국제해양법』, 선인, 2014.

김명숙, 『막스 베버의 법사회학』, 한울아카데미, 2003.

김문기, 「17세기 江南의 氣候變動과 明淸交替」, 부경대학교 사학과 박사 학위 논문, 2008.

김문기, 「17세기 中國과 朝鮮의 小氷期 氣候變動」, 『역사와 경계』 77, 부산경남 사학회, 2010.

김문길 외, 『독도는 한국 땅: 대마도는 조선 부속 섬』, 대양미디어, 2020.

김백철 외, 『국왕, 의례, 정치』, 태학사, 2009.

김백철 외, 『18세기: 왕의 귀환』, 민음사, 2014.

김백철 외, 『국왕과 신하가 함께 만든 나라, 조선』, 국립고궁박물관, 2016.

김백철 외, 『역사학자들이 본 역사 속 행정이야기』, 혜안, 2017.

김백철 외, 『천의소감』, 한국고전번역원, 2017.

김백철 외, 『역사 속 행정개혁과 소통』, 혜안, 2018.

김백철 외, 『한국사의 새로운 동향』, 역락, 2018.

김백철, 「조선후기 영조대 탕평정치의 이념과 『주례』」, 『한국사론』 51, 서울 대학교 국사학과, 2005.

김백철, 「조선후기 숙종대 『수교집록』 편찬과 그 성격: 체재분석을 중심으 로」, 『동방학지』 140, 연세대학교 국학연구원, 2007.

김백철, 「조선후기 영조대 백성관의 변화와 '민국'」, 『한국사연구』 138, 한국 사연구회, 2007.

김백철, 「조선후기 영조대 『속대전』 위상의 재검토: 「형전」 편찬을 중심으 로」, 『역사학보』 194, 역사학회, 2007.

김백철, 「산림의 징소와 출사: 박세채의 사직소를 중심으로」, 『규장각』 33, 서울대학교 규장각한국학연구원, 2008.

김백철, 「조선후기 숙종대 국법체계와 『전록통고』의 편찬」, 『규장각』 32, 서 울대학교 규장각한국학연구원, 2008.

김백철, 「조선후기 영조대 법전정비와 『속대전』의 편찬」, 『역사와 현실』 68, 한국역사연구회, 2008.

김백철, 「조선후기 정조대 법제 정비와 『대전통편』 체제의 구현」, 『대동문화 연구』 64, 성균관대학교 대동문화연구원, 2008.

김백철, 「조선후기 영조초반 법제 정비의 성격과 그 지향: 『신보수교집록』 체재를 중심으로」, 『정신문화연구』 115, 한국학중앙연구원, 2009.

김백철, 「영조의 의리명변서 『천의소감』의 편찬과 정국 변화: 요순의 두 가 지 얼굴, 탕평군주와 전제군주의 경계」, 『정신문화연구』 121, 한국학중 앙연구원, 2010.

김백철, 「조선의 유교적 이상국가 만들기: 西周와 요순의 재인식 과정」, 『국 학연구』 17, 한국국학진흥원, 2010.

김백철, 「조선후기 정조대 『대전통편』 「병전」 편찬의 성격」, 『군사』 76, 국방 부 군사편찬연구소, 2010.

김백철, 『조선후기 영조의 탕평정치: 『속대전』의 편찬과 백성의 재인식』, 태 학사, 2010.

김백철, 「1990년대 한국사회의 '정조신드롬' 대두와 배경: 나약한 임금에서 절대계몽군주로의 탄생」, 『국학연구』 18, 한국국학진흥원, 2011.

김백철, 「영조의 윤음과 왕정 전통만들기」, 『장서각』 26, 한국학중앙연구원, 2011.

김백철, 「영조의 존호가상과 정국 변화」, 『규장각』 39, 서울대학교 규장각한 국학연구원, 2011.

김백철, 「탕평을 어떻게 볼 것인가」, 『조선후기 탕평정치의 재조명』 상, 태학 사, 2011.

김백철, 『영조: 민국을 꿈꾼 탕평군주』, 태학사, 2011.

김백철, 「영조 만년의 초월적 권위와 '대탕평': 영조 48년 김치인사건을 중심 으로」, 『역사학보』 214, 역사학회, 2012.

김백철, 「영조의 순문과 위민정치: '애민'에서 '군민상의'로」, 『국학연구』 21, 한국국학진흥원, 2012.

김백철, 「영성군 박문수(1691-1756)의 정계활동: 탕평 관료의 중층적 위상에 관한 검토」, 『한국사연구』 163, 한국사연구회, 2013.

김백철, 「조선시대 역사상과 공시성의 재검토: 14-18세기 한국사 발전모델의 모색」, 『한국사상사학』 44, 한국사상사학회, 2013.

김백철, 「세계 속 한류의 대두와 역사적 배경」, 『국학연구』 24, 한국국학진흥원, 2014.

김백철, 『두 얼굴의 영조: 18세기 탕평군주상의 재검토』, 태학사, 2014.

김백철, 『박문수: 18세기 탕평 관료의 이상과 현실』, 한국학중앙연구원, 2014.

김백철, 「17-18세기 대동·균역의 위상: 조선시대 재정 개혁 모델의 모색」, 『국학연구』 28, 한국국학진흥원, 2015.

김백철, 「고종대 읍지의 연대분류시론: 규장각 자료의 서지비교를 중심으로」, 『규장각』 49, 서울대학교 규장각한국학연구원, 2016.

김백철, 「정조초반 『명의록』과 왕권의 위상: 만들어진 이미지와 실상의 경계」, 『대동문화연구』 95, 성균관대학교 대동문화연구원, 2016.

김백철, 『법치국가 조선의 탄생』, 이학사, 2016.

김백철, 『탕평시대 법치주의 유산』, 경인문화사, 2016.

김백철, 「조선시대 함경도 지역사 시론: 규장각소장 지리지자료를 중심으로」, 『규장각』 51, 서울대학교 규장각한국학연구원, 2017.

김백철, 「오래된 미래 교과서: 안확의 『조선문명사』」, 『동아시아고대』 50, 동아시아고대학회, 2018.

김백철, 「정조 6년(1782) 윤음의 반포과 그 성격: 송덕상사건을 중심으로」, 『한국학논집』 75, 계명대학교 한국학연구원, 2019.

김백철, 「조선시대 상주의 통치 구조와 중층적 위상」, 『한국학논집』 74, 계명대학교 한국학연구원, 2019.

김범, 『사화와 반정의 시대: 성종·연산군·중종과 그 신하들』, 역사비평사, 2007.

김병인, 「고려 공민왕대 조일신란의 성격」, 전남대학교 사학과 석사 학위논문, 1987.

김보광, 「고려내 다루가치의 존재 양상과 영향: 다루가치를 통한 몽골지배방식의 경험」, 『역사와 현실』 99, 한국역사연구회, 2016.

김봉숙, 「중국 발해인식에 대한 비판적 연구」, 계명대학교 역사·고고학과 박사 학위논문, 2018.

김상태, 「조선 세조대의 원구단 부설과 그 성격」, 『한국학연구』 6·7. 인하대학교 한국학연구소, 1996.

김선자, 「황제신화와 국가주의」, 『중국어문학논집』 31, 중국어문학회, 2005.

김성우, 「17세기의 위기와 숙종대 사회상」, 『역사와 현실』 25, 한국역사연구회, 1997.

김성우, 『조선중기 국가와 사족』, 역사비평사, 2001.

김성우, 「미국의 한국사연구: 제임스 팔레의 조선왕조사 인식」, 『역사비평』 59, 역사비평사, 2002.

김성우, 「연속된 두 시기로서의 16·17세기: "조선중기론"의 입장에서」, 『내일을 여는 역사』 24, 내일을여는역사, 2006.

김성우, 「'조선 중기'를 바라보는 두 개의 시선: 한국과 미국의 역사학계 비교」, 『한국사연구』 143, 한국사연구회, 2008.

김성윤, 『조선후기 탕평정치 연구』, 지식산업사, 1997.

김수진 외, 『세상 사람의 조선여행』, 글항아리, 2012.

김순자, 「10-11세기 고려와 요의 영토 정책」, 『동북아역사논총』 11, 동북아역사재단, 2006.

김숭배, 「샌프란시스코평화조약과 동북아시아 비서명국들: 소련, 한국, 중국과 평화조약의 규범 보전」, 『일본비평』 22, 서울대학교 일본연구소, 2020.

김아네스, 「고려초기의 都護府와 都督府」, 『역사학보』 173, 역사학회, 2002.

김연식, 『브렉시트 과정에서 영국 헌법 관련 쟁점과 전망』, 한국법제연구원, 2019.

김영곤, 『왕비열전』 1-20, 고려출판사, 1973.

김영미, 「두만/토문에 대한 지명언어학적 고찰」, 『어문논총』 32, 전남대학교 한국어문학연구소, 2018.

김영수, 「고려말 신돈의 개혁 정치에 대한 연구」 상, 『동양정치사상사』 1-2, 한국동양정치사상사학회, 2002.

김영수, 「고려말 신돈의 개혁 정치에 대한 연구」 중, 『한국정치학회보』 37-2, 한국정치학회, 2003.

김영수, 「고려말 신돈의 개혁 정치에 대한 연구」 하, 『한국정치외교사논총』 25-2, 한국정치외교사학회, 2004.

김옥근, 「貢法」, 『조선왕조재정사연구』 I, 일조각, 1984.

김용만, 「공민왕대의 영토 수복과 확장 정책」, 경북대학교 사학과 석사 학위 논문, 1985.

김우철, 『조선후기 지방군제사』, 경인문화사, 2000.

김육훈 외, 『거리에서 국정교과서를 묻다』, 민족문제연구소, 2016.

김인규, 「태종대의 공노비 정책과 그 성격: 태종 17년 공노비추쇄사목 14조를 중심으로」, 『역사학보』 136, 역사학회, 1992.

김인호, 「金祉의 『周官六翼』 편찬과 그 성격」, 『역사와 현실』 40, 한국역사연구회, 2001.

김장수, 『오스트리아 최초의 여왕 마리아 테레지아』, 푸른사상, 2020.

김종수, 「군역제도의 붕괴」, 『한국사』 28, 국사편찬위원회, 1996.

김준석, 『근대국가』, 책세상, 2011.

김지수A, 『중국전통법의 정신』, 전남대출판부, 2005.

김지영, 『길 위의 조정』, 민속원, 2017.

김창현, 「고려 공민왕-우왕 때 정치·사회의 변동」, 『호서사학』 34, 호서사학회, 2003.

김충렬, 『고려유학사』, 고려대학교출판부, 1984.

김치완, 「茶山學으로 본 實學과 近代 개념에 대한 비판적 접근」, 『역사와 실학』 52, 역사실학회, 2013.

김태영, 『조선전기 토지제도사 연구』, 지식산업사, 1983.

김태영, 「토지제도」, 『한국사』 24, 국사편찬위원회, 1994.

김태영, 「과전법의 붕괴와 지주제의 발달」, 『한국사』 28, 국사편찬위원회, 1996.

김택민, 『중국 고대 형법: 당제국의 형법총칙』, 아카넷, 2002.

김택영, 『김택영전집』 1-6, 아세아문화사, 1978.

김한종, 『역사교과서 국정화, 왜 문제인가』, 책과함께, 2015.

김현구, 『백제는 일본의 기원인가』, 창비, 2002.

김현구, 『임나일본부설은 허구인가』, 창비, 2010.

김현구, 『식민사학의 카르텔: 역사를 왜곡하는 자는 누구인가?』, 이상미디어, 2017.

김형남, 「조선왕조 경국대전의 헌법적 의미」, 『법학논총』 31-2, 단국대학교 법학연구소, 2007.

김형수, 「충혜왕의 폐위와 고려 유자들의 공민왕 지원 배경」, 『국학연구』 19, 한국국학진흥원, 2011.

김형승, 「조선왕조의 입법 과정에 관한 연구」, 서울대학교 행정학대학원 석사 학위논문, 1968.

김호동, 『동방 기독교와 동서문명』, 까치, 2002.

김호동, 『몽골제국과 고려』, 서울대학교출판문화원, 2007.

김호동, 『몽골제국과 세계사의 탄생』, 돌베개, 2010.

김호동, 『아틀라스 중앙유라시아』, 사계절, 2016.

김흥수, 『한일관계의 근대적 개편과정』, 서울대학교출판문화원, 2009.

김희영, 「19세기 말 서양인의 눈에 비친 조선사회의 현실과 동학 농민 봉기: 이사벨라버드 비숍의 『조선과 그 이웃나라』를 중심으로」, 『동학연구』 23, 한국동학학회, 2007.

김희영, 「오리엔탈리즘과 19세기 말 서양인의 조선 인식: 이사벨라 버드 비숍의 『조선과 그 이웃나라들』을 중심으로」, 『경주사학』 26, 경주사학회, 2007.

나종우, 「홍건적과 왜구」, 『한국사』 20, 국사편찬위원회, 1994.

나종일, 「17세기 위기론과 한국사」, 『역사학보』 94·95, 역사학회, 1982.

내셔널지오그래픽, 『사진으로 보는 옛 한국, 은자의 나라』, YBM Si-sa, 2002.

노관범, 「근대 한국유학사의 형성: 장지연의 『조선유교연원』을 중심으로」, 『한국문화』 74, 서울대학교 규장각한국학연구원, 2016.

노관범, 「근대 초기 실학의 존재론: 실학 인식의 방향 전환을 위하여」, 『역사비평』 122, 역사비평사, 2018.

노명호, 「고려시대의 다원적 천하관과 해동 천자」, 『한국사연구』 105, 한국사연구회, 1999.

노명호, 『고려국가와 집단의식』, 서울대학교출판문화원, 2009.

노태돈, 「한국민족은 어떻게 형성되었나」, 『역사비평』 21, 역사비평사, 1992.

노태돈, 「한국민족형성시기론」, 『한국사시민강좌』 20, 일조각, 1997.

노태돈, 『한국사를 통해 본 우리와 세계에 대한 인식』, 풀빛, 1998.

다산학술문화재단 편,『다산학 사전』, 사암, 2019.

도리우미 유타카,『일본인 학자가 본 식민지 근대화론』, 지식산업사, 2019.

도현철,『고려말 사대부의 정치사상 연구』, 일조각, 1999.

도현철,『조선전기 정치사상사:『삼봉집』과『경제문감』의 실증적 분석을 중심으로』, 태학사, 2013.

동북아역사재단 편,『한일 관계 속의 왜관』, 경인문화사, 2012.

동북아역사재단 편,『중국 산동지역의 동이』, 역사공간, 2018.

류창규,「고려 말, 조선 초 재지품관의 유형과 그 지위」,『전남사학』17, 전남사학회, 2001.

문광균,『조선후기 경상도 재정 연구』, 민속원, 2019.

문숙자,『68년의 나날들, 조선의 일상사』, 너머북스, 2009.

문용식,『조선후기 진정과 환곡운영』, 경인문화사, 2000.

미야지마 히로시,「한국 인구사연구의 현황과 과제」,『대동문화연구』46, 성균관대학교 대동문화연구원, 2004.

민석홍,『서양사개론』, 삼영사, 1984.

민현구,「신돈의 집권과 그 정치적 성격」상·하,『역사학보』38·40, 역사학회, 1968.

민현구,『한국군제사: 근세조선전기편』, 육군본부, 1968.

민현구,「익재 이제현의 정치 활동」,『진단학보』51, 진단학회, 1981.

민현구,「고려 공민왕의 반원적 개혁 정치에 대한 일고찰」,『진단학보』68, 진단학회, 1989.

민현구,「정치가로서의 공민왕: 재위 전반기의 행적에 보이는 개혁 군주로서의 면모」,『아세아연구』41-2, 고려대학교 아세아문제연구소, 1998.

민현구,『高麗政治史論: 統一國家의 확립과 獨立王國의 시련』, 고려대출판부, 2004.

민현구,「고려 공민왕대 중엽의 정치적 변동」,『진단학보』107, 진단학회, 2009.

박광용,「역비논단 대종교 관련 문헌에 위작 많다:『규원사화』와『환단고기』의 성격에 대한 재검토」,『역사비평』12, 역사비평사, 1990.

박광용,「역비논단 대종교 관련 문헌에 위작 많다 2:『신단실기』와『단기고

　　　사』의 성격에 대한 재검토」, 『역사비평』 18, 역사비평사, 1992.

박도식, 『조선전기 공납제 연구』, 혜안, 2011.

박명림 외, 『역사용어 바로쓰기』, 역사비평사, 2006.

박병호, 「권리의 법적 구제 방식으로서의 재판의 제도와 기능」, 『전통적 법
　　　체계와 법의식』, 서울대학교출판부, 1972.

박병호, 「경국대전의 편찬과 반행」, 『한국사』 9, 국사편찬위원회, 1973.

박병호, 『한국법제사고』, 법문사, 1974.

박병호, 『한국의 법』, 세종대왕기념사업회, 1974.

박병호, 「경국대전의 법사상적 성격」, 『진단학보』 48, 진단학회, 1979.

박병호, 「『경국대전』의 편찬과 계승」, 『한국사』 22, 국사편찬위원회, 1995.

박성준, 『대한제국기 공문서 연구』, 아모르문디, 2015.

박순, 「공민왕대의 동녕부 정벌에 대하여」, 중앙대학교 사학과 석사 학위논
　　　문, 1982.

박시형, 『조선토지제도사』 상·중, 신서원, 1994.

박양진, 「중국역사공정의 비판적 검토」, 『역사비평』 82, 역사비평, 2008.

박옥걸, 「고려의 군사력 확충에 관한 연구」, 『군사』 21, 국방부 군사편찬연구
　　　소, 1990.

박용숙, 「恭愍王代의 對外關係」, 『부대사학』 2, 부대사학회, 1971.

박용운, 『고려시대사』 상·하, 일지사, 1985·1987.

박용운, 『고려시대 대간제도 연구』, 일지사, 1987.

박용운, 「관직과 관계」, 『한국사』 13, 국사편찬위원회, 1993.

박용운, 「관리등용제도의 변화」, 『한국사』 19, 국사편찬위원회, 1996.

박용운, 『고려시대 관계·관직 연구』, 고려대학교출판부, 1997.

박용운, 『高麗時代 中書門下省 宰臣 硏究』, 일지사, 2000.

박용운, 「국호 고구려·고려에 대한 일고찰」, 『동북아역사논총』 1, 동북아역
　　　사재단, 2004.

박용운, 「왜 왕건은 고려를 국호로 했을까」, 『내일을여는역사』 21, 내일을여
　　　는역사재단, 2005.

박은경, 「高麗後期 地方品官勢力에 관한 硏究」, 『한국사연구』 44, 한국사연구
　　　회, 1984.

박은식, 『韓國痛史』, 초판본, 1915[『한국통사』, 독립기념관·한국독립운동사연구소 편, 국학자료원 영인본, 1998].

박재경, 『조선시대 책문 연구』, 한국학술정보, 2020.

박재우, 「고려 충선왕대 정치 운영과 정치세력 동향」, 『한국사론』 29, 서울대 학교 국사학과, 1993.

박재우, 「총론: 고려말 정치상황과 신흥유신」, 『역사와 현실』 15, 한국역사연 구회, 1995.

박재우, 「고려전기 영토관념과 邊境」, 『한국중세사연구』 35, 한국중세사학회, 2013.

박종기, 『고려사의 재발견』, 휴머니스트, 2015.

박지향, 『영국사: 보수와 개혁의 드라마』, 까치, 1997.

박진훈, 「여말선초 노비 정책 연구」, 연세대학교 사학과 박사 학위논문, 2005.

박진희, 「전후 한일관계와 샌프란시스코평화조약」, 『한국사연구』 31, 한국사 연구회, 2005.

박천식, 「고려 우왕대의 정치권력의 성격과 그 추이」, 『전북사학』 4, 전북사 학회, 1980.

박천식, 「권문세족과 신진사대부」, 『한국사』 19, 국사편찬위원회, 1996.

박태석, 『일본의 노예』, 월드헤리티지, 2021.

박평식, 『조선전기 상업사 연구』, 지식산업사, 1999.

박한민, 「稻葉岩吉(1876-1940)의 조선사 인식」, 한국교원대학교 역사교육전공 석사 학위논문, 2010.

박한제, 『대당제국과 그 유산: 호한통합과 다민족국가의 형성』, 세창미디어, 2015.

박홍갑, 「조선전기 음직 연구」, 영남대학교 국사학과 박사 학위논문, 1994.

박홍갑, 『우리 성씨와 족보 이야기』, 산처럼, 2014.

박희봉, 『교과서가 말하지 않는 임진왜란 이야기』, 논형, 2014.

반윤홍, 『조선시대 비변사 연구』, 경인문화사, 2003.

방광석, 『근대일본의 국가체제 확립과정』, 혜안, 2008.

방향숙, 「'하상주단대공정'의 현황과 의미」, 『동북아역사논총』 10, 동북아역사재단, 2006.

배삼식, 『1945』, 민음사, 2019.

배숙희, 「원대 과거제와 고려 진사의 응거 및 수관」, 『동양사학연구』 104, 동양사학회, 2008.

배옥영, 『周代의 上帝意識과 儒學思想』, 다른생각, 2003.

배우성, 「정조의 留守府경영과 華城인식」, 『한국사연구』 127, 한국사연구회, 2004.

배우성, 『조선과 중화』, 돌베개, 2014.

배재홍, 「조선후기의 서얼허통과 신분 지위의 변동」, 경북대학교 사학과 박사 학위논문, 1995.

백승철, 『조선후기 상업사 연구』, 혜안, 2000.

백인호, 「공민왕 20년의 개혁과 그 성격」, 『고고역사학지』 7, 동아대학교 박물관, 1991.

변태섭, 『고려정치제도사연구』, 일조각, 1971.

부경대학교 대마도연구센터, 『부산과 대마도의 2천년』, 국학자료원, 2010.

부경대학교 대마도연구센터, 『전란기의 대마도』, 국학자료원, 2013.

산본진, 「조선후기 은 유통」, 『명청사연구』 39, 명청사학회, 2013.

서영희, 『대한제국 정치사연구』, 서울대학교출판부, 2003.

서영희, 『일제 침략과 대한제국의 종말: 러일전쟁에서 한일병합까지』, 역사문제연구소, 2012.

서울대학교 규장각 편, 『규장각소장 왕실자료 해제·해설집』 3·4, 서울대학교 규장각, 2005.

서울대학교 규장각 편, 『규장각에서 만나는 한국은행의 서가』, 서울대학교 규장각한국학연구원, 2017.

서울대학교 역사연구소 편, 『역사용어사전』, 서울대학교출판문화원, 2015.

서인한, 『대한제국의 군사제도』, 혜안, 2000.

서창열, 『미국 연방대법원의 사법심사제』, 홍익출판사, 2011.

서한교, 「조선후기 납속제도의 운영과 납속인의 실태」, 경북대학교 사학과 박사 학위논문, 1995.

성기중, 「전후 대일점령 개혁조처와 일본보수주의」, 『한국동북아논총』 22,

한국동북아학회, 2002.

손병규 외,『통계로 보는 조선후기 국가경제』, 성균관대학교출판부, 2013.

손병규,「시카타 히로시의 조선시대 '인구·가족'에 대한 재검토」,『한국사학
　　보』 52, 고려사학회, 2013.

손병규,『19세기 지방재정 운영』, 경인문화사, 2018.

송기중,『조선후기 수군 연구: 정책, 재정, 훈련에 관하여』, 역사비평사, 2019.

송양섭,『18세기 조선의 공공성과 민본이념』, 태학사, 2015.

송용덕,「고려후기 변경지역 변동과 압록강 연변인식의 형성」,『역사학보』
　　201, 역사학회, 2009.

송웅섭,「조선전기 공론정치의 형성」, 서울대학교 국사학과 박사 학위논문,
　　2011.

송인주,「恭愍王代 軍制改革의 實態와 그 限界」,『한국중세사연구』 5, 한국중세
　　사학회, 1998.

송찬섭,「양전사업」,『한국사』 30, 국사편찬위원회, 1998.

송찬식,『조선후기 사회경제사의 연구』, 일조각, 1997.

송충기,「역사 속의 반면교사: 나치 시대의 사법부」,『내일을여는역사』 38,
　　내일을여는역사재단, 2010.

송호정,「실학자들의 역사지리관과 고조선 한사군 연구」,『한국고대사연구』
　　62, 한국고대사학회, 2011.

송호정,『처음 읽는 부여사』, 사계절, 2015.

송호정,「위만조선의 왕검성 위치에 대한 최근 논의와 비판적 검토」,『역사
　　와 담론』 92, 호서사학회, 2019.

신병식,「제1공화국 토지개혁의 정치경제」,『한국정치학회회보』 31-3, 한국
　　정치학회, 1997.

신복룡,『한국사 새로 보기』, 풀빛, 2001.

신용하 외,『일제 식민지 근대화론에 대한 비판론적 성찰』, 나남, 2009.

신용하,『식민지 근대화론 비판』, 문학과지성사, 1998.

신용하,『한국과 일본의 독도영유권 논쟁』, 한양대학교출판부, 2003.

신용하,『일제 식민지정책과 식민지 근대화론』, 문학과지성사, 2006.

신용하,『한국의 독도영유권 연구』, 경인문화사, 2006.

신용하, 『독도영유권에 대한 일본주장 비판』, 서울대학교출판부, 2011.

신은제, 「공민왕 즉위초 정국 동향과 전민변정」, 『한국중세사연구』 29, 한국 중세사학회, 2010.

신은제, 「공민왕의 신돈등용의 배경」, 『역사와경계』 91, 부산경남사학회, 2014.

신항수, 「비판적 시각으로 살펴본 실학 연구」, 『내일을여는역사』 21, 내일을 여는역사, 2005.

신현승, 『제국지식인의 패러독스와 역사철학』, 태학사, 2016.

심재우, 『조선후기 국가권력과 범죄통계 : 『심리록』 연구』, 태학사, 2009.

심헌용, 『한반도에서 전개된 러일전쟁 연구』, 국방부 군사편찬연구소, 2011.

안병욱, 「19세기 부세의 도결화와 봉건적 수취체제의 해체」, 『국사관논총』 7, 국사편찬위원회, 1989.

안장리, 『조선국왕 영조 문학 연구』, 세창출판사, 2020.

안확, 『조선문명사』, 회동서관, 1923.

양동휴, 「16-19세기 귀금속의 이동과 동아시아 화폐제도의 변화」, 『경제사 학』 54, 경제사학회, 2013.

양승윤 외, 『바다의 실크로드』, 청아출판사, 2003.

양아람, 「일본의 이토 시오리(伊藤詩織)와 미투 운동」, 『대동문화연구』 106, 성 균관대 대동문화연구원, 2019.

양진석, 「17, 18세기 환곡제도의 운영과 기능 변화」, 서울대학교 국사학과 박 사 학위논문, 2003.

역사교육연대회의, 『뉴라이트 위험한 교과서, 바로 읽기』, 서해문집, 2009.

역사학회 편, 『노비, 농노, 노예』, 일조각, 1998.

역사학회 편, 『정조와 18세기』, 푸른역사, 2013.

염정섭, 「과잉해석의 성긴 틈새를 빠져나오지 못한 수량 자료」, 『한국문화연 구』 8, 이화여자대학교 한국문화연구원, 2005.

오갑균, 『조선시대 사법제도 연구』, 삼영사, 1995.

오기승, 「13-14세기 여몽 접경지역 고려인 세력 연구」, 중앙대학교 역사학과 박사 학위논문, 2017.

오병한, 「1910-1920년대 일본과 중국의 압록강 국경문제 인식과 대응」, 『한국근현대사연구』 84, 한국근현대사연구회, 2018.

오수창, 「세도정치의 성립과 전개」, 『한국사』 32, 국사편찬위원회, 1998.

오영찬, 『낙랑군 연구』, 사계절, 2006.

오종록, 『여말선초 지방군제 연구』, 국학자료원, 2014.

오종록, 『조선초기 양계의 군사제도와 국방』, 국학자료원, 2014.

오항녕, 『광해군: 그 위험한 거울』, 너머북스, 2012.

오항녕, 『조선의 힘』, 역사비평사, 2010.

오항녕, 『실록이란 무엇인가』, 역사비평사, 2018.

오항녕, 『후대가 판단케 하라』, 역사비평사, 2018.

왕우량·이언군, 「북이 색리국 및 부여초기 왕성에 대한 새로운 고찰」, 『고구
        려발해연구』 14, 고구려발해학회, 2002.

우경섭, 『조선중화주의의 성립과 동아시아』, 유니스토리, 2013.

우성민, 「중국 역사학계의 새로운 해석에 대한 비판적 검토」, 『진단학보』
        116, 진단학회, 2012.

우인수, 『조선후기 산림세력 연구』, 일조각, 1999.

위가야, 「'한사군 한반도설'은 식민사학의 산물인가」, 『역사비평』 114, 역사
        비평사, 2016.

위은숙, 「농장의 발달과 그 구조」, 『한국사』 19, 국사편찬위원회, 1996.

유봉학, 『한국문화와 역사의식』, 신구문화사, 2005.

유승원, 「조선초기의 '신량역천' 계층: 칭간칭척자를 중심으로」, 『한국사론』
        1, 서울대학교 국사학과, 1973.

유용태 편, 『동아시아의 농지개혁과 토지혁명』, 서울대학교출판문화원,
        2014.

유현재, 「조선 후기 鑄錢정책과 財政활용」, 서울대학교 국사학과 박사 학위논
        문, 2014.

육군본부 군사연구소 편, 『한국군사사』 4-8, 경인문화사, 2012.

육사사학과, 『한민족전쟁사총론』, 교학연구사, 1988.

윤경진, 「고려초기 지방제도 개편과 都護府: 安東·安南의 置廢와 移動」, 『한국
        중세사연구』 27, 한국중세사학회, 2009.

윤국일, 『경제육전과 경국대전』, 신서원, 1988.

윤두수,「조선 태조의 관제 개혁과 개국공신」,『고고역사학지』7, 동아대학교 박물관, 1991.

윤락현,『간도는 왜 우리 땅인가?』, 백산자료원, 2013.

윤명철,「국내성의 압록강 방어 체계 연구」,『고구려발해연구』15, 고구려발해학회, 2003.

윤용출,『조선후기의 요역제와 고용노동』, 서울대학교출판부, 1998.

윤용혁,『고려 대몽항쟁사 연구』, 일지사, 1991.

윤원근,『유사 나치즘의 눈으로 읽는 프로테스탄트 윤리와 자본주의 정신』, 신원문화사, 2010.

윤훈표 외,『경제육전과 육전체제의 성립』, 혜안, 2007.

이강한,「공민왕대 관제 개편의 내용 및 의미」,『역사학보』201, 역사학회, 2009.

이강한,「고려후기 '충렬왕대 文散階'의 구조와 운용: 大夫階에 대한 검토를 중심으로」,『진단학보』116, 진단학회, 2012.

이강한,「13-14세기 고려 관료의 원제국 문산계 수령: 충렬공 金方慶을 포함한 여러 사례들에 대한 검토」,『한국중세사연구』37, 한국중세사학회, 2013.

이강한,『고려와 원제국의 교역의 역사: 13-14세기 감춰진 교류상의 재구성』, 창비, 2013.

이강한,「원법제 연구의 시의성과 필요성」,『역사와 현실』99, 한국역사연구회, 2016.

이개석,「『지정조격』의 편찬과 법제사상의 의의」,『至正條格(校註本)』, 휴머니스트, 2007.

이경민,『경성, 사진에 박히다』, 산책자, 2008.

이경식,『조선전기 토지제도 연구』, 일조각, 1983.

이경식,「고려말 私田捄弊策과 과전법」,『동방학지』42, 연세대학교 국학연구원, 1984.

이경식,『조선전기 토지제도사 연구』, 지식산업사, 1986.

이경식,『한국중세 토지제도사: 조선전기』, 서울대학교출판부, 2006.

이규철,「조선초기의 對外征伐과 對明意識」, 가톨릭대학교 국사학과 박사 학위논문, 2013.

이규철, 『정벌과 사대: 15세기 조선의 대외정벌과 대명의식』, 역사비평사, 2022.

이근호, 「조선시대 이조전랑의 인사 실태」, 『한국학논총』 31, 국민대학교 한국학연구소, 2009.

이근호, 『조선후기 탕평파와 국정 운영』, 민속원, 2016.

이근호, 『공公, 천하의 기준이 되다』, 글항아리, 2018.

이기남, 「충선왕의 개혁과 사림원의 설치」, 『역사학보』 52, 역사학회, 1971.

이기백, 「반도적 성격론 비판」, 『한국사시민강좌』 1, 일조각, 1987.

이동희, 「다카하시 도루(高橋亨)의 조선조 주자학 연구의 허와 실: 오늘날 철학적 관점에서의 비판적 고찰」, 『한국학논집』 60, 계명대학교 한국학연구원, 2015.

이동희, 「원대 명초 주자학의 전개 양상」, 『동양철학연구』 22, 동양철학연구회, 2000.

이동희, 「장지연의 『조선유교연원』의 특징에 대하여: 다카하시의 「조선유학대관」과의 비교」, 『한국학논집』 35, 계명대학교 한국학연구원, 2007.

이만열(임마누엘 페스트라이쉬), 『한국인만 모르는 다른 대한민국: 하버드대 박사가 본 한국의 가능성』, 21세기북스, 2013.

이만열(임마누엘 페스트라이쉬), 『한국인만 몰랐던 더 큰 대한민국』, 레드우드, 2017.

이만열, 「日帝 官學者들의 韓國史 叙述」, 『한국사론』 6, 국사편찬위원회, 1979.

이만열, 「한국사연구」, 『한국사』 45, 국사편찬위원회, 2000.

이명미, 「공민왕대초반 군주권 재구축 시도와 奇氏一家: 1356년(공민왕 5) 개혁을 중심으로」, 『한국문화』 53, 서울대학교 규장각한국학연구원, 2011.

이명미, 「려-몽골 관계와 고려국왕 위상의 변화」, 서울대학교 국사학과 박사학위논문, 2012.

이명미, 「공민왕대 후반 친명 정책의 한 배경: 몽골 복속기 지배 구조에 대한 트라우마」, 『사학연구』 113, 한국사학회, 2014.

이문영, 『만들어진 한국사』, 파란미디어, 2010.

이문영, 「1960-1970년대 유사역사학의 식민사학 프레임 창조와 그 확산」,

『역사문제연구』 39, 역사문제연구소, 2018.

이문영, 『유사역사학 비판』, 역사비평, 2018.

이병휴, 『조선전기 사림파의 현실 인식과 대응』, 일조각, 1999.

이상백, 「서얼차대의 연원에 대한 일문제」, 『진단학보』 1, 진단학회, 1934.

이상백, 「이조건국의 연구」 1-3, 『진단학보』 4·5·7, 진단학회, 1936·1937.

이상백, 「서얼금고시말」, 『동방학지』 1, 연세대학교 국학연구원, 1954.

이상신, 『(개정)서양사학사』, 신서원, 1993.

이상옥 외, 『영연방의 사회와 문화』, 한국방송대학교출판부, 1997.

이상태, 『사료가 증명하는 독도는 한국 땅』, 경세원, 2007.

이상태, 『독도 수호와 백두산정계비 설치』, 한국학중앙연구원출판부, 2019.

이상호·이정철, 『역사책에 없는 조선사』, 푸른역사, 2020.

이석주, 「원대 주자학의 일면 고찰」, 『공자학』 9, 한국공자학회, 2002.

이석원, 「국민사상과 제국: 1930년대 쓰다 소키치(津田左右吉)의 중국·아시아론」, 『인문과학』 54, 성균관대학교 인문학연구원, 2014.

이성무, 『조선초기 양반 연구』, 일조각, 1980.

이성무, 「『經國大典』의 編纂과 『大明律』」, 『역사학보』 125, 역사학회, 1990.

이성무, 「조선후기 당쟁연구의 방향」, 『조선후기 당쟁의 종합적 검토』, 한국정신문화연구원, 1992.

이성무, 『조선 양반사회 연구』, 일조각, 1995.

이성임 외, 『일기를 통해 본 조선후기 사회사』, 새물결, 2015.

이성제, 「현도군의 개편과 고구려」, 『한국고대사연구』 64, 한국고대사학회, 2011.

이성환, 『간도는 누구의 땅인가』, 살림, 2004.

이수건, 「조선 태종조에 있어서의 對노비 시책」, 『대구사학』 1, 대구사학회, 1969.

이수건, 「조선초기 군현제 정비에 대하여」, 『영남사학』 1, 영남대학교 사학회, 1971.

이수건, 「직촌고: 조선전기 촌락 구조의 일단면」, 『대구사학』 15·16, 대구사학회, 1978.

이수건, 「조선초기 군현제 정비와 지방통치 체제」, 『한국 중세사회사 연구』,

일조각, 1984.

이수건, 「조선초기 지방행정제도의 정비」, 『조선시대 지방행정사』, 민음사, 1989.

이수건, 「지방통치 체제」, 『한국사』 23, 국사편찬위원회, 1994.

이수건, 『영남학파의 형성과 전개』, 일조각, 1995.

이수건, 『한국의 성씨와 족보』, 서울대학교출판부, 2003.

이숙경, 「이제현세력의 형성과 그 역할: 공민왕전기(1351-1365) 개혁 정치의 추진과 관련하여」, 『한국사연구』 64, 한국사연구회, 1989.

이승율, 「쓰다 소키치(津田左右吉)의 '중국' 도가 연구와 아시아 멸시관」, 『율곡학연구』 39, 율곡연구원, 2019.

이신철, 「대한제국기 역사교과서 편찬과 근대역사학: 『동국사략』(현채)의 당대사 서술을 통한 '국민 만들기'를 중심으로」, 『역사교육』 126, 역사교육연구회, 2013.

이영, 『황국사관과 고려 말 왜구』, 에피스테메, 2015.

이영훈, 「제임스 팔레의 노예제사회설 검토」, 『한국문화』 52, 서울대학교 규장각한국학연구원, 2010.

이왕무, 『조선후기 국왕의 능행 연구』, 민속원, 2016.

이용우, 「프랑스 초기 레지스탕스의 비시-페탱 인식(1940-1942)」, 『프랑스사연구』 25, 한국프랑스사학회, 2011.

이용우, 「레지스탕스 역사 쓰기: 신화화와 망각을 넘어서(1946-2013)」, 『프랑스사연구』 34, 한국프랑스사학회, 2016.

이용재, 「이사벨라 버드 비숍(Isabella Bird Bishop)의 중국여행기와 제국주의적 글쓰기」, 『중국어문논역총간』 30, 중국어문논역학회, 2012.

이용주, 「공민왕대의 자제위 연구」, 『교육논총』 4, 동국대학교 교육대학원, 1984.

이우성, 「閑人·白丁의 新解釋」, 『역사학보』 19, 역사학회, 1962.

이익주, 「高麗·元關係의 構造와 高麗後期 政治體制」, 서울대학교 국사학과 박사 학위논문, 1996.

이익주, 「고려말 신흥유신의 성장과 조선 건국」, 『역사와 현실』 29, 한국역사연구회, 1998.

이익주, 「공민왕대 개혁의 추이와 신흥 유신의 성장」, 『역사와 현실』 15, 한
　　국역사연구회, 1995.

이익주, 「元의 '부마국'으로서의 고려국가의 성격」, 『한국사시민강좌』 40, 일
　　조각, 2007.

이재룡, 「환곡」, 『한국사』 24, 국사편찬위원회, 1994.

이재철, 『조선후기 비변사 연구』, 집문당, 2001.

이정기, 「고려시기 동계 영역의 변동과 도호부의 이동」, 『한국민족문화』 47,
　　부산대학교 한국민족문화연구소, 2013.

이정빈, 「한사군, 과연 난하 유역에 있었을까?」, 『역사비평』 115, 역사비평사,
　　2016.

이정철, 『대동법, 조선 최고의 개혁』, 역사비평사, 2012.

이존희, 「朝鮮王朝의 留守府 經營」, 『한국사연구』 47, 한국사연구회, 1984.

이종봉, 『한국중세도량형제연구』, 혜안, 2001.

이종봉, 『한국 도량형사』, 소명출판, 2016.

이종서, 『제국 속의 왕국, 14세기 고려와 고려인』, 울산대학교출판부, 2005.

이종서, 『고려-조선의 親族用語와 혈연 의식: 親族關係의 정형과 변동』, 신구
　　문화사, 2009.

이종일, 「조선시대 서얼신분 변동사 연구」, 동국대학교 사학과 박사 학위논
　　문, 1988.

이종호, 「국제 프랑스어문화권 기구(OIF)의 구성과 주요 대중매체 연구」,
　　『국제지역연구』 12-3, 한국외국어대학교 국제지역연구센터, 2008.

이종호, 『영조를 만든 경종의 그늘』, 글항아리, 2009.

이주은, 『은밀한 세계사』, 파피에, 2016.

이준구, 『조선후기 신분직역변동연구』, 일조각, 1993.

이철우, 『서양의 세습가산제』, 경인문화사, 2010.

이태진 외, 『한국병합의 불법성 연구』, 서울대학교출판부, 2003.

이태진 외, 『영원히 타오르는 불꽃』, 지식산업사, 2010.

이태진 편, 『한국병합, 성립하지 않았다』, 태학사, 2001.

이태진, 「서얼차등고」, 『역사학보』 27, 역사학회, 1965.

이태진, 「조선 성리학의 역사적 기능」, 『창작과비평』 33, 창작과비평사, 1974.

이태진, 「사화·당쟁의 연구사적 검토」, 『조선후기 정치와 군영제 변천』, 한국연구원, 1985.

이태진, 『조선시대 정치사의 재조명』, 범조사, 1986.

이태진, 『한국사회사연구』, 지식산업사, 1986.

이태진, 「당파성론 비판」, 『한국사시민강좌』 1, 일조각, 1987.

이태진, 『조선유교사회사론』, 지식산업사, 1989.

이태진, 「안확의 생애와 국학세계」, 『역사와 인간의 대응』, 고병익선생 회갑기념 사학논총간행위원회, 1994.

이태진, 「소빙기(1500-1750) 천변재이 연구와 『조선왕조실록』: global history의 한 장」, 『역사학보』 149, 역사학회, 1996.

이태진, 「개요」, 『한국사』 30, 국사편찬위원회, 1998.

이태진, 「인구의 감소」, 『한국사』 30, 국사편찬위원회, 1998.

이태진, 「외계 충격 대재난설(Neo-Catastrophism)과 인류 역사의 새로운 해석」, 『역사학회』 164, 역사학회, 1999.

이태진, 『고종시대의 재조명』, 태학사, 2000.

이태진, 『동경대생에게 들려주는 한국사: 메이지 일본의 한국 침략사』, 태학사, 2005.

이태진, 「역사소설 속의 명성황후 이미지」, 『한국사시민강좌』 41, 일조각, 2007.

이태진, 『일본의 한국병합강제 연구』, 태학사, 2016.

이태진, 『끝나지 않은 역사: 식민지배 청산을 위한 역사 인식』, 태학사, 2017.

이태진·김백철, 『조선후기 탕평정치의 재조명』 상·하, 태학사, 2011.

이태훈, 「실학담론에 대한 지식사회학적 고찰: 근대성 개념을 중심으로」, 전남대 사회학과 박사 학위논문, 2004.

이헌창, 『조선 후기 재정과 시장』, 서울대학교출판문화원, 2010.

이헌창, 「조선왕조의 정치체제: 절대군주제」, 『경제사학』 41, 경제사학회, 2017.

이헌창, 『김육평전』, 민음사, 2020.

이형우, 「변신과 처세에 능했던 권신 이인임」, 『역사비평』 48, 역사비평사, 1999.

이효석 외,『유럽 중심주의 비판과 주변의 재인식』, 미다스북, 2010.

인하대학교 한국학연구소 편,『중국 없는 중화』, 인하대학교출판부, 2009.

임기환,「한사군은 '어디에 있었나?' 그리고 '어떤 역사인가?'」,『내일을여는 역사』 60, 내일을여는역사재단, 2015.

임민혁,『조선시대 음관 연구』, 한성대학교출판부, 2002.

임상혁,「고려의 법체계와 조선에 대한 영향: 판, 제, 교 등 왕법을 중심으로」,『법사학연구』 49, 한국법사학회, 2013.

임승표,「조선시대 상벌적 읍호승강제 연구」, 홍익대학교 사학과 박사 학위 논문, 2001.

임형택,『한국학의 동아시아적 지평』, 창비, 2014.

장병인,「조선초기의 관찰사」,『한국사론』 4, 서울대학교 국사학과, 1978.

장병인,「조선초기의 연좌율」,『한국사론』 17, 서울대학교 국사학과, 1987.

장병진,「초기 고구려의 주도세력과 현도군」,『한국고대사연구』 77, 한국고대사학회, 2015.

장세진,「라이샤워(Edwin O. Reischauer), 동아시아, '권력/지식'의 테크놀로지: 전후 미국의 지역연구와 한국학의 배치」,『상허학보』 36, 상허학회, 2012.

장영숙,「서양인의 견문기를 통해본 명성황후의 정치적 위상과 역할」,『한국근현대사연구』 35, 한국근현대사학회, 2005.

장영숙,『고종 44년의 비원』, 너머북스, 2010.

장영숙,『고종의 정치사상과 정치 개혁론』, 선인, 2010.

장영숙,「한성신보의 명성황후시해사건 보도 태도와 사후 조치」,『한국근현대사연구』 82, 한국근현대사학회, 2017.

장지연,『조선유교연원』, 회동서관, 1922.

장학근,「임진왜란」,『한국사』 29, 국사편찬위원회, 1995.

전봉덕,『한국 법제사 연구』, 서울대학교출판부, 1968.

전성운,「한국학의 개념과 세계화의 방안」,『한국학연구』 32, 고려대학교 한국학연구소, 2010.

전형택,『조선후기 노비신분연구』, 일조각, 1989.

젊은역사학자모임 편,『한국 고대사와 사이비역사학』, 역사비평사, 2017.

젊은역사학자모임 편, 『욕망 너머의 한국 고대사: 왜곡과 날조로 뒤엉킨 사이비역사학의 욕망을 파헤치다』, 서해문집, 2018.

정구복, 「조선전기의 역사 서술」, 『한국의 역사 인식』 상, 창작과비평사, 1976.

정긍식, 「국가경영의 원대한 기획 경국대전」, 『한국의 고전을 읽는다』 4, 휴머니스트, 2006.

정긍식, 「법서의 출판과 보급으로 본 조선 사회의 법적 성격」, 『서울대학교 법학』 48-4, 서울대학교 법학연구소, 2007.

정긍식, 「대명률의 죄형법정주의 원칙」, 『서울대학교 법학』 49-1, 서울대학교 법학연구소, 2008.

정긍식, 「경국대전주해의 편찬과 그 의의」, 『역주 경국대전주해』, 한국법제연구원, 2009.

정긍식, 「朝鮮前期 中國法書의 受容과 活用」, 『서울대학교 법학』 50-4, 서울대학교 법학연구소, 2009.

정긍식, 『조선의 법치주의 탐구』, 태학사, 2018.

정긍식, 『한국 가계계승법제의 역사적 탐구: 유교적 제사승계의 식민지적 변용』, 흐름(디자인흐름), 2019.

정긍식·조지만, 「조선전기 『대명률』 수용과 변용」, 『진단학보』 96, 진단학회, 2003.

정다함, 「'事大'와 '交隣'과 '小中華'라는 틀의 초시간적인 그리고 초공간적인 맥락」, 『한국사학보』 42, 고려사학회, 2011.

정두영, 「正祖代 都城防禦論과 江華留守府」, 『서울학연구』 51, 서울시립대학교 서울학연구소, 2013.

정두희, 「고려말기의 첨설직」, 『진단학보』 44, 진단학회, 1977.

정두희, 『유교·전통·변용: 미국의 역사학자들이 보는 한국사의 흐름』, 국학자료원, 2005.

정만조, 「17-18세기의 서원·사우에 대한 시론: 특히 사림의 건립 활동을 중심으로」, 『한국사론』 2, 서울대학교 국사학과, 1975.

정만조, 「사족의 향촌 지배와 서원의 발달」, 『한국사』 31, 국사편찬위원회, 1998.

정상우, 「조선총독부의 『朝鮮史』 편찬 사업」, 서울대학교 국사학과 박사 학위
　　논문, 2011.

정성식, 「『경국대전』의 성립배경과 체제」, 『동양문화연구』 13, 영산대학교 동
　　양문화연구원, 2013.

정성일, 「조선의 동전과 일본의 은화: 화폐의 유통을 통해 본 15-17세기 한일
　　관계」, 『한일관계사연구』 20, 한일관계사학회, 2004.

정성일, 「조선과 일본의 은 유통 교섭」, 『한일관계사연구』 42, 한일관계사학
　　회, 2012.

정수일(무하마드 깐수), 『신라·서역교류사』, 단국대학교출판부, 1994.

정수일, 『고대문명교류사』, 사계절, 2001.

정수일, 『문명교류사 연구』, 사계절, 2002.

정수일, 『문명의 루트 실크로드』, 효형출판, 2002.

정수일, 『문명담론과 문명교류』, 살림, 2009.

정수일, 『초원 실크로드를 가다』, 창비, 2010.

정연식, 「조선후기 '役總'의 운영과 양역변통」, 서울대학교 국사학과 박사 학
　　위논문, 1993.

정요근 외, 『고려에서 조선으로: 여말선초, 단절인가? 계승인가?』, 역사비평
　　사, 2019.

정요근, 「고려시대 전통 대읍 읍치 공간의 실증적 검토와 산성읍치설 비판:
　　충청도와 경기도, 강원도 대읍의 분석을 중심으로」, 『한국중세고고학』
　　6, 한국중세고고학회, 2019.

정요근, 「청산되어야 할 적폐, 국수주의 유사역사학」, 『역사와현실』 105, 한
　　국역사연구회, 2017.

정은주 외, 『비단길에서 만난 세계사』, 창비, 2005.

정재훈, 『조선전기 유교 정치사상 연구』, 태학사, 2005.

정지혜, 「성범죄의 엄벌화와 관련한 비교법적 연구: 일본의 성범죄 관련 형
　　사입법 개정을 중심으로」, 『동북아법연구』 12-1, 동북아법연구소, 2018.

정진농, 『오리엔탈리즘의 역사』, 살림, 2003.

정진영, 「사족의 향촌 지배 조직 정비」, 『한국사』 31, 국사편찬위원회, 1998.

정해은 외, 「총론: 고려·조선시대 법운용의 실제와 『대명률』」, 『역사와 현

실』75, 한국역사연구회, 2010.

정희선, 「『이사벨라 버드 비숍의 황금 반도(The Golden Chersonese and the Way Thither)』에 나타난 제국주의적 시선과 여성 여행자로서의 정체성」, 『대한지리학회지』53-1, 대한지리학회, 2018.

조광, 「개항기의 역사 인식과 역사서술」, 『한국사』23, 한길사, 1994.

조영헌, 『대운하 시대 1415-1784: 중국은 왜 해양 진출을 '주저'했는가?』, 민음사, 2021.

조영헌, 「동아시아사 교과서의 '은 유통과 교역망': 주제의 설정과 그 의미」, 『동북아역사논총』39, 동북아역사재단, 2013.

조원, 『조선에서 만난 원제국 법률문서』, 한국학중앙연구원출판부, 2021.

조윤선, 『조선후기 소송연구』, 국학자료원, 2002.

조윤선, 「숙종대 형조의 재판 업무와 합의제적 재판제도의 운영」, 『사총』68, 역사학연구회, 2009.

조윤선, 「영조대 남형·혹형 폐지 과정의 실태와 흠휼책에 대한 평가」, 『조선시대사학보』48, 조선시대사학회, 2009.

조인성, 「『규원사화』, 『단기고사』, 『환단고기』 위서론의 성과와 과제」, 『동북아역사논총』55, 동북아역사재단, 2017.

조지만, 「『經國大典』 형전과 『大明律』: 실체법 규정을 중심으로」, 『법사학연구』34, 한국법사학회, 2006.

조지만, 『조선시대의 형사법: 『대명률』과 국전』, 경인문화사, 2007.

조지형 외, 『지구사의 도전: 어떻게 유럽 중심주의를 넘어설 것인가』, 서해문집, 2010.

조혜인, 『공민사회의 동과 서』, 나남, 2009.

조혜인, 『동에서 서로 퍼진 근대 공민사회』, 집문당, 2012.

조흥국, 『한국과 동남아시아의 교류사』, 소나무, 2009.

주경철, 『문명과 바다』, 산처럼, 2009.

주석환, 「신돈의 집권과 실각」, 『사총』30, 고려대학교 사학회, 1986.

주재홍, 『우리 안의 만들어진 동양』, 아카넷, 2009.

주진오, 「19세기 후반 開化 改革論의 構造와 展開: 獨立協會를 中心으로」, 연세대학교 사학과 박사 학위논문, 1995.

지승종,「朝鮮前期의 投托과 壓良爲賤」,『사회와 역사』 8, 한국사회사학회, 1987.

차문섭,「군령·군정기관의 정비」,『한국사』 23, 국사편찬위원회, 1994.

차문섭,「진관체제의 확립과 지방군제」,『한국사』 23, 국사편찬위원회, 1994.

차세영,「조선의 인사임용제도와 영향요인에 관한 연구: 유교적 실적주의를 중심으로」, 서울대 행정학과 박사 학위논문, 2018.

최덕경·김백철 역,『진한제국 경제사』, 태학사, 2019.

최병옥,『개화기의 군사정책』, 경인문화사, 2000.

최병운,「朝鮮 太祖朝의 奴婢의 辨正에 관하여: 太祖 6년 所定의「奴婢合行事宜」를 中心으로」,『전북사학』 2, 전북사학회, 1978.

최선혜,「高麗末·朝鮮初 地方勢力의 動向과 觀察使의 派遣」,『진단학보』 78, 진단학회, 1994.

최성락,『100년전 영국언론은 조선을 어떻게 봤을까?』, 페이퍼로드, 2019.

최소자,『동서문화교류사연구: 명청시대 서학수용』, 삼영사, 2002.

최승희,『조선초기 언관·언론 연구』, 서울대학교출판부, 1989.

최승희,『조선초기 정치사 연구』, 지식산업사, 2002.

최승희,『조선초기 언론사 연구』, 지식산업사, 2004.

최연식,「공민왕의 정치적 지향과 정치 운영」,『역사와 현실』 15, 한국역사연구회, 1995.

최영보,『유럽사의 해석: 유럽 중심주의 사관의 재고찰』, 고려대출판부, 2009.

최영희,「임진왜란의 재조명」,『국사관논총』 30, 국사편찬위원회, 1991.

최이돈,『조선중기 사림정치구조 연구』, 일조각, 1994.

최장근,『일본의 독도 영유권 조작의 계보』, 제이앤씨, 2011.

최장근,『한국영토 독도, 일본의 영유권 조작 방식』, 제이앤씨, 2017.

최장근,『한국의 고유영토 독도의 영유권』, 제이앤씨, 2019.

최정환,「통치 체제의 정비와 변천」,『고려시대사 강의』, 늘함께, 1997.

최종석,「조선시기 城隍祠 입지를 둘러싼 양상과 그 배경: 高麗 이래 질서와 '時王之制' 사이의 길항의 관점에서」,『한국사연구』 143, 한국사연구회, 2008.

최종석,「조선전기 淫祀的 城隍祭의 양상과 그 성격: 중화 보편 수용의 일 양
　　상」,『역사학보』204, 역사학회, 2009.

최종석,『한국 중세의 읍치와 성』, 신구문화사, 2014.

최종택,「여말선초 지방 품관의 성장 과정」,『학림』15, 연세대학교 사학연구
　　회, 1993.

최종택,「조선초 평안 함길도의 지방세력」,『동방학지』99, 연세대학교 국학
　　연구원, 1998.

최주희,「조선후기 선혜청의 운영과 중앙 재정구조의 변화: 재정 기구의 합
　　설과 지출정비 과정을 중심으로」, 고려대학교 한국사학과 박사 학위논
　　문, 2014.

최차호,『초량왜관』, 어드북스, 2014.

최창연,「명조의 통치 체제와 정치」,『강좌중국사』IV, 지식산업사, 1989.

편일평,『페이퍼로드 기행』, MBC프로덕션, 2009.

하현강,『한국 중세사 연구』, 일조각, 1988.

한국고문서학회 편,『조선시대 생활사 3: 의식주, 살아 있는 조선의 풍경』,
　　역사비평사, 2006.

한국돈황학회 편,『동서문화교류연구』, 국학자료원, 1997.

한국서양사학회 편,『유럽 중심주의 세계사를 넘어 세계사들로』, 푸른역사,
　　2009.

한국역사연구회 편,『조선시대사』1, 2, 푸른역사, 2015.

한국역사연구회 편,『한국사, 한 걸음 더』, 푸른역사, 2018.

한명기,「17세기초 은의 유통과 그 영향」,『규장각』15, 서울대학교 규장각,
　　1992.

한명기,『임진왜란과 한중관계』, 역사비평사, 1999.

한명기,『광해군』, 역사비평사, 2000.

한명기,「임진왜란기 明·日의 협상에 관한 연구」,『국사관논총』98, 국사편찬
　　위원회, 2002.

한명기,「16, 17세기 명청교체와 한반도: 재조지은, 은, 그리고 쿠데타의 변주
　　곡」,『명청사연구』22, 명청사학회, 2004.

한상권,『조선후기 사회와 소원제도: 상언·격쟁 연구』, 일조각, 1996.

한승훈, 「근대시기 명성황후에 관한 상반된 인식과 담론형성」, 『역사와현실』
    111, 한국역사연구회, 2019.

한영국, 「대동법의 시행」, 『한국사』 30, 국사편찬위원회, 1998.

한영우 외, 『한국학 발전 방안에 관한 연구』, 교육부, 2002.

한영우, 『정도전 사상의 연구』, 서울대학교 한국문화연구소, 1973.

한영우, 『조선전기 사회경제 연구』, 을유문화사, 1983.

한영우, 『조선전기 사회사상 연구』, 지식산업사, 1983.

한영우, 『조선후기 사학사 연구』, 일지사, 1989.

한영우, 「1940년대 손진태의 신민족주의 사학」, 『한국민족주의역사학』, 일조
    각, 1994.

한영우, 「한말 신채호의 민족주의사론」, 『한국민족주의역사학』, 일조각,
    1994.

한영우, 『왕조의 설계자, 정도전』, 지식산업사, 2006.

한우근, 『한우근전집』 7, 한국학술정보, 2001.

한자경, 「다카하시 도루의 조선유학 이해의 공과 과: 주리·주기 분류를 중심
    으로」, 『철학사상』 49, 서울대학교 철학사상연구소, 2013.

한충희, 「관직과 관계」, 『한국사』 23, 국사편찬위원회, 1994.

한충희, 「정치구조의 정비와 정치기구」, 『한국사』 23, 국사편찬위원회, 1994.

한홍구, 「제임스 팔레의 학문과 삶」, 『역사비평』 77, 역사비평사, 2006.

한홍구, 「한국민주주의와 지역감정: 남북분단과 동서분열」, 『역사연구』 37,
    역사학연구소, 2019.

한희숙, 「朝鮮 太宗·世宗代 白丁의 생활상과 도적 활동」, 『한국사학보』 6, 고
    려사학회, 1999.

허남오, 『조선경찰』, 가람기획, 2020.

허수열, 『개발 없는 개발』, 은행나무, 2005.

허수열, 『일제초기 조선의 농업』, 한길사, 2011.

허태용, 『조선후기 중화론과 역사 인식』, 아카넷, 2009.

허흥식, 「김지의 선수집·주관육익과 그 가치」, 『규장각』 4, 서울대학교 규장
    각, 1981.

허흥식 외, 『조선시대 과거와 벼슬』, 집문당, 2003.

현명철, 「1872년 일본 화륜선의 왜관 입항」, 『동북아역사논총』 49, 동북아역사재단, 2015.

현상윤, 「대한제국기의 개혁」, 『한국사』 42, 국사편찬위원회, 1999.

玄采, 『東國史略』, 普成館, 1906.

홍성흡, 「일본사회의 인권 및 차별문제의 역사와 사회문화적 특성」, 『민주주의와 인권』 11-1, 전남대학교 5.18연구소, 2011.

홍영의, 『고려말 정치사 연구』, 혜안, 2005.

홍영의, 「개혁군주 공민왕: 공민왕의 즉위와 초기 국왕권 강화 노력」, 『한국인물사연구』 18, 한국인물사연구회, 2012.

홍준화, 「이사벨라 버드 비숍의 대한정치관」, 『한국인물사연구』 21, 한국인물사연구회, 2014.

황병주, 「해방 공간 한민당의 냉전자유주의와 사유재산담론: 토지개혁 구상을 중심으로」, 『동북아역사논총』 59, 동북아역사재단, 2018.

황선영, 「고려 시정전시과의 분석」, 『고고역사학지』 7, 동아대학교 박물관, 1991.

황운룡, 『고려 벌족 연구』, 동아대학교출판부, 1990.

황을순, 「고려 공민왕대의 개혁과 그 성격에 관한 연구」, 동아대학교 사학과 박사 학위논문, 1989.

황태연 외, 『일제종족주의』, 넥센미디어, 2019.

황태연, 「공자의 분권적 제한군주정과 영국 내각제의 기원 (1): 윌리엄 템플의 중국 내각제 분석과 찰스 2세의 헌정개혁」, 『한국학』 37-2, 한국학중앙연구원, 2014.

황태연, 「윌리엄 템플의 중국 내각제 분석과 영국 내각제의 기획·추진: 공자의 분권적 제한군주정과 영국 내각제의 기원 (2)」, 『한국학』 38-2, 한국학중앙연구원, 2015.

황태연, 「찰스 2세의 내각위원회와 영국 내각제의 확립: 공자의 분권적 제한군주정과 영국 내각제의 기원 (3)」, 『한국학』 38-3, 한국학중앙연구원, 2015.

황태연, 『대한민국 국호의 유래와 민국의 의미』, 청계, 2016.

황태연, 『갑진왜란과 국민전쟁』, 청계, 2017.

황태연, 『백성의 나라 대한제국』, 청계, 2017.

황태연, 『17-18세기 영국의 공자 숭배와 모럴리스트』 상·하, 넥센미디어, 2020.

황태연, 『근대 독일과 스위스의 유교적 계몽주의』, 넥센미디어, 2020.

황태연, 『근대 프랑스의 공자 열광과 계몽철학』, 넥센미디어, 2020.

2. 번역 자료

가와구찌 가즈히꼬, 『경교, 아시아교회』, 정학봉 옮김, 동서남북, 2010.

가와치 이치로·케네디, 브루스, 『부유한 국가 불행한 국민』, 김명희 옮김, 몸과마음, 2004.

가토 요코, 『근대 일본의 전쟁원리』, 박영준 옮김, 태학사, 2003.

가토 요코, 『왜 전쟁까지』, 양지연 옮김, 사계절, 2018.

가트, 아자·야콥슨, 알렉산더, 『민족: 정치적 종족성과 민족주의, 그 오랜 역사와 깊은 뿌리』, 유나영 옮김, 교유서가, 2020.

강덕상, 『우키요에 속의 조선과 중국: 다색판화에 투영된 근대 일본의 시선』, 박순애 외 옮김, 일조각, 2010.

게일, 제임스 S., 『조선, 그 마지막 10년의 기록(1888-1897)』, 최재형 옮김, 책비, 2018.

겐테, 지그프리트, 『독일인 겐테가 본 신선한 나라 조선, 1901』, 권영경 옮김, 책과함께, 2007.

고사경·김지, 『대명률직해』 1-4·표점교감, 한상권 외 옮김, 한국고전번역원, 2018.

구디, 잭, 『자본주의는 유럽만의 산물인가』, 손영래 옮김, 용의숲, 2016.

그라네, 마르셀, 『중국사유』, 유병태 옮김, 한길사, 2010.

그렙스트, 아손, 『스웨덴 기자 아손, 100년전 한국을 걷다: 을사조약 전야 대한제국 여행기』, 김상열 옮김, 책과함께, 2005.

그리피스, W. E., 『은자의 나라 한국』, 신복룡 옮김, 집문당, 1999.

김교헌 외, 『단조사고』, 김동환 옮김, 한뿌리, 2006.

김교헌, 『신단실기』, 이민수 옮김, 한뿌리, 1987.

김교헌, 『신단민사』, 고동영 옮김, 한뿌리, 2006.

김선주, 『조선의 변방과 반란: 1812년 홍경래 난』, 김범 옮김, 푸른역사, 2020.

김자현, 『왕이라는 유산』, 김백철·김기연 옮김, 너머북스, 2017.

김자현, 『임진전쟁과 민족의 탄생』, 주채영 옮김, 너머북스, 2019.

김지수B, 『정의의 감정들: 조선 여성의 소송으로 본 젠더와 신분』, 김대홍 옮김, 너머북스, 2020.

김택영, 『김택영의 조선시대사 한사경』, 조남권 외 옮김, 태학사, 2001.

나가사와 카즈토시, 『동서문화의 교류』, 민병훈 옮김, 민족문화사, 1993.

나가사와 카즈토시, 『돈황의 역사와 문화: 동서문화 교류의 십자로, 실크로드의 요충, 돈황의 역사지리학적 통사』, 민병훈 옮김, 사계절, 2010.

나카즈카 아키라, 『1894년 경복궁을 점령하라』, 박맹수 옮김, 푸른역사, 2002.

남주성 역, 『흠정만주원류고』 상·하, 글모아, 2010.

남하정, 『동소만록』, 원재린 옮김, 혜안, 2017.

노리치, 존 줄리어스, 『비잔티움연대기』 1-3, 남경태 옮김, 바다출판사, 2016.

니지시마 사다오, 이성시 엮음 『일본의 고대사 인식: 동아시아세계론과 일본』, 송완범 옮김, 역사비평사, 2008,.

다시로 가즈이, 『왜관』, 정성일 옮김, 논형, 2005.

다이아몬드, 재레드, 『총, 균, 쇠』, 김진준 옮김, 문학과 사상사, 1998.

다카하시 도루, 『조선의 유학』, 조남호 옮김, 소나무, 1999.

던컨, 존 B., 『조선왕조의 기원』, 김범 옮김, 너머북스, 2013.

데이비드, 문젤로, 『동양과 서양의 위대한 만남 1500-1800』, 김성규 옮김, 휴머니스트, 2009.

데이비드, 문젤로, 『진기한 나라 중국: 예수회의 적응주의와 중국학의 기원』, 이향만 외 옮김, 나남, 2009.

도리야마 키이치 외, 『일제강점기 간도 발해유적 조사』, 김진광 옮김, 한국학중앙연구원출판부, 2017.

도이힐러, 마르티나, 『한국 사회의 유교적 변환』, 이훈상 옮김, 아카넷, 2003.

도이힐러, 마르티나, 『조상의 눈 아래에서』, 김우영·문옥표 옮김, 너머북스,

2018.

동아대학교 역사인문이미지연구소, 『일제침략기 사진그림엽서로 본 제국주의의 프로파간다와 식민지 표상』, 민속원, 2019.

두셀, 엔리케, 『1492년 타자의 은폐: '근대성 신화'의 기원을 찾아서』, 박병규 옮김, 그린비, 2011.

디야코바, 『러시아 연해주의 성(城) 유적과 고대 교통로』, 김재윤 옮김, 서경문화사, 2019.

랑케, 레오폴트 폰, 『근세사의 여러 시기들에 관하여』, 이상신 옮김, 신서원, 2011.

랑케, 레오폴트 폰, 『강대세력들 정치대담 자서전』, 이상신 옮김, 신서원, 2014.

런던, 잭, 『잭 런던의 조선사람 엿보기: 러일전쟁 종군기』, 윤미기 옮김, 한울, 2011.

루소, 장 자크, 『에밀』, 김중현 옮김, 한길사, 2003.

루소, 장 자크, 『신 엘로이즈』1-2, 김중현 옮김, 책세상, 2012.

리지린, 『리지린의 고조선 연구』, 이덕일 역해, 말, 2018.

림바흐, 유타, 『독일연방헌법재판소』, 정남철 옮김, 고려대출판부, 2007.

마츠다 쿄코, 『제국의 시선: 박람회와 이문화 표상』, 최석영·권혁희 옮김, 민속원, 2014.

매코맥, 개번, 『종속국가 일본: 미국의 품에서 욕망하는 지역패권』, 이기호 외 옮김, 창비, 2008.

맥켄지, F. A, 『대한제국의 비극』, 신복룡 옮김, 집문당, 1999.

멘지스, 개빈, 『1434: 중국의 정화대함대, 이탈리아 르네상스의 불을 지피다』, 박수철 옮김, 21세기북스, 2010.

모어, 토마스·밀, 존 스튜어트·로크, 존, 『유토피아·자유론·통치론』, 김현욱 옮김, 동서문화사, 2008.

몽테스키외, 『법의 정신』, 이명성 옮김, 홍신문화사, 1988.

무라카미 리코, 『영국 메이드의 일상』, 조아라 옮김, AK, 2017.

민영환, 『해천추범』, 조재곤 옮김, 책과함께, 2015.

바르텍, 에른스트 폰 헤세, 『조선 1894년 여름』, 정현규 옮김, 책과함께, 2012.

바빌드, 토마스, 『위태로운 변경』, 윤영인 옮김, 동북아역사재단, 2009.

박은식, 『독립운동지혈사』 상·하, 남만성 옮김, 서문당, 1999.

박은식, 『한국통사』, 김태웅 옮김, 아카넷, 2012.

박은식, 『조선동포에게 고함』, 김효선 옮김, 배영사, 2018.

베네딕트, 루스, 『국화와 칼』, 김윤식 외 옮김, 을유문화사, 2008.

베버, 막스, 『지배의 사회학』, 금종우 옮김, 한길사, 1981.

베버, 막스, 『경제와 사회』 1, 박성환 옮김, 문학과지성사, 2003.

보댕, 장, 『국가에 관한 6권의 책』 1-6, 나정원 옮김, 아카넷, 2013.

볼, 피터 K., 『역사 속의 성리학』, 김영민 옮김, 예문서원, 2010.

부틴, 유리 미하일로비치, 『러시아 역사학자 유 엠 부틴의 고조선 연구』, 이
     병두 옮김, 아이네아스, 2019.

분쉬, 리하르트, 『대한 제국을 사랑한 독일인 의사 분쉬』, 김종대 옮김, 코람
     데오, 2014.

브래들리, 제임스, 『임페리얼 크루즈』, 송정애 옮김, 프리뷰, 2010.

브룩, 티머시, 『베르메르의 모자: 베르메르의 그림을 통해 본 17세기 동서문
     명교류사』, 박인균 옮김, 추수밭, 2008.

블라우트, 제임스 M., 『식민주의자의 세계 모델: 지리적 확산론과 유럽 중심
     적 역사』, 김동택 옮김, 성균관대학교출판부, 2008.

블로크, 마르크, 『역사를 위한 변명』, 정남기 옮김, 한길사, 1990.

비변사, 『시폐』, 조영준 옮김, 아카넷, 2013.

비변사, 『공폐』, 조영준 외 옮김, 아카넷, 2019.

비숍, 이사벨라 버드, 『한국과 그 이웃 나라들』, 이인화 옮김, 살림, 1994.

비트포겔, 칼 A., 『동양적 전제주의』, 구종서 옮김, 법문사, 1991.

사이드, 에드워드 W., 『오리엔탈리즘』, 교보문고, 1991.

성현, 『용재총화』, 이대형 옮김, 서해문집, 2012.

슈워츠, 벤자민, 『중국고대 사상의 세계』, 나성 옮김, 살림, 1996.

슈펭글러, 오스발트, 『서구의 몰락』 1-3, 박광순 옮김, 범우사, 1995.

스미스, 패트릭, 『일본의 재구성』, 노시내 옮김, 마티, 2008.

스펜서, 조나단 D., 『강희제』, 이준갑 옮김, 이산, 2001.

시미즈 이사오, 『메이지 일본의 알몸을 훔쳐보다』 1·2, 한일비교문화연구센

터 옮김, 어문학사, 2008.

신웬어우,『중국의 대항해자 정화의 배와 항해』, 허일 외 옮김, 심산, 2005.

신채호,『조선상고사』, 박기봉 옮김, 비봉출판사, 2006.

신채호,『조선상고문화사(외)』, 박기봉 옮김, 비봉출판사, 2007.

신헌,『심행일기』, 김종학 옮김, 푸른역사, 2010.

쓰다 소키치,『중국사상과 일본사상』, 남기학 옮김, 소화, 1996.

아리스토텔레스,『정치학』, 이병길 옮김, 박영사, 2006.

아민, 사미르,『유럽 중심주의』, 김용규 옮김, 세종출판사, 2000.

아부-루고드, 재닛,『유럽 패권 이전: 13세기 세계 체제』, 박홍식·이은정 옮김, 까치, 2006.

아오키 오사무,『일본회의의 정체』, 이민연 옮김, 율리시즈, 2017.

아이스킬로스,『에우메니데스』, 김종환 옮김, 지식을만드는지식, 2013.

안확,『조선문명사』, 송강호 옮김, 우리역사연구재단, 2015.

알레니, 줄리오,『직방외기』, 천기철 옮김, 일조각; 2005.

알렌, H.N.,『알렌의 일기』, 김원모 옮김, 단국대학교출판부, 1991.

야마구치 게이지,『일본근세의 쇄국과 개국』, 김현영 옮김, 혜안, 2001.

앨런 키어런,『막스 베버의 오만과 편견』, 박인용 옮김, 삼인, 2010.

언드우드, 릴리어스 호톤,『언더우드 부인의 조선생활』, 김철 옮김, 뿌리깊은 나무, 1984.

에른스트 폰 헤세-바르텍,『조선 1894년 여름』, 정현규 옮김, 책과함께, 2012.

엘리엇, 마크 C.,『건륭제』, 양휘웅 옮김, 천지인, 2011.

영, 로버트 J. C.,『백색신화: 서양이론과 유럽 중심주의 비판』, 김용규 옮김, 경성대출판부, 2008.

영조,『영조윤음: 신료와 백성에게 직접 글을 쓰는 국왕의 등장』, 김백철 옮김, 그물, 2019.

오희문,『한 권으로 읽는 쇄미록: 또 하나의 임진왜란 기록, 오희문의 난중일기』, 신병주 해설, 사회평론아카데미, 2020.

와그너, 에드워드,『조선왕조 사회의 성취와 귀속』, 이훈상 옮김, 일조각, 2007.

와다 하루키,『러일전쟁과 대한제국』, 이경희 옮김, 제이씨, 2011.

와다 하루키, 『러일전쟁: 기원과 개전』 1-2, 이웅현 옮김, 한길사, 2019.

왕여, 『신주무원록』, 김호 옮김, 사계절, 2003.

왕여, 『역주 증수무원록언해』, 송철의 외 옮김, 서울대학교출판문화원, 2004.

웨더포드, 잭, 『칭기스칸 잠든 유럽을 깨우다』, 정영목 옮김, 사계절, 2013.

위그햄, 헨리, 『(영국인 기자의 눈으로 본) 근대 만주와 대한제국』, 이영옥 옮김,
　　살림, 2009.

윤치호, 『윤치호일기 1916-1943』, 김상태 옮김, 역사비평사, 2001.

이건창, 『당의통략』, 이근호 옮김, 지만지고전천줄, 2008.

이민수 역, 『동국붕당원류고』, 을유문화사, 1974.

이중환, 『택리지』, 이익성 옮김, 을유문화사, 2002.

蔣兆成·王日根, 『강희제 평전』, 이은자 옮김, 민음사, 2010.

전목, 『주자학의 세계』, 백도근·이완재 옮김, 이문출판사, 1997.

정교, 『대한계년사』 1-10, 조광 외 옮김, 소명출판, 2004.

정극, 『절옥귀감』, 김지수A 옮김, 전남대학교출판부, 2012.

정약용, 『아방강역고』, 이민수 옮김, 범우사, 2004.

정인보, 『조선사연구』 상·하, 문성재 옮김, 우리역사연구재단, 2012.

존슨, 폴, 『폴 존슨 근대의 탄생』 1, 2, 명병훈 옮김, 살림, 2014.

주겸지, 『중국이 만든 유럽의 근대』, 전홍석 옮김, 청계, 2010.

촘스키, 노엄, 『불량국가』, 장영준 옮김, 두레, 2011.

카, 에드워드 핼릿, 『역사란 무엇인가』, 편집국 옮김, 시사영어사, 1989.

칸트, 임마누엘, 『영구 평화론』, 이한구 옮김, 서광사, 2008.

커즌, G. N., 『100년 전의 여행 100년 후의 교훈』, 나종일 옮김, 비봉출판사,
　　1996.

케네, 프랑수와, 『중국의 계몽 군주정』, 나정원 옮김, 엠애드, 2014.

코벨, 존 카터, 『부여 기마족과 왜』, 김유경 옮김, 글을 읽다, 2006.

코벨, 존 카터, 『일본에 남은 한국미술』, 김유경 옮김, 글을 읽다, 2008.

코젤렉, 라인하르트 외 편, 『코젤렉의 개념사 사전 3: 제국주의』, 황승환 옮
　　김, 푸른역사, 2010.

콜링우드, R.G., 『서양사학사』, 김봉호 옮김, 탐구당, 2017.

쿤, 토마스 S., 『과학혁명의 구조』, 김명자 옮김, 두산동아, 1992.

크릴, H. G., 『공자: 인간과 신화』, 이성규 옮김, 지식산업사, 1988.

클라크, J. J., 『동양은 어떻게 서양을 계몽했는가』, 장세룡 옮김, 우물이있는 집, 2004.

키벅, 마이클, 『황인종의 탄생』, 이효석 옮김, 현암사, 2016.

키신저, 헨리, 『헨리 키신저의 중국 이야기』, 권기대 옮김, 민음사, 2012.

키토 히로시, 『인구로 읽는 일본사』, 최혜주 옮김, 어문학사, 2009.

테일러, 메리 린리, 『호박 목걸이』, 송영달 옮김, 책과함께, 2014.

토인비, 아놀드, 『토인비의 역사기행』, 송운하 옮김, 백암, 1994.

토인비, 아놀드, 『역사의 연구』 I-XII, 김규태 외 옮김, 더스타일, 2012.

톰린슨, 존, 『문화 제국주의』, 강대인 옮김, 나남, 1994.

팔레, 제임스 B., 『전통한국의 정치와 정책』, 이훈상 옮김, 신원문화사, 1993.

팔레, 제임스 B., 『유교적 경세론과 조선의 제도들』 1-2, 김범 옮김, 산처럼, 2008.

팽크허스트, 에멀린, 『싸우는 여자가 이긴다』, 김진아 외 옮김, 현실문화, 2016.

퍼듀, 피터 C., 『중국의 서진』, 공원국 옮김, 길, 2012.

페어뱅크, 존 킹 외, 『동양문화사』 상·하, 김한규 옮김, 을유문화사, 1989.

페어뱅크, 존 킹, 『신중국사』, 중국사연구회 옮김, 까치, 1994.

포메란츠, 케네스, 『대분기』, 김규태 외 옮김, 에코리브르, 2016.

풍우란, 『중국철학사』 상, 박성규 옮김, 까치, 1999.

프랑크, 안드레 군더, 『리오리엔트』, 이희재 옮김, 이산, 2003.

프리드먼, 조지, 『100년 후』, 손민중 옮김, 김영사, 2010.

프리츠, 로널드, 『사이비역사의 탄생: 거짓 역사, 가짜 과학, 사이비종교』, 이광일 옮김, 이론과실천, 2010.

플라톤, 『국가론』, 최현 옮김, 집문당, 1990.

하라 아키라, 『청일·러일전쟁 어떻게 볼 것인가』, 김연옥 옮김, 살림, 2015.

하야미 아키라, 「도쿠가와 일본의 인구와 가족」, 『대동문화연구』 46, 강진아 옮김, 성균관대학교 대동문화연구원, 2004.

하야미 아키라, 『근세 일본의 경제 발전과 근면 혁명』, 조성원 외 옮김, 혜안, 2006.

핼퍼린, 찰스, 『킵차크 칸국』, 권용철 옮김, 글항아리, 2020.

헐버트, 호머, 『대한제국멸망사』, 신복룡 옮김, 집문당, 1999.

헤겔, G. W. F., 『역사철학강의』, 권기철 옮김, 동서문화사, 2008.

헤린, 주디스, 『비잔티움』, 이순호 옮김, 글항아리, 2010.

홉스, 토마스, 『리바이어던』, 최공웅 옮김, 동서문화사, 2016.

홉스봄, 에릭, 『자본의 시대』, 정도영 옮김, 한길사, 1998.

홉스봄, 에릭, 『제국의 시대』, 김동택 옮김, 한길사, 1998.

홉스봄, 에릭, 『혁명의 시대』, 정동영 외 옮김, 한길사, 1998.

홉스봄, 에릭, 『역사론』, 강성호 옮김, 민음사, 2002.

홉스봄, 에릭, 『극단의 시대』 상·하, 이용우 옮김, 까치, 2009.

홉스봄, 에릭 외, 『만들어진 전통』, 박지향 외 옮김, 휴머니스트, 2004.

홉슨, 존 M., 『서구 문명은 동양에서 시작되었다』, 정경옥 옮김, 에코리브로,
    2005.

황종희, 『명이대방록』, 정병철 옮김, 홍익출판사, 1999.

황현, 『매천야록』, 허경진 옮김, 서해문집, 2006.

후쿠야마, 프랜시스, 『정치질서의 기원』, 함규진 옮김, 웅진지식하우스, 2012.

히구치 나오토, 『폭주하는 일본의 극우주의』, 김영숙 옮김, 미래를소유한사
    람들, 2015.

Michell, Tony, 「조선시대의 인구 변동과 경제사: 인구통계학적 측면을 중심
    으로」, 『부산사학』 17, 김혜정 옮김, 부산사학회, 1989.

3. 외국어 자료

江上波夫, 『騎馬民族國家: 日本古代史へのアプローチ』, 中央公論社, 1991.

內藤湖南, 『中國近世史』, 弘文堂, 1947.

瀬野馬熊, 「朝鮮黨爭の起因を論と士禍との關係に及ぶ」, 『白鳥博士還曆紀念 東洋
    史論叢』, 1925.

唐文基, 『明代賦役制度史』, 中國社會科學出版社, 1991.

大井健輔, 『津田左右吉, 大日本帝國との對決: 天皇の軍服を脱がせた男』, 勉誠出版,
    2015.

檀上寬, 『永樂帝: 中華 ‘世界システム’の夢』, 講談社, 1997.

杜乃濟, 『明代內閣制度』, 商務印書館, 1969.

東京帝國大學 編, 『國史眼』, 目黑書店, 1905.

馬部隆弘, 『椿井文: 日本最大級の僞文書書』, 中央公論新社, 2020.

鈴木俊, 『均田・租庸調制度の研究』(刀水書房, 昭和 55年[1980]).

本居宣長・津田左右吉, 『日本の古代を讀む』, 上野誠 編, 文藝春秋, 2016.

北島萬次, 『秀吉の朝鮮侵略』, 山川出版社, 2002.

小林多加士, 『海のアジア史: 諸文明の‘世界=經濟’』, 藤原書店, 1997.

小室直樹, 『韓國の崩壞: 太平洋經濟戰爭のゆくえ』, 光文社, 1989.

松丸道雄 外, 『中國史4: 明・淸』, 山川出版社, 1997.

石井壽夫, 「後記李朝黨爭史の一考察」, 『社會經濟史學』 10-6・7, 社會經濟史學會, 1920.

深尾京司 外編, 『日本經濟の歷史2 近世: 16世紀末から19世紀前半』, 岩波書店, 2017.

余英時, 『宋明理學與政治文化』, 允晨文化實業股份有限公司, 2004.

奧西孝至, 『中世末期西ヨーロッパの市場と規制: 15世紀フランデレンの穀物流通』, 勁草書房, 2013.

友永健三, 「全國各地のあいつぐ差別事件」, 部落解放・人權研究所(https://blhrri.org/index_top.php)

栗林宣夫, 『里甲制の研究』, 文理書院, 1971.

王家槐, 『大學衍義補之研究』, 久新彩色印刷, 1987.

王其矩, 『明代內閣制度史』, 中華書局, 1989.

林泰輔, 『朝鮮史』, 吉川半七, 1892.

林泰輔, 『朝鮮近世史』 1-2, 鴻寶書局, 1902.

林泰輔, 『朝鮮通史』, 富山房, 1911.

朱謙之, 『中國思想對於歐洲文化之影響』, 商務印書館, 1940.

彭林, 『周禮主體思想與書的成立年代研究』, 中國社會科學出版社, 1991.

長野虎太郎・細井肇, 『朋黨士禍の檢討』, 自由討究社, 1921.

中村榮孝, 「朝鮮の慕華思想と大報壇」, 『天理大學學報』 78, 天理大學 學術研究會, 1972.

津田左右吉, 『津田左右吉歷史論集』, 今井修 編, 巖波書店, 2006.

津田左右吉, 『古事記及び日本書紀の研究: 建國の事情と萬世一系の思想』, 每日ワ
　　ンズ, 2012.

津田左右吉, 『日本の皇室』, 中央公論新社, 2019.

坂本一登, 『伊藤博文と明治國家形成』, 吉川弘文館, 1991.

幣原坦, 『韓國政爭志』, 三省堂, 1907.

河合弘民, 「朝鮮に於ける黨爭の原因及當時の狀況」, 『史學雜誌』 27-3, 東京帝國大
　　學 史學會, 1916.

Anderson, Matthew Smith, *Europe in the Eighteenth Century 1713-1718*, Longman
　　Inc, 1961.

Black, Jaremy, *Eighteenth Century Europe 1700-1789*, Macmillan Education Ltd,
　　1990.

Chomsky, Noam, *Rogue States,* South End Press, 2000.

Clark, J. J., *Oriental enlightenment: the encounter between Asian and Western thought*, Rout-
　　ledge, 1998.

Clark, Peter ed., *The European crisis of the* 1590*s: essays in comparative history*, Allen &
　　Unwin, 1985.

Deuchler, Martina, *The Confucian transformation of Korea: a study of society and ideology*,
　　Council on East Asian Studies, Harvard University, 1992.

Duncan, John B., *The origins of the Choson dynasty*, University of Washington Press,
　　2000.

Elman, Benjami A. & Martin Kern ed., *Statecraft and Cassical Learning: The Rituals
　　of Zhou in East Asian History*, Brill Academic Publication, 2009.

Haboush, JaHyun Kim, *A Heritage of Kings: One Man's Monarchy in the Confucian
　　World*, Coumbia University Press, 1988.

Hegel, Georg Wilhelm Friedrich, *Lectures on the Philosophy of the World History*,
　　translated by H. B. Nisbet, Cambridge University Press, 1975.

Hegel, Georg Wilhelm Friedrich, *Lectures on the History of Philosophy 1825-6, Vol. I-
　　III,* translated by R. F. Brown and J. M. Stewart with the assistance of H. S.
　　Harris, Oxford University Press, 2009.

Hobson, John M., *The Eastern origins of Western Civilisation*, Cambridge University Press, 2004.

Huang, Ray, *Taxation and governmental finance in sixteenth-century Ming China*, literature and institutions Cambridge, Cambridge University Press, 1974.

Judson, Pieter M., *The Habsburg Empire: A New History*, Belknap Press, 2018.

Kang, David C., *East Asia Before the West: Five Centuries of Trade and Tribute*, Columbia Univ Press, 2012.

Kang, David C., *American Grand Strategy and East Asian Security in the twenty-first century*, Cambridge Univesity Press, 2017.

Kantorowicz, Ernst H., *King's Two Bodies: Study in Mediaeval Political Theology*, Princeton University Press, 1957.

Kim, Paek-chol, "King Yŏngjo's T'angp'yŏng Policy and its Orientation: The trio of the king, state, and people", *International Journal of Korean History, Vol. 16 No. 1,* Institute for Korean History, Korea University, 2011.

Lieberman, Victor B., *Strange Parallels, Vol. 1-2*, Cambridge Uni. Press, 2003.

Lovins, Christopher, *King Chŏngjo: An Enlightened Despot in Early Modern Korea*, State University of New York Press, 2019.

Mason, J. B., "Nazi Concept of History", *The Review of Politics, Vol. 2 No. 2,* 1940.

Matthew Calbraith Perry, *Narrative of the expedition of an American squadron to the China Seas and Japan*, D. Appleton and company, 1857.

Maverick, L. A., "Chinese Influence Upon the Physiocrats", *History, Vol. 3 No. 3,* Feburary, 1938.

Menzies, Gavin, *1434: The Year a Magnificent Chinese Fleet Sailed to Italy and Ignited the Renaissance*, Random House Mondadori, 2010.

Miller, John ed., *Abosolutism in Seventeenth Century Europe*, Macmillan Education Ltd, 1990.

Mungello, David E., *Curious land: Jesuit accommodation and the origins of Sinology*, University of Hawaii Press, 1989.

Mungello, David E., *The great encounter of China and the West, 1500-1800*, Rowman & Littlefield Publishers, 2005.

Palais, James B., *Confucian statecraft and Korean Institutions: Yu Hyongwon and the late Choson Dynasty*, University of Washington Press, 1996.

Parker, Geoffrey & Lesley M. Smith, co. ed., *The General Crisis of the Seventeenth Century*, Routledge & Kegan Paul, 1978.

Parker, Geoffrey, *Europe in Crisis 1598-1648*, Blackwell, 2001.

Plato, *The Republic*, translated by Andrea Tschemplik, Rowman & Littlefield Publishers, Inc, 2005.

Quesnay, François,『支那論』, 勝谷在登 譯, 白揚社, 1940.

Quesnay, François, "Despotism in China", *China, a model for Europe*, translated by Lewis Adams Maverick, Paul Anderson Company, 1946.

Quesnay, François,『中華帝國的專制制度』, 談民擇 譯, 商務印書店, 1992.

Rady, Martyn, *The Habsburg Empire: A Very Short Introduction*, Oxford University Press, 2017.

Robin, Okey, *The Habsburg Monarchy c. 1765-1918*, Palgrave Macmillan, 2000.

Rudé, George, *Europe in the Eighteenth century: Aristocracy and Bourgeois Challenge*, Weidenfeld and Nicolson, 1972.

Spence, Jonathan D., *Emperor of China: self portrait of K`ang Hsi*, New York: Vintage Books, 1988.

Taylor, A. J. P., *The Habsburg Monarchy, 1809-1918*, University of Chicago Press, 1976.

Thomas Nelson, "Slavery in Medieval Japan", *Monumenta Nipponica, Vol. 59-4*, Sophia University, 2004.

Wagner, E. W., "Social statification in 17th century Korea", *Occasional Papers on Korea, Vol. 1,* University of Washington, 1974.

Wittfogel, Karl August, Oriental Despotism: *A Comparative Study of Total Power*, Yale University Press, 1955.

Woloch, Lsser, *Eighteenth-Century Europe: Tradition and Progress*, 1715-1789, W.W. Norton & Company Inc, 1982.

4. 언론 자료

「1974년 국정교과서 저자(한영우) "국정화? 절대 반대"」, 『경향신문』(2015. 10. 12.).

「6.25 유엔 참전용사예우법 국회 통과… 유엔 참전국과 우호 증진」, 『헤럴드경제』(2020. 3. 6.).

「6.25 참전국 학생 유엔군초전기념관 방문」, 『오산인터넷뉴스』(2013. 11. 20.).

「6.25 참전국, 경제개발 비법 전수 1순위로」, 『노컷뉴스』(2010. 3. 25.).

「'6.25 참전국' 에티오피아에 참전용사 위한 복지 회관 건립」, 『이데일리』(2019. 11. 12.).

「6.25 참전국부대와 우호증진」, 『국방일보』(2018. 6. 22.).

「6.25 참전용사들의 한국 문화 체험」, 『연합뉴스』(2018. 7. 24.).

「'6.25전쟁 숨은 영웅' 美나바호족 참전용사에 마스크 지원」, 『이데일리』(2020. 5. 18.).

「6.25전쟁 참전국 터키 "판문점 선언, 세계의 전쟁공포 완전히 없앴다"」, 『매일일보』(2018. 5. 2.).

「6.25전쟁 참전국에 감사」, 『국방일보』(2013. 1. 21.).

「CNN통역실: 英, 백 년 만에 1차 대전 채권 상환」, 『OBSNEWS』(2015. 1. 5.).

「DJ가 YS와 손을 맞잡았더라면」, 『부산일보』(2009. 8. 21.).

「OECD "한국 1인당 GDP, 일본 추월했다… 2017년 PPP기준부터"」, 『연합인포맥스』(2020. 3. 3.).

「"고려청자 복원성공" 일본 도예가 사기파문」, 『동아일보』(2000. 11. 27.).

「高麗青瓷復元はうそ」, 『東京新聞』(2000. 11. 27.).

「교도통신, "김정은, 日에 납치 문제 조사 결과 재설명 지시"」, 『아시아경제』(2018. 7. 12.).

「교육부, 교학사 교과서 왜곡·오류 축소했다」, 『한국일보』(2013. 10. 23.).

「교학사 교과서 논란: 중요한 잘못만 298군데… 일제강점기 오류가 40% 넘게 차지」, 『한국일보』(2013. 9. 10.).

「舊石器發掘ねつ造」, 『毎日新聞』(2000. 11. 5.).

「국가보훈처, 뉴질랜드에서 참전용사 후손 비전캠프 열어」, 『월드코리안』

(2020. 2. 12.).

「국방부, 6.25전쟁 의료지원국에 독일 포함시켜 예우키로」, 『이데일리』(2018. 6. 22.).

「"국정교과서 찬성해요?"… 아모레퍼시픽 황당 면접에 네티즌 '부글'」, 『국민일보』(2015. 11. 12.).

「국제인권법 권위자 도쓰카 에쓰로(상): 일 외무성 원본에도 을사조약 제목 없어… 날조 반박 못해」, 『세계일보』(2014. 8. 28.).

「김일성과 모택동의 대화」, 『논객닷컴』(2019. 7. 10.).

「깜짝쇼라도 보고 싶다」, 『부산일보』(2009. 6. 5.).

「마오쩌둥 "요동은 조선 땅"」, 『TV조선』(2014. 2. 28.).

「문 대통령 "6.25 참전국에 마스크 지원 검토"… 남아공 대통령과 통화」, 『SBS뉴스』(2020. 4. 24.).

「문 대통령, "마스크 지원 적극 검토" 바라드카 아일랜드 총리와 통화」, 『SBS뉴스』(2020. 5. 4.).

「문학동네 "'요코 이야기' 다양한 시각 보여줘 출간"」, 『연합뉴스』(2007. 1. 17.).

「미 6.25 참전용사에 마스크 50만장 전달… 폼페이오 "다정한 기부"」, 『미디어펜』(2020. 5. 13.).

「미국 6.25 참전용사 보이드 왓츠, 유엔기념공원 안장식 개최」, 『대한민국정책브리핑』(2020. 4. 6.).

「박원순, 라미레스 콜롬비아 부통령에 코로나19 노하우 공유」, 『뉴시스』(2020. 5. 7.).

「박현모의 세종이 펼친 '진짜 정치': '노비 從母法' 시행은 부모-자식 人倫 바로세우기 일환」, 『문화일보』(2018. 5. 30.).

「박현모의 세종이 펼친 '진짜 정치': "노비도 하늘의 백성"… 신하들 반대에도 '노비구살금지법' 관철」, 『문화일보』(2018. 5. 23.).

「박현모의 세종이 펼친 '진짜 정치': 노비 부부에 출산휴가, 80세 넘으면 免賤… 백성 삶의 질 향상 善政」, 『문화일보』(2018. 5. 16.).

「산림청장, 에티오피아 대통령과 P4G 파트너십 사업 논의」, 『서울경제』(2020. 2. 3.).

「세종은 사대주의자가 아니다 그는 사대전략가다」, 『주간조선』(2018. 7. 16.).

「세종은 정말 노비 폭증의 원흉인가?」, 『주간조선』(2018. 6. 4.).

「신복룡 교수의 한국사 새로 보기: 훈요십조와 지역감정」, 『동아일보』(2001. 6. 22.).

「아모레퍼시픽 면접서 국정교과서 찬반 질문… 이념 보고 채용?」, 『동아일보』(2005. 11. 2.).

「이념갈등 들여다보면 가족사의 한풀이」, 『데일리안』(2013. 3. 18.).

「이영훈의 한국경제史 3000년: 朝鮮은 '동의와 계약'원리 작동 안 해…넓은 의미에서 노예제사회」, 『한국경제』(2018. 10. 19.),

「이태진 전 국편위원장, 한국사 교과서 국정화, 현명하지 못하다」, 『매일경제』(2015. 10. 30.).

「일 '70만 년 전 유물'은 조작」, 『조선일보』(2000. 11. 6.).

「일 '가짜 청동창' 국제 망신」, 『한국일보』(2002. 5. 6.).

「일 〈아사히신문〉 "위안부 실태 알리겠다": '오보 파문'에 궁지 몰린 〈아사히〉… 위안부 전담 특별취재팀 편성」, 『오마이뉴스』(2014. 12. 27.).

「日 언론 "한국이 군함도 '지옥 섬'이라 날조" 주장」, 『국민일보』(2020. 5. 8.).

「日 정부, 자국민 美원폭 소송 땐 개인 청구권 인정하더니 위안부 보상은…」, 『동아일보』(2012. 10. 17.).

「日 활동가 "일본이 국제법 위반… 강제징용, ILO 협약 어긴 것"」, 『중앙일보』(2019. 8. 1.).

「일본 미쓰비시, 미군 포로에 '강제징용 첫 사과'」, 『KBS뉴스』(2015. 7. 16.).

「일본군 문서 폭로, 위안부 2000명 징용… 살해 후 인육 먹기도」, 『아시아경제』(2015. 8. 17.).

「日이 '北납치 가능성' 주장한 행불자, 44년 만에 자국서 발견」, 『연합뉴스』(2019. 8. 7.).

「자유시장 경제가 더 나은 사회통합 이룬다」, 『데일리안』(2013. 4. 25.).

「전우용의 서울탐사: 충정로, 일본세력의 서울 침투 제1루트」, 『한겨레21』(2012. 6. 21.).

「丁 "공적 마스크 구매 3매로 확대, 6.25 참전국에 100만 장 공급"」, 『머니투데이』(2020. 4. 20.).

「정부, 6.25 참전국 콜롬비아에 '코로나19 대응책' 긴급 공유」, 『머니투데이』 (2020. 4. 22.).

「정부, 6.25전쟁 유엔 참전 22개국에 마스크 100만 장 지원」, 『헤럴드경제』 (2020. 5. 7.).

「정옥자 "국정교과서 박근혜 정부 최대 실책 될 것"」, 『TBS뉴스』 (2015. 10. 26.).

「주벨기에대사관서 6.25전쟁 참전용사 마스크 전달식」, 『연합뉴스』 (2020. 5. 13.).

「지평선: 이승만의 건국절 인식」, 『한국일보』 (2018. 8. 31.).

「칠곡군 백선기 郡守, 에티오피아 6.25 참전용사회장 코로나 克服 응원하는 '편지 외교' 감동」, 『경북중앙신문』 (2020. 4. 26.).

「토론토총영사관, 캐나다 참전용사들에게 마스크 전해」, 『월드코리안』 (2020. 5. 28.).

「韓 구매력 기준 1인당 GDP 일본 추월한 의미는」, 『연합인포맥스』 (2020. 3. 3.).

「'韓日병합조약 무효' 한일 지식인 공동선언」, 『연합뉴스』 (2010. 5. 10.).

「한국 제조업 생산성, 일본 앞질렀다」, 『서울신문』 (2016. 3. 24.).

「"한국은 잊지 않았습니다"… 프랑스 노병 울린 마스크」, 『KBS뉴스』 (2020. 5. 28.).

「한마당: 사상 첫 '대미 원조'」, 『국민일보』 (2020. 3. 26.).

「"한일 강제병합 원천무효" 한일지식인 공동성명」, 『한국일보』 (2010. 7. 8.).

「한일수교 후 대일교역 적자만 54년째… 누적적자 700조원 넘어」, 『연합뉴스』 (2019. 7. 7.).

「해방후 한국정부 대일對日배상요구액 당시가로 73억弗」, 『연합뉴스』 (1993. 8. 19.).

「현대중공업, 마스크 싣고 필리핀 호위함 납품」, 『아시아경제』 (2020. 5. 19.).

「호주, 6.25 참전용사에 마스크 8,000장 전달」, 『데일리굿뉴스』 (2020. 5. 28.).

「훈요십조 8조 근거로 현종 측근 위작설 주장」, 『중앙SUNDAY』 (2013. 5. 5.).

「「嘘も100回言えば真実になる」は本当なのか?」, 『GIGAZINE』 (2016. 10. 31.).

"5 examples of 'Han' in Korean pop culture", CBC Radio(2019. 5. 24.).

"A complex feeling tugs at Koreans", *Los Angeles Times*(2011. 1. 5.).

"The Victorian women forced to give up their babies", *The Guardian*(2015. 9. 19.).

5. 영상 자료

영화

〈고려장〉(김기영 감독, 1963).

〈서편제〉(임권택 감독, 1993).

〈순수의 시대〉(안상훈 감독, 2015).

〈신기전〉(김유진 감독, 2008).

〈신기전〉(김유진 감독, 2008).

〈아나키스트〉(유영식 감독, 2000).

〈암살〉(최동훈 감독, 2015).

〈저지 드레드Judge Dredd〉(대니 캐논 감독, 1995).

〈직지코드〉(우광훈·데이빗 레드먼 감독, 2017).

〈천문〉(허진호 감독, 2019).

뮤지컬

〈명성황후〉(1995 초연).

〈신흥무관학교〉(2018 초연).

〈영웅〉(2009 초연).

〈잃어버린 얼굴 1895〉(2015 초연).

오페라

〈1945〉(국립오페라단, 2019 초연).

드라마

〈나의 나라〉(16부작, JTBC, 2019).

〈대왕세종〉(86부작, KBS, 2008).

〈육룡이 나르샤〉(50부작, SBS, 2015-2016).

〈정도전〉(50부작, KBS, 2014).

다큐멘터리

〈고려장은 있었는가?〉(충주MBC, 1998. 8. 23.).

〈요코 이야기의 진실〉(VANK, 2009. 1. 15.).

〈일제의 사진, 그 비밀과 거짓말〉,《SBS스페셜》(SBS, 2007. 8. 19.).

〈조선 사람은 왜 일본 박람회에 전시됐나〉,《역사스페셜》(KBS, 2011. 12. 8.).

〈조선총독부 최후의 25일〉(KBS, 2013. 8. 15.).

6. 기타 자료

계연수, 『환단고기』, 고동영 옮김, 한뿌리, 2005.

교과서포럼, 『대안교과서 한국근현대사』, 기파랑, 2008.

권희영 외, 『고등학교 한국사』, 교학사, 2013.

대야발, 『단기고사』, 고동영 옮김, 한뿌리, 1986.

박유하, 『제국의 위안부』, 뿌리와이파리, 2015.

박지향 외, 『해방전후사의 재인식』 1, 2, 책세상, 2006.

복기대 외, 『고려시대 서북계 이해』, 우리영토, 2020.

북애, 『규원사화』, 고동영 옮김, 한뿌리, 2011.

시라이 사토시, 『영속패전론』, 정선태 옮김, 이숲, 2017.

윤한택 외, 『고구려의 평양과 그 여운』, 주류성, 2017.

윤한택 외, 『압록과 고려의 북계』, 주류성, 2017.

윤한택, 「역사학의 소생을 위하여: 정요근 '유사역사학'에 답함」, 『내일을여
    는역사』, 내일을여는역사재단, 2018.

윤한택, 『고려 국경에서 평화의 시대를 묻는다』, 더플랜, 2018.

윤한택, 『다산의 고려 서북계 인식』, 경인문화사, 2018.

이영훈 외, 『수량경제사로 다시 본 조선후기』, 서울대출판문화원, 2013.

이영훈 외, 『반일 종족주의』, 미래사, 2019.

이영훈 외, 『반일 종족주의와의 투쟁』, 미래사, 2020.

이영훈, 『대한민국 이야기』, 기파랑, 2016.

이영훈,『세종은 과연 성군인가』, 백년동안, 2018.

정경희,『한국사 교과서 무엇이 문제인가』, 비봉출판사, 2013.

조갑제 외,『증거를 잡았다!』, 조갑제닷컴, 2015.

조갑제,『거짓과 왜곡』, 조갑제닷컴, 2008.

조갑제닷컴 편집실,『고등학교 한국사의 거짓과 왜곡 바로잡기』, 조갑제닷컴, 2011.

최남선,『불함문화론』, 정재승 옮김, 우리역사연구재단, 2008.

최남선,『만몽문화』, 전성곤 옮김, 경인문화사, 2013.

허우범,『여말선초 서북 국경과 위화도』, 성안당, 2021.